晚清社会传闻研究

Wanqing SheHui ChuanWen YanJiu

董丛林 著

人民出版社

责任编辑:乔还田
装帧设计:徐　晖
版式设计:程凤琴

图书在版编目(CIP)数据

晚清社会传闻研究/董丛林 著. -北京:人民出版社,2007.10
ISBN 978-7-01-006125-2

Ⅰ.晚…　Ⅱ.董…　Ⅲ.旧闻(史料)-研究-中国-清后期
Ⅳ.K252.066

中国版本图书馆 CIP 数据核字(2007)第 038768 号

晚清社会传闻研究

WANQING SHEHUI CHUANWEN YANJIU

董丛林　著

人民出版社 出版发行
(100706　北京朝阳门内大街 166 号)

北京市双桥印刷厂印刷　新华书店经销

2007 年 10 月第 1 版　2007 年 10 月北京第 1 次印刷
开本:880 毫米×1230 毫米 1/32　印张:12
字数:300 千字　印数:0,001-3,000 册

ISBN 978-7-01-006125-2　定价:28.00 元

邮购地址 100706　北京朝阳门内大街 166 号
人民东方图书销售中心　电话 (010)65250042　65289539

目　录

绪　论

社会传闻，古今中外皆为存在。作为一种普泛绵长又意蕴丰富的政治和文化现象，它自然有着最为基本的共性要素。而在不同的时空条件下和不同的社会历史环境中，其生发成因、盛衰态势、内容题材、传布机制、文化蕴涵等各方面的具体情形，又必然都有着独异的特征。

晚清是中国近代史上的一个重要时段，它不但以 70 余年的历程占了中国近代的大部分时间，而且也是由传统社会向近代转型变化的典型时期，新旧交杂、新陈代谢的过渡性特征非常突出。发端并且程度不断加深的半殖民地的国家形态，为清朝统治者所竭力维护但又无可逆转地趋于弱化乃至最终消亡的帝制政权，以及阶层复杂、情状斑驳的民间社会，互为制约影响，社会政治、经济、思想文化等各个领域，全方位地呈现出若干前所未有的非常态嬗变情势。反映在社会信息和舆论方面，一个十分醒目的现象便是传闻现象的空前彰显，其势态强盛，机制复杂，影响广泛，迷局众多，颇具值得探研的意蕴。

然而，当做这方面学术寻查和检索的时候，竟未发现有对晚清时期社会传闻现象进行比较全面系统考察研究的成果。从这个意义上，似乎可以说是中国近代史特别是晚清史研究领域中并不多见的较大盲区之一，不能不算是一种缺憾。

当然，这并不是说没有相关的局部性研究成果。特别是在关于义和团运动和反洋教事件的研究中，对有关“谣言”、“讹言”乃至更为广义的舆论问题，已有若干著作和文章涉及，并且有的研究颇具水平。

譬如，陈振江、程歗的《义和团文献辑注与研究》①，在上编中不但分类辑录了义和团多种形式的文献，而且不惮繁难地对其进行考释注解，为读者对原始文献的理解提供了很大方便，特别是下编中对有关文献所作的专题性研究，揭示出义和团舆论宣传从形式到内容特征及其更为隐深的信仰理念基础，这对于解析有关义和团的传闻颇具启发意义。李文海、刘仰东的《义和团运动时期社会心理分析》②一文中，专置有《讹言与从众行为》一目，对义和团运动时期讹言类型及其盛传与社会心理学中所说“从众行为”的密切关系，进行了分析。美国学者柯文（Paul A. Cohen）的专著《历史三调——作为事件、经历和神话的义和团》③里有《谣言和谣言引起的恐慌》专章，主要是对“谣言的数量及种类”进行了论列，兼及对社会反应的考察，虽然其对谣言的分类不无可商榷之处，但从特定的视角对有关谣言的注重和审查，颇具学术深意。

义和团运动与反洋教密切关联，从一定意义上可以说，它是在民间长时间的反洋教斗争的基础上直接发展而成，运动当中，反教

① 天津人民出版社 1985 年版。

② 载《近代史研究》1986 年第 5 期，又辑入《义和团运动与近代中国社会》（四川省社会科学院出版社 1987 年版）及《世纪之变的晚清社会》（中国人民大学出版社 1995 年版）等书。

③ 中文本由杜继东译，江苏人民出版社 2000 年版。该书英文原版书名为“History in Three Keys: The Boxer as Event, Experience and Myth”, Columbia University Press ,1997（哥伦比亚大学 1997 年版）。笔者亦阅及原版英文本。

依然是义和团的一个十分醒目和重要方面的斗争内容，并且，在义和团运动之后仍有持续。有关反洋教和教案问题研究的诸多成果中，有些即涉及相关“谣言”、“讹言”、“流言”乃至含义上更为宽泛的“传闻”内容。像台湾学者李恩涵的《咸丰年间反基督教的言论》和《同治年间反基督教的言论》①两篇长文中，所论列的有关“言论”诸多即“传闻”之属。台湾学者吕实强的《晚清中国知识分子反教原因的分析之一——反教方法的倡仪（1860～1898）》②一文，还有他的《中国官绅反教的原因》③一书中，虽然主要是从反教的原因与方法的主角度进行研究的，但所涉反教言论中也不乏传闻内容。他的《周汉反教案》④一文，其中也涉及诸多传闻素材。程歗的专著《晚清乡土意识》⑤里置有《打教讹言与排外心态》专节，从社会心理的深层，对打教讹言进行了集中剖析。孙江的《十字架与龙》⑥一书中有《倾斜的打教心态》一节，也主要是从社会心理方面论述有关反教流言的。拙著《龙与上帝——基督教与中国传统文化》⑦中的《荒诞与合理》一章，亦专门考察分析了晚清反洋教讹言。张鸣的《乡土心路八十年——中国近代化过程中农

① 两文分别载《清华学报》第6卷第1—2期合刊（1967年）和《大陆杂志》第35卷第3～6期，辑入作者的《近代中国史事研究论集》（台湾商务印书馆1982年版）。刘小枫主编的《道与言——华夏文化与基督教文化相遇》（上海三联书店1995版）一书中亦收录。

② 该文载台湾《中央研究院近代史研究所集刊》第4期，上册。

③ 台湾“中央研究院”近代史研究所编印发行的“专刊”第16种，1973年版。

④ 该文载台湾《中央研究院近代史研究所集刊》第2期。

⑤ 中国人民大学出版社1990年版、1998年第2次印刷。

⑥ 浙江人民出版社1990年版。

⑦ 该书由台湾锦绣出版事业股份有限公司、生活·读书·新知三联书店（北京）1992年分别出版，三联书店1996年第二次印刷。

民意识的变迁》①一书中,置有《死水微澜——打教讹言的流布》专节,对相关情事予以审视。拙文《晚清反洋教流言现象探研》②,则对晚清反洋教流言从其内容、成因、传布机制、利弊得失等方面进行了论究。苏萍的论著《谣言与近代教案》③,对书名所标示问题的研究也主要是集中在晚清时段,并且作为一部专著,内容上自然也能够比较丰富。

以上只是就直接关涉义和团运动和晚清反洋教传闻问题的论著示例性举要而已。至于有间接性关联的论著自然更多,不拟一一列举。还需要强调说明的是,即使以上举及的"直接性"论著,也主要是从有关"谣言"、"讹言"、"流言"或"言论"的指称上来立论和进行审视研究的。这与"传闻"有着密切联系但又皆不能等同于"传闻",有必要在对有关概念进行辨析的基础上作出确定性界说。

事实上,这并不是简单易行的事情。有关词目(泛义上的"言论"不会存在大的歧义,可不在辨析之列)所表示的概念,在日常用语和传播学、舆论学、社会学特别是社会心理学等特定学科中,其含义往往既有一定的相通性,也有各自的特异性,即使在同一学科,各家的界定也有明显差异,甚至众说纷纭。

像商务印书馆 2002 年修订第 3 版的《现代汉语词典》中,对"谣言"释义为"没有事实根据的消息";对"流言"释作"没有根据的话(多指背后议论、诬蔑或挑拨的话)";对"传闻"则释为"辗转流传的事情"。该词典中没有收入"讹言"一词,汉语大词典出版

① 上海三联书店 1997 年版。

② 载《晚清政事探研》,东方出版社 2001 年版。

③ 上海远东出版社 2001 年版。

社 1997 年版的《汉语大词典》中，对该词的释义为“虚假、谣传的话”。该词典中对“谣言”、“流言”、“传闻”相关义项的解释和《现代汉语词典》中大致类同（表述文字不尽相同）。这类解释可以说代表了对有关词目一般语文义项的界定。照此可知，“谣言”、“流言”、“讹言”都是指虚妄不实的话，而其中“流言”，又特别被强调了多带有意诬伤他人的不正当性的贬义色彩。

如果说，权威工具书中一般语文义项的阐释还算是比较统一的话，那么，在其他有关特定学科中，各家著述对这些概念的使用上，义项则显相当纷杂。譬如说，有的将“谣言”与“流言”对等齐观①。有的把“流言”释为“提不出任何信得过的确切的根据，而人们互相传播的一种特定的消息”；而对“谣言”则明确界定为“故意捏造、散布的假消息”，具有“恶意的攻击”性质，与谣言的区别“在于动机不同”②。可见，这与上述有关汉语词典中对“谣言”与“流言”释义中所提示的“动机意义”正好两相颠倒。有的则同样基于有否恶意的动机标准，把“流言”和“讹言”作为同等级的两个子类，而以“流言”来囊括之③，也就是说，“流言”既包括恶意造传的谣言，也包括无意虚构而误传的“讹言”。上述各家观点无论如何不同，但在一个基本点上是相同的，即“流言”、“谣言”、“讹言”

① 如林秉贤《社会心理学》（群众出版社 1985 年版）中即这样表述。见该书第 344 页。

② 时蓉华编著：《社会心理学》，上海人民出版社 1986 年版，第 216 页。像周晓虹的《现代社会心理学》（上海人民出版社 1997 年版、2000 年第 5 次印刷本）、沙莲香的《传播学——以人为主体的图象世界之谜》（中国人民大学出版社 1990 年版）等书中也表述了类同的观点，分别见周著第 427 页，沙著第 192 ~ 193 页。

③ 如徐锦江《话说流言蜚语》（上海文化出版社 1991 年版）一书中即表示出这样的观点，见该书第 5 ~ 7 页。

都具有虚妄不实的属性。

有些著述中在这一点上或暗示出或明确地持有异议。像有的认定:“流言有自然发生的,也有人为制造的,但大多与一定的事实背景相联系;而谣言则是凭空捏造的消息或信息。”①按照这种阐释,“流言”即当有包含真实信息成分的可能。有的著述中,虽然把谣言、流言、讹言都认定为“假言”之属,但又认定其“程度”不同,“谣言是彻头彻尾的假言”,且“有意捏造”;而“流言的构成因素中有那么一点真实的东西”,“事出有因”;“讹言”则“主体行为最为淡薄,它是由于记忆容易遗漏,容易理性化和失真所致”②。

有部法文汉译著述中更明确宣示:“本书与将谣言和虚假信息等同起来的传统观念不同。在本书内,谣言这个词在任何情况下都不预示它的内容真实和虚假。”③并作有解释说:“一般来说,所有建筑在真实或虚假基础上的谣言定义都导向一个死胡同,无法解释谣言的勃勃生机。对真实与虚假的对立进行逻辑检验,结果表明将信息与谣言区分开来的界线十分含糊不清。通常,当一个新闻通过口传媒介的方式传来时,公众是无法区分真伪的。”④该书中对“谣言”的指认和界定,是侧重在“社会中出现并流传的未经官方公开证实或者已经是为官方所辟谣的信息(按:官方辟谣并不意味着实际上一定不真实)”,它“通过非正常渠道而不通过大众传播媒介,以口传媒介或散发传单的方式进行传播”⑤。有

① 郭庆光:《传播学教程》,中国人民大学出版社 1999 年版,第 99 页。

② 苏萍:《谣言与近代教案》,第 5 ~ 6 页。

③ [法]卡普费雷著,郑若麟、边芹译:《谣言》,上海人民出版社 1991 年版,第 18 页。著者及书名的法文为 Jean-noel Kapferer, Rumeurs ,原著由法国巴黎瑟伊出版社 1987 年出版。

④ [法]卡普费雷著,郑若麟、边芹译:《谣言》,第 17 页。

⑤ [法]卡普费雷著,郑若麟、边芹译:《谣言》,第 18 ~ 20 页。

的学者在肯定该书价值的同时，又对译者将法文词“Rumeur(s)”译为“谣言”表示了商榷意见，认为中国人一提起“谣言”二字，会“有先入为主的负面价值判断，将之看成不足为凭的恶意流言”，这与作者主要从传播学的角度来探究“小道消息”之发生与发展的初衷大异其趣，觉得与其将其译成“先行判定其伪的中文词‘谣言’，未若译作其真伪尚待甄别的中文词‘谣传’。盖此‘传’者，正《吕氏春秋·察传篇》所欲审察之传闻也”①。

的确，求取汉语和外文在某一概念上的对应翻译的相对准确性，对于避免翻译传达上与原文的歧义是至关重要的。如果说，法文词“Remeur”对应于英文词“Rumour（Rumou）”，那么，它的对应汉语词可有“谣言”、“流言”、“传闻”、“传说”等多个，从该法文汉译著述中所表述的含义推敲，窃以为译成“传闻”似乎更合适（上言学者主张改译作的“谣传”与“谣言”从指虚性含义上来说似亦无甚差别）。其实，起码从若干英文相关著述中来看，“Remour ”的含义并不是仅指虚妄不实的传言，而是指真假未被证实的消息。从这个意义上，当然还是译成汉语词“传闻”为妥。

在近些年来国内学人的有些相关学科著述中，“传闻”也作为基本范畴被使用，但对其含义的界说又不尽相同，如有的认定它为“舆论的一种畸变形式，是公众口口相传的消息及对这种消息的议论”②。有的则在肯定这一义项的基础上，还加上“非亲身经历，出于他人的传述”义项，并这样阐明“传闻”与“谣言”、“流言”以及“小道消息”的异同：“传闻包括谣言又不等同于谣言，谣言属传闻的一种，仅指那些没有根据凭空捏造的传闻。传闻除了谣言之

① 刘东：《谣传的悖论》，《浮世绘》，辽宁教育出版社1996年版，第118页。

② 孟小平：《舆论学》，中国新闻出版社1989年版，第207、65页。

外,还包括某些真实的事实”,“传闻只存在于‘未经证实’这一时态,一俟证实,就转化为真实的新闻或不真实的谣言了,就这一层意义而言,传闻与我们平时所说的小道消息较为切近,都是指未经证实的、真伪莫辨的、通过非正式渠道传播的传言。二者的区别在于,小道消息主要指的是以事件为主的消息,传闻的范围更广,它还包括以评价为主的各种议论、意见。而流言作为无根之言,则与谣言相同”①。有的著述中则阐释说,“传闻以真实的事实为根据,只是传播者没有亲眼目睹,传闻中的虚假是在实有环节的基础上增加的多余部分”,“而谣言,一开始就是虚假的,没有任何事实依据”,谣言传播过程中“不断歪曲、以讹传讹”而构成“流言”,“流言是谣言的传播形态”②。显然,这种界定中“传闻”的指实性倾向相对地更强。

可见,像“传闻”、“谣言”、“流言”、“讹言”这些词汇,若不加明确含义界定地作为基本概念来使用,势必造成无论是传达还是接受上皆会存在的很大歧义空间,自为大忌。下面,即综合参考各家的取义,从本论著系研究“历史传闻”的实际出发,对拟用的有关基本概念含义作出自己的界定。

“传闻”作为本论著中的核心概念,拟用以泛指辗转相传而又一时真假莫辨的模糊性消息以及有关评论意见,它属于一种特殊形态的社会信息和舆论。这一基本界说还需要从下述两个要素条件来作进一步的具体分析:

第一,当为形成一定规模(范围和力度上)的公众话语。这一

① 秦志希、饶德江:《舆论学教程》,武汉大学出版社1994年版。

② 刘建明:《天理民心——当代中国的社会舆论问题》,今日中国出版社1998年版,第169页。

方面意味着强调其民间性倾向。传闻通常排除官方通过其常规渠道正式宣明的真确消息，而多系在民间通过各种方式辗转传布的“小道消息”。并且，本论著中强调“社会传闻”，不是极小范围的家长里短式村妇窃语，而是在具有起码规模的公众群体中，较为普遍关注并辗转接受、传播的特定社会信息。另一方面，又不排除传闻与官方的密切联系。这不仅是指官方有关体制和行为所造成的激发或制约传闻的客观环境条件，而且注意到了官方对传闻也具有主观上的某种直接参与性，不乏通过其文告乃至奏谕等形式，肯定、播布甚或造作，或是否定、限制以至严禁特定的传闻信息。如果无视官方在传闻场中客观上充当着特定角色的事实，那么就难以对传闻的总体机制予以全面正确的审视。特别需要强调说明的是，在所谓“官方”与“民间”的画线问题上，决不能以个人身份为标准，而主要需看有关主体活动是否属于严格意义上的官方行为，若不属之，譬如说官员们之间私下对有关消息的传播议论，即仍属“民间”范畴。至于传闻的传播形态，一般而言口头途径当然是最为原始和重要的，但又决不能仅限于此，应该认定它还具有书面文字和其他符号的形态。并且，对于晚清时期的历史传闻的追溯性探研来说，不可能有那时的任何口头语音资料的存留，主要须赖文字性史料的记载。从这个意义上说，形诸书面形态的传闻资料就更为重要（这与采集研究现实传闻大有分别）。还需要特别注意到，在清末作为粗具规模的大众传媒主要载体的报刊，总体来看并没有达到抑制传闻的作用，反而强化了若干典型传闻的播扬，所以决不能将当时报刊载闻一概排除在传闻范围之外。

第二，客观上有关信息内容的真假正误程度当时不能遽辨。这不但强调了传闻在真假认定上的“模糊”性质，在这方面赋予了它颇大包容范围和弹性幅度，同时也给出了它的“时态”特征。的确,当一则"小道消息"在公众中哄传开来的时候,其真假正误通常是人们当时难以辨清的,并且人们往往是有信实倾向的。至于事后,其真伪正误或许能够澄清,但也许不能澄清,甚至留下千古谜案,永远也难以破解。有许多当年的传闻,其所涉内容的实际情状我们今天研究起来仍无法判定清楚。再说,许多传闻的内容并不是非真即假、非正即误两极唯具其一的,而往往是真假皆具、正误兼容的信息融合体,硬性作非此即彼的判定未免流于简单化和非科学性,并不能符合实际情况。可见,在所含真假正误上给定"传闻"一个"模糊"属性,使其能具有宽泛的包容性和足够的弹性幅度,是非常必要的。至于"时态"上,所给"传闻"界说中着眼的基点当然是它的"原生态",是当时的情状。自然,这并不意味着作为研究者审视的视野仅仅局限于此,充分注意它的过后结果,并且站在现时的高度来对其予以鸟瞰,更是必须的。这与将"传闻"本身定位在"原生态"不但不矛盾,而且是研究中在时态和时序上的应有逻辑。可见,在"传闻"概念第二个要素条件方面,所给予它的弹性也是颇大的,而这对于根据本论著总体内容的需要来说,不失为在中心概念的内涵上预设足够的回旋空间,而避免作茧自缚的关键点之一。

"谣言"在本论著中拟作为"传闻"之下的一个次级概念来用,并且借鉴传播学中的倾向性观点,赋予"谣言"这一概念的"指虚"性,即用以指称内容上虚妄不实的消息。从这个意义上说,"谣言"已不具有内容虚实上的模糊性。它与"传闻"的关系应该是:传闻可以包括谣言,认知上是在公众范围尚处真假不明状态的谣言。从这个意义上,谣言可以是传闻中的一个类别。而本来内容上真假莫辨的传闻一旦被证虚,一般即可定性为谣言。

"流言",拟借鉴采用前揭刘建明《天理民心——当代中国的社会舆论问题》一书中将其作为“谣言的传播形态”的界定。

至于“讹言”,不拟引入作为特定概念使用,如果用到,也只是从一般语文意义上,指称错误不实的话语。

从以上有关概念含义界定的阐释中,可以看出没有把主观动机因素纳入,即未以所谓“有意”或“无意”、“善意”或“恶意”作为有关概念的区分标准之一。这并不是运思中的疏漏,而是经过反复斟酌,有意在这方面给有关概念含义上预留尽量大的回旋空间,而避免作茧自缚。因为事实上在很多情况下,有关信息言论的产生和传布,是无法从“有”“无”或“善”“恶”意态的两极对立上确定其动机状况的。并且,对有关概念也不拟赋于对比鲜明的感情色彩,而拟皆从“中性”上来使用。当然,这决不意味着有关信息言论都不能分辨动机,有关主体都不能作出善恶上的不同判别,只是要留得具体问题具体分析论证,不能预先在概念含义的界定上以偏概全地画地为牢,如若这样,就会给通篇的逻辑照应上带来不好克服的极大困难,造成不应有的混乱。笔者这样说决非没有根据地杞人忧天,从一定意义上可以说,是接受某些论著中的现实教训。譬如说,有将“谣言”定性为有意造作的纯虚假内容的言论而又以它为核心概念的著述中,从所涉及的诸多所谓“谣言”事例的具体情况分析,根本不能判定内容上的完全虚假,而也有其真实的成分,并且,有的也并不能判定传者是有意捏造,而可能亦属无意讹传,这事实上已不能为其自定的“谣言”这一核心概念所包纳,陷入了自我制造的矛盾窘境。正因为有鉴于此,本论著中不但不预先赋予有关概念的动机意义和感情色彩,而且将核心概念提升到弹性幅度上可为适当的“传闻”层面。

还需要申明,本论著中所要考察的“传闻”,是强调在“社会传闻”,以与那种个人生活题材的琐屑“传闻”相区别。当然,即使

"家长里短"式的小范围的"传闻",也自有其一定的社会意义,但本论著所考察的主要不是这类传闻,而是关乎社会和国家大局的题材、形成相当规模有着较大影响的典型传闻。

显然,以上所阐释的,已经不仅仅是单纯概念辨析的问题,而且已关涉本论著的一些基本理念。下面再从大致理路上作进一步的扼要交代。

除了从一些基本方面作综合性说明和铺垫的本绪论部分之外,拙著拟分六章,从内容上则可以归纳为四个单元。第一章独为一个单元,拟从客观与主观条件的结合上对晚清时期社会传闻的宏观性成因予以分析,在此基础上,揭示其盛行而复杂的总体态势。总之,旨在展陈其形成和存在情状的一个大致脉络和基本轮廓,为以下从不同方面和角度进行相对微观的考察奠定基础,而不致使之显得无根无柢、突兀贸然。第二章和第三章构成另一个单元①,对晚清时期社会传闻集中进行典型题材的示例和分析。该期的社会传闻内容千头万绪,千姿百态,纷纭杂沓,光怪陆离。既不能无目的、无选择地随手摭拾杂陈,也不能浮光掠影、笼而统之地泛览空说,而需要选择典型方面进行比较具体细致的审视,本单元的两章拟选取四种题材的传闻来展示分析。这四者当然不会包罗当时社会传闻的所有方面,但都属具有相当规模和较大社会意义的突出而又重要的方面。当然,就这四种题材的社会传闻而言,具体事例也颇为繁杂,不可能一一展列,而是酌情从中提炼出若干"话题"或是"事类"来"组展"个案性标本,同时也作为进行题材

① 这两章是同一标题的上、下两个部分,故节序号统排。之所以分为两章,一方面是从篇幅考虑,若合为一章篇幅过长,与其他各章相比显有畸重畸轻的失衡;另一方面,也考虑到分节内容上的类别特征因素。

分析的具象性依凭。第三个单元包括第四、五两章,主要拟对有关社会传闻的传播机制和社会功能,这密切联系着的两大方面的情形进行解析和阐说。尽管社会传闻复杂多样,但形成和传播上总有其一定的规律性。在这一方面,有关传播学、舆论学和社会心理学理论能够提供认识上的助益和启示,故拟有的放矢地予以借鉴运用,而重在借以进行具体的历史分析,实事求是地审察晚清时期社会传闻的有关情状和特征表现。至于其功能、作用,也绝非简单。考察将会显示,晚清时期的社会传闻,作为一种特殊的社会信息资源和舆论形态,在当时各不同社会层面和群体范围引起的复杂反应。最后一个单元也就是最后一章的内容,拟从史学文化的特别方面进行专门思考,要对有关"传闻入史"的问题,从史料审察和理念启示的不同层面予以阐释,拟以之作为本项研究过程中的一些实际体悟和扩展性思考来为全篇作结。本段所交代的,绝不仅仅是章节框架的形式,也不仅仅是论述上的层次顺序,更主要的是一种内在的学术运思理路,是一条思维逻辑线索。

本项研究的内容具有明显的学科边缘性交叉性特征。它自然是立基于历史学的,但又与传播学、舆论学、社会心理学等多种学科紧密联系。这决定了它在以历史学的研究方法为基本方法的同时,借鉴其他多种相关学科理论和方法的可能性和必要性。但任何一种学科的理论和方法都有其特定的适应性,而不是万能的,生搬硬套,或是削足适履,非但无益,而且可能有害,这一点,笔者自会保持足够的警惕,注意融会贯通,合理借鉴。特别要注意所借鉴的历史学之外的相关学科理论和方法,一般都是以相对而言的现实社会内容为生发基点和运用归宿的,而本项研究的主要对象则是时过境迁起码近百年以前的事体。这样,像有关学科所颇为注重的现场直接调查的方法,就很难移用于对晚清社会传闻的研究

（当然仍可以变通地借鉴）。明了差异性，利用相通性，注重灵活性，自然是在向有关学科作理论和方法借鉴中所应把握的原则。

实现理论与实证的洽通，是本项研究中所要努力追求的一种境界。所谓"理论"，这里是指从广义上而言、相对于"实证"性材料的理念形态的东西，既包括经典性的指导理论，也包括各相关学科的学理、规则；既包括自设的思想观点，也包括对其论证的思维逻辑。所谓"实证"，是特指借助史料对某种事体或理念的证明。史学既是实证的，又是思辨的，两者应该成为有机的联体。从一般意义上说，实证是基础，思辨乃升华。没有史料的佐证，简直就说不上史学。而史料本身是死的，离开运用史料的逻辑思辨，甚至都难以揭示实证结果。并且，史学也不应仅仅停留在实证的层面，而应进一步提升到理论认识的层面，承载历史的神韵。因为思维既要借助同时也体现为"理论"，所以，实现思辨与实证的洽通，实际上也就是实现理论与实证的洽通。"洽通"者，通达、贯通之谓也，不对立，不隔膜，融会一体，顺畅自然。为争取尽量向这种境界接近，本项研究中，对借鉴相关学科的理论，除确实需要标示"品名"者外，决不刻意进行这方面的标榜和渲染，尽量将其活化为方法来隐然运用，追求一种潜移默化"渗润"的境界。

至于实证方面，最为基础的环节自然是史料的搜集。这更需要作一下特别说明。晚清时期的社会传闻，最主要的原始形态当为口头传播者，但时过境迁偌多年月，当时又不能录存下这方面的音像（特指活动图像）资料，故口播形态的传闻本身已完全消弭不可复归，只能借助文字形式资料中的记载来寻觅其迹，探赜索隐。当然，其时即借助于文字载体播布的有关传闻也是大量的，再加以日后文献的追记，总体看来，承载有当时有关传闻素材的各类文献还是颇为浩繁、多不胜检的。并且，这类史料非常零散，不像有些研究题目所涉主要史料那样相对集中于较少量文献。对于本项研究的史料源来说,真不啻汪洋大海。尽管在有限的时间里尽量搜求披览,也只能是采几朵浪花而已,不免挂一漏万,只好适可而止,弱水三千,只饮一瓢。即使业已搜集到手的史料,也只能是披拣而用。况且,这类论题似乎不应算是唯靠史料方可取胜的那类,其他方面的工夫更须兼顾。当然,自己还是着意于首先在实证上夯实基础的。"原则不是研究的出发点,而是它的最终结果"①;"不论在自然科学或历史科学的领域中,都必须从既有的事实出发"②;"研究必须充分地占有材料,分析它的各种发展形式,探寻这些形式的内在联系"③——先哲辈的这类论裁,仍然是我们在研究工作中所着意体悟奥旨并切实领受教益的箴言。

---

① 恩格斯:《反杜林论》,《马克思恩格斯选集》第 3 卷,人民出版社 1972 年版,第 74 页。

② 恩格斯:《自然辩证法》,《马克思恩格斯选集》第 3 卷,第 469 页。

③ 马克思:《〈资本论〉第一卷第二版跋》,《马克思恩格斯选集》第 2 卷,第 271 页。

第一章　晚清社会传闻的宏观性成因及态势

晚清社会传闻的生发,离不开当时特定的客观环境和相关主体的条件,而这又可以从相对宏观和微观的不同层面进行审视。本章拟首先从相对宏观的层面着眼予以概观,为下文作出必要的综合性铺垫。其相对微观层面的情况,需穿插于后面各有关章节中结合具体传闻素材进行分析。相应,对该期社会传闻的表现,本章也只着重揭示其宏观态势。

一、动荡与危机:社会传闻生发的沃土

社会心理学和传播学的研究揭示,在社会动荡不安,引起社会成员恐惧、紧张和危机感的时候,即容易造成传闻盛行。晚清时期,社会动乱不已,危机严重,这种客观环境因素,不啻成为社会传闻生发的深厚土壤。

外敌入侵,使当时的中国遭逢"数千年来未有之强敌",面临"数千年来未有之变局"①。列强对华进行多种形式的侵略,特别

① 李鸿章:《筹议海防折》,吴汝纶编:《李文忠公全集》奏稿卷24,光绪末金陵刻本,第11页。

是先后发动过多次大规模的武装侵略，给中国带来了深重的灾难。至于借端的武力讹诈，对于列强来说更是司空见惯的事情。除了武装侵略之外，其对华政治干预、经济掠夺、文化渗透等殖民主义行径更是经常性、无间断的。这使得中国半殖民地的程度不断加深，民族危机日益严重。而清朝统治者，其政治上的腐朽越来越明显地暴露出来。一方面，它在对外关系中由虚骄懵懂到怯懦妥协，不但不能承当有效地领导民族救亡的大任，而且越来越严重地滑向卖国主义的黑潭。另一方面，它对内施行并极力维护落后于时代的封建专制统治，不但对所引发的人民反抗斗争着力进行残酷镇压，而且自身也难以进行主动、积极、有效的政治体制改革，同时其内部争权竞势的斗争成为一大顽症，甚至发生流血的政变（如辛酉政变），朝政黑幕重重，紊乱不堪，这更加剧了政局的动荡纷扰。总之，晚清时期内乱外患交迫，战争和其他严重事变（包括自然灾变）不断发生，社会处于激烈的动荡之中，公众比较普遍地存在多重的危机感，大到国家民族的存亡，小到个人生存境遇，变端难卜，命运叵测。处于这种环境条件当中，特别是每当突发性事变来临之际，有关题材的传闻便可能生发流布。归结起来，起码下列方面应该特别注意：

第一，战乱环境。

战乱是造成社会动荡、人心惶乱的严重事端。晚清时期可谓兵连祸结，少有宁日。战争成因固有不同，有些是属外国强加于中华民族头上的侵略战争，仅就其大规模者而言，就有两次鸦片战争、中法战争、中日甲午战争、八国联军侵华战争等诸多场次，甚至还发生过以争夺侵华权益为起因、以中国土地为战场的日俄战争；有些主要是属国内战争，像太平天国、捻军、诸多少数民族起事者以及后来辛亥革命党人与清王朝之间的战争等。而无论何种战争，都必然是政治矛盾激化到极点的产物，是敌对双方的武力拼搏。战争本身不但要直接陷战地于血火之中，造成人员的伤亡和环境的破坏，而且会影响到更大的范围，譬如使国家付出巨大的消耗而陷入严重困境，给当时社会生产造成巨大的破坏，或可影响到战后多年的国计民生。战祸还往往使得天灾更难以抗御，为害变本加厉，甚至直接导致瘟疫、饥荒等灾祸的发生。故每逢遭受大的战事，往往会导致举国范围的大恐慌，战场及附近地区，自然更是恐慌的旋涡，惯于形成风声鹤唳、草木皆兵的氛围，传闻鼎沸、迷乱难拨的一种舆论情势往往也就与之伴随。像这种情况，在晚清时期表现颇为典型。

以第二次鸦片战争中侵略军进犯北京前后的情况为例。有亲历者这样记述："当年(咸丰十年，1860 年)七月上旬"，"即传夷人已到(津沽)海口"，"人心惶惑"，"稍稍有迁移者"；十四日以后，"海口消息日紧一日，迁徙出京者，遂纷纷不止矣"；廿五日，"城中哄传：夷人已到通州，定于二十七日攻城，居民纷纷迁徙矣"；廿七日，"京中鼎沸，圣驾有出巡之说……凡在京旗、汉大小官员，眷口及财物无一不移出京城者"；及至八月初四日，"人心惶惶，移徙出京者日见其多"；十四日，"内外城移徙者，几于门不能容"；二十三日，"街上人三五一堆，俱作耳语，街道慌乱之至。至午后，忽西北火光烛天而起，哄传夷人已扑海甸(淀)、圆明园一带矣"；到九月初二日，"京中夷人已入城内，讹言四起，人人自危"①。可以想见，在当时境况下，传闻纷杂、沸反盈天、真真假假、虚虚实实的情势。这不能不谓典型。

① 吴可读：《罔极编》，中国近代史资料丛刊《第二次鸦片战争》第 2 册，上海人民出版社 1978 年版，第 66～69 页。

再如义和团运动和八国联军侵华的战事期间，中国出现的动荡与危机程度是空前的。相应，此期也出现了传闻流布的一大高潮。时人或云，“今日之乱，市虎讹言，十有八九”①；或更明确地说“讹言横兴，莫甚于光绪二十六年夏秋之交也”②。的确，战乱与传闻的盛行在当时呈现互激互荡的非常醒目的情状。当然，人们对有关情况的观感，是受立场制约的。譬如对当时“肇乱”原因的认定，不仅外国方面，而且也包括清朝政府，最终都颠倒黑白地归咎于义和团。外国和清方私人有关记载当中，大多也对义和团表现出莫大的仇恨和偏见，这自然是必须注意到的。但对于说明战乱环境下传闻易于盛行的问题来说，无论出自何方的许多相关记载，都还是能够提供参考甚至是典型例证的。

像有记载说，庚子年四月中旬，“京城忽然谣传，义和团匪业已将北京通至天津之铁路拆毁数处，并谓其有术能使火车无故自焚，自此人心惶惶，日无宁宇”；自五月中旬，“民间日日谣传，东交民巷火起，日则倾城往观，途为之塞，夜则升屋大呼，闻之可骇”③。随着义和团众越来越多地涌入北京，关于其千奇百怪的“神术”和“异事”更是在这里铺天盖地地传扬开来，成为各色人等惊异谈论的话题。义和团也以其特定的行为方式极力造势。据亲历者记述：“团民有请神附体沿街而行，昼则持刀作势，杀气凛凛，驱逐行人，闪开神路，必须跪送跪迎。夜则执香照耀，满巷皆红，大众喊

---

① 叶昌炽：《缘督庐日记》，中国近代史资料丛刊《义和团》第2册，上海人民出版社1957年版，第453页。

② 刘大鹏：《潜园琐记》，乔志强编：《义和团在山西地区史料》，山西人民出版社1980年版，第39页。

③ 佚名：《庸扰录》，中国社会科学院近代史研究所编：《庚子记事》，中华书局1978年版，第247、252页。

嚷,令家家户户烧香,随声接应,犬吠人腾,一夜数惊”①。当然,义和团众靠这种方式来张其“神威”,主要是为震慑力图扫灭的“洋毛子”的。围绕他们与外国方面的作战情事,有关种种奇异传闻也是铺天盖地。在联军入侵京城前后,动乱情势更是变本加厉,或记述说:此时“京城大乱,匪徒蜂起,店铺关闭,无处买食物矣,觅挑水而不得,唤剃匠而无人,下至掏毛(茅)厕,净便桶,均无形影,致家家将粪溺泼于街市”②。在民间最起码的生活秩序都被破坏的情况下,各种传闻的纷乱搅扰更势不可免。

这种情况决不仅限于京城,直隶和相关省区,甚至战事没有直接涉及的若干地域,都有程度不同的表现。当然直隶的情况尤为特出。有显系站在义和团敌对面的人员记述说:“自北省拳匪滋事,畿辅风鹤惊心……既而匪势蔓延……谣言蜂起,弓蛇市虎,益致惊疑。迨至大沽炮台为外人占据,惊耗传来,胆小如鼷者,益摇摇焉心如悬旌,而无所措其手足”③。在京西易州地方,联军进攻天津时“谣言四起,讹传纷然”,像说“独流镇一小儿,年十二岁,能跃丈余高”;刘永福和董福祥之妹分别是大仙姑和二仙姑,“她们能用红头绳或红绒线拴上两个石碌碡,挑在一根稻草上飞跑”;“董福祥大师会分身法,能同时出现于三处阵前,大破洋兵”;官府查验某处义和团时,“河南来的和尚师父有法术,用油锅炸他,被他用隐身法走脱,官府却错炸了自己两个长随”;“裕总督蔡村自

---

① 仲芳氏:《庚子记事》,中国社会科学院近代史研究所编:《庚子记事》,第13页。

② 杨典诰:《庚子大事记》,中国社会科学院近代史研究所编:《庚子记事》,第96页。

③ 《佚名文稿》,中国社会科学院近代史研究所近代史资料编辑组编:《义和团史料》上册,中国社会科学院出版社1982年版,第853页。

尽后显圣"[①]，如此等等。这是后来当地人士根据留传列举的事例，当时此类传说的势头之强、惯性之大可见一斑。

还有像辛亥年（宣统三年，1911 年）武昌起义爆发后，已经日暮途穷的清朝方面仍作负隅顽抗，战事持续有日。在此之际，清朝阵营甚至不明底里的民间社会，显出极大的惶乱。据知情者记述，当北京《国风日报》登出武昌起义胜利和各地响应的消息后，"北京住民大为惊慌，作官的更是忙了手脚。每日正阳门外东西两车站，行客拥挤，市面亦为之大动摇。警察来干涉报馆，不准登载各种消息"[②]；"军政两界之风云，因之骤然变色；无何而京师戒严，市面恐慌，束制报馆，调遣兵警；于是都人士女相警以革命党且至。风声鹤唳，草木皆兵……于是谣诼四起，人心动摇"[③]。上海《时报》在武昌起义后不日间发表言论说："今者谣言四起，人心思乱，风鹤之警，一日数惊。川鄂之外，其在长江上游者，有若荆州、宜昌、沙市，有若长沙；其在北者，有若开封、天津、保定（按：指传说响应起义的地方）……当道又力辨无此事，似此传闻，谅已半属子虚。然此次鄂垣兵变，实由于勾通革命，革命既能入内地运动，不能保别省绝无响应。"[④]这里毋须对有关传闻真假状况进行辨析，当时特定环境条件下的传闻之盛势明矣。

第二，教案态势。

教案频发且烈度颇大，是造成晚清社会动荡和危机的又一

---

① 马永祥：《易州庚子拾零》，黎仁凯主编：《义和团调查资料选编》，河北教育出版社 2001 年版，第 56 页。

② 景梅九：《罪案·武昌起义，一张白版》，《辛亥革命资料类编》，中国社会科学出版社 1981 年版，第 88 页。

③ 景梅九：《罪案·鄂乱怀疑篇之底面，山西独立》，《辛亥革命资料类编》，第 89～90 页。

④ 孤愤：《再论起用袁岑事》，《时报》1911 年 10 月 19 日。

要端。并且,相对于大规模战乱有数年到一二十年的间隔期而言,教案的发生更有其相对的持续性和群发性特点,特别是对于考察社会传闻的环境条件问题来说,这个方面是绝对不能够忽略的。晚清时期的社会传闻中,反洋教题材者具有特别突出的规模、强度和时间上的相对持续性,此为非常醒目的事实。从这个意义上似乎可以说,十字架甚至比列强的坚船利炮还要有其特殊的冲击力。论证这一问题首先需要对"反洋教"和"教案"予以辨析性阐释。

通常混称的所谓"反洋教"和"教案",严格说来是相互密切联系而又不能等同的两个概念。所谓"反洋教",应该是泛指当时中国方面反对基督教事物及其传扬甚至信奉者的一切行为。因为当时西方列强在华传教与其殖民主义的战车密切挂钩,所以国人的反洋教具有反侵略性是自然的,但又不完全是这样,也有其文化蒙昧的偏弊。反洋教的实施者或言主体,是国人中对基督教势力持仇视和敌对态度并诉诸实际反对行动者。而"教案",应该是指外国教会势力与中国人之间的冲突事件中,诸诉官方以司法和外交手段解决的案件。其当事者固然须是外国势力(即使表面上是中国民众中教民和非教民冲突引发的案件,实际上也一定有外国方面的介入)和中国的反洋教者,教案的发生总是伴同反洋教情事,但从引发教案的根本原因特别是教案的最终处置结果看,又都是外国方面居于主导地位,"每逢一宗教案起,丧权辱国输到底"①,诚可作为晚清教案结局的一般性概括。可见,"教案"与"反洋教"的主、客体皆大有不同。"教案"从根本上说是外国侵略行为的一种表现,其规模和烈度状况,是造成当时中国社会震荡程度的一个

① 《湖南流传的周汉的歌谣揭帖断句》,《湖南历史资料》1958 年第 4 期。

重要方面的指标。

根据上述对“教案”概念含义的界定,起码从理论上来说教案是可数的,能够作出量化统计。那么,晚清时期有过多少宗教案?过去一些年间流行大小教案一共四百余起的说法①,实际上这种估计大大保守。由于头绪繁杂,统计标准也不尽相同,为大家公认的准确统计数字还难以说有。有的论者言及“从1844年到1911年的60年间,共发生数案1639起”②,但未具体说明根据。有台湾学者的研究统计,从同治十年(1860年)到光绪二十五年(1899年)的40年间,中国共发生教案811件③。可见晚清时期的前20年和后12年未在统计范围之内,特别是教案最为频繁的作为义和团运动最高潮年份的1900年也排除在外,原因是鉴于这年“拳变发生,牵涉问题甚广,不易加以论述”④。的确,义和团运动时期特别是庚子年间,数案呈连锁式群发之势,并且又一度与八国联军侵略的战事搅和在一起,不单纯是“教案”,加以当时由于政局的混

① 影响颇大的顾长声先生的专著《传教士与近代中国》(上海人民出版社1991年第2版)中,即判言“从鸦片战争后一直到义和团期间,由于传教士引起的大小教案共达四百余起”(见该书第136页),而义和团运动以后的十来年间教案明显趋缓,故晚清时期发生“大小教案四百余起”的大概说法曾一度被广为接受。

② 廖一中、李运华:《论近代教案》,《近代中国教案新探》,黄山书社1993年版。

③ 陈银崑:《清季民教冲突的量化分析(1860~1899)》,台湾商务印书馆1991年版,第13页表一。据注,综计数字是“综合《教务教案档》、《教案史料编目》、《筹办夷务始末》等书而得”。至于其统计标准,亦即对“教案单位”的把握原则,据陈氏说明是这样的:“一件民教冲突之事实,无论其参与人数多寡及持续时间长短,均作为一个案件(Incident)。通常仅以一州县为限。设若冲突扩大及二州县或以上,则视为两案或以上”,“不过教案扩大之后,与原来案件的性质旨趣,有时完全相异,视为一案不甚妥当”,“故采取多案计算法”。见陈氏上揭书第11页。

④ 陈银崑:《清季民教冲突的量化分析(1860~1899)》,第4页。

乱，又无法及时进行处置而多所积留①，故此期的案事数量统计上难度颇大。按事后有关大员的奏报，不要说所谓“被拳匪害最重，教案最多的”顺直地方，连毗邻的山东省仅自光绪二十五年(1899年)夏到该年冬大约半年的时间内，“凡掠害教民焚拆教堂之案计共一千余起”②，即使地处“东南互保”范围并非义和团主要活动区域的江西省，庚子当年也“拆毁教堂三十余处”，“教民具控被抢被诈之案”，“实共一千六百余起”③之多。当然这中间也有一个如何把握案事统计单位的标准问题，但无论如何，仅此期的教案，数量上即是一个很庞大的数字是肯定无疑的。近年，有的研究者对整个晚清时段的教案作出总数为1998起、其中重大教案100起的具体统计④。这固然是依其自行把握的统计标准，但亦不妨作为一种参考。

晚清时期教案不但发生的频度极高，而且涉及面非常广泛，各省区均与之有涉，并且烈度亦强，震惊中外的重大教案时有发生，影响之大，每每成为外国多端讹诈甚至进行武装侵略的借口，造成

---

① 参见拙文:《庚子教案的积留与“善后”处置》，苏位智、刘天路主编:《义和团运动一百周年国际学术讨论会论文集》，山东大学出版社2002年版，第554～567页。

② 《山东巡抚袁世凯为抄呈办理交涉议结各案奏折事致行在刑部咨文·附件抄录原折》，中国近代史资料丛刊续编:《清末教案》第3册，中华书局1998年版，第67页。

③ 《江西巡抚李兴锐为本省教案赔款过重请以筹饷捐款全归外用事请总署代奏电》，中国近代史资料丛刊续编:《清末教案》第3册，第64页。

④ 赵树好:《晚清教案发展阶段新探》，苏位智、刘天路主编:《义和团运动一百周年国际学术讨论会论文集》，山东大学出版社2002年版，第568页。按照文中关于统计标准的说明，同一地区的一起或多起有关联的案事算作一起；倘若一支反教队伍在几个地方进行反教斗争(引发多起案事)，仍算作一起。再，该文作者的《教案与晚清社会》(中国文联出版社2001年版)一书中也有类同的表述。

严重动荡、危机的局势。

教案与反洋教斗争紧相牵缠，而反洋教传闻，则是反洋教舆论的一种重要形态。其内容上可谓五花八门，千奇百怪，像迷拐采割、邪术蛊惑、嗜淫成性、乱伦灭伦等都属典型题材。其传布上简直铺天盖地，长盛不衰。这种情况的出现，固然有着多重的原因，而有关社会背景方面的现实诱因即不失为一个很重要的方面。西方列强摧开中国多年的禁教壁垒，取得在中国"传教"的"合法"地位，是其获取的侵略权益的重要组成部分。正是伴随着摧开中国国门的坚船利炮，依恃不平等条约的护符，外国传教士们才得以明火执仗越来越多地涌来华土。总之，晚清时期的外国传教势力在华传教，并非通过正常的文化交流方式进行，而与殖民侵略的战车紧紧挂上了钩。虽说即使在这种情况下，也不无从主观上以真诚布道为天职的传教士，但从总体上看，传教在很大程度上成为殖民侵略的一种手段，并且，确有相当多的传教士行逾本分，成为引起当时中国反洋教斗争的"主要刺激因素"①。再加以多年的禁教环境是伴随外国入侵的民族性灾难的降临突发性地改变，国人心理上缺乏准备，便更加剧了对教方的疑忌、憎恶和抵触，而这种心态障碍着从文化上对其教义教理和仪式活动作切实了解的兴趣和努力，某些传统成见便极易因袭。更为综合地看，外国方面不是通过强行"传教"的一种方式，而是通过以武装侵略开路、多种方式和手段并用来对华实施全面侵略的，这给中国造成了严重的民族危

① ［美］费正清编，中国社会科学院历史研究所编译室译：《剑桥中国晚清史》（中国社会科学出版社 1985 年版）上卷由保罗・科恩撰写的第 11 章中，论及晚清时期中国"在各个社会阶层中间"存在的对基督教的"抵制"原因时，对仅仅归结于"传教加条约"的破坏性的观点表示了异议，但也表示确信"清朝末年传教士的确是主要刺激因素"。见该书第 602～603 页。

机,本能地引起国人对侵略者的仇恨和疑忌,而中国民间乃至基层官府,平时所比较普遍地能够接触到的外国人主要就是散布各地的传教士,于是他们也就很容易以传教士普泛化地概括各类洋人,把对洋人的一切仇恨和疑忌统统发泄在传教士头上,这对于反洋教传闻的生发也是一种应该注意到的助因。

的确,从诸多个案来看,反洋教传闻为其直接而重要的激发因素。像同治九年(1870 年)的天津教案,光绪十七年(1891 年)的芜湖教案、武穴教案、宜昌教案以及光绪二十八年(1902 年)的湖南辰州教案,都是很典型的例子。并且,以进行反教宣传(特别是利用揭帖、文告、书刊等形式)为教方指控的主要案由而形诸案事者,是教案当中的一个重要类别。例如对包含大量传闻内容的《辟邪纪实》、《辟邪实录》、《湖南合省公檄》等典型反洋教宣传品,经常不断地被诸多地方翻刻传布情事的追查,就形成一系列教案。而湖南籍人士周汉、贺金声的反洋教宣传案,更是这方面非常著名的重大案例。在这种案事中,似乎进行包含大量传闻内容的反洋教舆论散播为因,激成案事为果,但从总体情况看,正是由于外国势力把教案作为它借端讹诈的一种手段,教案越是多发和剧烈,带给中方绅民的疑忌和危机感就越重,这样有关传闻就会越发纷杂激烈和增大惯性,而不易平息消弭。正是从这个意义上说,认定因教案的频发和剧烈而加重的社会动荡危机,是有关社会传闻生发的一个方面的环境条件,这决不是因果和本末的倒置。以湖南辰州教案时的情形为例:该案是在当地瘟疫流行的情势下,因民众相信教方使人井中投毒的传闻愤而打教所直接引起,案发后外国方面大肆要挟,甚至进行武力威胁,清方则不遗余力地查拿惩办所谓"凶犯"。在这种情势下,"辰州百姓异常惊恐,谣言一日数起,时而传闻省兵将至,时而传说洋人将派兵轮来辰州镇压,还有说辰州将屠城者，于是纷纷迁避逃匿，一城皆空”①，惶乱的氛围与传闻的鼎沸相激相荡。紧接此案，湖南又发生邵阳人士贺金声大肆播布关于教方“挖眼、割肾、剖胎及肆放毒药”②等反教传闻的案件。当然，由此也可体察，反洋教传闻盛行和教案频发之间，也的确存在着一种互为因果的微妙关系。

第三，朝政变端。

重大政治事变多发，朝局紊乱，也是促使社会传闻盛行的重要环境因素。除了战争形式的事变之外，晚清时期还历经了其他一系列重大事变。此时清廷已不具有完整的主权，连其内部的权力分配问题都越来越不能自作主张，而受到列强的干预。其内部的派系分化也颇为复杂而又微妙，钩心斗角，争逐激烈。在复杂的制约关系中，其朝政变数颇大。当时的封建君主专制体制，决定了其朝政对民间没有任何透明度可言，即使官僚阶层，对朝政内幕的知情权也很有限。特别是自权欲狂慈禧太后通过辛酉政变夺得实际上的最高统治权，持续执政近半个世纪之久（经历了起初与慈安太后形式上共同“垂帘听政”的一段时间）。这中间虽然曾有过所谓“归政”的权术把戏，但很快她又重登前台。帝后党争也历时多年，权争政争交缠难分，朝局尤其诡谲多变。加以慈禧太后以少壮寡妇掌握权柄，像这样一位女主不要说在清朝，即中国历代王朝的历史上亦不多见。自古宫闱即多绯闻，关于她这样一个特殊身份之人的隐情秘事外间也一直潜传不绝，还有像关于同治帝私生活方面的传闻之类，亦纷

---

① 钟玉如:《辰州教案始末》,吴金钟等主编:《近代中国教案新探》,第 204 页。

② 《贺金声禀文之一》,中国近代史资料丛刊续编:《清末教案》第 3 册,第 473 页。

纷扬扬,不啻成为政闻的一种佐料。

当然,还是在引起朝局紊乱、政局动荡的重大政治事变发生的时候,有关传闻更会相应形成盛势。这种重大事变,像每一次易主改元。这中间除去道(光)咸(丰)的更易应算稍少事故外,其后咸(丰)同(治)、同(治)光(绪)、光(绪)宣(统)的几次更易都内幕复杂。光宣中间还曾夹杂着预备废立的"己亥建储"事件,只是因变故未得预期的终局而已。特别醒目的自然是同治改元,因为它是基于一场流血的宫廷政变,阖朝惊惶之下,传闻如火如荼。光绪改元,是在慈禧太后一手操纵下进行的,虽表面上似无波澜,但对朝中的震荡力实际上也是很大的。宣统帝之即位,是在光绪帝先于慈禧太后一日而死的当日,而次日慈禧太后也就撒手归西。一中年"虚君",一老迈"实君",接踵而死,前后仅差一天,并且是少者在前,老者在后,这种巧合的概率确实很小,此奇怪事局的本身就留下了生发传闻的莫大空间。人们在对这种朝局奇变的惊异之下,各种猜测性说法自然也就成了朝野热门话题。

再如朝中每当发生重大人事变动事件,也会在朝野产生震动,诱致相关传闻的流布。像中法战争期间的甲申易枢(光绪十年即1884年的军机处大换班事件)、清末新政期间的丁未政潮(光绪三十三年即1907年奕劻、袁世凯与瞿鸿禨、岑春煊斗法而瞿、岑遭罢的事件)就不失为典型例子。还有大员的突遭变故,也可能在朝野引起震动,激发传闻。像同治九年(1870年)两江总督马新贻的被刺,因为案情奇骇而又扑朔迷离,且事涉民间,具有很大的刺激性,在社会上引起的反应甚至要比发生在内廷的某些人事之变更为强烈,生发的传闻也更纷杂多样。此外像遇到威胁朝中安全的事件,也会引起政治恐慌。光绪三十二年(1906年)正月间,在北京前门西车站轨道旁发现炸药,且“系英国所制最猛烈无烟之炸药”,正值原因不明,猜测纷纭之际,外间督抚电告有革命党潜入京师,适又有教案发生,使得清廷倍加紧张,以致“内廷戒严,加班站岗,西苑门外到上灯后即不准行人来往,违者格杀勿论”①。而越是这样,局势越显动荡不安,传闻纷起。

大规模的“变政”运动的所产生的社会震荡当然会是力度最大的,任何个案性事件都无法与之相比。晚清时期这方面的运动有戊戌变法和清末新政两大典型场次。从时间上看前者较短,后者较长。从性质上看前者是以维新派为主导的具有某些新质要求的政治运动,后者是清朝统治者在时势迫使下自身被动进行的改革。从样态上看,戊戌变法运动中新旧对立严重,争逐激烈,在戊戌年间更是“变政”与“政变”紧相踵接,以至于以变政派人士的流血画下句号,而清末新政则相对平稳。所以比较起来,还是以“戊戌政潮”所造成的朝局震荡为最大,相关传闻情势也尤显激烈。有亲历者当时惊呼:“朝局岌岌不可终日,如蜩如螗,如沸如羹,今其时矣!”②在这种情势下,“都中上自王公,下及士庶,众口哗然,谣言四起”,“朝野议论,愈出愈奇”③;尤其是百日维新期间,关于朝局的传闻更是“波涌云连,如蝗如雨”④,使得“举国惶惑震

① 《陶湘致盛宣怀函》,陈旭麓等主编:盛宣怀档案资料选辑之一《辛亥革命前后》,上海人民出版社 1979 年版,第 20~21 页。

② 叶昌炽:《缘督庐日记钞》,中国近代史资料丛刊《戊戌变法》,上海人民出版社 1997 年版,第 1 册,第 528 页。

③ 苏继祖:《清廷戊戌朝变记》,中国近代史资料丛刊《戊戌变法》第 1 册,第 335 页。

④ 《皇上重病正谬》(《知新报》第 80 册),中国近代史资料丛刊《戊戌变法》第 3 册,第 308 页。

动"[①]。政变发生后,愈是传闻众多而且散布极广,京中尤其"议论汹汹"[②]。清末新政尽管相对平缓,但每当有较大事体酝酿,也常常会传闻盛起。像作为"筹备立宪"重要步骤之一的官制改革酝酿而未宣布结果之际,知情者言,"谣传纷杂,摘要而言,必以更官制为首",而"朝市之间莫不皇皇如,竟有人言戊戌将见者……不能不说扰乱也"[③]。

即使一些地域性的重大事变,也往往引起大规模的传闻流布。像辛亥革命时期的四川保路运动(也与清廷政策密切相关)当中,一时造成所谓"人心大愤,鬼哭神号"[④],连连聚众请愿,生死不惧的局面,对有关传闻人们"随声附合,几乎举国若狂"[⑤]。这虽是出于清方人员的不无污蔑性的说法,但对于印证政局紊乱之于传闻盛行的促发作用还是很能说明问题的。

第四,灾变影响。

晚清时期自然灾害频仍而又严重,给人民生活造成极大的困苦,甚至可使一方穷黎陷于绝境。受当时低下的社会生产力水平和国家财力的限制,特别由于统治者施政管理本身的弊端,又不能组织较有成效的赈济救助,甚至根源于统治集团的人祸反使天灾雪上加霜。有的研究者甚至把这种天人关系因素作为对旧日"灾荒"界定上的要项,作有这样的阐释:"所谓灾荒,乃是由于自然界的破坏

---

① 《圣躬万福》,《国闻报》,光绪二十四年七月初三日。

② 苏继祖:《清廷戊戌朝变记》,中国近代史资料丛刊《戊戌变法》第1册,第348页。

③ 盛宣怀档案资料选辑之一《辛亥革命前后》,第27页。

④ 《成都绅民代表冤单》,盛宣怀档案资料选辑之一《辛亥革命前后》,第139页。

⑤ 《周祖佑致盛宣怀函》,盛宣怀档案资料选辑之一《辛亥革命前后》,第122页。

力对人类生活的打击超过了人类的抵抗力而引起的损害；而在阶级社会里，灾荒基本上是由于人和人的社会关系的失调而引起的人对于自然条件控制的失败所招致的社会物质生活上的损害和破坏。"①在晚清时期这种"天人合祸"的情形，自然也是典型的。

从当时自然灾害的种类上看，正如有的研究者所注意到的：按照《清史稿》的说法，除去一些迷信的内容，起码还包括恒寒、恒阴、水潦、淫雨、雪霜、冰雹、恒燠、恒旸、灾火、风霾、蝗蝻、疾疫、地震、山颓等等，"如果只讲常见的灾害，至少也应提到水、旱、风、雹、火、蝗、震、疫诸灾"②。特别是水、旱灾害，不仅发生的频度高，而且涉及的范围广，一场严重的水、旱灾害往往要牵连若干个省区。像发生于光绪初年骇人听闻的"丁戊奇荒"，就是由一场大旱灾造成的，这场灾荒从光绪二年（1876 年）到光绪五年（1879 年），持续达四年之久，范围"几乎囊括了山西、河南、陕西、直隶（今河北）、山东北方五省，并波及到苏北、皖北、陇东和川北等地区；它造成的后果奇重，仅遍地饿殍就达一千万以上"③。当时的惨况真是难以想象的，处于无果腹之物绝境下的饥民们的求生欲望，使得人相食成为并非罕见之事，乃至发生办赈官员的家人甚或其本人被食或险些被食之事。④ 各种灾害交相并侵，频繁发生，所谓"十

---

① 邓拓：《中国救荒史》，北京出版社 1998 年版，第 5 页。

② 李文海：《中国近代灾荒与社会生活》，《世纪之交的晚清社会》，中国人民大学出版社 1995 年第 1 版、1996 年第 2 次印刷本，第 378 页。

③ 李文海等：《中国近代十大灾荒》，上海人民出版社 1994 年版，第 80 ~ 81 页。

④ 据时人李慈铭在其日记中记载，一个叫罗嘉福的官员赴山西襄办赈事，儿子随行，途中忽然不见，"迹之，已为人所食矣"；一个叫黄贻楫的官员在河南襄办赈事，"偶出潜访利弊，即被擒，解衣将刲，黄自力白，且出所怀文券，久之始得释"。见《越缦堂日记》第 29 册，上海商务印书馆 1920 年影印本，光绪四年三月初二日。

年九荒”在当时来说并不夸张。灾荒所造成的巨大饥民、难民、流民群，显然成为严重社会问题，会加剧社会的动荡。不只是限于被灾人群，整个社会也会增重恐慌氛围，像“上苍示警”、“天神降灾”之类的观念此时最易强化，求龙王、祈河神、祷天告地，五花八门的迷信乞救，惯以成为群体性大规模的活动，相关的神异性传闻也往往随之蜂起。有时候，对灾害的恐惧情绪还会被诱向其他宣泄渠道。譬如义和团运动时人们便把当时的旱灾归咎于洋人洋教“欺神蔑圣，不遵佛法，怒恼天地，收起雨泽”①。流行甚广的著名“神助拳”谣中，也都有“不下雨，地发干，全是教堂止住天”②之类的义项，民间还有“杀了洋鬼头，猛雨往下流”，“洋人杀尽，欲雨唤雨，欲晴叫晴”等传言③。当然，不排除这中间有故借天灾之由宣传灭洋的策略因素，并且，义和团运动的兴起无疑主要是激发于“洋祸”而非天灾，但天灾也确实成为一种助因。

义和团运动前后，山东、直隶等相关地方连年重灾，特别是光绪二十六年(1900年)自春徂夏顺直地区更是持续大旱。有亲历者留下了关于此间二到五月天津一带情形的这样的记述:“无雨，谣言日多”;“仍无雨，瘟气流行杂灾渐起”;拳众“又乘势造言曰:‘扫平洋人，自然下雨消灾’”;“仍无雨，官方屡次设坛求祷，依然亢旱”，拳众“横行街市，人心不安”;“依然亢旱无雨”，拳众“日益强横”④。从

---

① 《增福财神李告白》，陈振江、程歗:《义和团文献辑注与研究》，第22页。

② 《神助拳之二(天津)》，陈振江、程歗:《义和团文献辑注与研究》，第33页。“神助拳”谣流行颇广，有多种“版本”，尽管语句有异，但此教堂阻雨的义项皆有。如或云“不下雨，麦苗干，教堂恨民阻老天”，或云“天无雨，地焦干，全是教堂止住天”(分别见上揭书第31、34页)等等。

③ 陈振江、程歗:《义和团文献辑注与研究》，第32页注释①。

④ 刘孟扬:《天津拳匪变乱纪事》，中国近代史资料丛刊《义和团》第2册，第8~10页。

中不难体察到天灾对于烘托"拳势"的作用。甚至当时的在中国有关地方的传教士们,也把祈求老天降雨作为解救危机的一种莫大期盼,像北京地方就有传教士带同教民们"虔诚地祈求老天下雨",认为"雨水可以使一些拳民回家种地,这样,险恶的形势就会得到好转"①。而据当时清方的知情者记述,有向官府求借拨钱米的"拳民"曾当场仰天太息曰:"我等亦系好百姓,倘上天……降雨,四野霑足,早已披蓑戴笠,从事力作,哪有工夫来京作此勾当。"记述者因以感慨"所谓'盗亦有道'也"②。

此中之"道",的确值得揣摩。其实,又何止义和团运动,其他诸多重大事变,特别是民众的举事,多与因灾变更加重了生存危机感有关。太平天国、捻军和若干少数民族反清起义无不如此。甚至像同治九年天津教案的发生,之所以有偌多指斥教方的恐怖性传闻,也有这方面的助因。为此案事三口通商大臣向清廷的奏报中,开言即道"天津自入夏以来亢旱异常,人心不定,民间谣言甚多"③云云,并非不着边际之语。再如光绪二十八年(1902年)湖南辰州教案,系由民众怀疑教方往井中施放毒药愤而打教所直接引发,而这又与当时当地"突然瘟疫流行,城乡每日死者甚重,棺木供不应求","使得人人自危,感到有朝不保夕的威胁"④这样一种情势密切相关。是对瘟疫的恐慌氛围,加剧了人们对教方的疑忌,从而在特定场境下促使了有关传闻的盛行和群体性的盲信

---

① 见[美]柯文著,杜继东译:《历史三调——作为事件、经历和神话的义和团》,第68页引录资料。

② 陈夔龙:《梦蕉亭杂记》,北京古籍出版社1985年版,第33~34页。

③ 《三口通商大臣崇厚奏报天津教案经过请饬直隶总督曾国藩来津查办折》,中国近代史资料丛刊续编:《清末教案》第1册,中华书局1996年版,第776页。

④ 杨世骥:《辛亥革命前后湖南史事》,湖南人民出版社1982年第2版,第71页。

（有关该案的具体情况在后边适当地方再行进一步介绍和分析）。

二、信息缺陷：促使舆论畸变的病榻

社会传闻作为一种畸形的舆论形态，它的盛行与缺乏灵通而准确的信息传达分不开。信息传达可以从官方层面、民间层面、官方与民间的沟通以及总体信息环境状况来看。而在这几个不同层面上晚清时期都没有健全的渠道，尤其是发生重大事变的时候，更显失常紊乱，这不啻成为促使舆论畸变的病榻。

先看官方内部的信息传播状况。

晚清在官方文牍制度方面与清前期一脉相承，最初一些年里无大变化。除去朝见和廷议为皇帝（慈禧柄政期间成为实际上的君主）和一定范围的高级大员之间的当面信息交流外，在更大范围内，其间的信息交流方式是上谕和奏疏。奏疏除非特许外，也只能限于京师的阁部大臣、各衙门堂官和科道言官，外省文官自道员以上、武官自总兵以上的官员（而实际上主要还是集中于督抚大员）才有资格上奏。内外各级官府之间按一定规仪行施公牍。自19世纪70年代电报在中国出现并渐多地用于官方通讯，信息传递速度大大提高，不啻这方面的一场革命。官员们私人间的函件一般不能列为公牍范围，但多涉及政务内容，甚至有以私函形式为变相的公牍者。譬如作为中兴名臣之一的湖北巡抚胡林翼，便“以州县悬隔，遇事辄手札谘问，务达其情”，尝言：“公文同而手札专，吏有不敢轻视之心”①。他还曾对僚属说，他的“军事精神思虑

① 梅英杰：《胡文忠公年谱》卷3，台湾文海出版社《近代中国史料丛刊》影印本，第283～284页。

多注于往返书札中，其公牍不多见也”①。这不失为典型的例子。

官方“报纸”最初只是沿袭下来的邸钞、京报，主要还是在统治阶层内部一定范围发行。印行京报②的报房虽名义上可由民间自设，但载用稿件主要是官方文件和朝政消息，要由当局严格控制，并不能反映民间舆论，而发行面有逐渐扩大的趋势，清末“仅北京一地的报房就有聚兴、聚陞、聚恒等十家之多”，“总发行数一万余份”③。及至19世纪末，又开始出现新型官报，最早是光绪二十二年(1896年)在北京创刊的《官书局报》和《官书局汇报》，但出版时间不长。自光绪三十二年(1906年)，清政府为了宣传所谓“筹备立宪”的需要，相继办起一批中央和地方官报，总数达30种以上。这时的官报除登载上谕和常呈文书外，还普遍设“要闻”、“要电”、“实业”等栏目，内容和形式上较原来的邸钞、京报都有所改进，并且，除了在官方内部交流外，显有向民间扩大宣传的趋向。此期的新型官报中，以由考察政治馆主办的《政治官报》(后改为《内阁官报》)尤为显著。

在封建专制体制下，君权至上，没有民主可言，在官方内部，除了通过有限渠道有选择性地公布一些政务信息之外，其朝政内幕在很大程度上也是被内廷严格控制而隐秘不宣的，况且随意性又是专制政治的一大特征，这样，就有生发有关传闻的莫大空间。刘体智作为当年曾任疆吏高官的刘秉璋的儿子，尝忆及关于乃父当

① 胡林翼:《致严渭春》,《胡文忠公遗集》卷73,光绪十四年上海著易堂铅印本,第1页。

② 这里所说“京报”系泛指此一类别的报纸,并非指称光绪三十三年(1907年)改良派人士汪康年曾在北京创办的《京报》。实际上该报也有袁世凯等权臣的集股,意在控制,后即因登载为袁世凯所忌消息遭停办。

③ 方汉奇:《中国近代报刊史》上册,山西人民出版社1981年,第4页。

年的有些官场瓜葛，传闻不一，底细难明，感慨“朝政之不易知，人言之难尽信”①。特别是在一些特殊时候，朝廷更会有意封锁消息，像有知情者记述，在第二次鸦片战争期间联军入侵北京前后，“军报皆闷不令外廷闻知”②；“所有一切奏禀概不发钞”③；“军警日至，枢府深秘不泄，朝官无知其事者”，这样一来，更促使“谣言纷起，益滋震惊”④。这就很能说明问题。朝局有些事情，越是隐秘，利益攸关者越是想要探测。有迹象表明，不要说有此地理之便的京官，许多外吏大员，也在京安排有专门打探消息的眼线。譬如戊戌政变之后，慈禧太后蓄谋废立，据说张之洞、刘坤一、谭钟麟等大员“皆有亲信人在北京探传消息，一闻此耗，登即飞报”⑤。再如，清末新政期间，涉及一系列重大人事变动，事机颇为隐秘，为有关官员们所关注，争相探闻。此间一度丁忧的盛宣怀，“为了掌握情况，他指使得力亲信陶湘，在北京刺探官场和宫廷内幕”，陶湘也确实“为盛刺探到许多内幕情况”，“不断地用密函向盛报告”，盛宣怀因此“获得紫禁城内外很多机密”⑥。像这种情况，绝算不上运用常规信息渠道，并且刺探所闻所传也未必皆确实消息，传闻

---

① 刘体智：《异辞录》，中华书局1988年版、1997年第2次印刷本，第120页。

② 蒋琦龄：《请幸太原疏》后自记，中国近代史资料丛刊《第二次鸦片战争》第2册，第59页。

③ 吴可读：《罔极编》，中国近代史资料丛刊《第二次鸦片战争》第2册，第66页。

④ 李慈铭：《越缦堂日记补》（咸丰十年六月三十日条），上海商务印书馆1937年影印本，第9册，第13页。

⑤ 香港《士蔑报》载闻，清华大学历史系编：《戊戌变法文献资料系日》，上海书店出版社1998年版，第1422页。

⑥ 陈旭麓等主编：盛宣怀档案资料选辑之一《辛亥革命前后》，第1页《编者按》。

之属所占比重自不会太小。

其实，官方通过正规渠道传递的消息，其确实可靠性也要大打折扣。以军报为例。不仅仅是战事情况多变，采实本即不易，误传误报在所难免，更主要的，当时将帅夸胜讳败，争功掩过，习以为常，对朝廷的奏报也惯以如此。而君主深闭宫中，对情报内容的虚实本难判别，或是出于自身的需要，即使知其不实，也故意将虚就虚，顺水推舟。总之当时传递的军情信息水分很大。曾做过曾国藩机要幕僚多年的赵烈文，就曾直言不讳地说："近世捷报，大半虚辞"①。当时在华外国人员对有关情况也深有体察，作有这样的评说："官军失败一次之后，即刻跟着发表一个大获全胜的公报"，"政府为了它的利益而传播的消息极不可信。一个官吏无时无刻不在说谎"②。即使当时官报有选择地传达的信息，虚假不实的情况也不鲜见，像当时外国人在华办的中文报纸《上海新报》，尽管自己的载闻也错讹连连，但还是对清方的《京报》屡屡指误，像它在1862年8月19日亦即清历同治元年七月廿四日载文中，评析了《京报》对有关战讯的误报，有"中国《京报》不可信如此"③之慨。总之，当时清朝官方内部的信息失常现象是比较严重地存在的。

接下来再看民间层面的有关情况。

民间相对官僚阶层可以说是社会之塔的一个巨大基座，不但人数多而且地位低下。当然，民间仍可以从不同的角度和方面进

---

① 赵烈文:《能静居士日记》二十，太平天国历史博物馆编:《太平天国资料丛编简辑》第3册，中华书局1962年版，第380页。

② ［法］加勒利、伊凡原著，［英］约·鄂克森佛译补，徐建竹译:《太平天国初期纪事》，上海古籍出版社1982年版，第130～131页。

③ 《〈上海新报〉中的太平天国史料》（"供内部参考"资料），上海图书馆1964年印，第17页。

行不同的层面划分。譬如说,有小部分生活于城镇的“市民”,绝大部分是生活在农村的“乡民”;有小部分属知识水平和政治地位较高的士绅①,绝大部分是没有什么“文化”和政治地位的平民百姓。相对于“乡民”来说,“市民”群体对朝政信息的了解上有着比较便利的环境条件。相对于平民百姓来说,士绅阶层有着与官僚阶层比较接近的地位优势,甚至两者存有一定厚度的“互渗”层。而无论如何,从人口规模和地域范围上来看,乡民无疑是民间人口主体的主体,是社会之塔基座的基座。

当时民众总体上分布的地域空间很大,但所能接触的社会信息空间却很小(特别是乡民)。从传播学的角度看,民间对社会信息的了解程度,与“大众传播”②的发展状况有着密切关系。而在

---

① 晚清时“绅士”的数量,据张仲礼先生的研究,“绅士阶层总人数太平天国前约为110万人,太平天国后为140万人”。而他对“绅士”的界定为,凡属有“功名、学品、学衔和官职身份的人”,而不包括“追求功名的童生”、“耆老”和“绅士的亲戚或清客、下属”等人员(见张仲礼著、李荣昌译:《中国绅士——关于其在十九世纪中国社会作用的研究》,上海社会科学院出版社1991年版、2002年第4次印刷本,第122页和第1页)。可见张仲礼先生所谓“绅士”中,是包括了官员;而本文这里所谓“士绅”的指称剔除正式官员,而仅指有“功名、学品、学衔”者。这自然与张仲礼先生所谓“绅士”在人员数量上有一定差异,但出入也不是很大。晚清官员的人数,“道光末文职京官2369员,外官8947员;武职京官4378员,外官八旗2848员,绿营7470员,以上文武官统共26355员(按:据注系据钟琦:《皇朝琐屑录》卷4。按各细数相加,应为26372名,与书中记载数有差别。见白钢主编:《中国政治制度通史》第10卷,人民出版社1996年版,第533页)。清末时官员数量或有所增加,但悬殊也不会太大。可见官员人数在张仲礼先生所指“绅士”中所占的比例颇小,故可以说本文这里所谓“士绅”与张氏所谓“绅士”在数量大致上相近。

② 对“大众传播”的界定各家并不尽统一,但基本意旨上还是比较一致的。像有的著述中将其定义为“专业化的媒介组织运用先进的传播技术和产生化手段,以社会上的一般大众为对象而进行的大规模的信息生产和传播活动”。见郭庆光:《传播学教程》,第111页。

晚清，只是"大众传播"初见端倪的时期，其传媒形式还基本上只限于逐步发展的新型报刊一途，电报、电话虽然在清末开始出现，但应用范围尚很窄，远达不到成为民间普遍通讯工具的程度，更谈不上有广播电台、电视之类。在前大众传播时代，可以说民间也相应是处于一个"传闻时代"，存在着巨大的传闻空间。人们获取超过自己实际生活范围小圈之外的社会信息，主要就是靠传闻途径。晚清时期可以说是处在由前大众传播时代向大众传播时代的过渡期。再具体些说来，在维新运动以前的较长时段里，基本上还是处于无大众传媒的信息环境中，自维新运动开始，随着社会上民智意识的强化和民间书报业的渐兴，才算跨入大众传播时代的门槛①。在晚清时期最初尚缺乏大众传媒的若干年间，主要由官方特别是在华外国人所办为数不多的报刊，其向民间信息的辐射量当是有限的。对一些知识含量较高的社会信息的了解在民间应该主要是限于士绅阶层，由他们通过可能的渠道获得，再在一定程度和范围内向平民层扩散。这种传播形态上主要即当传闻之属。以民间社会为生发源地的传闻，在民间的流行就更具有直接性。像反映所谓"民教冲突"的反洋教传闻，还有与民众生活背景直接关联的一

① 据桑兵《清末民初传播业的民间化与社会变迁》（载华中师范大学中国近代史研究所编：《辛亥革命与20世纪中国——1990～1999年辛亥革命论文集》，湖北人民出版社2001年版）一文中的研究介绍："1998年以前，外资报刊占绝对优势，其中又以教会所办者居多。据1894年耶稣会统计，中国共有中外文报刊76种，十之六系教会报。从戊戌开始，民办报刊声势骤盛"。据其所列对有创办时间记载的397种报刊的统计表中显示，1898年即光绪二十四年（戊戌）时，总共增加的34家报纸中，中国商办者有26家，到10年之后的1908年即光绪三十四年，累计总共的397家报纸中，中国商办者即达271家之多。另据该文介绍，从戊戌年到1912年，"华文报刊由百余种增至500余种，连同陆续停刊者，共有700～800种之多，总发行量仅据1913年邮政系统运送的报纸印刷品计，就达51524800份"（见上揭书第523页）。这中间绝大部分当为中国民间报刊者。

些神异性传闻，之所以在当时的民间长盛不衰，恐怕主要即是基于这方面的原因。当以新式报刊为主要形式的大众传媒逐渐有所发展后，由于特殊的环境条件，似乎也没有起到削弱传闻的作用，甚至在某些时候反而激剧了传闻势态。对此俟稍后再予申论。

那么，当时官方与民间的社会信息沟通情况又如何呢？

在君主专制体制之下，广大平民既没有参政议政权，也没有对朝政的知情权，“民可使由之，不可使知之”的古语，在专制时代可以说不失为千年一贯的施政要则，上下之间存在着严重的信息隔膜。民众也无言论的自由，一切对统治者不利的宣传，都可以被指认为“造言”惑众，被法定地禁止和制裁，这一直到清代也不例外。[①] 晚清时期统治者正是针对对其不利的传闻舆论盛行的情势，指斥所谓“愚民无知，造谣生事”，申令须“严行查办”之类的官方文告更是时常发布。民间所被要求听讲于官方的，也就是“圣谕广训”之类的“纶音”和有关礼法而已[②]，常规朝政信息沟通是根本谈不上的。在这种情况下，有关传闻的生发空间也就很难为其他的信息传递形态所填充。当然，从维新运动开始，进步社会群

① 清代的律例中即明确规定：“凡妄布邪言，书写张贴，煽惑人心”处以斩刑；“狂妄之徒，因事造言，捏成歌曲沿街唱和，及以鄙俚亵嫚之词，刊刻传播者”，内外各地方官也要即时查拿问罪；又规定“各省抄房在京探听事件，捏造言语，录报各处者，系官，革职；军民，杖一百，流三千里”。见张荣铮等点校：《大清律例》，天津古籍出版社 1993 年版、1995 年第 1 次印刷本，第 362 页。

② 按照清代定制，民间设立“讲约处所”，“每月朔望，咸集耆老人等宣读圣谕广训及钦定律条，务令明白讲解，家喻户晓，该州县教官仍不时训行宣导。如地方官奉行不力者，督抚查参”。及至晚清时期，这种活动在许多地方已是日久旷废，不过官方还是力图坚持，将此作为加强民间教化的重要措施。时有官员作这方面的奏请，得到清廷的肯定和颁谕推行。如光绪元年清廷就御史陈彝所奏有关事宜，即布谕“着再申明旧例，令实力奉行”。见《光绪朝东华录》第 1 册，中华书局 1958 年版、1984 年第 2 次印刷本，第 121 页。

体把开启民智作为进行社会改造的要策之一,民办报刊业的逐渐兴盛即与此密切相关,在形势的促迫下,也是为争取民众的需要,清方在开放民间言路方面也作了一些表示,与民间的信息沟通有所改善,其朝政信息的传达不再仅仅局限于官员层面,而且也向民间逐步扩展,不但像《政治官报》之类的官方喉舌,而且一些大众传媒在这中间也发挥了一定作用。不过,从总体的信息环境来看,晚清时期一直没出现能够有效抑制传闻势态的局面。

新型报刊这种大众传媒形式的出现并逐步发展,在一般情况下,应该有助于社会信息的正常传播,有利于正常的舆论建设。因为大众传媒面向大众,传播范围宽泛;文字形式比口头承载的信息内容也更能具有"确定性"(不等同于"确实性");就较大范围的传播而言也能大大加快速度。所谓:"一纸遥传,无地不逮,入城市,登公堂,进村塾,遍山陬,达草野"①,这种描述性说法,正印证了上述情况。在一些特别关头,人们对报纸所传达的信息的关注更是会有超常的表现。像在辛亥年上海光复前后,在沪城集中着《申报》、《新闻报》、《时报》、《时事新报》、《神州日报》、《天铎报》等6家报馆的望平街上,比平时一下子热闹了许多,人们纷纷向这里看报和打探消息。特别是该城光复之际,"望平街各报馆的门口贴着上海光复的号外,卖报的吆喝着攻打制造局的新闻……听消息的、看热闹的,人山人海,水泄不通。各报馆的号外,每天出十次、八次,望平街的人也就和潮水一样涌来涌去"②。显然,报纸成为人们十分重视甚至特别依赖的信息渠道。

---

① 《格致益闻汇报序》,清华大学历史系编:《戊戌变法文献资料系日》,第871页。

② 齐宇:《报馆街上的辛亥革命》,《人民政协报·春秋周刊》第96期,2002年12月27日。

而在那个年代的特定条件下，不少时候诸多报刊不但无助于削弱传闻的态势，反而成了传闻的一种十分重要的播散途径和方式，加速加剧了传闻的生发传布。各报刊因所属的主人不同，相应显有各自的政治倾向性，这必然也反映在对传闻的采择、评鉴、加工、传布、利用等一系列环节上，其主观色彩无疑是浓重的，信息的差异性也就很大，这对一般的信息接受者来说，便可能更会增加无所适从的混乱感。当时各方报刊甚至自己阵线内部所属者相互指虚揭伪的情况是常见的。

早在 19 世纪 40 年代，当时国人自办的新型报刊还没有出现，只是外国方面在港澳和广州办起少数几种兼以中国人为读者对象的报刊，而那时报纸对传闻乃至谣言的激发作用，即为有关人员明显察觉。如针对道光二十九年（1849 年）春间围绕"入城"事件"谣言"的纷扰，《中国文库》（The Chinese Repository，或译《中国丛报》、《澳门月报》）载文中即有这样的评论："如果在我们当中发现许多无稽谣言被辑印出来而得到相信的话，谁都可以看出在这个时候，社会上受到无稽谣言的影响，引起多么大的扰乱"，"中国民众本身似乎感到需要有一些可靠的消息渠道"，指责"那些新闻贩子"，把他们"看作是一批讨厌的应感到羞愧的人"①。后来一些报刊关于太平天国的载闻，也屡遭失实的非议。像在太平军奠都天京的前夕，有意大利方济各会传教士在有关函件中评说："一些香港报刊的报道实在太不尊重事实了。这些报道说，叛军（指：太平军）领导层中有几位法国传教士。事实上，目前几乎所有的叛乱都集中在湖广的两省，而这两省的所有传教士都是意大利人，属于方济各会。此外，叛军旗帜上的'上帝会'（Xam-ti -houoei）三字

① 广东省文史研究馆译：《鸦片战争史料选译》，中华书局 1983 年版，第 474 页。

也清楚地表明，叛军首领根本不是天主教徒。”外国人所办的中文报纸《上海新报》，所载关于太平天国和战事进展的消息更多为传闻之属，虚实混杂，底细难明。

及至维新运动期间，新式报刊的兴办开始出现雨后春笋之势，及至辛亥革命风潮涌起后，其势更盛，仅革命派所办新型报刊为数即颇为可观。仅据冯自由在一篇文章中统计列示的，终清以前革命党人在海内外所办报刊就达 110 多种。① 此期政治派系林立，报刊为之喉舌，进行论争，相互指责报道失实甚至造作谣言者经常不断。其实，各方报纸都不外从自己的立场出发筛选信息，发表言论，都很注意传闻信息，甚至公开说明所载源自传闻。即使政治色彩不是特别鲜明、面目相对“平和”的报纸也是如此。像光绪二十八年(1902 年)创刊于天津的《大公报》，就惯在“传闻如是”的提示性小标题下登载一些消息，时常还特别加以“传闻如是，未知确否”②之类的说明。有时因所载传闻不实，引发交涉。像光绪二十九年(1903 年)五月间该报载闻涉及一所学堂管理上的弊情，被该学堂指为“误传”，“人将概以捕风捉影目之”，说是这会致使人们对该报所有载闻产生不信任感，“将尽疑其为虚妄”③。

不消说有的报刊主观上即有根据自己的需要，不问虚实，采登传闻，甚至造作虚假消息的故意，即使刻意求实求真，为信息大环境所限也未必做到。平时如此，在有重大事变发生、动荡混乱的情

① 见冯自由：《开国前海内外革命报刊一览》，《革命逸史》第 2 集，中华书局 1981 年版，第 137～147 页。

② 如该报(天津《大公报》)光绪二十九年五月初三日在《中外近事·本埠》栏中即有这样的载闻：“[传闻如是]警务学堂兵学生现奉凌太守沈司马会议，俟期酌派查点津郡户口详细人额，作何生理，注明入册，以便清理地面而免窝匪。传闻如是，未知确否。”这只是随拈一例，如此情况在该报颇为多见。

③ 《大公报》光绪二十九年五月十一日“来函栏”。

势下，有关详确的消息来源渠道更或无从谈起。不仅对于报刊的信息来源是这样，而且更应视之为特定时候的一种颇为普泛化的信息环境条件。

譬如戊戌政潮期间，朝内政争激烈，不论是"变政"还是"政变"的酝酿，都在很大程度上赖于宫内密谋，事机颇隐，当事者或故意对外间封锁真情，甚至以虚假消息欺饰臣民。特别是政变的酝酿操作，更是主要靠不能将真情公诸于世的阴谋诡计。再加一层皇室家事的帷帐屏隔，外间愈难窥视。但其间内幕又为外间各方所急切欲知，于是捕风捉影、道听途说，甚至靠揣摩臆测，制造信息，进行传播。即使平时消息灵通的在华外国人士，在此特殊之际，对中国朝局状况可靠信息的获取来说，也不免陷入盲区，深感茫然。如政变发生之初，他们即发出这样的感叹："此间的形式，一瞬间发生了变化，我们如坠五里雾中"①。在这种情况下，其所闻所传的有关信息，传闻的比重自不会小。

还有像庚子年义和团运动高潮和八国联军发动侵华战争期间，有谓"邮政既不能通，电线又遭破坏，自是谣言蜂起，弓蛇市虎，益致惊疑"②。不只中国方面，连外国有关人员也一度曾陷入与外间信息几乎隔绝的情境。美国传教士麦美德在其日记中记载了当年西历6月底受困于使馆的洋人与外界完全隔绝时的情形："我们在这里与世隔绝，好像置身于一个荒岛上。我们知道的外部世界的消息，甚至由洋兵守卫的这个弹丸之地以外的中国其他地方的消息，都是两周前的旧闻"，"全中国都处在动乱中了吗？

① 赫德夫人致金登干函，陈霞飞主编：《中国海关密档》第6卷，中华书局1995年版，第891页。

② 《佚名文稿·维持市面以保大局说》，中国社会科学院近代史研究所近代史资料编辑组编：《义和团史料》下册，第853页。

各地的教民正在遭受屠杀吗？离此地不到一英里远的皇宫正在发生了什么事情？皇帝还活着吗？慈禧太后已经带着尽可能多的金银财宝逃离北京城了吗？从我们头上呼啸而过的子弹是我们与外界联系的惟一纽带，但连它们都转瞬即逝”①。同是麦美德记述，“由于危机发生后的最初几个星期使馆区与外界的通讯联系被完全切断，所以使馆区谣言满天飞，乃定期派遣华人探子四处打听从天津来的援军的情况”，有的探子竟“汇报军情，信口开河”而“收取酬金”②。可见，当时获取真确情报之难。据英国传教士宝复礼记述，他们甚至“对传递信息的人出了巨额的报酬”，也难以雇到愿意为他们探闻者，当然，靠这种方法也偶能有获，如有探子把信件缝在帽子的夹层中送进去。③ 可以想见，在这种信息环境中，传闻的生发自是不可避免的。

辛亥革命时情形也颇典型。武昌起义之后一时举国动荡，消息纷扰。当时《民立报》载有报人这样的“短评”：

> 武昌武昌，汉阳汉阳，消息传来，声势异常，不枉大热闹一场。
>
> 传单传单，电报电报，报馆门前，人声纷扰，也算小热闹一场。
>
> 黄帝黄帝，子孙子孙，望平街上，言者日增，前晚多鼓噪声，昨晚多鼓掌声，但不知此热闹场中，谁为伤心人？

---

① 转据［美］柯文著，杜继东译：《历史三调——作为事件、经历和神话的义和团》，第51页。

② 据［美］柯文著，杜继东译：《历史三调——作为事件、经历和神话的义和团》，第127页。

③ 北京市政协文史资料研究委员会、天津市政协文史资料研究委员会编：《京津蒙难记——八国联军侵华纪实》，中国文史出版社1990年版，第200页。

> 记者曰:一夜之隔,迫不及待,必欲争先恐后,跻身于热闹场中,急探好消息,是何故欤?或曰:你又要来做潘老丈了。①

像这样一种“热闹”的信息源,所提供的也只能多是“传闻”性质的消息而已。当时有关信息纷乱情状各省皆然,相当普遍。

还需要特别指出的是,晚清时期信息大环境上的纷杂嚣乱,与外国方面侵扰导致信息传播格局上的复杂和抵牾情状有着密切关系。外国方面从自己的利益出发,对舆论宣传一直非常重视,并且在传播媒介和方式方法上一般说来据有领先和优势地位,在华进行着信息战、舆论战。并不是说外国方面的信息源中就完全寻绎不出真实的成分,而是务必看到它对信息采集利用的明显利己性,不仅仅是与中国民间而且与清朝官方也存在抵牾。这种信息格局上的扭曲,对于传闻的生发会有其助长作用。这从本书下面有关章节中对外国人所办报刊登载传闻的征引事例即可印证。

三、心理诉求:介入传闻的内在驱动

仅仅是客观环境因素显然是不能形成传闻流布的,必须赖于传播人群的介入。而人们的介入,最终可以追溯到心理驱动的最隐深层面。

有研究社会心理的著述中指出:“从流言或谣言产生的原因看,既在于某些人类固有的心理基础,也有其他一些实际的心理、

① 拜南:《热闹》,《民立报》1911 年 10 月 21 日。引文中的“潘老丈”,似借指糊涂人。明代沈自晋所编戏剧《翠屏山》(情节源于《水浒传》第 43—45 回),杨雄后妻潘巧云的父亲即所谓“潘老丈”,被塑造为糊涂人。

社会因素。”就第一方面言，是归结于人们在观察、记忆、理解等方面常常存在的不足和偏差，以及一些人喜欢自圆其说的倾向。就第二个方面而言，列举出以下几点：一是“为了耸人听闻，发言者往往夸大其词，或者是为了附会以往的某种传说、民间的愿望以及为了满足某种因果关系，发言者可能会无中生有制造流言”；二是“正常的信息渠道受到阻碍时，或缺乏信息、信息不清时，个人可能会依据猜测、想象，对事物作出自己的解释，这就难免产生流言或谣言”；三是“某些普遍涉及到公众的人或事易于成为人们的注意中心，对此类人或事的议论便会增多。还有一些稀奇古怪的人或事，也易成为人们的兴趣焦点。再就是那些人们感到厌恶的人或事，也常常被人们指指点点”①。这虽然主要是着眼于“现代”而言，但对于我们认识晚清社会传闻产生的心理方面的原因也是有参考价值的。像所谓“人类固有的心理基础”方面的有关表现，对于晚清时候的人们来说当然也是存在的。至于就所谓“其他一些实际的心理、社会因素”所列三个方面的内容中，分析起来，既有个人心理因素，也有社会心理原因（并且像所列第二个方面关于信息环境的客观诱因，我们在上一节中就已专门置论），有关表现对于晚清时期介入传闻的人群来说也都存在。不过，考察晚清时期传闻现象的心理因素，还有因社会动荡、危机而导致的人们的惶惑感也是特别重要的（其客观层面的内容已在本章第一节中专论）。美国学者柯文在关于义和团运动时“谣言”现象的研究中，引述了同是美国学者的拉尔夫·L·罗斯诺关于“谣言”研究的总结性观点，其中认定谣言产生和流传的四个因素为：个人的忧虑、大众的困惑、轻信盲从和“与结果有关的参与”（他指的是每个人对谣言的内容是否真实所作

① 周晓虹：《现代社会心理学》，第428页。

的判断)①。其中显然也包括从个人心理到社会心理的因素,而“忧虑”(可以放大到“恐惧”)与“困惑”的心理原因是被置于前边的,这可以归并于我们所说的“惶惑”。从晚清时期的实际情况看,不断而剧烈的社会动荡,日益加深的社会危机,严重畸形变态的信息环境,对于传闻的生发盛行来说,最终是通过在广大人群中造成“惶惑”感刺激诱致出来的,可以说它是晚清社会传闻生发的最大、最重要的社会心理症结。而这在上两节内容中已经能够得到基本印证,以下再从其他一些方面或层面上进行考察分析:

一是感情宣泄和愿望表达心理。

有些社会传闻的主观色彩是颇为鲜明的,这与特定群体对特定社会历史事物的体察和认识分不开,有意无意地借助社会传闻来作为自己宣泄感情和表达愿望的一种渠道,这是相当普遍的现象。譬如广大民众对外国侵略者的愤恨情绪以及战而胜之的愿望,一直是十分强烈的,在这种心理的促使下,他们所发表的有关言论,就自然而然地包含进了传闻素材。这种情况,在一些典型的文告中,还表现出意境甚至用语上明显的传承性。像鸦片战争时期出现的《尽忠报国全粤义民谕英夷檄》中有这样的话语:

> 查汝逆夷素习,豺狼成性……汝揽境自照,模样与畜生何异?不过能言之禽兽而已。……我天朝茶叶、大黄各样药品,皆汝狗邦养命之物,我天朝若不发给,你等性命何在……汝不知自量,妄称强梁……而所用火箭等物全不中用,可见汝畜类无才能……明明是鬼神保佑我们。汝畜类若逆天行事,得罪上苍,天兵雷神,何难将汝义律

① 见[美]柯文著,杜继东译:《历史三调——作为事件、经历和神话的义和团》,第124~125页。

等殛死？何难将雷火烧尽汝等兵船？何难一阵狂风掀翻汝等船只，将汝等葬诸鱼腹？况且如今，并不用惊动天神，即用我们义民便足以灭尽汝等畜类，上为天神泄愤，下为冤鬼出气。不用官兵，不用国帑，自己出力，不杀尽汝猪狗，不消我各乡惨毒之恨也！①

对所谓"畜类"之仇恨以及"灭尽"他们的愿望溢于言表，情真意切，无丝毫矫揉造作。也正因为如此，其间也就自然而然、天衣无缝地杂以诸多传闻因素，如关于外国人的相貌、外国须赖中国茶叶和大黄方可活命、天神助佑华方等等。及至咸丰元年（1851年），大约是在上海一带出现这样一则告示：

丑夷丑夷，尔试揽镜自照，不过是能言之畜生，与禽兽无异。我众百姓，与尔讲情讲理讲法，尔冥顽不能晓解，惟有将尔等尽斩而杀之，即完结了事。

自尔等入内地通商以来，妄作妄为，肆行无忌……积恶贯盈，罪至滔天，上天震怒，命我们众百姓诛之。尔自以为得计，欲比禽兽中之虎狼。自我众百姓观之，直以尔为笼之中鸟，釜中之鱼，牢中之犬羊耳！一旦众怒齐发，将尔等一尽而杀之，吾恐尔等无噍类矣。

……众百姓义士，督率神炮无数，见夷即斩，斩尽乃止，总不使一夷留遗，久污中国土地。②

将此与前面引录的鸦片战争时粤地义民那则檄文中的话语比较，不是非常相似的吗？而对咸丰时这则"号令"的编注者则指

① 广东省文史研究馆编：《三元里人民抗英斗争史料》，第88～90页。

② 《大清国勇众百姓义士号令——通知丑夷告白》，王庆成编著：《稀见清世史料并考释》，武汉出版社1998年版，第355～356页。

出："这篇号令对外国抱有极大的仇恨，而其武器则是'神炮'，称'众百姓义士，督率神炮无数，见夷即斩，斩尽乃止'。从这里可以看到五十年后义和团运动的影子。"①的确，义和团运动作为中国民众一场自发性的反帝斗争，义民们从其行动上，同时也更从其宣传中，表现出了对侵略者的深仇大恨以及"灭尽洋人"的强烈意愿，那道道揭帖，篇篇檄文，几乎无不迸射着"灭洋"的仇焰，同时也夹裹着神术的炫耀，充斥着大量的神异传闻内容。而这在当时民间具有广阔的流布市场。何以如此？时人有的即这样揭示其社会心理因素："中国受外国凌侮，平民受教民欺压，人人衔恨，无以制之。一旦传闻义和团烧洋楼、毁电杆之奇技，明知非正，未始不足称快。"②这种"明知非正"而"称快"，岂不正是一种特定感情的宣泄和愿望的表达？时人中还有的置论，因为国家"愈不振，愈闭塞"，国人便"愈羞愧，乃愈愤懑"，"一旦有以神术售者，恐将信而奉之，倩为御侮计"③。大旨上也能说明这种情况。

还有反洋教传闻中泄愤和表达愿望的心理因素，也是很典型的。像包含了大量传闻内容的著名反洋教文告《湖南合省公檄》中开篇所言即是："慨自邪说日炽，正道浸微，异类横行，人心共愤。有如逆夷暎咭唎者，僻处海滋，其主或女而或男，其种半人而半畜，山书所谓倮虫，汉译所谓鳀人者也"④。该文告中对该"逆

① 王庆成编著：《稀见清世史料并考释》，第355页。

② 柳堂：《宰惠纪略》，中国近代史资料丛刊《义和团》第1册，第404页。

③ 管鹤：《拳匪闻见录》，中国近代史资料丛刊《义和团》第1册，第476页。

④ 见王明伦选编：《反洋教书文揭帖选》，齐鲁书社1984年版，第1页。据编者考订，该件作成于咸丰十一年。据注，系采自国家第一历史档案馆藏"军机档"中同治元年三月江西巡抚沈葆桢呈送件。又见台湾"中央研究院"近代史研究所编：《教务教案档》（1974～1981年陆续出版）第1辑第2册，第916页、第2辑第2册，第861页。

夷"之教所列"十害",基本上就是詈语加千奇百怪的传闻内容。湖南反洋教狂人周汉的一系列反洋教宣传品,于此表现得更为突出,对洋教可以说恨到不共戴天,骂到俚俗之极,而传闻内容也更与之达到"水乳交融"的密切程度。下面仅举其《防驱鬼叫歌》以示一斑:

现有天主鬼教,暗来散放鬼书。
煽惑好人变鬼,药迷妇女奸污。
生割子肠奶尖,死则剜取眼珠。
男女一被药迷,聪明立刻痴愚。
其书本本粪账,臭比狗屁不如。
其教不敬天地,祖宗牌位全无。
扫灭圣贤仙佛,只拜耶稣一猪。
邪鬼冒称上帝,罪该万剐万诛。
特此四方布告,齐心协力驱除。
遇见鬼叫即打,莫准入境藏居。
遇见鬼书即烧,一字莫准留余。
共保地方清泰,庶免人变鬼乎!①

看其内容,岂不是典型地詈骂加传闻吗?所宣泄的是对所詈"鬼教"的切齿仇恨,同时表达出人人起而抵制、"共保地方清泰"的愿望。顺便指出,在周汉的诸多反洋教宣传品中此件用语上还算是相对"温和"和"文雅"的,有些篇目更是骂词累牍,甚至不惮用污言秽语。

不只是表现在民众反洋人洋教的舆论上,其实所有题材的传闻都可能基于这种心理因素。下面不妨再举关于民间对官员政情评

① 《教务教案档》,第五辑,第三册,第 1315 ~ 1316 页。

价的两则传闻事例来略窥一斑。人所熟知，丁宝桢以在山东巡抚任上捕杀慈禧太后的心腹太监安德海而名扬朝野，他光绪二年(1876年)升为四川总督，直到光绪十二年(1886年)卒于此任。川人中有关于他的“四天四地”谣：“闻公之名，惊天动地；迎公之来，欢天喜地；观公之政，昏天黑地；送公之去，谢天谢地。”①还有清季名臣张之洞，据说就任两广总督后不久，也在粤人中落得类似的传谣，只是与上引谣词个别字眼上略有不同而已：“闻公之名，惊天动地；望公之来，欢天喜地；见公之事，乌天黑地；愿公之去，谢天谢地！”②这种谣歌虽然没有具体的叙事情节，但无疑也应视为传闻的一种形式，属评价性传闻之列。从所引录的这两则谣歌来看，不论是对丁宝桢还是张之洞来说，都反映了辖区民众对他们始则寄予厚望，由衷欢迎，继则观其政务，大失所望，由喜转厌，愿其速去的这么一种心理演变过程。这从对张之洞谣辑录者的说明性文字中可得以更具体地印证：“张文襄由晋抚擢督两广，命下，粤中舆情大欢，几有我后来苏之望。乃下车首开赌禁，办事者务铺张。以建筑广雅书院言之，且縻帑至数十万。督粤未一年，工作繁兴，赋敛无艺，至是，粤人始大失所望。”③我们且不论这种评价是否符合实际，以此来说明有关传闻生发的感情宣泄与愿望表达的心理基因，不能不谓典型。

二是文化偏执心理。

这在晚清时期的社会传闻，特别是牵涉到外域人和事物者当中，也有着明显的反映，列强恃其坚船利炮强行摧开中国国门，“天朝”的锁国壁垒坍于一旦，使之受到前所未有的冲击。由于长

---

① 据李效梅：《清末几件史实的见闻忆述——〈一个太监的经历〉读后》，《天津文史资料选辑》第21辑，天津人民出版社1982年版，第215页。

② 徐珂：《清稗类钞》第12册，商务印书馆1917年版，第108页。

③ 徐珂：《清稗类钞》第12册，第107～108页。

期处在闭塞的环境之中，即使国人中的有识之士，在最初与“夷敌”交锋接触的时候，也不免带上陌生和迷惑的目光。像最先受命赴粤主持禁烟和御夷的林则徐，也曾对当时比较普遍传扬的一种说法，即“夷人”须赖中国的茶叶、大黄，一日无之则病，数日无之则死，表示出信实，把断绝向其这方面的供货视为可以制敌的要术。他甚至还曾明确将英军“腰腿僵硬，一扑不能复起”①的传闻之事信实地形诸奏章。至于在一般士大夫和民众当中，关于“夷人”的千奇百怪的传闻更大有市场。甚至西洋人貌相上与华人的差异，也成为有关传闻的重要素材。那时初见西洋人的样子，人们每每大惊小怪。据先为传教士又在华任外交官员的美国人何天爵（Holcombe Chester）记述，1874 年即清同治十三年的秋季，他偕两位本国同伴在中国内地游历，当“途经一个大约十万人口的城市时”，“人们几乎倾巢而出”围观他们，他们中一个身材短小而留着垂至胸间的浓密长胡子者，竟被围观者指为女性，认做是何氏的夫人，说是在他们国家女人和男人一样长胡须，持此论者还被别人认做是有“渊博知识”的人。② 当时诸多国人除了对强行闯来的夷人的痛恨之外，也是带着文化上的优越感来由表及里地观照他们的，若辈与华人不同的貌相，实际上是被看做了其处“蛮荒之地”、属“化外之群的外在标志。或谓其“类魑魅之形，具猿猴之象；出身苦海，甘游鱼鳖之群；窜迹荒山，豢养豺狼之性”；进而蔑视它如“蜉蝣不知朝暮，蝼蛄不知春秋，夏虫不可语冰，井蛙焉能测海”，大有“华夷不可同居，人鬼岂容并域”③之概——这是颇具典型性

① 《筹办夷务始末》（道光朝）第 1 册，中华书局 1964 年版，第 431 页。

② 据［美］何天爵著，鞠方安译：《真正的中国佬》，光明日报出版社 1998 年版，第 128 页。

③ 《大名府拒唉咭唎公檄》，《教务教案档》第 2 辑第 1 册，第 260 页。

的。至于对其"何知忠孝节义,何知礼义廉耻"①、"三纲五常全不要,一点圣贤不知道"②之类的直接指斥以及由此所生发的传闻,更是诸多反洋人洋教宣传品中所惯有的。

在这中间,还有特别醒目的一种表现,就是对洋人嗜淫的特别强调。在反洋教题材的传闻(俟后边专节论列)中这是一个非常盛行的话题。即使对侵略战争中洋兵罪行的揭露,当时许多人的特别关注点或亦在此。譬如第二次鸦片战争中英法联军入侵北京,当时京民初见洋人,耳闻目睹侵略者的横暴行径愤恨而又惊恐之下,有人这样状描他们心目中对"夷鬼"的印象:"诸夷性皆贪而极淫,所到之地,首掳银钱衣物,次及牲畜,或宰食,或牵卖,虽鸡犬靡有孑遗。惟不多杀人,掳去亦多释回。独见妇女,则未有不淫,无论青娥老妪,西子无盐,避之不早,死之不速,无不被污被掳者。"并且还举及这样两个具体事例:一是洋兵进入北京之前,郊外张家湾一带"妇女闻警自尽者二千数百人",有个回回老阿訇,自称能诵咒使洋人退却,于是,未寻死的妇女们多藏身其礼拜寺中,但"及英夷大至,诵咒无灵",所藏妇女被"尽行掳去"。再是京城广渠门外双树村,金姓庄头有两个妙龄娉婷之女,被洋兵掳去,金庄头奋力追攻,"手刃二女",回来后亦举火自焚。记述者既赞叹于金庄头父女的"节义凛然",又对比遭掳淫的妇女前例而大发感慨说:"天朝礼仪之风化,贞洁自守之闺女,乃辱于禽兽不如之强暴,能无把酒问天、拔剑斫地耶?"③

---

① 《尽忠报国全粤义民谕英夷檄》,广东省文史研究馆编:《三元里人民抗英斗争史料》,第88页。

② 周汉:《辟邪歌词》,王明伦选编:《反洋教书文揭帖选》,第205页。

③ 赘漫野叟:《庚申夷氛纪略》,中国近代史资料丛刊《第二次鸦片战争》第2册,第21页。

侵略者奸淫方面的恶举肯定有之,无疑是其侵略罪行的一个方面的表现,但上面所引述的情事推敲起来当传闻之属,不仅评论上带有强烈的感情色彩,而且叙事情节上也不可能尽然符实,肯定加入了定性描述的渲染成分。这从记述者接着对英国伦理习俗的介绍中,刻意采择并强调关于其"夫妇无别,对众可以狎抱,甚至宣淫","苟合私奔无禁"之类的说法,并置所谓"雁群有序,驼性知羞,英之淫风至此,谓为禽兽不如,予非刻薄之论"①的评语,亦可有助印证。足见若辈对当时制造祸乱者的敏感的认知点之所在,显出有过分渲染此点而相对地冲淡了侵略者其他多方面恶举的倾向,这当然不能有助于对侵略者从本质上予以深刻认识,仅就表象而言也不无片面之嫌。而像对洋人的这种印象在当时的国人中决非个别,特别是这类话题的传闻,在民间社会中形成相当普及的一种舆论(这从持续不衰的反洋教传闻可得到进一步印证)。文化偏执心理因素显然在这中间起着直接作用。

中国传统文化中纲常名教的伦理观念,对妇女"贞节"是一种压迫性、奴役性的畸形注重,而此种意识,晚清时期不论是对于士大夫阶层还是平民百姓来说,还都是沦肌浃髓的,能够脱出此彀而树立新观念者应该说是凤毛麟角。对大多国人来说,仍然本能地在这方面具有卫道的特别敏感性,这种心理的促使,应该是有关舆论夸张化的直接原因之一。此外,有的研究者指出的下述因素的确值得注意:当时出自士大夫笔下对洋人洋教所谓"乱伦"的描绘,除了反映作者"比一般老百姓更执著于纲常礼教而憎恶西方的人权平等、男女平等的观念外,从某种程度上讲,也可看成是封

① 赘漫野叟:《庚申夷氛纪略》,中国近代史资料丛刊《第二次鸦片战争》第2册,第21页。

建士大夫自己最隐秘的那一部分内心活动的折射","封建正统文化造就了士大夫复杂的双重人格","口头上标榜'存天理灭人欲'的理想人格,而内心却无法排解潜意识中的人欲冲动和好奇",他们绘声绘色地渲染教会"乱伦","在某种程度上恰好是反映了宣传者自身那种被纲常名教压抑和封闭在心灵深处的本能欲望,也是封建伦理掩盖着的男性对女性野蛮支配欲的折光"①。这的确是很有道理的。

文化偏执心理对社会传闻生发的影响尚不仅止于这些,它更体现在有关中西文化事物接触冲撞的方方面面,特别是在每个典型场次的中西文化大碰撞时,总是有着醒目的反映。要么把标志西方"长技"的器物指斥为不屑一顾的"奇技淫巧",将其"政教"归结为不值一谈的"蛮邦之俗";要么把西方一切有价值的东西都寻根到华夏吾土,执拗于不是文化引进策略上的而是由衷而发的"西物中源"、"西学中源"说。而无论哪种表现的文化偏执,都衍生出诸多奇奇怪怪的传闻话题。比较起来,像"西物中源"、"西学中源"说似乎有着较深的学理基础,其实,即使在民间这种意识也可本能地生发。那篇产生于鸦片战争期间的粤民"谕英夷檄"中,就有这样的宣示:"汝虽(有)大呢羽毛,非我湖丝焉能织就?虽有花边鬼头,非我纹银白铅不能铸成。其余各物,皆学我天朝法度";"汝船只坚固,炮火惨烈,火箭威猛,汝除此三物更有何能?我天朝平素仁慈,不忍制造此等毒物,伤害汝等。如果狠心制造,何难不诛尽汝等畜类"②?激烈的民族义愤情绪当中,岂不也夹杂

① 程歗:《晚清乡土意识》,第180~181页。

② 《尽忠报国全粤义民谕英夷檄》,广东省文史研究馆编:《三元里人民抗英斗争史料》,第88~89页。

着浓重的文化偏执心理因素？这反映在对有关信息认知上的迷误自然可能助长有关传闻的生发。

三是“疑似”、“信亲”和从众心理。

“疑似”心理是一种似是而非的感知反映，导致对所见传闻作出倾向于认同公众意见的判断。在这中间，先入为主的成见会有意无意地发挥驱动作用。譬如义和团运动时关于“神术”、“邪术”的传闻纷纷扬扬，许多人遇到特定场境的事情，就容易在疑似心理的作用下相信和附合传闻。不妨看时人记述的这样一个事例：庚子年六月间，在琉璃厂开华英药房的山东店主回籍，留一教读先生在店料理，“一日轰传为白莲教，谓纸人纸马咸具。麇集观之，人则所卖烟卷篋上所贴之洋人图记也，马则小孩所戏之马，有机关能动者也。医学堂内无铜人，以纸为之，筋骨脏腑毕备，哄传为洋人致毙者。观者啧啧，载骂痛恨；及近视，则纸人”[①]。当然，作此记述者旨在破妄取真，但“哄传”乃至现场集观者当中，恐怕相当一部分人还是怀着杯弓蛇影的认实感，否则，岂能哄传得开来？再如红灯照飞升之类，在传闻氛围下，有些人见到高挂的灯笼之类就疑似信实，也是同理。还有“某照相馆被焚，搜出广东鲜荔枝，传观为挖人眼珠，莫不眦裂发指”，真是所谓“见橐驼为马肿背”[②]。其实，早在同治九年（1870年）天津教案时，就有过教堂中瓶装腌制的“西产之圆葱头”，被指认做挖取的幼孩目睛，经清方大员亲自开验证实，以致“观者无不绝倒”[③]的事情，那与当时就盛行的教堂

① 《高枬日记》，中国社会科学院近代史研究所编：《庚子记事》，第154页。

② 叶昌炽：《缘督庐日记》，中国近代史资料丛刊《义和团》第2册，第453页。

③ ［法］（北京主教）樊国梁准《燕京开教略》下篇，1905年救世堂印，第54页。

迷拐幼孩、挖眼剖心的传闻也密切关联。当然,这种疑似心理下的误认也必然受知识储备的制约。有这样一个例子:中原某省一位传教士对中国听众讲解寄生虫知识,"他为了让听众印象深刻,用双灯放映机显示出一个高倍放大的普通寄生虫。这个寄生虫的巨大身躯,像埃及鳄鱼似的斜着映现于屏幕上时,就听见一位观众以敬畏的口气,小声宣布新获得的观念:'看,这是外国大虱子'"①!想必是中国听众对有关科学知识没有起码的了解,遂作出"外国大虱子"的疑似判断,也算是一个无法让人生笑的笑话。

所谓"信亲"心理,是笔者据有关传闻心理现象特别归纳提出的用语,它有两层意思,一是指信实自己亲眼所见;二是指相信自己觉得可信任的关系亲近的人所言。俗话说"耳听是虚,眼见为实",其实此言并不完全符合科学思维。亲眼所见的事情也未必就能看破真相。试想,一个魔术师如果并不宣明自己是做魔术表演,而说是真实的奇术,若是并看不破底细的观者就此真的相信为实,岂不分明是基于"眼见为实"心理的认识错误?对于当年诸多传闻的信传者来说,这种情况即颇常见。像对义和团时有关情事亲历者即有这样的记述:"拳众每纵火,以刀或枪向其门作指画状,又以指划地上土,群呼曰'著(着)',立时火起。盖有潜纵之者,人不知也。其焚教堂,使其党预伏其内,以煤油潜洒之,然后率众往,发枪遥击,枪声甫鸣,烈焰突起。观者堵立,惊以为神。是亦幻戏之技耳。"②过后的记述者虽然已知是"幻戏之技",但当时不是出现"观者堵立,惊以为神"的情状吗?那就是"眼见为实"心态

① [美]亚瑟·亨·史密斯(明恩溥)著,张梦阳、王丽娟译:《中国人的气质》,敦煌文艺出版社1995年版,第41页。

② 龙顾山人:《庚子诗鉴》,《义和团史料》上册,第34页。

下的典型反应。当时还有人这样记述：

> 哄传团民善用循法，山岭城垣不能阻挡，皆系讹传附会之言，实无其事。又哄传无论相离千数百里，此处焚表呼唤，彼处立时便知，人亦顷刻而至，比电报尤速。又哄传有沙锅会，煮一锅之饭数十人食之不尽。又哄传能避敌人枪炮，团民用手一指，对阵枪炮即不过火，不能发声。又哄传刀枪炮弹不能伤身，枪炮子至身即落，皮肤毫无痕迹，未悉果确否，予未亲见。惟刀剑剁在团民皮肉之上，只有白道，并不出血，予曾亲见也。①

可见，记述者除了对“循法”一项明确指虚外，对其他多项事实上也不可能真有的哄传之事，只因“未予亲见”，皆以“未悉果确否”表示存疑，而并非明确认虚，对“刀剑不入”类的事情，因“予曾亲见”，便表示了信实的意思。实际上，当时义和团民的这类事情，虽然不排除有少数练有关功法的人，对于外击之力可较常人在一定程度上有更强的抵挡力，但大多属蒙人眼目的表演性质，亦所谓“幻戏之技”所属。或揭露宣称神灵附体刀枪不入并作所谓“附刀”（以刀砍“附体”者之腹）现场表演者，“其实刀锋不利，且不回抹，故无刀伤”②。只因为哄传造势的影响，临场观看者更容易借先入之见信以为真，甚至在表演者露出破绽而“无以自解”的情况下，而观者“代以为解”，以致让个别识者感到“岂非甚奇”③。其实这也并不奇怪，是人们的思维定势所造成。“亲见为实”的心理，在当年许多对有关情事的采记自觉“严谨”的记述者身上，表

① 仲芳氏：《庚子记事》，中国社会科学院近代史研究所编：《庚子记事》，第12页。

② 黎仁凯主编：《直隶义和团调查资料选编》，第130页。

③ 管鹤：《拳匪闻见录》，中国近代史资料丛刊《义和团》第1期，第480页。

现得颇为典型。譬如仲芳氏的《庚子纪事》在关于记述原则的交待中即特别申说:“是书也,乃予乱时亲经亲历,或见或闻,逐日记载,皆属事实。”①对所记非亲眼目睹的事情,惯以特别说明系自“传闻而知,并非身所亲见,目所亲睹,不敢悬揣罔记”②云云。这实际上也反映了当时尚有不盲从妄信的主观愿望的群体,对传闻之事的审察态度。对于有关情事的虚实认定来说,虽说总比连这种意识也没有者要强,但有时也难免为所见假象所迷惑而产生认识上的执迷,起到证实本来为虚之事、助长传闻流布的作用。

至于对自己没有亲见而系听他人所言的传闻之事,是否信实和在多大程度上信实,与对说者的信任度直接相关。对关系密切的亲友,一般说来信任度较高,认为他们不会对自己说假话,容易相信他们所言为实。这种心理有时也成为信实和助长传闻的因素。像当年有些很怪异的传闻,揆情度理,本不会实有,但只因为亲友言之凿凿,听者于是觉得不能不信,这种事例颇为多有。试看这么一则“龙失足”的传闻:

清光绪某年夏日,(直隶)顺德某村忽大雷雨,天空坠下一龙,长三丈有奇,鳞甲黝黑,角长而尖,僵卧地中若死,殆为失足跌晕所致。一时腥闻数里,蝇蚊麇集其身,乡人诧为奇事,并虑或肇奇祸,急即焚香叩祷,并以清水灌润,欲令借水力遁去。无如纷扰竟日,此龙兀然不动。翌日,因醵资演剧为祈禳之举,来观者益人多如蚁。至第七日,天复雷雨大作,云中复现一龙,下垂其爪,向卧地之龙作援引状。卧龙乃扬鬐舞爪,与云内之龙爪相接,由地

① 中国社会科学院近代史研究所编:《庚子记事》,第10页。
② 中国社会科学院近代史研究所编:《庚子记事》,第11页。

飞升,破空而逝,雨亦旋止,农田未伤一草一木。①

这种怪异之事不可能是事实,但记述者是听他的女婿所讲,而其女婿又是听其信任的同事名叫吴荫清者坚证为亲见之事。据说,吴氏即直隶顺德人,当时“适赋闲家居,故目击之”。而记述者初听其婿转述此事,“以其语近荒诞,未之或信”,但转而又想“天地之大,诚属无奇不有”,特别是听其婿言“吴君人素诚实,平时语不妄发,则此言当非虚构”②,于是便信实地记录下来。传闻虽然不是直接来自所谓亲见者吴氏,但中转者为其女婿,为其信任之人,他又告以吴氏为“诚实”之人,于是便对本来疑虚之事最终信实。再如《清代野记》中记有“方某遇狐仙事”的一则怪异传闻,情节荒诞不待细述,而记述者也是因听与事主有亲密关系的他所信任者“言之甚详”,遂为信实,并感言“此岂中国人迷信之故哉!然而其事甚确,非空中楼阁也”③。可见,像这种“信亲”心理,不但无助于使本来无稽的传闻消弭,反而会起助长作用。

从众心理对于传闻的流行来说是非常重要的。传闻的盛行在一定意义上就是信息接受传布上的一种从众行为的综合表现,就其心理驱动因素而言即是从众心理。这是在群体的压力下,自觉或不自觉地认同大多数人意见的一种心理反应。这对于晚清时期传闻流布的心理因素而言,其作用也是颇为典型的。时论所谓“言者如是,闻而传者如是,传而力争者复如是”④,即从原则上说

---

① 孙玉声:《退醒庐笔记》,山西古籍出版社1995年版、1996年第1次印刷本,第64页。

② 孙玉声:《退醒庐笔记》,第64~65页。

③ 梁溪坐观老人:《清代野记》,山西古籍出版社1996年版,第165页。

④ 《论拳匪》(《国闻报》载文),中国近代史资料丛刊《义和团》第4册,第176页。

明了这种情况。越是在信息纷扰真假莫辨的特定情境下,缺乏自主和独立意识的人们,就越容易由“信众”而“从众”,觉得“若非这样,何以大家皆如是说”? 像庚子年间义和团盛时,在天津一时哄传,“各家烟囱,须常用红纸蒙严,不然闭不住洋人枪炮,于是家家皆急将烟囱蒙上”;忽又有人传“不可蒙烟囱,若蒙住烟囱,乃是将仙姑之眼蒙上矣,仙姑何能在空中行走,于是家家又皆上房将烟囱上红纸撕去”①。自己完全丧失了主见,或此或彼,一味随众人行事。这不失为典型的从众事例。再看这样一个例子:《拳匪闻见录》的作者管鹤,因避难自天津逃至青县,借住在一个姓刘的老翁家里,一天,刘翁招呼管鹤出来看红灯罩(按:红灯照的别称)。刘翁指空中黑云一片曰:“此中无数红衣女子,即红灯罩也。”管鹤“无所睹”,“而途人纷纷传说,指天画地,确切不移。刘翁亦随声附合,哓哓不休”。这个刘翁还是个“稍读书者”,他的这种言行管鹤开始不解,“后始悟刘翁实为保身计,故不觉以假面孔向余也”,因而感叹“当时之匪焰可知”②。管鹤对刘翁的“为保身计”云云,纯系自我揣测,是耶非耶尚在两可之间。从当时情况看,你说我说他也这样说,表现出明显的从众情状,则无可置疑。众人意见对个体“裹挟”力无形中是很大的,并且人数越多,这种“裹挟”力就越强,所谓“众口铄金”,诚然不虚。不妨再举一个典型例证:因当年关于教堂迷拐儿童、挖眼剖心的传闻盛行不衰,“一个男仆在英国领事馆干了大半辈子,女主人问他:‘你一定不相信那些谣传。你

---

① 刘孟扬:《天津拳匪变乱纪事》卷上,中国近代史资料丛刊《义和团》第2册,第19页。

② 管鹤:《拳匪闻见录》,中国近代史资料丛刊《义和团》第1册,第488页。刘文海、刘仰东的《义和团运动时期社会心理分析》(《近代史研究》1986年第5期)文中《讹言与从众行为》一节里亦引录了这个例子。

了解我和老爷,你不会相信我和老爷会掏小孩眼睛的(吧)?’男仆长叹了一口气:‘我不知道。’全中国人都相信,外国人挖小孩眼睛榨油洗相片。”①——这是出自在华多年的一位英国传教士的记述,正因为所谓“全中国人都相信”,那位在外国人手下服役了大半辈子的男仆,对主人是否干“掏小孩眼睛”这种事情都觉得无法置可置否了。

四是好奇心理。

好奇心理,人皆有之。对于当年的传闻情势来说,这种心理所起的内在驱动作用也是应该注意到的。从当年社会传闻的总体氛围看,惶惑、忧惧心理应该说是主色调,但这与好奇心理乃至通过搜求和播布传闻来缓解紧张情绪不但不排斥,而且是相辅相成的。正如美国学者柯文在研究义和团时期谣言现象时所指出的:人们在感到痛苦和绝望的形势下,“谣言则起到了缓解痛苦的作用,这是任何地方都可能发生的一个普遍现象,而且一次又一次地得到了验证”;“正如民俗学家和社会学家所言,谣言的作用在一定程度上类似‘当代传奇’的作用”②。不难想见,越是在惶惑不安的时候,越是饥不择食般地想获得有关信息,这本身就有好奇心理因素。譬如翻阅义和团时期人们的日记,从中都可以体察到那时人们对种种信息有非常好奇地探寻的欲望。此外,消遣性好奇心理对有关传闻生发的影响也是存在的。因为人们所属的社会群体不同,同类传闻在不同群体所激发的心理感受或不一样。比如说,宫闱传闻,对于当时的高官重臣来说可以是重要的政治信息,但对平

① [英]阿绮波德·立德著,王成东、刘皓译:《穿蓝色长袍的国度》,时事出版社1998年版,第212页。

② [美]柯文著,杜继东译:《历史三调——作为事件、经历和神话的义和团》,第135、140页。

民百姓而言主要则成为一种猎奇性的谈资。晚清时期宫闱传闻是繁多而又盛行的,特别是像关于后宫私生活之类的传闻,对于一般人而言更多是一种传奇性桃色秘闻话题。还有一些怪异性传闻(像上面征引的"龙失足"之类),恐怕也与人们的好奇心理密切相关。当然,在特定的条件下,这种好奇心理也很容易与忧患心理自然挂钩。试看"八岁女生儿"这样一则传闻之事,是《清代野记》的作者"梁溪坐观老人"记述的:"清宣统二年,予在京师,有友人携一照片示予,乃山西大同府乡民子九岁、童养媳八岁,野合生子哺乳之像,云是知府事翁斌孙采访所得,图其形以上大府,是谓祥瑞也。予以为是乃人妖,非瑞也。次年遂有革命之事"。[①] 这显然是一宗民间奇闻,因其"奇"而人们又"好奇",故能传扬开来,且不论此种事情有无可能,所谓"照片"又是如何形成,但毕竟不但流传民间,还上之大府,或以之为祥瑞,或则以为祸兆。

总之,晚清时期社会传闻的心理因素是十分复杂的,以上亦不过是择其要端论列而已。

四、盛行而又复杂的总体态势

那么,在上述最为基本的客观和主观因素的交相作用下,晚清时期的社会传闻呈怎样一种总体态势呢?一言以蔽之,可谓非常盛行而又内容复杂。具体从以下几个方面来看。

第一,时间和空间上的流布情状。

从时间上看,在整个晚清时期是呈高潮迭起、延绵不断的一种态势。高潮迭起与引起社会动荡和危机的重大事变多有直接

① 梁溪坐观老人:《清代野记》,第36页。

而又密切的关联。每当重大事变发生引起社会惶乱之时，一般总伴随着相关传闻的一个高潮。像鸦片战争、太平天国运动和第二次鸦片战争、中法战争、中日甲午战争、戊戌变法、义和团运动和八国联军侵华战争、辛亥革命等时段，还有在较广范围发生灾荒以及发生影响重大的其他事变的时候，都有相应的传闻高潮。对这种时候所谓"谣言大盛"、"如沸如羹"之类状描俯拾皆是，不待一一列举。当然，像这种状况并不是一直持续的，也有相对的落潮、低潮期。正是因为有起有落，起起伏伏，并非呈一直的"平流"态势，所以才说得上高潮"迭起"。但即使在相对低潮的时候，也不是社会传闻就消弭殆尽，归于寂灭，而是仍保持相当的势头。因为这种时候生发社会传闻的各种因素是依然存在的。譬如说反洋教传闻，除了在一些时候形成高潮外，其他时候也一直流行不断，因为外国教会势力与民间的接触是经常性的。其他各种非特别重大但引起相当影响的社会变端也持续不断，由此引发的传闻相应也常有不息。有的传播学著作中把所谓"流言"划分成"非紧急事态下的流言"和"紧急事态下的流言"①，这对于我们认识"非高潮期传闻"和"高潮期传闻"具有启发性，两者之间有基本的对应和可比性。

从空间上看，晚清时期的社会传闻存在大规模的流布场。特别是一些典型题材的传闻话题，其流布是全国性的。譬如说反洋教传闻中关于教方迷拐儿童、采生折割、滥淫乱伦、邪术蛊惑等话题，传扬得非常普遍，可以说无处不到，家喻户晓，甚至有些传闻能在较短的时间里于相当大范围内引起一系列密切关联的案事。像同治九年(1870年)震惊中外的天津教案发生后，作为该案发生直

① 郭庆光:《传播学教程》，第98页。

接诱因的有关反洋教传闻，很快传到广东地区。[①] 并且发展变异，第二年在该省许多地方盛传匪徒受教堂指使散放害人的“神仙粉”，说是“食其药者，即患肿胀等病”[②]，并在东莞等地引发打教闹教的案事。又很快在福建古城等地发生连锁反应，引起较大的教案。[③] 有关传闻甚至播布到四川西部地区。[④] 光绪初年的“妖术剪辫”传闻，在安徽、江苏、江西、湖北、湖南的诸多地方，闹得沸反盈天，引起了一系列教案，甚至北京也发生有关事端。[⑤] 总的看来，有关反洋教的一些重要话题的传闻，不但具有持续不灭、传播迅速的特点，而且传播空间上也很大。故有的外国人员惊呼，其“谣言散布，即久且速，几遍中土”[⑥]。

大的政治事变发生，也会在全国范围形成传闻高潮。譬如戊戌年间，“变政”与“政变”紧相踵接，政治风云诡谲莫测，朝局形势动荡迷乱，相关传闻以北京为中心，播布国内外。因为京都是政治旋涡的中心，朝局事变多源于此，有关传闻也多由这里生发，所造成的震荡力度自然也最大，并通过多种途径和方式，向全国各省乃

---

① 据《德国小巴陵传道会入粤考·附天主教东来考》，王庆成编著：《稀见清世史料并考释》，第 200 页。

② 《教务教案档》第 3 辑第 3 册，第 1675 页。

③ 见福建将军文煜函文，《教务教案档》第 3 辑第 3 册，第 1381 页。

④ 据《重庆府秘饬严查焚香聚众谣言煽惑致涉民教札》，四川省档案馆编：《四川教案与义和拳档案》，四川人民出版社 1985 年版，第 304 页。

⑤ 详见下面有关章节的考论。另外，近年有研究“神秘事象”的外国学者也注意到中国当年“妖术剪辫”传闻的情事，说它“很快便传到上海、杭州和厦门。最终，谣言传到了北京，三年之后才完全熄灭”，“当时各个省部陷入一片极度的恐慌……传说传播到了全国”。见[英]约翰·乔布斯著，李永明译：《灵境——未知事物的终极探索》，陕西师范大学出版社 2000 年版，第 310 页。

⑥ 总署收巴兰德等外国公使照会（光绪十七年七月二十一日），《教务教案档》第 5 辑第 1 册，第 91 页。

至国外播散。当然，京都也不是朝局传闻的唯一生发源地，其他各地也会自生有关传闻，并且相互播散，又会反馈影响到京城、朝内。有关传闻正是以京城为主源地，各地相互影响激荡，更易于产生"谐振"效应，增大震荡烈度，同时也辐射拓广波及范围。从当时国内的情况看，像较早就创行新政而新旧之争也异常激烈的湖南，那里亦是传闻大兴，有"一股厉气，四处讹言"①之说；在华洋杂处、"日报林立"的巨埠上海，更是传闻如沸，流言生翼，不啻口播不绝，诸报也为其重要载体；远在南海之滨的广州一度同样"谣言极盛"②；为外国人占据的香港、澳门更不啻传闻的渊薮。即使比较偏僻的省区，都不乏传闻播布。辛亥年武昌起义爆发后的很短时间里，仅从当时英国在华外交官员之间以及他们与其政府外交机关通讯的部分函件看，所谓"谣言"大兴的地方就涉及到湖北、湖南、四川、陕西、江苏、浙江、江西、云南、山东等诸多省份，特别是像武汉、成都、南京、上海、杭州、西安等一些地方尤其突出。③ 还有像宫闱传闻中的若干话题，即是平时也有大范围的流布。特别是新型报刊和电讯的发展，对有些题材传闻（尤其是政事传闻）的播布有着明显的推助作用，不但能加强其传播的时效性，而且在传播空间上也可以有更大的拓展。

第二，形式上的多类多样性。

就当时传闻最原始和基本的承载形式而言，无疑是口头传播

---

① 皮锡瑞：《师伏堂日记》，戊戌九月十二、十三日，《湖南历史资料》1981 年第 2 辑，第 139 页。

② 李渊硕致汪康年函，《汪康年师友书札》第 1 册，上海古籍出版社 1986 年版，第 564 页。

③ 据胡滨译《英国蓝皮书有关辛亥革命资料选译》（中华书局 1984 年版）上册中部分函件的有关内容撮述。

（即使在大众传媒高度发达的今天也是如此）。可以借鉴有关传播学理论，把传闻分为"常态"和"非常态"者两种，前者通常是通过私下的人际渠道传播的，流布速度和规模都比较有限。后者则是在所谓"集群状态"下传播的。在这种情境下，人们一般不会也不能追寻和确认信息的源头，并且自己会自觉不自觉地对传闻的内容进行改造和变形，不但失真的可能越来越大，而且往往夹杂着新生的大量谣言，其明显具有非理性的特征，有强烈的所谓群体暗示与群体感染、群体模仿与"匿名性"的特点。① 我们这里所说的当年传闻的大众口播形态，应该说主要即属这后一类。诸多资料记述有关传闻涉及其传播方式时，通常有所谓"街巷哄传"、"众论汹汹"之类的状描，正说明这种情况。当时以文字为载体形式的传闻信息，推本溯源，也主要是取材于公众的口头传播，特别是所谓"集群状态"下的传闻源，只是转成文字载体者一般说来是自觉地进行了选择、加工和利用而已。有的材料中反映出的源头上似乎比较清晰的个别传闻，仔细推究分析，也往往难以真正地溯清源头，归根结底还是与街巷口播传闻脱不开干系。且看下面这样一个具体事例：

戊戌年间政变发生之后，有传闻说清朝当政者要准备对外国人动武。当时英国汇丰银行北京分行经理熙礼尔（E. G. Hillier）致英国驻华公使窦纳乐（C. W. Macdonald）的函件中就明确报告说：据闻，清朝当政者"要趁这留在北京的外国人为数很少的时机，将他们全部根除，烧毁各国使馆"。至于这传闻信息的来源情况，则是这样的："我的买办告诉我，昨晚街谈巷议中有某些值得注意的说法，据说是军机处的一个成员讲的"，"我的部下昨晚尾

① 参见郭庆光：《传播学教程》，第95～98页。

随在一群总理衙门属员身后，听到这种十分令人担心的交谈”①。可见，信息原是直接来自众人的“交谈”，进而追溯消息来源，所谓“是一个军机处成员讲的”，也只是“据说”而已，究竟是否尚不能肯定。假如是，又是哪一个人讲的，也只能靠猜测判断。熙礼尔该信中这样说：“我无法判定这个主意出自军机处的哪一个成员，不过我认为不外是荣禄和刚毅之间的事。从人们能判断的，没有再比此辈更糊涂的了。”②姑且不说这种判断的准确性如何，其实类似的传闻此前就已经有了，熙礼尔函件中明确说“从前我们已然听到过这类事情”③。可见真正的具体源头仍是隐然难辨，而直接还是从“街谈巷议”和“一群”人的议论中采集到的，只是在原有的基础上又加上了主观性的判断、分析，进行了所需要的改造而已。

然而，当年的口播传闻不可能留下任何原始的语音资料，我们所能借助的只能主要是文字记载资料。尽管从中也可以体察到当年口播传闻的某些场境和某种意境，但局限性已经很大了，绝大多数原始信息当已湮灭，能被文字记录下来的不啻九牛一毛，而这有限的文字资料，也就成为我们借以探研当年传闻问题的最主要的依据。从这个意义上说，有关文字资料当然又是最重要和基本的。并且，即使在当时，传闻也不仅仅为口播形态，也包括文字载体者，它们交互并用，并且对于某些重大题材的传闻来说，其具有历史渊源者可能主要即据以文字记载生发（如反洋教题材的一些传闻），而现实新题材者则或最终也要形诸文字记载（如时政方面的一些重要传闻）。所以，下面就文字载体和个别的其他书面符号载体

① ［澳］骆惠敏编，刘桂梁等译：《清末民初政情内幕》上卷，知识出版社1986年版，第116页。

② ［澳］骆惠敏编，刘桂梁等译：《清末民初政情内幕》上卷，第116页。

③ ［澳］骆惠敏编，刘桂梁等译：《清末民初政情内幕》上卷，第116页。

形式，再进一步分类展列。

1. 新闻型

这是指报刊上作为新闻登载的传闻消息。关于当时报刊在播布传闻方面所起特殊作用的原则性“机理”，上面已经论及，这里需要特别强调的是，报刊所载传闻不但是我们今天探研当年传闻的一条重要资料渠道，而且当时亦是颇为醒目的一种传播形态，自维新运动以后尤其如此。由报刊体载上的新闻性所决定，所载传闻一般说来也具有同类性质，以社会上新近发生之事为主要内容。下面的示例可作为这类传闻载体形式的一个样本来看。这是光绪二十八年(1902 年)五月间，天津《大公报》转载自上海一家报纸关于外交和清朝官场内部斗争方面的二则传闻消息：

> 同文沪报云：近闻某国公使颇有笼络某大臣之意。始以言饴之，继以金动之。某大臣婉词谢之。一日遣随员某掩至大臣私第，诘之曰：“今日贵国外交政策亲俄、法乎？”大臣曰：“皆吾好也，无分亲疏。”曰：“然则某某国居心叵测，将暗夺中国教育、练兵之权，知之乎？”大臣曰：“某自当防之。”曰：“贵国力微不足防彼，倘不见弃敝国，当效一臂之力，为君辈吐气可乎？”大臣曰：“勿太急，他日苟有借重，当随时请命。”某随员瞿然曰：“此何时乃以‘勿太急’三字了耶？无怪乎中国之为中国矣！”拂袖欲去。大臣挽之问以相助之策，曰不外弃彼就此，一语言讫遂辞去。故某大臣近数日颇踌躇云。①

何国人员游说中国哪个大臣，都没有明确点出，但从说词中可以推知，游说方不是俄国和法国，而清方这一大臣肯定是掌外交部

① 《大公报》光绪二十八年五月二十四日。

门政柄的枢要大员。从对话内容可以看出，游说方是要以帮助中国对付所谓“将暗夺中国教育、练兵之权”的“某国”，该清朝大员始则搪塞推辞，继则在说者要挟下“踌躇”犯难。当时清朝毫无外交主动权，被列强软硬兼施，争相侵逼，俎上之肉而已，所谓“外交”格局复杂而又微妙，但事机又多隐秘，外间欲知，无疑是一个新闻热点。但像所载这类消息，为当事人私密交谈，何以得知，既不报明消息来源，又无官方证实，连外方国名和清方当事人姓名都故作隐讳，给人留下了猜测想像空间。当然，对了解当时国际关系格局的人来说，其所指又似乎是不言而喻的事情。并且与下载另一则传闻在所涉人员上似又有着某种互为暗示性：

> 又云官场风传袁宫保被参时曾托某显者为之转圜，其实御史等皆曾受有某显者之命，故显者特于事后卖情，以为非我之力不克臻此也。左手推之，右手挽之，诚枭雄之故智也。但袁宫保当数年前初显时，某显者曾用其术使屈己下，宫保固深知其情实者。①

其中所涉“袁宫保”，显然是指这时刚实授（前为署理）直隶总督兼北洋大臣不久的袁世凯。上奏参之者及从中既推又挽的“某显者”则未指明何人。所述此“显者”之作为亦非公开之事，故亦“小道消息”之属。从某些史实和传闻迹象看，这“某显者”似乎是指庆亲王奕劻，而上则消息中的“某大臣”似亦隐指其人，因为他当时是外务部总理大臣。从二则消息接连载出似亦有意作此暗示，究竟如何，又颇暧昧不明，可见是典型的报载传闻。

2. 函牍型

这是指载于当时无论私函还是公牍的传闻消息。一般来

① 《大公报》光绪二十八年五月二十四日。

说，内容上也有相当的时效性，只不过传布的范围有其特定性，不像报刊那样以公众为读者对象，但也是记载和反映当时社会传闻的一条重要渠道，特别是对时政题材传闻的反映更为集中。清朝官方文牍甚至上谕、奏折中也涉及传闻素材者，官员间的私人函件中更多载及，外国方面的文牍、函件中亦多涉此，像上边引及的熙礼尔致窦纳乐函即不失为典型例子。清朝人员私函所载传闻，像上一节中提及的，清末新政期间盛宣怀指使其亲信陶湘在京探闻传报，即以私函形式，惯题"齐东野语"，颇为典型。有时其一函中报告探得的朝政传闻消息多达一二十则，有的事情细节都绘声绘色。并且不止叙事，且有评论分析。在此仅录光绪三十年（1904 年）十一月间一函中的二则为例。其一是关于两江总督人选问题的：

> 周玉帅署两江，都人士颇以为非是。闻说勉帅出缺奏到，邸堂在下并未议以何人上请，但云："且上去再说"。讵料上去后，邸堂一人独奏玉帅，上即称可，群皆相顾谔（愕）然。是玉帅与邸堂之浃洽可知岂。玉帅老气横冬，颇学李文忠老态，然于属吏则嬉笑怒骂，颇似文忠；而于洋员则委蛇磬折，与文忠不同，都人士谓其仅学了一半。盖东邦、京官无不恨之，而颇望于胡鼎帅。胡则恐与德人久而不洽……玉帅到两江，不知以后何如也。所以报闻者，如玉帅做事之茅草，不可不知之耳。①

其中所说"周玉帅"指周馥，"勉帅"指李兴锐，"邸堂"指奕劻，"文忠"指已故的李鸿章，"胡鼎帅"指胡廷幹（周馥此时于山东巡抚任上调任两江总督，胡氏继任山东巡抚）。这年九月间两江

---

① 盛宣怀档案资料选辑之一《辛亥革命前后》，第 17 页。

总督李兴锐卒，围绕着继任人选清廷内部多不同意见，明争暗逐，作为淮系要员的周馥终获此任。陶湘探传此事，明言"闻说"云云。要引录的再一则传闻是关于光绪皇帝欲设"得律风"（电话）而不得遂意之事：

> 当今童心犹甚，日前忽传旨，"将电灯委员召入，要立刻设得律风"（由宫内至电灯公所）。委员对称："此物都中不全，应在外洋购办。"上大怒，斥令一日寻到，否则掌嘴。委员大惧，魂不附体，哭陈于总办之前，总办无措，趋禀邸堂，邸堂则伸舌而已。上且传严谕："如有一人向慈圣处走风者，从重治罪。"所以邸堂亦无法。于是柱公即拟拼去功名，叩见直复。此时有王太监（老年人，向侍太后，拨入监视伺候皇上者）。此王监在崔之下（亦穿貂褂，盖内监貂褂惟三件，李、崔、王三人而已，）渠悉此情，将柱公拦住。渠上请云："'电灯工匠固不配与主子说话，即委员亦何能屑（亵）渎九重之尊？况万一设立得律风，太后问及，将如何？"上恍然，即云："请汝奏请太后之示如何？却只可称汝等之主意，万不可说我的主意。"王监撞首曰："奴才何人，万死不敢奏。"上遂作罢。①

探传者就此特别评析说，这事情"极为微细，极有关系。借此可知老太太（按：指慈禧太后）之严待非无因也；借此可知当今之难以有为，实可忧也。且闻当今性情急躁，喜怒无常，雷霆雨露均无一定。总之太君无论如何高寿，亦有年所，一旦不测，后事不堪设想。邸堂之皱眉伸舌，意直注于此也"②。以上不论是叙事还是

---

① 盛宣怀档案资料选辑之一《辛亥革命前后》，第18～19页。

② 盛宣怀档案资料选辑之一《辛亥革命前后》，第19页。

置评，都是通过私人密函传达的，有着报刊不能公开载出的隐秘性。

3. 书载型

有关笔记类体裁的书籍里，记载有大量的传闻，可以说不啻传闻大观园，简直举不胜举（俟最后一章中从史料特点的角度专作剖析）。即使很严肃的著述中，抑或夹杂传闻记载。譬如当时中外对视之间，不免都存在一定的陌生感，不论是国人撰写的介绍外域情况的著述，还是外国人士（主要是传教士和外交人员）记述中国情况的著述中，往往都不乏传闻之事，有的还是以信实的态度来记载的。像作为晚清开眼看世界名流之辈的魏源在他代表性名著《海国图志》里，置有《天主教考》专篇，其中即肯定性地征引了前人关于天主教的诸多荒诞不经之说，明确认定："中国之天主教，则方其入教也，有吞受药丸领银三次之事……其同教有男女共宿一堂之事，其病终有本师来取目睛之事"①。这涉及晚清流行的反洋教传闻的几个典型话题。还有像夏燮的《中西纪事》中，也有不少相关传闻内容。至于有些故意辑录乃至杜撰传闻的有着某种特别目的的宣传类书籍，情况当然就更典型。像由"天下第一伤心人"（实为湖南人崔暕）编写的《辟邪纪实》一书，作为专门的反洋教书籍，其所列"考证书目"计201种之多，多涉传闻之事，尤其是其"案证"卷（全书的下卷），更是典型的传闻专辑，下面仅引录其二则较短者借以示例。其一：

> 近日海口有天主教堂、福音会堂、广音会堂。各夷人常以扇向人一揈，无（论）老幼男女，即与随行。闻夷人掠去，割取目珠、肾子、子宫等物，用镪水锻炼颜色，影照

① 魏源：《海国图志》卷27，咸丰二年古微堂刊本，第31页。

洋画。被摘之人，间或被人追转，而舌根已烂，数日亦死。又有药物迷人，使下部作痒，欲求鸡奸者（并注这是采自刘某家信）。①

其二：

红巾军洪秀全党，与夷匪通，掳男女小儿献夷匪，换取枪炮火药等物。夷匪得妇女，争相采战。继以药涂脐上揉之，子宫即自阴户出，遂割之。又有用手拍肩子宫即出者。小儿则割取肾子、心肝……酒商韩某自江南归，为予言目击如此。②

如果真是像其记述中所言，有关情事或采自他人之函，或亲闻自所谓目击者，当然属典型的传闻辑录。即使是作者故意造作，也无疑是利用了传闻素材。

4. 揭帖型

揭帖是民间最常用的一种宣传形式，特别是在当年反洋教和义和团运动中尤其醒目。清方人员所谓“神团、神坛之帖，烂语谶词之纸，张满街衢”③，正说明有关揭帖盛行情状。揭帖一般说来篇幅短小精悍，用语通俗，形式灵活，书写张贴也简便易行，具有颇强的时效性。所宣传的可以是直截了当的世俗内容，也可能渲染上浓重的神秘色彩，譬如以谶谣、乩语、神话的形式出现，有相当的隐晦性。还有一种比较特殊的“碑文揭帖”，实际上亦属谶语型揭帖类，通常是宣称在某种特定的场合挖出石碑，碑文惯于托名为以前某朝某代的某神秘人物所作，即使说为本朝本代者，往往也倒填

① 天下第一伤心人：《辟邪纪实》卷下，同治十年（辛未）重刻本，第10页。

② 天下第一伤心人：《辟邪纪实》卷下，第15页。

③ 管鹤：《拳匪闻见录》，中国近代史资料丛刊《义和团》第1册，第471页。

年份，以证谶语之灵验。实际上有的连伪造的碑刻也未必真曾有过，即使实有者，其碑文内容的传播自然也主要是靠揭帖。关于各类揭帖的例子不拟一一列举，很典型者如当年广为流传的著名《神助拳》①歌谣之类，就多用揭帖形式宣传，为人熟知。下面另外引录三则示例。其一：

京都示，庆王爷于三月初四夜中子时，连得五梦。言其梦云，玉皇上帝点化，教他改天主，归之大道。言说你既吃大清钱粮，为何给外邦出力？你若不改过，悔之晚也。只因天主教、耶稣教不遵佛法，欺灭贤圣，欺压中国君民。玉皇大怒，收去雷雨，降下八千九百万神兵，义和拳流传世界，神力借人力，扶保中国，度化人心，剿杀洋人洋教。不久刀兵复流，不论君民商贾士农，急学义和拳。如若秉心虔裡(理)，终难保一家之灾。见单快传，如若不传，必受刀兵之苦。②

像这种"玉皇示梦"于某某，是义和团托名揭帖的一种形式，此则中以奕劻为"受梦"者，借这种神秘形式指斥奕劻，张扬义和团由神助佑剿杀洋人洋教的威力，并督传此帖。这显然具有神秘性传闻的意境。另外二则是"碑文类"揭帖：

这苦不算苦，二四加一五，满街红灯照，那时才算苦。庚时远方去，紧防黑风口，电线不长久，江山问老叟。二四八中一群猴，大街小巷任他游，西北出了真男子，只见男子不见猴。③

① 陈振江、程歗：《义和团文献辑注与研究》，第30～34页。
② 陈振江、程歗：《义和团文献辑注与研究》，第19～20页。
③ 孙敬辑：《义和团揭帖·涿州邓家窑碑文》，《义和团史料》上册，第13页。

据称"芦汉铁路修至涿州掘出此碑，(光绪)二十五年已传播此谶语"①。下则是当时诸多所谓"刘伯温碑文"中的一种：

庚子三春，日照重阴。君非桀纣，奈有匪人，最恨合(和)约一误，致皆党鬼殃民。上行下效兮，奸究(宄)道生；中原忍绝兮，羽翼洋人。趋炎附势兮，四畜同群；逢天坛怒兮，假手良民。红灯暗照兮，民不迷经；义和明教兮，不约同心。金鼠漂洋孽，时逢本命年；待到重阳日，剪草自除根。②

这类谶语本身，即可视为传闻的一个重要类别，连同所谓"石碑出土"之事，亦属传闻无疑。还需要说明，这里是从较为广义上来界定作为传闻载体的"揭帖"形式的。也有的著述中从有关文献细类上将揭帖与告白、碑文、坛谕、乩语、咒语等项并列。③

5. 图示型

这是主要以图画的书面符号(或兼配有文字)承载传闻信息的一种特别形式。它对于不识字者也可能起到读图悟意的宣传作用，即使对识字者来说也或可借助画面引起较之文字载体更大的兴趣。图画虽然不如文字表意确定，但也正因为如此，可以具有更大的想象空间，从这个意义上来说，它对于承载传闻信息也不失为一种有效形式。这类例子，如野史中有关于太平天国起义前的这样一则纪事：

清道光二十八年十一月，闽县某广文为其妇写照，纸墨笔砚，紫红绀绿，已具备矣。偶如厕，后归房，则遥见一

① 孙敬辑：《义和团揭帖·涿州邓家窑碑文》，《义和团史料》上册，第13页。

② 国家档案局明清档案馆编：《义和团档案史料》上册，中华书局1959年版，影印原件。

③ 像陈振江、程歗《义和团文献辑注与研究》中的"辑注"部分即为这样。

> 书生与一大白鼠对语，某不敢入，窥于门后，白鼠润毫伸纸，走笔乱画，书生点首，遂搁笔。鼠与书生倏不见，某怖甚。呼家人入视，则一幅战事图也。图中有大城一，四面众山环抱，城下死尸无数，河水殷红，一黄马褂红顶花翎者，方策骑手提人头三，血犹涔涔下。某夙知数术，见之大哭不已，知乱事即在目前。因焚其图，挈眷遁海岛。越二年，太平军于金田、花洲、六川、博白、白沙石诸地同日发难。①

这一记载，其神异内容的真实性当然不会存在，若仅是杜撰这样一则故事口头或以书面文字传播，自算不上严格意义上的图示型传闻。而假如把所描绘的画面真的形诸图形来传播，那就无疑是我们所谓典型的图示型传闻形式。这种传闻信息承载形式在晚清时期确实是一个不应忽视的类别，像周汉的反洋教宣传品中就不乏图画类②。并且，图画上方皆有标题，两侧配以联语式文字，以图为主，图文结合，主旨不外詈骂和作践“西羊猪叫”（西洋天主教）。下面择释其中二幅图画为例：一幅题为《猪羊杂种图》者，主要画面是以五具猪羊身躯拼接上男女洋人的头像，猪首羊身和羊首猪身的三物，它们在人身猪首和人身羊首的两者驱赶之下似在滩地涉行。两边所配文字为：“猪首羊身，羊首猪身，辨不清谁是鬼男鬼女；狼心狗肺，狗心狼肺，念甚么胡说天父天兄。”③再如一

---

① 凌善清：《太平天国野史》，江苏广陵古籍刻印社 1993 年影印民国刊本，第 304 页。按：该影印本署“王文濡撰”，当误，此改署凌善清。

② 苏萍的《谣言与近代教案》一书中，即置有周汉的《谨遵圣谕辟邪全图》共计 32 帧。据该书后记中说明，该图原件藏于大英博物馆，蔡少卿教授在美国讲学期间偶然在一个传教士家里见其复印件，征得持件者同意复制携回一份，在自己没有使用的情况下，即全部提供苏著中刊用。

③ 见苏萍《谣言与近代教案》第 43 页。

幅《射猪斩羊图》,画的是一个疾颜厉色的清朝官员,坐堂饬令手下射"猪"斩"羊"。一猪被缚于十字架,身上被射入了十多支箭,伤痕累累,旁边为三只"西羊",两只已被斩下头来,另一只也被刽子手挥刀即斩。画面两边的配文为:"万箭射猪身,看妖精再敢叫不;一刀斩羊头,问畜生还想来么?"①这种宣传画和作者的文字性反洋教宣传品在意旨上是相同的,每一幅画都可以演绎出一则评说性传闻,从中可以看出作者对洋人洋教的仇根,而文化境界上却难言其高,格调颇为粗鄙。

还有像著名的时事性画报《点石斋画报》②当中,也有不少作品即取材于传闻,再加以自己创作上的发挥,以图画辅以文字说明,所传达者也就更具传闻意境。像后边在论列战事传闻中要举出的关于中法战争的几则作品即不失为典型例子。

第三,内容上的复杂性。

传闻的载体形式与内容有着密切的一体联系性。当年社会传闻载体形式的多类多样性,从根本上说是取决于其内容上的复杂性,是内容表述上的需要;而另一方面,其多类多样的形式也势必进一步增强其内容的复杂性。当年社会传闻内容上的复杂性,从宏观方面看起码下述事项是颇为醒目的:

一是世俗性内容、神异性内容以及两者混合的多类存在。

所谓"世俗性"与"神异性"两者是相对而言的,前者指所传内容是于实在的社会环境中人与人之间(包括个体和群体)发生的事情(不管其事实上真假程度如何);后者指传说演绎的超世

---

① 见苏萍《谣言与近代教案》第303页。

② 《点石斋画报》为我国最早的时事性画报之一,旬刊,光绪十年(1884年)四月十六日创始于上海,由英商所办点石斋印局印行,随《申报》附送,也单独发售。光绪二十七年(1894年)停刊。

俗和超现实可能性的神异情事。当然,一切社会传闻的内容本质上都是世俗的。正如马克思所说,"宗教本身是没有内容的,它的根源不是在天上而是在人间"①一样,神异性传闻的本身也是没有内容的,它的根源是在于世俗社会,不过是一种折射性反映而已。但它毕竟与我们所谓世俗性内容的传闻有着类别上的明显不同。

从现象上看,晚清时期的神异性传闻在社会传闻中所占的比重颇为不小,在有些领域和有些时段里是相当盛行的。从直接的社会根源上寻究,中国尽管没有像基督教之于欧美世界诸多国家那样的维系民族性精神的宗教(伦理中心主义的儒学不应视为宗教),但既具有统治阶级主导的"神道设教"②的悠久历史传统,同时也具有极浓实用主义色彩而又根基深厚的"怪力乱神"资源(譬如谶纬、巫蛊、占卜之术,天人感应、阴阳五行之说,庞杂的神鬼仙怪迷信对象等),这两者实际上是统一强于抵牾,相成抵过相反的。统治者的"神道设教"固然具有其特定立场的"崇正辟邪"性质,但无论如何,它毕竟是承认神异的存在,只是按其所需分成所谓"正""邪"不同的类别而已,这就从根本上提供了一种有神论的主导意识形态。及至清代仍是如此,不但从法与礼的紧密结合上规定了对"正神"信仰和祭祀的神圣性,而且从"圣上"到下属各级官员身体力行,大祀,中祀、群祀各有定规,神秘氛围渲染得非常浓重,这本身给神异性传闻的生发提供了深厚的土壤。至于被统治阶级排除在其"礼"的范围之外,甚至被其法条所严禁的"师巫邪

① 《马克思致阿尔诺德·卢格》(1842 年),《马克思恩格斯全集》第 27 卷,人民出版社 1972 年版,第 436 页。

② "神道设教"的原始出典为《易·观》。见宋元人注《四书五经》上册,中国书店 1985 影印世界书局影印本,载朱熹注《周易本义》,第 21 页。

术”之类①，也并没有被其从根本上否定它神异因素的真实可能性，并且事实上所谓“正”、“邪”界线的划分也不是真能泾渭分明，而有着颇大的模糊性和互通性。与此有密切关系，在晚清时期相关神异活动或是禁令有文无行，或是禁而不止甚至愈禁愈烈。除了秘密会社之类有组织的反社会势力的定规性利用之外，民间对有关“资源”的自发性采取更具普遍性。再加上并非通过正常方式入华、具有特殊势态的基督教神秘政治文化因素的刺激以及像太平天国拜上帝教这样有过重大影响的特殊教种的出现，多方面因素交叠，形成推助神异性传闻生发的巨大合力。

相对单纯的神异性内容的传闻，通常是以不可能实有的神异事件为主体情节的。譬如太平天国时期有说“金陵、姑苏俱常闹鬼，金陵于辛酉八月中，夜间有阴兵穿城出入，三夜俱系东殿灯笼、人马无算（按：时在东王杨秀清死后数年），守城贼皆见之”②。这则传闻显属此类。不过，更大量的涉及神异的传闻是与世俗内容密切交杂一体的，试看下面一个例子。这是 1864 年 3 月 31 日即同治三年二月廿四日《上海新报》记载的消息：

> 现今苏省（按：指为清方所据的苏州）盘查甚严，昨城门委员见老妪八人，衣履一色，并肩入城。委员疑而阻之，妪怒，大声言曰：“已有奸细数百名，假装百姓概行进城，我等龙钟女，反不得入，则诚解人难索矣。”言竟而去。委员异其言，差卒追之，倏然不见，益异之。于是，闭

① 《大清律例》中就明确规定：“凡巫师假降邪神、书符咒水、扶鸾祷圣”等“一应左道异端之术”均在治罪之列。见张荣铮等点校：《大清律例》，第 180～181 页。

② 赵烈文：《能静居士日记》，太平天国历史博物馆编：《太平天国史料丛编简辑》第 3 册，第 256 页。

门严缉，擒获奸细甚多。讯之，据云，欲为内应……其老妪八人，神乎？仙乎？竟难名之矣。①

清方搜查并缉获奸细的事情无疑是可能的，而事之起因则说是与八名神秘的老妪入城有关，这是清方故意造作神仙助佑的传闻，还是报方捕风捉影的载闻，抑或实有老妪入城之事，只不过有了改造性地传异（所谓“差卒追之，倏忽不见”的具体情节不详，理解上可有很大的弹性幅度），难有详确答案，这可谓是一则典型的杂糅类传闻。

有大量的涉及神异的传闻，传说的事象本身是真实的，只不过人为地作了神异性解释。如一些天文、气候现象是真实有过的，但可能被人为地解释为上天的某种兆示。再就是有些暂时不知底细的所谓“怪异”之事，被赋于神异的解释传扬开来，而一旦真相大白，其神秘性便不攻自破。还有大量的谶谣类传闻，其预言形式固然带有神秘性，但所谓“预示”的内容，却不乏世俗范围者。如此等等，俟下章适当地方再作具体论析。

再就是叙事性内容、评价性内容以及两者的交融同体。

传闻总体说来是以叙事性内容为主的，但并非仅限于此，它也可包括评价性内容。甚至有的可以是纯评价内容。有的舆论学著述中这样界定评价性（型）传闻：“评价型传闻主要不是事实的传播，而是某种态度、倾向、观点的传播，其具体形式有顺口溜、民谣、打油诗等。”②这虽说主要是着眼于现实的传闻而言，而对当年的历史传闻也是基本适合的。以谣歌形式表达评价性内容的传闻晚清时期一直是颇为常见的。像前面引及的关于丁宝桢、张之洞的

① 上海图书馆编：《〈上海新报〉中的太平天国史料》，第156～157页。

② 秦志希、饶德江编：《舆论学教程》，第66页。

“×天×地”谣，即属此类。再如当年还传有“京师衙门十可笑”，曰：“光禄寺茶汤，太医院药方，神乐观祈禳，武库司刀枪，营缮司作场，养济院衣粮，教坊司婆娘，都察院宪纲，国子监学堂，翰林院文章。”①也是典型的评价性传闻，旨在讽刺性地反映各衙门职事的庸劣不经。这类歌谣体的评价性传闻，可以说是一种夸张性讽刺事物突出特征的“语言漫画”。再如庚子年间关于清将董福祥的歌谣，先有：“芝麻酱，下白糖，鬼子就怕董福祥。福祥足，两头峭，先杀鬼子后拆铁道。”后变为：“芝麻酱，下白糖，鬼子最恨董福祥。福祥足，跑得快，未曾开炮就先败。”②反映出民间对董福祥看法以及时局形势上的变化。显然，谣歌也可以并且多是叙事与评价兼容，试看义和团时期流传于京津一带的这样一首谣歌：“妇女不梳头，砍去洋人头；妇女不裹脚，杀尽洋人笑呵呵。”③既表现出对洋人可恨当杀的评价和感情宣泄，又包含着关于妇女污秽不洁可以对付洋人的叙事性意蕴。至于一般形式承载的传闻内容，事实上单纯叙事或评价者并不是很多，通常都是两者交融一体的。这种交融像前边举及的“函牍型”传闻两例，即颇典型。

既然传闻内容不仅限于叙事，而且通常兼涉评价，那么关于其“虚”“实”的判定也就更为复杂。评价性内容主观色彩很强，虽不是说就没有一定的是非标准，但较难以所谓“虚”“实”来判别。其实，即使叙事性内容的传闻，也通常不是非虚即实纯为其一的，而是虚实兼有（当然两者比重上对于不同传闻来说不尽一样）。譬如戊戌年间关于光绪皇帝的病况的传言纷纷，致病情节以及病之

---

① 《光绪顺天府志》卷70第4册，北京古籍出版社1987年版，第2517页。

② 《高枏日记》，中国社会科学院近代史研究所编：《庚子记事》，第173页。

③ 陈振江、程歗：《义和团文献辑注与研究》，第130页。

程度说法不一，甚或大相径庭，多有不实之处，但光绪皇帝身体一定程度上患有疾病这一点又的确是事实。像传闻内容的叙事性、评价性及两者交融这种情况，虽说并非为晚清时期的社会传闻所独有，但也不失为它内容复杂性的一个方面的典型表现。

此外，晚清社会传闻题材上也颇具复杂性，涉及社会生活领域的各个方面，而其典型题材又总是与引起社会动荡的重大事变以及特定的社会文化氛围密切关联。对当年社会传闻典型题材的分析，正是下一章的内容所在。

第二章　典型题材示例与分析(上)

这里所谓"题材",是指传闻的某种内容类型。从晚清时期社会传闻的情况看,起码反洋教传闻、神异传闻、战事传闻、变政传闻等几种题材者是颇显突出的。而每种题材的传闻当中,又总有一些相对集中的"话题"或是"事类",其下囊括若干具体的传闻事例。其内容层次结构上可大致作如是观。对典型题材传闻的分析,除了涉及上述内容结构之外,也要根据每类题材的不同情况,兼及其他一些必要方面,旨在有的放矢地揭示各种不同题材传闻的基本状貌和特点。就各种题材和"话题"、"事类"下实有的具体传闻事例而言,可以说如恒河沙数,自不可能一一列举,只能力求披沙拣金,酌情择例举证而已。即是如此,涉及的内容也要较多,考虑到各章篇幅上不致差异悬殊,同时也是根据"典型"题材分析的内容情况,拟划分作上下两章(节序号统排)。本章包括反洋教和神异传闻两种题材。

一、反洋教传闻

反洋教题材的传闻在晚清可谓长盛不衰(当然亦非一直稳态平流,而有相对起伏),流布广泛,内容也相当纷杂,而从话题层次可以归纳下述要项:

1. 迷拐采割话题

有研究者以中国近代史资料丛刊续编《清末教案》为主要统计样本，参照另外几种有关资料，统计得出晚清“重要教案”344起，而其中“因谣言引发的教案就达202起”，这中间因“采生折割”类谣言引发者有48起，占总数的23.76%，在能够列出具体名目的各类原因中占第一位（占第二位者是由诱奸妇女谣言引发者，为20起，占总数的9.90%）①。正如统计者体察到的，对反教谣言的量化统计存在难度。对于反映某种传闻的流布量来说，这种分类统计的精确性也难说很高，但毕竟能给人一个参考性的量化印象，还是颇有意义的。从统计者的叙述中可知，是把“采生折割”与“迷拐幼孩”连带一体来看待的②，我们这里以“迷拐采割”作为这一种传闻的话题概括。所谓“迷拐”，不是指一般的拐骗，而是特指用所谓“迷药”甚至说是用妖术拐人，俗谓“拍花”者即当属此类。而“采割”，是指“取生人耳目脏腑之类，而折割其肢体也”，它与通常所谓“肢解”并不完全相同，采割往往被说是与“妖术”相联系，“此则杀人而为妖术以惑人”③。关于教方施行迷拐、采割的传闻中两项内容具有相当密切的连带性，可以说是一条传闻链上的两个套环。在这当中，“迷拐”是手段，“采割”为目的，而采割的功用之一，或被说是为制造“迷药”供“迷拐”使用，这样两者间便又有了某种循环性。

所谓“迷拐”，在反洋教传闻中言之纷纷，铺天盖地，但又多系笼统之说而较少细节情况。而“细节”对认识和分析此事来说又

① 苏萍：《谣言与近代教案》，第30、32页。

② 见苏萍：《谣言与近代教案》，第33页。

③ 张荣铮等点校：《大清律例》，第452页。

是至关重要的。通过爬梳大量材料,沙里淘金般地觅及数条有具体情节者,引录如下。《辟邪纪实》中辑录了一个叫张世钦的"迷拐案犯"不明时日场合的所谓"供词":

> 小的是山东历城人,父母早故,并无兄弟,二十一岁在广州跟官,从黄老坤学得天主教。他教小的画符在手上,到街市随意向小娃儿们头上一拍,小娃儿们便迷着了。只见前面一线有光,三面都是黑暗,即随了我走。引到僻静地方,剜了眼睛、心肝、肾子,卖与洋人做药……①

再有两则为同治九年(1870 年)天津教案的涉案情事。一是作为该案直接导火索的"武兰珍拐案"中武氏"供词"所言:

> 他(按:指所说教堂的王三)给了我一包麻醉药,并要我到各地农村去。这种药物是麻醉人的,是一种非常精细的粉末,装在一个纸包里。我到了穆家口,遇见一个二十来岁的人,穿一身浅蓝色衣裤,我倒了一点药在手掌里,在他脸上一抹,他就完全变成了一个傻子,跟着我走……(后又)到了桃花口,在那里我遇到了一个叫李所的人,他正在淘水,我用药来麻醉他,他也像上次那个人一样跟着我走。②

二是时任天津知府的张光藻后来记述的教民安三在案发当天施行"迷拐"的情节:

> 有西关(按:指天津西关)木作铺人,令其徒回家取

---

① 天下第一伤心人:《辟邪纪实》卷下,第 9 页。

② 《武兰珍供词(译本)》,中国近代史资料丛刊续编:《清末教案》第 6 册,中华书局 2006 年版,第 345 ~ 346 页。

饭，其徒行抵浮桥，忽有一人自后拍其肩，伊遂昏迷跟随其人，行至西南三十里某村，为村民所救。当将拐匪送案讯之，则名安三，与剃头王二熟识，亦天主教中人也。惟其迷药，则供词闪烁，不能一定。①

另有一则是天津教案发生之后，御史贾瑚就其所访得北京城内的一“迷拐”事件，向清廷的奏报中述及的：

崇文门内有高姓之子名二格者，年十二岁，于本月(指同治九年六月)初九日清晨在本街扫地，忽有匪徒向二格头上一拍，随即跟去。行至兴隆街，遇有羊肉铺作生理人，看见形迹可疑，截往二格盘问，二格形神痴呆，卒无一语。匪徒见事已败露，即时逃走。少顷，看者人多，内有认识二格之邻右，睹此情形，即为其家送信，旋即接回，用凉水喷醒。据二格云，清晨在门口打扫，忽有不认识姓名人向其头上一拍，登时昏迷，但见身之两旁，俱是河水阻隔，中间仅有小路可走，前面有人引路，不得不跟踪前往，此外别无所知。②

还有一例是光绪十九年(1893 年)河南彰德一带的一份“告自”中所言，说是有歹徒在洋人的利诱下这样施行迷拐：“妆扮如乞丐状，于村中见小儿，以手摸之其面，小儿即随伊走，回顾则有虎狼在后，左右则沟渎，但能前行”，迷拐小儿至目的地后“卖于洋人，将小儿倒悬半天，即挖其眼睛，取其心肝”，并说在淇县大会上曾逮获这样行拐的两人，吊打之下，“彼但大笑而不觉其痛，即搜

① 张光藻:《同治庚午年津案始末》,《北戍草》，光绪二十三年刊刻本附录(后来 1930 年的铅印本中将此附录删除不载)。

② 《筹办夷务始末》同治朝，卷 73，故宫博物院据内务府手抄本 1930 年影印，第 15～16 页。

其身上，于发中取竹板一块，板上有赤佛，脚心有膏药两张，与伊将膏药揭去再打，彼随觉痛，则号咷大哭”①。

比较上引几个事例，第一个当中所谓画符在手上，一拍即能“迷人”，这显然是不可能实有之事，这种所谓“供词”的不可信是显而易见的（而其中所述被迷者的感觉情境，与后两例者则有类似之处，只不过有是被黑暗还是被水包围的不同，最后一例中还有“有虎狼在后”之说）。最后一例中虽未明言拐匪“手摸”小儿之面时是用“妖术”，但从所述其被捕获后的情况看已暗示出来，这当然也是不可能实有之事。天津教案时的两例当中，武兰珍明确说所用迷药“是一种非常精细的粉末”；安三事例也说是施用迷药，只是未说明药剂形状。贾瑚所述北京拐事中虽没有明确指为使用迷药，但从其奏疏中建议清廷饬有关衙门对这类拐匪“立时严缉，但人药并获，即行按律惩办”②的说法看，间接地也表示出系以药物迷拐的意思，这样看来，使用药物的名堂全在那“一拍”之下，想必是被拐者通过嗅吸而致迷（因无骗服、逼服情节），并且药效十分迅速而又奇特，即肢体活动不受限制而立时产生幻觉跟他人走。像这样一种致幻剂，笔者查询有关药学和毒品史之类的书籍，找不到当时实有的证据，请教有关专家，得到的也是否定其有的回答。③ 若不曾真的有那般神奇的迷药，上述情节的迷拐只能看做是对传闻之事的借虚认实。

---

① 《教务教案档》第5辑第2册，第685页。

② 《筹办夷务始末》同治朝，卷73，第16页。

③ 笔者请教过河北医科大学傅绍萱教授等药学专家，还请教过石家庄市戒毒所的艾国利大夫，谨此致谢。另外，近年大众传媒有的就是否真有这类药“迷药”用于行骗之事作过访谈讨论，大多专家明确是持否定意见。退一步说，即使今天可能实有，当年则也未必。

若是说使用当时确实已有的催眠、麻醉或有致幻作用的药物①,并且是用可能的方式方法骗施于被拐对象,便于拐匪挟持骗导,倒不是绝对没有可能的事情。有说天津教案所涉迷拐事件,拐匪即使用"蒙汗药"。如光绪十三年(1887年)时的一则反洋教揭帖中就言及,教方"有孽术能配蒙汗药,迷拐童男童女……同治庚子年,天津百姓共杀领事一案,即此事也"②。不过,这是津案后多年并且是外地(山东兖州)的一则反洋教宣传品中的泛泛之说,难言准确可靠。而案发当初内阁学士宋晋就案事的上奏中即言及,主使迷拐者"给人红药"③。所谓"红药",肯定不是指芍药,因为芍药虽有"红药"的别称,其块根也可入药,但并无麻醉、致幻作用。看来,这并不是一个准确规范的药名称谓,不知究竟系指何物。况且,宋晋也不是此案的当事知情人,所言难以尽可凭信。

倒是与教方无关的一宗用药"迷拐"案可作参照。光绪二十

---

① 如中国旧时所谓"蒙汗药",现行的辞书中即说是"麻醉药的一种"(见《辞海》合订本1988年第1版、1994年第4次印刷本,第1464页)。甚至有的旧辞书中征引明朝魏濬《岭南琐记》中的说法作有这样具体的解释:"用风茄为末,投酒中,饮之即睡去,须酒气尽乃寤。风茄,产广西,土人谓之颠茄。"并且特别说明:"此药今尚有之,可以治病。"(见《辞源》1930年第26版,申集,第65页)近年来也有些研究者撰文肯定"蒙汗药"的实有。而西方国家自19世纪40年代开始就有将乙醚用于临床麻醉的成功技术(参见《中国大百科全书·现代医学》,中国大百科全书出版社1993年版,第816页)。至于有致幻作用者当时中西药中亦会有之。但是有关药物的制剂、用量、用法、生效时间和作用情形未必能有与所谓"拍花"迷药相合者。像所说这种情况,还可参见[美]孔飞力著,陈兼、刘昶译:《叫魂》,上海三联书店1999年版,第226页注①。该注文中引述了现在有的医学人士对旧日传说所谓"迷药"成分上的可能性,所尝试作出的"纯药物学的解释"。但这种解释对于证明当时那种"迷药"的实有、实用、实效性来说,连解释者自己也认为"是不够的"。

② 台湾"中央研究院"近代史研究所编:《教务教案档》第5辑第1册,第415页。

③ 《筹办夷务始末》同治朝,卷73,第8页。

三年(1897年)间山东巡抚李秉衡奏报金乡县破获这样一起案事:该年三月初九日早,金乡县民张奉臣的四岁幼子张金香在门外玩耍,被匪人拐去,最后追至西门里从拐匪手夺回,拐匪倪学恩被县衙拿获,据供,他系郓城县人,先曾习医营生,并未为匪犯,后"因生意淡薄,贫苦难度,独自起意迷拐幼孩,希图采割配药,给人治病渔利,即配就迷人药丸,携带身旁,赴各处假充卖药。屡遇幼孩,终不得便下手",这天行至金乡县城内东小街,"适张奉臣幼子张金香在门口闲玩,伊四顾无人,将药丸用红糖粘裹,填入张金香口内。张金香吃食,立时昏迷,伊乘间抱取逃走,即被访闻拿获"①。从所陈可知,拐匪是给张金香服食了药丸使之"昏迷",而乘机抱走,小孩的这种"昏迷"表现显然是被催眠、麻醉,不同于前边所述那种被一拍之下,肢体活动不受限制而立时即产生幻觉跟他人走的情况。当然即使所述倪学恩案情事,也未必尽然可靠,如供称迷拐幼孩是希图"采割配药",这便不无可疑之处。而所传与教方相关的那种拍花迷拐,其真实可行性也就更值得大打折扣。总之,关于教方主使"迷拐"的情事,推究起来颇显暧昧不明,是典型的传闻之属。

至于教方与确实可行的一般性诱拐之事的某种联系,则是完全可能的。当年美国驻华公使镂斐迪(Fredrecle F. Low),针对天津教案有关情事即曾披露,鉴于中国不愿意将幼孩交由教方的育婴堂和孤儿院照管,"这些机构的管理人员,便对那些把幼孩交给他们看管的人,按人头逐个提供一笔钱"②。这种变相收买的方法,当然有可能诱使歹徒以可行的方式诱拐儿童向教方出卖而获

① 戚其章辑校:《李秉衡集》,齐鲁书社1993年版,第452~453页。引文中"迷拐幼孩"书中为"迷拐劝孩",显误,引录时径改。

② 《美国驻华公使镂斐迪致美国国务卿斐士函》,中国近代史资料丛刊续编:《清末教案》第5册,中华书局2000版,第2页。

利。有的研究天津教案的文章中,在对认定“迷拐”实有的观点指为“荒谬”的同时,又根据史实迹象明确认定,教方“慈善”堂所不只收纳“中国百姓主动送养”的孩子,更“主要靠鼓动教民和教堂中雇佣的中国人四处收领弃婴送入堂中,甚至花钱收买”,“一些教民及社会上的不法之徒为了赚钱,便拐骗幼孩送入堂中”①。揆情度理,教方堂所既然为招徕送养者而不惜采取变相收买的方式,对被送儿童的来路也就未必认真查究,有意无意地收纳下被诱拐儿童的事情自不可免。并且有迹象表明,像这种情况也不只限于当时天津的教方堂所,此前此后有更多地方的教方堂所与之牵缠。但是,并不能因此即说所谓“迷拐”的事情肯定实有。

有关传闻中与“迷拐”相连带的“采割”情事,要说其本身是人能做得到的,只是事实上做没做而已。当年有关教方采生折割的传闻也是沸反盈天,但并无事实根据,这由诸多有关教案的查究结果可证。像天津教案发生前夕,当地就盛传教方迷拐儿童是为剜眼剖心,并具体说是“用以配制欧洲到处都搜求、并不惜以重金收购的某种特效药”②,甚至连物证也说得凿凿有据,教案发生后即有在教方堂所“搜出眼珠盈坛之说”③。直隶总督曾国藩受命由省城保定赴天津处理案事,“初入津郡,百姓拦舆递禀百数十人”,指控教方采割之事,但“细加研求,终难指实”④,相反澄清了前已提及的把教方堂所所置瓶腌洋葱头误认作人之目睛的事实。像这类

① 刘海岩:《有关天津教案的几个问题》,《近代中国教案研究》,四川省社会科学院出版社1987年版,第225页。

② 《美国驻华公使镂斐迪致美国国务卿斐士函》,中国近代史资料丛刊《清末教案》第5册,第2页。

③ 曾国藩:《复奕䜣等》,《曾国藩全集·书信》第10册,岳麓书社1994年版,第7198页。

④ 曾国藩:《复奕䜣等》,《曾国藩全集·书信》第10册,第7209~7210页。

事情后来仍时有发生。光绪十七年(1891年)的湖北宜昌教案,“先哄传搜获教堂所蓄幼孩七十人,皆无目者,百口一辞”,清方官员赴堂“一一验视,则皆无影响,止一人瞽其一目,眼睛内瘪,其睛尚在,其人及其父母均言因出痘所伤”①。尽管屡次证虚,但关于教方采割的传闻一直不衰,并且所言其采割的具体因由五花八门。譬如,传言教方对人剜眼剖心之用途,不仅仅是制造“迷药”,还有诸多名目,像以中国人的眼睛配点铅成银之药:“其取睛之故,以中国铅百斤,可煎银八斤,其余九十二斤,仍可卖还原价。惟其银必取中国人睛配药点之,而西夷睛罔效。”②还有说可用于电线和照相。所挖中国人心肝则用于熬油点灯照宝:“他们挖了去,熬成油,点了灯,向地下各处去照去。人心总是贪财的,所以照到埋着宝贝的地方,火头便弯下去了。他们当即掘开来,取了宝贝去,所以洋鬼子都这样的有钱”③。所传言的教方采割也不限于挖眼剖心,还有诸如切取“妇女们崽肠子、奶尖子,孕妇胞胎,小孩子肾子”④以及“取小儿脑髓”⑤,甚至“婴孩同煮”⑥等项,特别是对妇女生殖部位的残害,所言更是纷繁而又耸听,有的描述非常具体,例如:

该教有“取黑枣”,“探红丸”者,处女名“红丸”,妇

---

① 张之洞:《劝学篇》,苑书义等主编:《张之洞全集》,河北人民出版社1998年版,第9769页。

② 天下第一伤心人:《辟邪纪实》卷下,第4页。

③ 鲁迅:《论照相之类》,《鲁迅全集》第1卷,人民文学出版社1981年版,第181~183页。鲁迅此文写成于1924年,其中所述有关事情,说是30年前在S城所听说的,可推知其时大约在甲午中日战争之际。文中记述民众哄传的这类事情作为者系泛指“洋鬼子”,但无疑也包括传教士,并且实际上它就是基于反洋教传闻而生发。

④ 周汉:《鬼叫该死》,《教务教案档》第5辑第3册,第1300页。

⑤ 天下第一伤心人:《辟邪纪实》卷上,第4页。

⑥ 《江西省刊布》,《教务教案档》第5辑第3册,第1332页。

> 媪名“黑枣”。探取之法:传教人嘱从教妇女与伊共器洗澡,皆裸体抱登床上,先揉捻妇女腰脊,至尾闾处,以小刀破出血,伊以股紧靠其际,取其气从中贯通,名为握汉。而妇女已昏迷矣,自为仰卧,则子宫露出,已生子者,状如花开,其间有颗粒,黑斑脂膜,伊以刀割取入盒。未生产者,如含葩吐蕊,鲜若珊瑚,伊探其中之似珠者,珍而藏之,其余仍纳入阴窍。而该妇女并不知其为,但神气消阻,纵以药保不死,而终身不育矣。①

这是对于所谓“从教妇女”来说。可见,所传其采割对象不仅教外之人,而且包括教民。还有像在教民临死之时,“教者”要“尽屏退死者亲属”,“私取其双睛”②之类的传说,也相当流行。总之,按照传闻,不论是对教外之人和教民,其采割是一种经常性、惯例性、多用途的行径,甚至危言耸听到这般地步:庚子年夏间,有说“拳民从教堂中搜出恶物甚多,人眼珠、心、肝、阳物等类,有数十缸;甚至剥人皮、刨孕胎以为魇禳”③;西什库教堂内“贮有七缸血,杀教民为之,并杀教妇而取其阴门,摆阴八卦阵”④;其又“有万女旄一具,以女人阴毛编成”⑤。如此等等,不一而足。

---

① 《湖南合省公檄》,《教务教案档》第1辑第2册,第91页。

② 饶州第一伤心人:《天主邪教集说》,王明伦选编:《反洋教书文揭帖选》,第9页。

③ 陈陆辑:《庚子拳变系日要录》中引录《恽毓鼎日记》庚子年五月十八日条,北京市政协文史资料研究委员会、天津市政协文史资料研究委员会编:《京津蒙难记——八国联军侵华纪实》,中国文史出版社1990年版,第58页。

④ 《高枬日记》庚子年六月十三日条,中国社会科学院研究所编:《庚子记事》,第156页。

⑤ 华学澜:《庚子日记》六月二十七日条,中国社会科学院研究所编:《庚子记事》,第109页。

2. 嗜淫灭伦话题

这也是当年流传极盛的反洋教传闻话题。对于个别的传教士和仗教作恶的教民来说，性道德、性行为败坏，或发生教内范围的奸淫事件，甚至有强奸教外妇女的恶举，这方面的情事自不能完全否认。但一般来说，教方在两性关系方面比世俗有着更严格的限制，特别是当时牵涉教案较多，被传闻舆论指斥尤厉的天主教方面，其禁欲主义色彩更是比较浓重的。而在反洋教传闻中，是将其"淫行"极大地夸张化了，教方简直被描述成嗜淫成性的色魔之窟，以宣淫为业，以乱伦为常，甚至是形诸定制的一种情状。譬如或言该教之惯俗：

> 神父在童时受教，割去肾子，曰"弥塞"。从其教者与神父鸡奸不已，曰"益慧"……(每七日一礼拜事毕)互奸以尽欢，曰"大公"，又曰"仁会"。凡嫁娶……新妇至必先与牧师宿，曰"圣揄罗福"。且父可娶媳，子可娶母，亦可娶己女为妇，兄弟叔侄可互娶其妇，同胞姊妹亦可娶为妇。①

或言传教人与入教之家女子必行淫乱：

> 入教者先书明姓氏、里居、年龄，并合家男女几口，不可假报一字。伊传教后随至其家，照册点验，命留一女，终身不嫁，名曰"守贞"，此女即为传教人正供。其余妇女，凭伊所欲而供之。伊传教人伪为无邪，正襟危坐，妇女皆跪前罗拜之。彼授以丸药，名曰"仙丸"，实媚药也。服之欲火内煎，即不能自禁，自就之，而与伊淫，名曰"比脐通气"。伊原习房术善战，而妇女亦贪恋而甘悦之，故被采战者视本夫如粪土。②

---

① 天下第一伤心人:《辟邪纪实》卷上，第1~2页。

② 《湖南合省公檄》,《教务教案档》第1辑第2册，第916~917页。

甚至盛传教方以邪术行淫,如说传教士"能咒水飞符,摄生人魂与奸宿,曰'神合'。又能取妇女发爪置席底,令其自至"①;"道旁见有美女,能于前数十步画地诵咒,使美女自至,与之奸合"②;等等。关于教方"邪术行淫"之事,也传有情节具体、千奇百怪的诸多所谓"实例",择录其一:

> 夷匪杨格匪(按:似指英国伦敦会来华传教士杨格非)之门生左宗德,至江南买难民女子十数人,置一大房,每夜三更时,左偕二人然(燃)灯中立诵咒。群女子环立。俄顷,左等口中有青烟出,灯光忽大,群女子衣服皆自褪,左等一一立与轮奸,复以口呵女子阴,遂携手环绕数匝,皆卧……③

像这样以邪术行奸,显然是根本不可能实有之事,但传说却言之凿凿,甚至说是有人亲见。由此推及所传教方即使不涉及"邪术"的嗜淫行为,其夸张和臆造成分更可得旁证。

3. 关于教方其他诸种祸祟的话题

传说教方祸害人的恶举还有很多,像"散毒"和"妖术剪辫"即颇典型。前者像同治十年(1871年)间由广州、佛山一带传开波及诸多地方的关于教方派人施放所谓"神仙粉"毒人之事,就很有代表性。"民间不但哄传食其药者即患肿胀等病",甚至说"令人食之则渐蛊而毙"④,闹得人心惶惶,杯弓蛇影。类似的传说,起起伏伏,长时间里迁延不断,并且还不断衍生出新的施毒招术的说法。

---

① 天下第一伤心人:《辟邪纪实》卷上,第4页。

② 天下第一伤心人:《辟邪纪实》卷下,第16页。

③ 天下第一伤心人:《辟邪纪实》卷下,第13页。

④ 《德国社礼贤传道会入粤记》,王庆成编著:《稀见清世史料并考释》,第189页。

起码自光绪初年,在四川等地又有井中投毒的传闻流行,隐指教方操纵。① 光绪十七八年(1891、1892 年)间,广东揭阳等地广布的有关揭帖中所传扬的教方施毒花样更多:

番鬼使人放药,毒藏饼馃糕糖。
路上使孩拾取,食后必定凶亡。
人面生疏送物,小子切勿乱尝。
或有几文钱藻,毒在钱结匿藏。
小子捡改不开,用口咬毒亦伤。
或有毒藏笔内,不可用口啐浆。
用水先洗为要,先生细意提防。
一入其毒必死,探埋盗挖心肠。②

按照此说,"番鬼"施毒招术多得简直防不胜防。并特别警告说,"番鬼"派来该地的这种施毒者,"不仅一二人而已,尚且有数十余人",已"有人食此毒药,害死数命",还说是有人在事发地亲自"目见","此事实实可据"③。

及至义和团运动前后,关于教方投毒的传闻更盛,特别是井中投毒之说尤盛。据说,大概是在光绪二十三、四年间,山东高唐县就逮住过受教方指派往井里撒药的人。④ 及至庚子年春夏之际,关于教方井中投毒的传闻在华北许多地方汹汹流布,义和团的揭帖中即不乏对洋人(当然包括传教士)"于井内暗下毒药"之类的

---

① 见四川省档案馆编:《四川教案与义和拳档案》,第 376～380 页辑录的川东道、巴县、重庆府等多件文告。

② 《教务教案档》第 5 辑第 4 册,第 2201 页。

③ 《教务教案档》第 5 辑第 4 册,第 2201 页。

④ 山东大学历史系中国近代史教研室编:《山东义和团调查资料选编》,齐鲁书社 1980 年版,第 105 页张书谱忆述。

宣传,并告知所谓解毒药方。① 所谓受雇于教方的投毒者被逮治罪的记载也不鲜见,像刘大鹏的《潜园琐记》中就记及,在山西一些地方,当时村民处死放毒者的消息一度几乎天天都有②。当代有的研究者也明确认定,当时"教民往井里撒毒药,确有其事",并引证官方档案中的记载:庚子年夏间山东东昌府地方,有关官员即向上级禀报,"有妖民假充负贩及乞丐等人,在四乡庄村井内抛撒毒药,居民俱各惊惶",并拿获名叫罗风贞、张文法的二犯,"堂讯三日",供称"系朝秦神父给伊毒药盘川,令伊撒入井内,伊已撒过十多口井"③。而另一方面,时人又有关于反教者故意雇人撒药以嫁祸于教堂的记载。譬如杨典诰的《庚子大事记》中记当年六月初京城之事,有云:"又有二人投药于井,适团民经过,获其一。据云天主教堂,雇百余人四处投药于井,以迷人,每日每人给洋一元等语。实均是义和团使党与所为,散布谣言,使人信从耳。"④像这种情况,确实应该考虑。

其实,不独义和团运动之时,其前其后都有此类事情。像光绪初年四川一些地方盛传教方使人井中投毒之时,巴县官府曾发布告示,其中即明确置言:"闻各乡场市,有不法痞棍,勾结闲亡散勇,幸灾乐祸,妄造谣言,并雇请无知丐孩,给予墙泥皂矾等物,令其放入水井,嫁祸于人,希图惑动民心,从中抢劫取利。其心叵测,

① 如传于北京的"关帝降坛谕"中,就有此内容,其开列的解毒药方为:乌梅七个,杜仲五钱、毛草五钱,用水煎服。见陈振江、程歗:《义和团文献辑注与研究》,第107~108页。

② 见乔志强编:《义和团在山西地区史料》,第46页。

③ 山东大学历史系中国近代史教研室编:《山东义和团调查资料选编》,第105~106页,《编者按》。

④ 中国社会科学院近代史研究所编:《庚子记事》,第86页。

实堪痛恨!”并且表明是在“民教不睦,衅起怀挟私嫌”①的情势下有的放矢地布此告示。而在义和团运动之后者像发生于光绪二十八年(1902年)的湖南辰州教案,据清方认定,系“因该处时疫流行,痞匪造谣,谓教堂投毒井中,适有民妇萧张氏在街抛撒药末,因此起衅,突聚二千人”②,打闹教堂,引发此案。所说的萧张氏,是一个寡妇,平时与教方有接触,为外间议论纷纷,甚至被认做是传教士的姘妇。案发这天(七月十二日,8月15日),她在本地一烟馆吸鸦片烟时,忽从身上落下一个药包,被人拾到,不知何物,便被怀疑是用做向井中投放的毒药,在众人的诘问之下,她显得语言支吾,神色慌张,便更被人们认实无疑,对她殴击审问,情急之下,她谎称是福音堂教民花钱雇她投药。众人见“罪证确凿”,怒不可遏地缚她游行当中人越聚越多,终酿成群起打教的事端。但事实上萧张氏所带的并非毒药,“事后经多人认定,是包藿香丸”③。只因瘟疫流行,人们惶恐不安而又不明其因,于是流布已久的关于教方井中投毒的传闻,于此时此地便又有了大兴和被广为信实的条件。而此间恰曾又有人见传教士往他们汲水井中投药消毒,不明底里的民众便更生疑忌,各水井都用木栅围护,着人白夜巡守,并四处访查投毒之事。据说案发之前就曾打死过认定是受洋人指使的放毒者数人,其实他们都是随身携带藿香丸、六一散等防暑药品者。也有将所谓的投毒嫌疑人扭送官府者。④正是在这种风声鹤唳的

① 四川省档案馆编:《四川教案与义和拳档案》,第377页。

② 《著湖南巡抚俞廉三查拿辰州教案正犯徐玉亭等事上谕》,中国近代史资料丛刊续编:《清末教案》第3册,第445页。

③ 钟玉如:《辰州教案始末》,吴金钟等主编:《近代中国教案新探》,第202页。

④ 参见钟玉如:《辰州教案始末》,吴金钟等主编:《近代中国教案新探》,第200~202页所述有关情节。

情势下，偶见萧张氏身上落一药包，便被执拗地误认为是受教方指使投毒所用，并一误再误地激成群体性的盲动行为。

至于萧张氏供称系受教方指使投毒，实在是在当时被众人殴击威吓的情势下出于无奈。像这种情况绝非特例，在所谓涉教案事中是很常见的。“案犯”之所以无中生有地供认受教方指使从事某种恶举，一方面固然不排除有借教方势力保护自己的企图，而另一方面，在很多情况下，也是逮获他们者所希望并逼使他们如此供说的，目的是获得所要的“证据”。不仅民间有时如此，甚至清朝官方更经常这样。而刑讯是达到这方面目的的有效手段。“当使用刑讯乃习以为常时，人们便会要求使用它，并拒不相信不受刑讯折磨所作的供词”，“被怀疑的人预期刑讯难熬，便急急忙忙地供认民众舆论所宣称他犯有的那些罪过”①——这是当年外国人员针对天津教案有关情况的有的放矢之论，应该说不无参考价值。当年有关案犯的所谓“供词”，的确并不是尽可凭信的。具体到关于教方使人投毒的情事，也多不能究实，总体上只能作为一种传闻话题视之。

再看所传教方“邪术剪辫”之事。

这于光绪二年（1876年）夏间发生的皖南教案体现得最为典型。据时任两江总督的沈葆桢奏称，这年三四月间，江苏南京一带“即有纸人剪辫之警”，此后安徽许多地方不断有拿获“妖术剪辫”匪徒之事，匪犯“有供认拜会传徒者，有供认念咒剪辫者，诘以剪辫何用，则谓得生人之辫，分插木人头上，练以咒符，可化为兵，惝

① 《美国驻上海总领事西华致戴维斯函》，中国近代史资料丛刊续编：《清末教案》第5册，第68页。

恍迷离,肆无忌惮”①。特别是在闰五月下旬和六月上旬,在皖南地方即因传闻妖术剪辫事关教堂而引发一系列打教事件。据说,在建平县(今朗溪县)佣工的河南籍客民阮光福的辫子被妖术剪掉,村民易景怀等追拿剪辫者,欧村教堂的白会清前来阻止,被众人扭送到县,神父黄之绅持名片向县里索回。几天后,阮光福、安定山等数名佣工在田间劳动谈及剪辫之事,说是欧村教堂所为,恰被路过的教方人员杨锡琴听见,双方发生争骂。随即教方将阮光福、安定山捉入教堂,雇主吴永庭与教堂交涉放人不果,联络有关人等应对,很快就发生了大规模的打教行动。人们在欧村教堂内搜出一箱天神像,遂更相信“纸人剪辫”系教方所为,激愤之下放火烧了该堂,并引起连锁反应,随后皖南地区相继有多处教方堂所被毁,包括该区最大的教堂宁国府总堂。

从清方有关官员的表态看,对于哄传不断发生的所谓“妖术剪辫”之事,并不否认其实有的可能性,有“察核供证俱确者,均饬即行正法”之言。只是对行此“妖术”之人的身份,认定“其宗派大抵出自白莲教,其头目大抵出自哥老会”。至于与教方的关系,一方面说“与天主教并无干涉,惟该匪到案,必供出自教堂,意以为事涉外洋,地方官不便深究”;另一方面又说,“而外洋教士只图招徕之广,不遑考其身家,此辈窜名其中,借为护符,以售其奸,亦势所不免”②。显然有些模棱两可,含糊其词,究其真意,似乎并不完全排除与教方的某种牵连。

当时教方对有关传闻之事,也不否认“妖术剪辫”的实有。有的天主教神父就明确表态相信真有其事,认为是恶鬼作祟,致闹

① 《教务教案档》第3辑第1册,第80页。

② 《教务教案档》第3辑第1册,第80~81页。

"鬼病",说是关于"妖术剪辫"的事,他亲眼遇到几个例子,其中一例是:一天,有男女两孩,忽觉一阵狂风从头上吹过,伸手一摸,辫子没有了,但一参加了迷信活动,被剪去的辫子便会在屋角里找到。故感到"无法解释",认定"有魔鬼参与其事"①。当然,教方是坚决否认此事与他们有任何联系的,认为是反教者故意造谣给他们栽诬而煽动仇教情绪。说是"中国人的辫子在那里被纸人以神奇的方式剪掉了,这些纸人仅仅高数厘米,大家可以在天空中发现它们","基督教的敌人便不怀好意地利用这种谣传,公开声称传教士们可以随心所欲地使人的辫子脱落。大家一致断言,只要向空中抛散一片纸并在上面吹一口气,立即就会有一条辫子脱落,这种巫术的受害者不会再有超过三天的生存期限了"②。这样,人们自然对教方充满了恐惧和仇恨感。

事实上,我们现在按照最起码的科学观点来判断,像当年那种所谓用纸人来行"妖术剪辫"的真实性是不可能存在的,不过属一种荒诞的巫术。而当时不论是清方有关人员还是教方,都不乏认其实有者。究其原因,就清方而言,正如前边(上一章第四节)曾论及的,其"法定"地承认神异的存在,只不过要"崇正辟邪"而已。而"妖术剪辫"这类事情,正是其所要"辟"的邪恶之类,如若不认其有,所"辟"的对象岂不成虚无?对于教方来说,尽管其基督教是严格的一神论宗教,但毕竟还是以承认有神为基础的,并且也不否认有"邪神"、"魔鬼"乃至灵验"巫术"的存在,只不过有他们特定的"崇正辟邪"内容和标准,像"妖术剪辫"类事情,在他们看来

---

① [法]史式徽著,天主教上海教区史料译写组译:《江南传教史》,上海译文出版社1983年版,第222页。

② 《中国江南宗座代牧区传教士们的综合报道》,中国近代史资料丛刊续编:《清末教案》第4册,中华书局2000年版,第371页。

绝非若辈所为,而是"恶魔"之举,属"黑巫术"之类(而相对称的所谓"白巫术"在基督教史上被认定为一种有益的巫术)。至于当时一般民众,更是多持信实态度者。总之,这种事情其时有着较为普遍的信众。但无论如何,它又毕竟是不可能真有之事。清方所谓"供证俱确者"云云,皆不外冤假错案之属而已。

不过,不管出于什么动机,以某种把戏来"证实"其事真有者倒不乏其例,皖南教案的审理过程中就有这种迹象,譬如有人证明"阮光福之辫之被剪(按:指用妖术),实有其事"①。因为这种传闻流传很广,在其他一些地方的"借假为真"之例也不乏其有。有的虽说与教方没有关系,但无疑有助于我们对有关传闻社会影响以及似实而虚情状的认识②。下述事情则是与教方有关联者:

在光绪初年南方有关省区的剪辫风波难以平息之际,北方有些地方也闹得不亦乐乎,北京即在此内。有亲临其境的外国人员忆述说,当时"各阶层的所有人们,无论贤愚,也无论男女老幼,都由于兴奋和恐惧而失去了正常理智,各种各样神乎其神的谣言和

---

① 《两江总督沈葆桢奏报研讯皖南教堂滋事确情分别示惩折》,中国近代史资料丛刊续编:《清末教案》第2册,中华书局1998年版,第140页。

② 如孙玉声的《退醒庐笔记》中就有这样一则纪事:"清同治间,各省盛传有白莲教匪于暮夜剪发辫,剪时由匪驱遣纸人为之,一时市虎杯蛇,信者甚众。然匪徒剪辫何用,则又人人莫知其详。一夕,沪北某茶庄小主哗言其辫为纸人剪去,翌日果见其短发鬅鬙,不能掩及厥项。家人以为不祥,延僧设醮禳之,闻者益相互惊惧。乃后有泄其隐情者,言茶庄小主之辫非剪于匪而剪于痞。盖缘小主私识一妇,为地痞所知,纠众于奸所执获,向之勒索巨资。虑其事后反后反噬,因以并州快剪截其八个千根烦恼丝,留以为证,然后释之使归。小主遭此奇辱,羞见江东,幸回家时,已在深夜,无人暗睹,乃默不作声,直至天将黎明,始佯言辫为妖匪剪去,致将合家惊起,相顾骇诧……又有城南某姓之妇与夫口角,自剪其发,后亦诓称为纸人所剪,以致女界亦相率惴惴……"见该书第92~93页。

传说被广为传布，而且人们都信以为真"[1]。并列举出这样一些传闻事例：有人正走在大街上时，自己的辫子突然掉在地上，接着不翼而飞；又有人抬起手想绾起自己的辫子时，却发现它早已不在其位；或是感到自己的后脑勺上一阵冰凉，接着发现原来是辫子与他的头分了家；又有说某人在大街上与一陌生人谈话，陌生人突然不见了，自己的辫子也随陌生人而去；甚至有说一位中国人看了某个外国人的小孩一眼，而当那孩子牢牢地瞪着这位中国人时，中国人立刻发现自己的辫子不见了，只留下一阵头发烧焦的气味。面对这些年千奇百怪的传闻，清朝当局不是辟谣，而是建立在信实基础上的布告防范，并且防范的办法不乏是符箓、巫术形式者，真可谓"以邪抵邪"。像顺天府尹便发布过类似的处方[2]。就是在这种情境之下，发生了来自乡下在京城某教堂学道的一位中国人，夜间不知不觉中被剪了辫子之事，其辫子被抛在外面院子的雪地里，教方和相关国家的驻华外交官员，预料到如果将此事传扬出去可能引出对他们极为不利的严重后果，所以对外保守秘密，自行在内部查究此事。结果查出是在教会机构所属的一家印刷厂佣工的一个华人，那天夜晚到被剪辫者的住室，利用在那里装订报纸作掩护偷偷把那个人的辫子剪掉，走时带出掷于院中，据说他只不过是要借此吓唬一下那个乡下人[3]。这也许只是一场恶作剧，但在当时有关传闻汹汹的情境下，若将此事传扬到外间，因为事关教堂，说不定又会衍生出怎样一些奇异可怖的情节，由此激发一场打教行动的可能也不是没有。清朝官方对这种事情的敏感和关注也是必然

---

① [美]何天爵著，鞠方安译：《真正的中国佬》，第 131 页。

② [美]何天爵著，鞠方安译：《真正的中国佬》，第 132～133 页。

③ 参见[美]何天爵著，鞠方安译：《真正的中国佬》第 134～139 页所述内容。

的。据说,事后恭亲王奕䜣闻知有关情况,“他的情绪变得异常激动”,说剪辫者“应当被砍掉脑袋”,当即追问其姓名和住址,只因没法得知而无奈作罢①。

由此可以进一步体察所谓“妖术剪辫”的底里,不是无中生有,便是故弄玄虚。但它带给信众的惊惶却是真切无疑的,这除了其“怪异”可怖之外,而且牵涉到性命攸关的辫子。因为此物在当时绝对不只是发式问题,而是一种特殊的政治符号,发辫不存,便有被认定反清叛逆的危险。所以,当时的“妖术剪辫”传闻,比其他话题的反洋教传闻有着更为复杂的政治和文化蕴涵。

“妖术剪辫”的传闻,到了义和团兴起后亦复成为反洋教舆论中的话题之一②,并且是与其他多种“邪术”一起加诸教方的,这里只把其他邪术内容概略论列。时人或对“教民横行邪术”总结出多项,其中与我们这里要论列的内容相符而具有典型性者,如其洒血于人家门上,欲使阖家男女逾七日而颠狂,自相残害;其剪黄纸人夜放闾巷,“欲使亿兆华人悉被其戕”;其为“黑风口”宵纵街市,“欲使男妇长幼被咬溃烂渐至殒身”,等等。而义和团则分别教以解破之方。像用石灰、人溺以涤所洒之血;于屋扉窗棂内置水盂以破其所放纸人;手执皮鞭或悬挂皮鞭于房院以御

① [美]何天爵著,鞠方安译:《真正的中国佬》,第139页。

② 当然,也有的传闻中“妖术剪辫”的实施者不是指为洋教一方,而是指为“白莲教匪。”如佚名《庸扰录》中记述说:庚子年夏间,“(山西)大同府一带,白莲教匪盛行,其术多施放纸人,剪人辫及骡牛马尾,居民皆置符发中以厌之。地方官出示查拿,十不获一”(中国社会科学院近代史研究所近代史资料编辑部编:《庚子记事》,第256页)。有的甚至说是义和团邪术剪人发辫(参见柯文著,杜继东译:《历史三调——作为事件、经历和神话的义和团》,第133页)。

“黑风口”等①。真可谓“以邪抵邪”之术。不难看出，这些其实都是中国传统巫术形式在特定情境下的变种而已。将它们与前边述及的“妖术剪辫”联系起来，更会明晰地察知其同类之属的性质。

反洋教传闻话题是颇为纷繁的，不仅仅限于上述几种，但所论列的这些应该说是最主要和典型者。而这些传闻的生发，既有着历史的渊源，更有着现实的诱因。

晚清时期反洋教传闻的生发，从历史渊源上追溯，可以看出是从明末清初以来的反洋教文献中直接吸收利用了诸多重要素材。

对晚清时期“基督教传教活动及其影响”作有专题研究的美国学者保罗·科恩认为：“虽然在清朝末年传教士确是主要刺激因素（我也确信如此——原注），但他们遇到的民众中许多人已有了被激怒的先入之见，这一事实也是不可轻易加以忽视的。反基督教思想的传统至少可以追溯到明末。那时这样的著作普遍得很。在19世纪下半叶中国接受基督教的‘思想’气氛中，它们是重要的组成部分”②。应该说，这种看法是有其事实根据的。当然，其所谓的“先入之见”，并非特指传闻因素，但无疑也包括这种因素。

自明末以天主教的耶稣会士为主体的传教士们入华，在使其“福音事业”于此“异教”的泱泱大国取得前所未有发展的同时，也激起了空前规模和深度的冲突。当时，反教派的言论，集中而典型

① 见刘大鹏：《潜园琐记》，乔志强编：《义和团在山西地区史料》，第35页。其中所谓“黑风口”者，说是“以布皮为兽行咬人”，这只是一说而已，还有其他多种说法，颇显纷杂不一，俟后边适当的地方再论列分析。

② ［美］费正清编，中国社会科学院历史研究所编译室译：《剑桥中国晚清史》上卷，第603页。

地反映在由徐昌治编辑的《破邪集》[①]中，该书可谓明末反洋教言论和思想的集大成者。所收文章的作者多是传统的儒家知识分子，也有一些佛门人士，在反对"天主邪教"的旗帜下，他们结成了神圣同盟。其论旨的核心是以儒家(辅以释家)的义理辟天主教之"邪"，而在这中间，也糅进了诸多传闻内容。晚清时期反洋教传闻的一些基本方面的内容，几乎无不可以从《辟邪集》找到源头。譬如该书中言及，教方"凡国内之死者，皆埋巴礼院内，候五十年取其骨化火，加以妖术，制为油水……有入其院者，将油抹其额，人遂痴然顺之"[②]；教士"延无智女流，夜入腥红帐中，阖户而点以圣油，授以圣水，及手按五处之秘媟状"，行"曷以加诸"的"男女之乱"[③]；"从夷者之妻女悉令群居"[④]；"彼夷残忍，数掠十岁以下小儿，烹食之"[⑤]，如此等等。此外，有迹象表明，像关于传教士能用巫术造钱，乃至具体到挖人眼睛炼丹获银之类的说法，在明末也已形成。作为入华耶稣会士先驱和著名领袖人物的利玛窦，"从他入华的最初几年开始，便被怀疑从事炼丹术"，以为他们"会以巫术造钱"，甚至连中国教徒们为了诱使他人入教，也故意伪证传教士们"掌握有用从死人身上挖下的眼睛炼丹的秘诀"[⑥]。还有"如纸人剪辫之类，自明以来，往往有之"[⑦]。只要以之与晚清时期

① 笔者检阅的是北京图书馆藏陈垣先生遗留本，题《圣朝破邪集》，按通常名称简作《破邪集》。

② 黄廷师：《驱夷直言》，《破邪集》卷3，第30页。

③ 许大受：《圣朝佐辟》，《破邪集》卷4，第35页。

④ 许大受：《圣朝佐辟》，《破邪集》卷4，第18页。

⑤ 许大受：《圣朝佐辟》，《破邪集》卷4，第26页。

⑥ [法]谢和耐著，耿昇译：《中国和基督教》，上海古籍出版社1991年版，第180页。

⑦ 沈葆桢奏语：《教务教案档》第3辑第1册，第80页。

的反洋教传闻乃至纯粹谣言事例作原则性比较（而不拘泥于细节上的对照），就不难看出其基本内容上的源流关系。

当然，这并不是说明末时期的有关言论是晚清时期反洋教传闻的唯一直接源头。事实上，从明末到清初乃至清前期终结之际，反洋教的言论并没有断代性的长期停歇，有关传闻也是如此，仍继续不断地流衍生发着。在清初因教方再度赢得皇权的相对容让而其传教事业呈较好的发展态势之时，也正是以杨光先为代表的反对派势力执著迷狂地进行反教鼓吹、宣传之日。以杨光先独自一人的反教之文合辑成的《不得已》一书①，成为继《破邪集》之后又一部反洋教"力作"。自康（熙）末雍（正）初开始并逐步严厉地实行禁教之后，反洋教言论更有了合时顺势的社会氛围。清前期的反洋教宣传与明末时相比，"辟邪"主旨上并无大异，相应，有关传闻成分也是如此。还有清前期有的事件，虽然当时不属洋教者，但对日后的有关反洋教传闻，有着明显的传承性联系。像乾隆朝的由"妖术剪辫"传闻引起的那场巨大风波，就是十分典型的事例②。

可见，从明末一直到晚清之际，反洋教宣传及相关传闻内容有其一脉相承的联系。法国学者谢和耐指出："对于（教方）妖术的指责事实上也出现在自 17 世纪初叶以来的中国基督教史的全过程中"③。不只是对其"妖术"的指责，从更广泛、全面的传闻内容看也是如此。应该说，这主要根源于文化因素的承传。在这段时

---

① 该书刊于康熙初年，笔者检阅的是北京图书馆藏的民国十八年（1929年）中社影印本。

② ［美］孔飞力著，陈兼、刘昶译：《叫魂》（上海三联书店 1999 年版）对此事件作有详细的考察。

③ ［法］谢和耐著，耿昇译：《中国和基督教》，第 176 页。

间里,中国的文化环境没有发生根本变化。国人对外域事物包括基督教了解得不多不深,认识上的失实便不免发生。这从并非偏执的反洋教狂士而属思想相对开化、立说态度比较严肃的一些学者,其著述中的有关言论亦显属传闻乃至纯粹谣言的事实,可以得到一个方面的证明。

像明清之际的著名思想家顾炎武,在其《天下郡国利病书》中,即有教方"烹食小儿之说"①。而属"开眼看世界"先驱之辈的魏源,在其所著《海国图志》中对诸多反洋教传闻的肯定性采录,不但原则性地概括了反教不实传闻的若干基本方面,而且也不乏具有细节性的引述介绍。如说迷人信教之药"丸如小酥饼",使人吞下后化作"女形数寸,眉目如生"的"天主圣母","手抱人心",使"终身信向不改教";说教方"市中国铅百斤,可煎文银八两(按:'两'似为'斤'之误),其余九十二斤,仍可卖还原价,惟是银必以华人眼睛点之,乃可用"②,等等。在道光末年做过广西巡抚、江西巡抚的梁章钜,也算是对"夷情"有较多了解的官员,并且还是个著述颇丰的文人。他所编著的《浪迹丛谈》中,有《天主教》专篇,肯定性地录载了雍正年间湖北黄冈吴德芝所撰,包含大量谣言成分的有关天主教的文字,如述及教中妇女有病裸体受治,教中人临死者被刳去眼睛作炼银之药;教方能制作"肌肤、骸骨、齿舌、阴窍无一不具",可供人"拥以交接"的"裸妇人"③等。像这类成之于晚清之初的学者著述中的有关谣言内容,不但是晚清较早时期反

① 见薛福成:《分别教案治本治标之计疏》,丁凤麟等编:《薛福成选集》,上海人民出版社 1987 年版,第 391 页。

② 魏源:《海国图志》卷 27,第 31 页。

③ 见梁章钜著:《浪迹丛谈·续谈·三谈》,中华书局 1981 年版、1997 年第二次印刷本,第 80 页。

洋教传闻内容的组成部分,而且更起着承上启下的过渡传导作用。

检阅分析晚清时期包含传闻信息量颇大、影响广泛的一些专门性、典型性反洋教宣传品,很明显地可以看出,是从明末以来或远或近的包含相关传闻内容的著述中广泛采择利用了素材。像《辟邪纪实》一书①即很典型。字里行间充满辟邪的激愤之情,虽也不无一定比重的理性批判成分,但更大量地包容进传闻内容。该书所列"考证书目"计201种(此外还有"各路新闻纸"),一方面包括教内人士的著述,既有宣传其教义教理的书籍,也有像《几何原本》、《同文算指》、《测量法义》、《西医略论》、《妇婴新说》、《内科新说》之类的有关自然科学方面的著述,都统统列入"荒妄之书",作为批判对象,既批其教义教理之"邪",又指斥自然科学方面的著述"言兵不精,言算无据,言医滋害,无一言一事可为法者"②;另一方面,更多地则是各种各类的涉及反洋教内容而其中不乏流言成分的中国人的著述,这里边就有《海国图志》和《浪迹丛谈》。

特别需要注意《辟邪纪实》一书在晚清反洋教宣传品当中,特别是在流言汇集方面所具有的重要性。该书成自咸末同初反洋教高潮方兴之际,以后又加重刊广传,这本身即当产生很大影响。并且,该书成为其后反洋教流言载体(包括口头的、文字的)的重要"货栈",乃至成为有的著述所依傍的蓝本,最典型者像《辟邪实

---

① 作者署名"天下第一伤心人"(其人真实姓名崔暕,详见下文)的这部反洋教专集,初成于咸丰十一年(1861年),次年(同治元年,1862年)增加部分内容刊行,以后又不止一次地重刊。笔者阅及者除北京图书馆藏同治十年(辛未,1871年)重刻本(注取该本)外,并参阅了和首都图书馆藏光绪十二年(丙戌,1866年)增"海隅苍生"《跋》之重刊本。

② 天下第一伤心人:《辟邪纪实·考证书目》,第5页。

录》一书①,其主要内容即抽取自《辟邪纪实》,只不过略加改编而已。据查,《辟邪实录》是紧踵《辟邪纪实》问世的,更可见两者关系密切,它们同成为晚清时期传布极广、影响极大、又含有大量流言内容的反洋教宣传品。还有像《湖南合省公檄》②,也是流传极广包含有大量传闻素材的反洋教宣传品,而其诸多内容就是直接从《破邪集》等反洋教文献中移录而来。

晚清时期反洋教流言历史渊源已可概见。如果说,其历史渊源的主导因素是在文化方面,那么,其现实的诱因中政治因素的比重就大大增加。

其宏观背景方面的情况,在前边(第一章第一节)已经论及,这里只从较为具体的层面,主要以天津教案时的情形为例,再略作论说。正是在当时全国范围内反洋教风起云涌、反洋教传闻铺天盖地的形势下,天津教案在其诸多具体诱因的促使下爆发。就其中反洋教传闻的具体诱因而言,起码下述情事颇值得注意:

最直接的是教堂环境和教方行为方式对于外间来说的诡异反常,引起人们的疑忌。譬如清方主理该案的直隶总督曾国藩在经过"逐细研讯"否定关于教方折割传闻内容上的真实性时,就具体分析了生发这种传闻的现实诱因,其所言大致情节为:一、教堂终年扃闭,过于秘密,莫能窥测底里;二、到教方场所治病的人,多有被留不复出或坚不肯归者;三、教方收纳孤贫甚至疾病将死之人,而所施有关圣事又令教外人诧异;四、教堂院落,人员分类而处,甚至有母子终年不一相见者;五、发生拐案之时,适堂中死人过多,又

① 笔者所阅首都图书馆藏本,署"绅民公刊",未注刊时。从有的书、文的引注看,亦有署"饶州第一伤心人"编辑的刊本。

② 见王明伦选编:《反洋教书文揭帖选》,第1~6页。

在夜间掩埋,有的一棺二三尸,又有人见到暴露的烂尸,由是浮言大起。[①] 应该说,这一分析是基本符合实际的。疑忌之下,具有特定认知倾向的人们,便很自然地要按着自己的思维定式进行猜测和判断,极易造成杯弓蛇影、市虎成真的舆论情境。特别是上述曾国藩所析的第五项事端,对折割传闻来说影响最为直接,且与迷拐传闻联系也尤为紧密。关于此事张光藻也有类似评说:在教案发生前夕风传"各处有迷失幼孩之事"的关头,"有人于黑早见慈仁堂洋人抬小棺埋葬东关义冢地内殆非一次,偶为群犬刨出,见有一棺数尸者,于是津民哗然,谓此必洋人杀害小儿取其心眼,为端午节合药之用,否则奚为一棺而有数尸也"[②]。这也说明关于教方折割的传闻纯系缘自由于疑惑而生的推测。

其实,即使当时就教案之事对中国大肆进行外交讹诈乃至武力威胁的外国方面,也有人在其内部范围对案事进行了比较细致和理智的分析,譬如这在美国驻上海总领事西华(George F. Seward)的一长篇函件中体现得即颇典型,明确承认"在中国人当中流行的关于洋人杀害儿童的流言飞语,也并不是完全没有现象的依据"[③]。其论列的所谓这种"现象的依据"首先即是:"天主教徒据说对儿童受洗后灵魂得救的效验深信不疑。结果是他们在幼孩病倒的濒危之际,将其接到他们的育婴堂施行洗礼。这种做法和死亡的频繁发生,支持了人们相信他们需要幼孩躯体供诡秘目的之用的看法",同时,"天主教育婴堂和孤儿院遵守的保密制度,或

① 因原文过长,撮述如上,详见《曾国藩全集·奏稿》第12册,第6980~6981页。

② 张光藻:《同治庚年午年津案始末》,《北戊草》附录。

③ 《美国驻上海总领事西华致戴维斯函》,中国近代史资料丛刊续编:《清末教案》第5册,第66页。

者应该说幽闭状态,引起了人们的许多怀疑”①。另外,像前边已经述及的连有关外国人员也承认的教方变相收买儿童的办法,的确增加了诱使歹徒以可行的方式拐骗儿童向教方出卖获利的可能。并且有关外国人员也表示相信,教方“一向惯于利诱人们将病入膏肓的幼孩送到他们那里,借以达到临终末刻付洗的目的。这样一来,许多奄奄一息的病孩,便被送到这些机构去受洗礼,而抬走后很快就死去”②。教方这种做法也更增加了外间对其残害人命的疑忌。

当然,有关传闻的生发还有其虽然相对间接但更为深刻的背景性现实诱因,那就是外国方面惯常的横暴行径,使天津民众乃至官绅蓄积了对侵略者的深仇大恨,形成了厝火积薪之势,一旦有诱燃的火种,顷刻便会烈火熊熊。张光藻追忆津案始末,便这样列举外国人平时的恶举:“天津自通商以后,百货皆用外国轮船装载”,“轮船进口碰伤民船莫敢究诘,民船偶碰轮船则立擒船户置黑舱中勒赔,修价必厌所欲”;“本处商民或欠洋人债项,被控到官,勒限三日必还。洋商铺伙有欠本处帐目者,控之则抗不到案,官莫能追”;“有洋人乘马疾驰践踏人命之案,尸亲控县,莫能指名,洋人亦置不理”③。如此等等。曾国藩当时在分析有关传闻盛行并为人们深信不疑,乃至教案发生的深层原因时则说,平时“凡教中犯案,教士不问是非,曲庇教民,领事亦不同是非,曲庇教士。遇有民教争斗,平民恒曲,教民恒胜。教民势焰益横,平民愤郁愈甚。郁

① 《美国驻上海总领事西华致戴维斯函》,中国近代史资料丛刊续编:《清末教案》第5册,第66页。

② 《美国驻华公使镂斐迪致美国国务卿斐士函》,中国近代史资料丛刊续编:《清末教案》第5册,第2页。

③ 张光藻:《同治庚午年津案始末》,《北戊草》附录。

及(积?)必发,则聚众而群思一逞。"①这主要从民教矛盾方面着眼,归根结底也是根源于外国方面惯常的横暴非理。甚至像西华这样的外国人当时对有关情况也不能回避,他承认:在华的"外国代表们有时表现出放肆的态度",领事在当地官吏不满时"使用飞扬跋扈的方式","在领事的要求下,炮舰被用来解决争端,(有关华人的)财产被剥夺,还有人被杀头";平时"在外国租界里,欺负性情较温顺的华人是司空见惯的事",人们常看到外国人"在大街上把中国人粗暴地推来搡去,在骑马或驾车时用皮鞭抽打他们","大船和轮船的船主毫不在乎地把本地人的船只撞沉,有时甚至不停下来把不幸遇难的人救起";这种"粗暴和凶残"使外国人名誉在"当地政府和人民的心目中大受影响"②。西华也是把这作为激发天津教案和相关传闻的一个方面的原因来置言的,由此更可证,外国方面惯常的横暴行径所激发的华人的"仇洋"、"仇教"心理和情感,既是有关传闻的助生剂,也是决定有关传闻发挥其对教案激发作用的最为内在基因。

这样看来,有关传闻的盛行和天津教案的发生确实不失为当地民众反侵略的激愤之情的一种宣泄方式。连当时有的外国人也明确认为,天津教案的发生,是当地民众"对洋人的深恶痛绝突然间冒了出来",并进而分析说:"这些感情有些是深信诱拐传闻的自然结果;但如果以为所有都可以归结于这个根源,那将是一种错觉。很明显,早已怀有被压抑的恶感,正在乘机发泄出来。讲老实话说,百姓关于屠杀(外国人)的普遍心情是庆幸,在某些情况下

① 曾国藩:《天津府县解京请敕部从轻定拟并请嗣后各教堂由地方官管辖片》,《曾国藩全集·奏稿》第12册,第7096页。

② 《美国驻上海总领事西华致戴维斯函》,中国近代史资料丛刊续编:《清末教案》第5册,第57页。

简直是幸灾乐祸"①。无论如何，从天津教案和相关其他教案中的反教行为所蕴涵的反侵略因素看，当然有其正义性和合理性所在。但另一方面，我们也不应该否认其中亦包容着非理性的盲目因素。最典型地即表现在对有关不实传闻缺乏理智分析判断而盲目信传，推动了群体的失控行为。

当时的这种情况，对于认识整个晚清时期反洋教传闻的生发以及与教案问题的牵涉颇具代表性和典型意义，可借此举一反三，由一斑而窥全豹。总之，是为历史渊源因素与现实诱因（包括微观的与宏观的、直接的与间接的、浅层的与深层的）的交合之力所促使。

二、神异传闻

在这里，所谓"神异传闻"，不作为与"世俗性""大"类别的传闻相对应的层次，而是作为与其他几种题材并列的"小"层次类别。其他几类题材的传闻也都可能关涉到神异性传闻因素，但比重上或有较大差异。像上面剖析的反洋教题材的传闻，神异性成分即颇显突出，并且与世俗性内容密切融合，已经连带一体论说，故本节中不再涉及。除此之外其它各类神异性传闻，都拟集中于本节一并论列。

从"话题"的层面来看，本节涉及的神异性传闻可以分解成下述几个主要门类：

1. 天象兆示话题

占候天象，在中国具有悠久的历史传统，除了包含一定比重的

---

① 《耶士摩致镂斐迪函》，中国近代史资料丛刊续编：《清末教案》第5册，第35页。耶士摩为美国驻汕头领事。

古朴天文科学成分之外，在很大程度上具有数术迷信的性质。基于天人感应的认识，占天象而释人事甚至成为一种法定行为，及至清代仍然如此。《大清律例》中即规定："占候天象，钦天监设观星台，令天文生分班昼夜观望，或有变异，开具揭帖，呈堂上官。当奏闻者，随即具奏"；"凡天文垂象，钦天官失于占候奏闻者，杖六十"。同时又对利用天象占测进行"煽惑"者进行防范和明令惩治："习天文之人，若妄言祸福，煽惑人民者，照律治罪。"①可见，把占测天象及其解释是作为一种非常严肃的事情，每逢有天象变异，钦天监定例都要作出解释性汇报。既然有此官方定则，像这种事情在民间实际上更有发挥的余地，从上到下惯于形成种种传闻流布。像日月之食传说是"天狗"所吞，不但民间或聚闹驱逐，官府亦有"救护"之例。一旦彗星出现，更是被认定为国之凶兆，上下惶惑，常衍生出种种祸变传闻。此为当时的常情，毋庸赘言。下面主要选取一些与社会重大变故密切关联的事例予以论列。

晚清时期变故迭出，而迷信氛围又颇浓重，关于天象兆示之类的传闻随之生发。像针对太平天国起义的有关情事，有的清方人员作有这样的评说："粤匪肆逆以来，二曜循规，星躔协度。道光三十年四月初八日，都中五色云现，万众瞻仰。咸丰元年正月十六日午刻，日轮抱珥，灵承帝眷，休祥迭见，绝无咎征之形，知么魔小丑，克期殄灭，无关乾象也。"②这段话中所言及的道末咸初都中出

---

① 张荣铮等点校：《大清律例》，第293页。

② 汪堃：《盾鼻随闻录》卷6，《异闻纪略》，中国近代资料丛刊《太平天国》第4册，上海人民出版社1957年版，第411～412页。《盾鼻随闻录》一书，罗尔纲先生称之为"一部以虚构著名的书"（见罗尔纲：《太平天国史料辨伪集》，三联书店1985年第2版，第30页），主要是就对太平天国一些史实的记述而言，对于我们这里引录的内容和借以说明的问题来说，似乎与所谓"虚构"关系不大。

现的所谓"五色云"和"日轮抱珥",现在看来无疑是很容易解释的自然现象,但在当时对于特定的人员来说,却与一朝的治乱祸福联系起来,作出为清朝粉饰的附会解释。对于当时清方许多人员来说,对天象兆示的反应,虽说都非常敏感,但决不是都这样乐观。就是在作上述评说人员的撰著中,即有这样的记述:"(咸丰)二年冬,江宁满城中一夕忽有红光照耀,远望如霞,后知为血光现,乃洗城之兆"①;"(咸丰)三年九月初七日夜间,庐州府城内空中有火球大如浴盆,光照一城,约两时许,变作白气十余丈,向西南蜿蜒而没"②。前一则所述及的天象,无非是通常所说"火烧云"之类,可因为第二年有太平军占据该城并定都之事,便附会为"洗城之兆"。后一则中所述的天象如果属实,的确比较奇异,(如现在所谓"飞碟"之类),但也绝非真的就是"神异"之事。记述者虽然没有明确引申它的"示警"意义,但实意在此自不待言。

特别是当时直接处于战乱环境或亲身参与军事的清方有的人员,对"天象"的敏感和迷信简直成了随时随地瞩目萦心的事情。像曾在曾国藩帐下做过多年机要幕僚的赵烈文就表现得非常典型。他在出山之前乡居之时,对天象示警就非常迷信,在日记中曾记下咸丰二年十一月间的各种奇异天象,说是"一月之中,天裂、地震、日食、月食、星变,迭示警象,恐非佳兆"③。他入曾国藩幕府之后,更是把观测揣摩天象作为预卜军情人事的常课,譬如他这样

① 汪堃:《盾鼻随闻录》卷6,《异闻纪略》,中国近代史资料丛刊《太平天国》第4册,第408页。

② 汪堃:《盾鼻随闻录》卷6,《异闻纪略》,中国近代史资料丛刊《太平天国》第4册,第411页。

③ 赵烈文:《落花春雨巢日记》,太平天国历史博物馆编:《太平天国史料丛编简辑》第3册,第24页。

记述咸丰十年春间的事情：

> 贼二月初入浙境，天色阴寒，凄风苦雨，雪雹雷电，凌杂交至。是月十九日，贼至杭州，天大雷雨如注。自此至月杪杭州受屠之时，无日不风雨，寒冷异常。三月中旬，贼始由浙回犯。十一日大雪，时去清明止三日，天意若视此贼之至江宁，我师当大衄也。今月（按：指三月）初旬，风霾日晕，或大风雨。十二日天骤暄，至夜，雨作，风声怒号，寒如仲冬，天意若视我之懈怠至甚，必有奇祸也。十五日立夏节，寒益甚，晨有霜霰雪杂作，戴白老翁未睹斯异。是日大营溃，死者不可胜计。昭晰如是，天之悯下民，可谓至矣。①

可见，阴晴寒暖、风雨雷电、霜霰雪雹等天气现象的稍有反常，甚或实际并不反常，只是记述者主观上感觉反常而已，便敏感地与“天意”联系起来，进行附会解释，这不能不谓典型。

不独太平天国这时，每当重大变故发生之际这类传闻都会很多。再举庚子年春间的事例略见一斑。当时即有人记述说：“自二月间天将发晓，日光未出之时，东南方早霞照耀，色如喷血，半天皆红。三月中旬予游西山八大刹，夜宿龙王堂庙内，晓起在半山东望，尤觉血色遮照东南，煞气迷漫，实深恐怖。当时谈者以为旱象，不意竟有陷城兵灾。上天兆警，人自不悟耳。”②从中可以体察得出，当时对这种本来恐属常见的云象，人们就多有猜测议论，及至“陷城”之后，又有“恍然大悟”般的晓解，正是对天象迷信心理的一种反映。这种事后附会的情况，在当时常见。像有人述及，光绪

① 赵烈文：《能静居士日记》，《太平天国史料丛编简辑》第3册，第139页。

② 仲芳氏：《庚子记事》，第11页。

二十五年(1899年)三月初十日上海一带出现这样一种气象:"晨炊以后,天油然作云,若有阵雨……无何,渐至昏黑,竟尔不能辨物,一若天已向暮者然,始咸惊骇欲绝……如是凡十数分钟,始变开朗,虽有骤雨移时即止"。想来,这本没有什么值得特别骇怪的,只不过是云层低而厚黑蔽光所致。只因第二年发生庚子之变,"谈灾祲者"便联系到一年前局部地区的这次昼晦天象,"乃以彼苍预向人民示警为言,指为世界昏暗之兆"①,传说开来。今天我们想来这自是十分荒诞的事情,但在当年不要说是民众中有信实的广泛基础,即使知识阶层中间也是如此。上面举及的有关事例,作此信实性记述者,自都为后者所属。不妨再举思想比较开化、对西学有较多了解的薛福成对"星变"问题看法的事例增为一证。他有这样一则颇具典型性的述评:

天文学家每测象纬以占人事之吉凶,其法由来旧矣。西人则谓星行有一定之轨度,与人事毫无相涉。以是习西法者,但精测算,而不言占验。然见于史册者,数千年来治乱祸福,往往十验七八,其说有未能尽废者。余所亲睹,如咸丰十一年五星联珠之瑞……又如咸丰八年九月,彗星出西北,其芒扫三台并及文昌四辅,月余乃灭。余谓三公中必有当其灾者。未几,而科场之狱兴,军机大臣大学士柏葰以失察门丁舞弊,肃顺等复深文周内竟罹大辟。十年七月,荧惑入南斗。是时,英法兵船犯大沽、北塘,陷踞炮台,入天津,逼通州,天子以秋狝驻跸热河。十一年五月,彗星复出西北,长数十丈,犯紫徽垣及四辅。余见其芒焰熊熊,几及帝座一星,心甚忧之。至八月,而文宗

① 孙玉声:《天变志异》,《退醒庐笔记》,第56页。

龙驭上宾。光绪八年，法兰西始谋越南，端倪大露。是年八月，彗星见于张翼之间。余谓越南分野在翼轸，而彗所以除旧布新，越其为法所并乎？未及三年，而越南全国果尽归于法矣。夫天象变于上，人事应于下，有不期然而然者，孰谓天文家占验之说，不可尽信乎？①

显然，这绝非信手点厾之笔，而是一种认真的"理性"思考，是建立在对西学中有关看法有着基本了解的基础上对本土传统观点的肯定，并且是基于一种"先验"的系列性而非特例性"事实"证据。其实际的谬误性在我们今天看来并不难指驳，但这却代表了当时决非"愚蒙"人等的一种认识。关于天象兆示类传闻具有盛行的市场，于此也可觅得一种文化根源。其根深蒂固，即使科学知识的力量也一时难以将其拔除。像宣统二年春，"彗星见，长丈许"，有人尽管明知"新学家谓西人哈雷（译者）早推测得之，无关灾异"，但因为"次年辛亥秋间即有革命之变"，还是认为古说彗星"见则兵起"其"理不诬也"②。

2. 灾变神怪话题

除了天象兆示之外，对于不论是天灾还是人祸的各种灾变来说，往往还有其他诸多神怪传闻与之伴随。

像关于兵灾战祸者即颇典型。鸦片战争中的道光二十一年（1841年）春间，英军从外围向广州城市施放炮弹、火箭，据说城内即得神助无伤。时人梁廷枏的严肃纪实之作中即有这样的记载："（城内）连日火光烛天，而放入箭弹恒着空处，或竟坠池塘。飞炮弹子大者至百十斤，每至屋面滚下，无着人致伤者。是时城内分藏火药至

① 薛福成：《星变奇验》，《庸盦笔记》，江苏古籍出版社2000年版，第30页。

② 杨寿枬：《云在山房丛书三种》，山西古籍出版社1996年版，第27页。

二万斤,汉奸知藏药所在,火箭向之,会大雨如注,曾不延烧。事后夷人言,当时共见一白衣人夜立城上以手接箭,箭到即熄。或以为非神助顺不及此,设一有延烧,则人心不固,城从此不可问矣。"①类似的传闻,在晚清战事中在在多有。其中关乎太平天国与清方的战事或战乱氛围者尤为集中和醒目,简直不胜枚举。像汪堃的《盾鼻随闻录》中就专列《异闻纪略》之目,选录所记数则:

> 贼围长沙,夜间遥见城内红光烛天,疑为失火,即遣悍贼数十人蚁附登城,见一道士立城上,贼惧坠死,以为吕祖显灵,不敢再攻。

> 洞庭湖神素著灵异,贼船数千只阻风不得渡,一夕湖中红灯亿万,照耀如白日,顷刻间竟转顺风,连樯而进,经达岳州。劫数一临,神亦不违也。

> 贼破六合县,一贼将神像试刀劈破其鼻,是夕城中火起,长发老贼死千余,群见有赤发红袍神在空中指挥。

> (咸丰)四年三月后,九江府沿江一带,阴兵作闹,磷火万点,结聚成球,高下排列,鬼嚎有声;居民竞击铜铁器以禳之,月余不止。②

甚至官方文牍中,对有关神鬼显迹之事都明确肯定其实有。像太平军北伐经河南之时任清方开封知府的贾臻,即不止一次地

---

① 梁廷枏:《夷氛闻记》,中华书局1959年第1版、1997年第3次印刷本,第72页。

② 中国近代史资料丛刊《太平天国》第4册,第406～408页。所引4则纪事在原书中的次序并非如此,引录时作有选择调序。

在向上所作有关战事的禀报中，认定赖得“神佑”。如开封之役，说是据所俘“贼目”供称，攻城时“忽见东南两楼红光缭绕，巨人危坐其上，躯干雄伟，高于楼齐”，又有见“云端有人著绿色袍，瞋目持刀”，于是队伍惊骇散乱。此后“贼匪”汜水强渡时，“不料河水陡涨五尺有余”，“又见三神人指挥云中”，如此等等。并说明这些事情“众口喧传”，还特别强调说由他“查讯确实”，建议省宪“据详奏请加上封号，颁发匾额，仰答神庥”①。当时像这种事情绝非特例，而在许多地方屡屡有之，甚至真的形诸奏牍谕旨，一直到光绪末年，还有许多督抚大员上奏请求给显灵助佑的神祇追加封号。光绪三十年(1904 年)七月间天津《大公报》的一篇文章中就举及安徽、两广的有关大员的此类举动。② 当然，这个时候清朝中央有关部门对此类事情的认识和态度有了明显改变，一般不再顺应，而是加以指驳。但从当时偌多督抚大员仍听信所谓“士民喧传”而作此类奏请的情况看，有关迷信思想还是有较深厚的社会基础的。

除了这类神鬼显迹类传闻之外，还有诸多怪异事象的传闻也与兵灾战事相联系。譬如有记述说，太平军北伐的当年春夏间，“运河、黄河北岸忽生野兔，千百成群，初行田野间，继而盈街积市，无处无之。前足略高，其行甚疾。村人捕而剖之，皆无血，遂弃不敢食。尤异者，至冬忽尽，无一存者。星者谓主兵祸，是年粤军即渡黄河云”③。推敲起来，由于可能的条件，在一个局部地区野兔增多，这并不奇怪，所谓剖之“皆无血”，恐怕属于一种为证明其异的讹传，而正好当年有太平军北伐之事，便两相联系起来，以为异事传扬。

---

① 贾臻：《汴省解严诸神佑顺请奏请加上封号颁发匾额禀抚台》，张守常编：《太平军北伐资料选编》，齐鲁书社 1984 年版，第 245 页。

② 《礼部驳议邪说》，《大公报》光绪三十年七月九日。

③ 凌善清：《太平天国野史》，第 304 页。

更为典型的是甲午(光绪二十年,1894 年)年间发生而后来又曾复发的所谓京南"水怪"事件。时人或记述说:"甲午四月,京师宣武城南陶然亭边苇丛之中忽有鸣声如牛如驴,鸣必三声,东西互疑,莫有定处。或云夜见其形牛首蛇身。于是谣言四起,听者麇集。上闻之,遣翁尚书同龢往察焉。既覆命,又遣大学士步军统领福锟穷究其变。然蹄涔之水,千夫挹之竟不能涸。至六月初其声始止。"①此事竟然连皇帝都惊动,连派大员察究,可以想见当时传闻之盛,影响之大。"水怪"究为何物,当时"卒莫得端倪","有疑为蛟蜃之属者,有谓盗窟此中者。市井人妄绘其形,名之曰'大老妖',谓其物专噬洋人。稍有识者,皆哂其无稽。而图说刊版流传,遍布大江南北,乃至新疆塞外","内务府至召僧道设坛讽经以禳之"②。大员往察,调兵穷搜,甚至闹到"日午健儿敲铜钲,戈矛森立车冲棚","击以巨炮雷霆訇,如临大敌心怦怦"③的地步,既未能究实,又不能镇下,乃至召僧道祈禳,而有关传闻竟遍传南北,真是闹得沸反盈天了。虽说猜测和解释不一,但因为不久中日战争爆发,预兆兵事之说遂占上风。④ 但后来的事实证明不过是出自一种不知名的巨大水鸟的鸣声⑤。

---

① 文廷式:《闻尘偶记》,《近代史资料》1981 年第 1 期,第 43 页。

② 李孟符:《春冰室野乘》,山西古籍出版社 1995 年版,第 161 页。

③ 李孟符:《春冰室野乘》,第 161 页。

④ 文廷式的记述中有言:"事后言机祥者又云,此乃城鸣,于兆主兵"。见《近代史资料》1981 年第 1 期,第 43 页。李孟符的记述中则云:"暨朝鲜战事起,识者乃曰是兵象也。"见《春冰室野乘》,第 162 页。

⑤ 民国 1916 年的初夏,京南"水怪"又复出现,并且同样伴随着传闻汹汹的情势,为灭亡前夕的袁世凯所忌,在禁谣无效的情况下,派京师警察总监吴湘炳带队击杀"水怪",结果击毙两只不知名的水鸟,其嘴有二三尺之长。两只死鸟被制成标本,曾在中央公园(今中山公园)展览。参见树军编著:《京城怪事》,九州图书出版社 1997 年版,第 77 ~ 78 页。

与水、旱等自然灾害相关联的怪异传闻亦颇多有，关于水患水险之际“河神灵迹”之事，薛福成的一则纪事颇为典型。说是同治十三年（甲戌，1874 年），黄河在山东贾庄决口，山东巡抚丁宝桢亲往督工堵塞，始颇顺手，到了第二年（光绪元年，乙亥，1875 年）二月间，险工叠出，万夫色沮，而后各路河神相继到来，险象渐消。关于各路河神的情况，他作有如下具体介绍：

> 闻河工凡见五毒，皆可谓之大王、将军，如蛇、蝎虎、蟾除皆是也。然托于蛇体者为最多，但其首方，其麟细，稍与常鳞不同。位愈尊，灵愈显，则形愈短。金龙四大王长不满尺，降至将军有长三尺余者。文如金龙四大王金色，朱大王朱色，黄大王黄色，栗大王栗色，皆偶示迹象，以著灵异。各就其神位之前，蟠伏盘中，而昂其首，或一二十日不动，或忽然不见，数日复来，其去来皆无踪迹。而鳞色璀璨，或忽然黄变为朱，朱变为绿，谓之换袍；或忽然死于盘中，谓之脱壳。其死蛇须送水滨，即自沉于河底，或数日后仍现于河干，盖其所附之蛇偶死，而大王实未死也……①

像这种事情，今天我们听来，简直不啻天方夜谭，但在当年，确是传说极广且相当普遍信实的事情。每有水险河工，迎供这类河神是为惯例。像上面述及这次贾庄河工告竣后，丁宝桢“即专折请加封号”，“奉旨金龙四大王封号，著礼部查照康熙二十年加封天后成案办理”，还涉及“黄大王、朱大王、陈九龙将军、杨四将军、党将军、刘将军、曹将军，着礼部一并议奏”，“并建立栗大王专祠，

① 薛福成：《庸盦笔记》，第 93 ~ 94 页。

以答神庥云”①。这是当年有关河工神异传闻的颇具典型意义者。还有暴雨灾害,有时也伴以怪异传闻。如传说“光绪十五年春,河南某县天雨人面豆甚多,眉目口鼻如面,遂有郑州水灾”。还有说当时“都城外某村,亦雨是豆,至明年夏,遂大水两处,淹死人民殆七八万”②者。

旱灾发生而祈雨、祈雪,这本身即属迷信之举,有建立在相信神异基础之上的相关传闻与之相维相系,也就不足为奇,祈求的对象及方式方法亦五花八门。这对于当时的国人来说似乎已经习以为常,而在一些外国人眼中则颇觉不可思议,或记述有这样的事例:在北京,“城墙的某处有一个早已荒弃的狐狸洞,每当干旱肆虐时,北京城的居民便男女老幼成千上万地涌向那个狐狸洞,在那里焚香祷告,以求狐仙早降甘霖”。记述者就此评论说:“以上故事也许被认为是旅行家关于狐仙鬼怪的传说,是荒诞不经的痴人说梦,然而它却是无法否认的事实。”③在民间进行这种祈祷活动其对象可谓“就地取材”,各有所异。④ 当然最为普遍的是祈求龙王和关圣帝君。不管向何者祈求,都会在当地生发流布有关的神异传闻。岂止于民间,官员乃至皇帝在这方面也身体力行地起着倡率作用。仍然是那个外国人员,对此也有着观察和记述,说是“每当干旱缺雨时,就连朝廷所采取的做法也往往十分荒唐可笑”,其“第一个行动便是降旨禁止宰牛”,“如果采取了这一招后

① 薛福成:《庸盦笔记》,第94页。

② 欧阳昱:《见闻琐录》,岳麓书社1987年版,第83页。

③ [美]何天爵著,鞠方安译:《真正的中国佬》,第116~117页。

④ 像光绪二十九年(1903年)五月间天津处“设会行香祈雨,邀集轿夫幼童数十名,以六角龙亭一座,上悬‘雨’字一方,并有全副执事、文武童子鼓乐齐鸣,引导于前,其幼童等涂抹脸面,扮作龟鳖之形,各持双椎作舞,游行街市”见《大公报》该年五月二十二日《中外近事·本埠》栏。

没有祈得雨水,那么皇帝本人便亲自走上天坛的祭坛","如果及时雨还没有下来,皇帝会一而再、再而三地重复以上的祭祀活动","最后,如果在天坛所作的这种努力均告失败,皇帝便会采取一些更加极端的措施"①。这位记述者所举出的极端措施是这样一件事情:

北京西南几百里的地方有一所寺庙,数百年前,人们在它院子里的一口井中发现了一个铁牌,据宣称那是从天上掉下来的。从那以后,铁牌便被奉为神圣的灵物,精心保存在寺庙里。皇帝屡次求雨未灵后,便派一名皇子(大臣?)率领一班人马,浩浩荡荡来到寺庙,从僧人那里接过那锈迹斑斑的铁牌,然后带回京城。在京城的某所寺庙举行隆重的交接仪式后,铁牌被暂时存放在那里。接着皇帝事先确定并宣布一个日期,当那一天来临时,他便亲自来到寺庙,屈膝跪伏在那冷冰冰的铁牌前,祈求它显灵降雨②。

所述"铁牌"之事的细节,未必全然准确,但其大旨不误,当然这本身也可以视为一则传闻。而恭请铁牌之事的确是皇家以及地方官府"祈雨泽民"的看家"法术",那块铁牌在君臣和百姓心目中也真成了货真价实的灵异法宝,其发源和日常存置地是在邯郸县"龙井"的处所龙神庙。而当年官方祈雨乃至恭请铁牌之传闻性纪事非常之多。选述几例:

同治九年(1870 年),也就是天津教案发生的那年,由春至夏京津一带旱情严重,京城即有恭请邯郸铁牌之举。而光绪初年华北一带的大旱灾期间宫廷的祈雨情形,刘锦藻的《清朝续文献通

① [美]何天爵著,鞠方安译:《真正的中国佬》,第 117 页。

② [美]何天爵著,鞠方安译:《真正的中国佬》,第 117 页。引文中的"铁牌"原译"铁块",因"铁牌"之称谓为定例性的,引录中径改。

考》中有记:"朝廷恩施叠霈,下诏责躬,至有'上天降罚何不移于宫廷'之语,闻两宫皇太后皇上露祷,长跽历三四时之久,仰望星月皓然,至于恸哭",其祈雨疏文,"辞意迫切,不让桑林。具名称'臣某某氏率子男某某',亦创举也"①。光绪二十五年(1899 年),因秋来少雨,宫中设坛连续祈祷,并恭请邯郸铁牌,"奉之西安门内大光明殿",许以"将来得雨后铸金牌报之","平时金牌用黄金二百四十两,此次圣慈命增七十两"②。光绪二十九年(1903 年)夏,直隶地区又发生严重干旱,复有恭请铁牌到京供奉之事。当时英国《泰晤士报》记者莫理循(G. E. Morrison)正在北京,根据传闻记述说,此次是派顺天府尹陈璧乘火车去的,而这"引起了许多非议,他们认为水火是不相容的,乘坐火车可能触犯龙王爷的清规,因而拒不降雨"。不过陈璧一行还是乘火车往返,"乘坐火车去迎接龙王爷的理由之一是,这样,龙王爷就不会把雨降到他沿途必须经过的其他县份了,因为在火车上无法给他上供"。请来的铁牌"将在十四天内接受感恩祷告,以便降下雨露"。据说"可以相当有把握地肯定,在 6 月底以前一定下雨,这将再一次表明祈雨的灵验"③。

也有邻省到直隶邯郸来借请铁牌者。光绪三十年(甲辰,1904 年)冬,河南苦旱,"大河南北数千里,望雪孔殷",时任该省巡抚的陈夔龙率下属设坛虔诚祈祷无效,鉴于京中恭请铁牌"成效昭著"的先例,拟请铁牌至豫,"维时文武寅僚佥谓,隔省祈祷,豫中向无办过成案,意在阻止此行",陈氏谓"天人一理,罔分轸域。

① 徐一士:《近代笔记过眼录》,山西古籍出版社 1996 年版,第 166 页转述。

② 徐花农:《南斋日记》,光绪二十五年八月二十一、九月初三日。徐一士:《近代笔记过眼录》,第 164 ~ 165 页。

③ [澳]骆惠敏编,刘桂梁等译:《清末民初政情内幕》上册,第 259 ~ 260 页。

但求精诚之感召，何必例案之拘牵”，坚持己见，经咨商直隶总督后成行，亦是乘火车往返，铁牌到日，陈氏预先诣供奉处龙神庙恭候。结果是意想不到的灵验，有关情况，陈氏这样记述：“余出署（诣龙神庙迎候将到的铁牌）时，默观天象，第觉微云点缀，淡月朦胧，私念天色如此，恐难立沛祥霙。岂舆甫至庙门，朔风扑面，异常栗冽。嗣将铁牌恭奉神龛，率属行礼讫，已有薄片雪花，纷披满地，众皆惊异。由夜达旦，历一日许，雪厚八寸余，四野霑足，人心为之欢汴。”①

这种“灵验”怎样解释？应该说主要是一种巧合，特别应该考虑到，久旱终必有雨雪，到了请“铁牌”的这一步骤，已是经过了时日颇长的等待或是其他形式的祈祷之后，这自然加大了近期降水的概率。并且，也决不是次次皆告“灵验”，要么，像上边述及的，以慈禧太后之尊，何必一祈再祈以至于“长跽”“恸哭”？不灵之时归于应得之天谴，巧合“灵验”时则大力张扬神庥，这当然就在客观上必然地夸大了其“灵验”程度。再则，在当时特定的情境下，有关人员故意造作宣扬这种“灵验”之事也不是没有可能。有人所作的这种评说倒很切中肯綮：其祷雨，“无论其效如何，要本乎重农之意”②。当然，不仅仅是表示其“重农”，而且还有“悯民”。当时的统治者是很会利用“神道”作这种姿态的，其政治文化色彩颇为浓重。

此外，有关神怪性传闻，还涉及其他多种灾变。如风灾，即有这类传说：“（光绪）十六年四月某日，河南商水县大风，片刻吹倒民房万余间。有人见之，初来时仿佛一女人在前，旁引两龙，中多

① 陈夔龙：《梦蕉亭杂记》，第90页。

② 徐一士：《近代笔记过眼录》，第166页。

怪物。过去无恙,忽然回吹,屋宇尽倾。"[①]火灾则亦惯传有怪异,特别官府或其他重要场所失火更是如此。京中户部衙门于咸丰十年(1860年)、光绪二十二年(1896年)、光绪二十九年(1903年)几次发生火灾,皆有异传。像光绪二十二年那次,"救火者言见黑气直扑大堂,俄而遂烬","论休咎者颇为堂上官危之",或则以"天火"视之。[②] 光绪二十九年复又失火后,"一时议论甚多",有谓有关官员"火星照命";又有谓"数年之间,户部连烧三次,尤为可怪","其说不一,不能遍举"[③]。某楼与某陈列所同时着火,此前又有别处着火的事情,更引得传闻纷纷,"总说这是天数应当","还说什么今年又是闹火灾的年头儿,非得过了四十多天才能烧完了哪"[④]。还有像雷电击物即传为龙神抓妖,疾疫发生则说是瘟神降灾等等,不一而足。

综观像这类灾变神怪话题的传闻,其神怪事象,要么是杯弓蛇影的误认,要么是纯然虚构造作,不可能实有其事(像京南"水妖"的传闻,也只是实有那种水鸟而已,而并非真有传说的那等"妖"事)。而像这类传闻的生发传扬,当然离不开神道设教传统造就的神秘社会文化的宏观环境,离不开迷信思想流衍的氛围,也离不开特定主体的有意造作利用(这一点俟后详说),而其具体层面上特别值得注意的原因,应该是当时社会整体上对各种灾变的抗御能力很差,极易造成恐惧心理,被迫诉诸异己的神秘力量。

3."附体"、"神术"话题

与上面述及的话题中涉及的所谓"神灵显迹"有所不同,这里

① 欧阳昱:《见闻琐录》,第83页。
② 文廷式:《闻尘偶记》,《近代史资料》1981年第1期,第28~29页。
③ 《大公报》光绪二十九年五月十八日《中外近事·北京》栏。
④ 《别造谣言了》,《大公报》光绪三十四年三月初五日。

所析“附体”、“神术”之事，是由人体自身直接表现出来的。像拜上帝教信仰和利用者杨秀清、萧朝贵辈的天父天兄下凡附体之事即颇典型。此事开端于道光二十八年间，当时，在广西桂平紫荆山区拜上帝会基地，因该基地的创建者冯云山被清方逮捕关押，而作为首席领袖的洪秀全暂返广东，拜上帝会会众一度陷于群龙无首的境地，有人乘机利用当地盛行的一种“降僮”迷信，假托神灵附体，“出言反对耶稣教训，且引人离道”①，造成人心惶惑、会众分裂的危险之象，时已进入领导层的杨秀清、萧朝贵先后托名天父、天兄附体传言，教导会众，安定局势，同时，也借机为自己渲染了神圣性，提高了权威。冯云山出狱和洪秀全返桂后，也认可了这一情势。杨秀清代天父传言由此一直延续到天京事变的前夕，历经七八年之久，萧朝贵因牺牲较早他代天兄传言的经历时间也相应较短。不仅时间因素，特别是地位条件，决定了杨秀清的代天父传言更显重要。据有的研究者所述，根据不完全统计，杨秀清假托天父下凡附身“传言”共有 25 次以上，其中定都南京以前约占 2/3，定都南京以后约占 1/3。“传言”的内容十分广泛，包括宗教、政治、军事、经济、文化乃至家庭生活都有涉及②。

此等所谓“附体”“传言”，今天我们当然可以明确认定为“假托”，但在当时，诚不乏信众，不然就不可能发挥它实际上已发挥了的作用，这一点自不待言。而直接临场目击所谓天父、天兄附体传言者毕竟只是很少数人，有关情事的宣传扩散，尽管有时借助官方文书甚至“诏书”的形式，但通过多种渠道形成传闻信息为其必

① 韩山文：《太平天国起义记》，中国近代史资料丛刊《太平天国》第 6 册，第 866 页。

② 邢凤麟：《关于杨秀清假托天父附身传言的若干问题》，《近代史研究》1980 年第 3 期。

然。这从有关太平天国的官书中也能透露出一些情况。《天父下凡诏书一》主要记载了"天父下凡"审判原太平军军官周锡能投清后潜回充当奸细策反案(时在太平天国元年,即清咸丰元年,1851年,地点在永安),显然是杨秀清事先侦知了有关情况,人谋却巧托为神力,任周锡能自以为做得机密,企图隐瞒抵赖,但"天父"竟能连连出其不意地发奸擿伏,使他的心理防线彻底崩溃,"自知奸心难隐,果真天眼恢恢,真神难欺,于是被迫直诉出真情"①,临被处死前仍大声呼喊:"今日真是天做事"②,周锡能辈既敢反叛,当时自然是不怎么信实"皇上帝"权能的,一经"天父"审判,尚能转信和畏惧如此,对于不知内情的其他人来说,儆戒之效可想而知。大家"传闻"议论此事,深感"天父上帝有主张",而周锡能辈"谋事不成反陷地狱受永苦矣。哀哉"③!此"传闻"的情境,明确见于该诏书中记载。在此事之前的同年春间,还曾有过天兄下凡审案之事。当时西王萧朝贵在驻地三里,突然"天兄下凡"附体,审判了军中一个叫陈来的人。此人被派照顾罗大纲之妻,他乘罗妻去世之机,私藏她的金戒指一只,银牙签一副。在"天兄"无所不知的权能下被迫招供,被判死刑。接着"天兄"便乘机对众将士进行教育,他"先将灯亮照西王面,化他心肠,后叫南王、秦日纲着人吊(调)各军军长、百长、营长各带齐各营内兵将到来,陆续超升众小弟灵魂登天堂,即陆续教导众小弟:'要守天条,要遵守命令……自教导之后,尔各人尚有犯天条者,尚有不遵命者,尚有忤逆顶颈者,尚有临阵退缩者,尔莫怪朕高兄发令诛尔也。'"④其中有些具

① 中国近代史资料丛刊《太平天国》第1册,第14页。

② 中国近代史资料丛刊《太平天国》第1册,第19页。

③ 中国近代史资料丛刊《太平天国》第1册,第19页。

④ 王庆成编注:《天父天兄圣旨》,辽宁人民出版社1986年版,第87页。

体情节,如天兄怎样“将灯亮照西王面”,又何“超升众小弟灵魂(使进入睡眠状态),我们还不太清楚,但其同样是要借助传闻形式扩大影响是可以想见的。

这种天父天兄下凡附体,从形式上说与民间盛行的“降僮术”实际上无大差异,可以说是其变种,只是所“附体”者,不像民间降僮术那样可以是各种神鬼仙怪等一个十分庞杂的族群,而唯拜上帝教所崇信的天父、天兄而已。但这并不意味着与正宗基督教吻合,在当时外国有关人士眼中这绝对属于异端表现,有谓“上帝临凡,此诚与吾人就基督教圣经中所习见者大相径庭”①。的确,它的根底就是本土民间的降僮术。

这种降僮术也决不是仅临时性地流行于两广一带,在中国广大地区多有存在,关于死去之人的所谓鬼魂附体之传说尤多。这里举光绪元年(1875 年)招商局福星轮失事沉没事故中,溺死某员鬼魂附体家人传言之例。此轮是装载江苏漕粮运津途中,于烟台一带海面,因天起大雾,与英国某轮相撞而沉,死数十人,其中有满洲人长林 。在他遇难的第二天,其在苏州的妻子“晨妆竟,出户操井臼,忽倒地大呼”,作长林语曰:“轮船失事,我已死矣,可速延我好友某某来。”其友至,“则缅述船破事始末,时苏城尚未得信也,众皆大惊”。又曰:“我死后,已得差使。心念家贫子幼,故晓夜奔驰而归。”然后对家事一一作了具体嘱托,才向在场者作谢别者去。“其妻乃霍然醒,问以附魂诸事,皆不能知,第谓出户之际,觉冷风一阵,吹向身上,遂不省人事矣。越二日,乃闻噩耗”——这一记述出自《庸闲斋笔记》,作者陈其元,当时正“薄游苏台,寓好

① 《英国政府蓝皮书中之太平天国史料》,中国近代史资料丛刊《太平天国》第 6 册,第 916 ~ 917 页。

中喧传其事”,以至于当时素“不信鬼神”的省宪大员也为“叹异”,对陈氏说:“子方作《笔记》,可叙入之,与《神灭》、《无鬼》两论相辨也。”①可见,此事并非一则泛言的述异故事,而是在当时广为宣传的“事实”。并且也为不止一人记载下来。除了《庸闲斋笔记》之外,还有薛福成的《庸盦笔记》中也有记载。虽然与《庸闲斋笔记》中的记述相比,两者在对话的具体细节上有所差异,但大致一致。关于此事当时的传闻情况,薛氏记载说,长楙魂附其妻之体传言之事发生后,当日关于“福星失事”就借以在苏人中间“宣传”开来,“越一日,而上海始得信。又越一日,而苏垣始得信”②。

像这件鬼魂附体的传闻是怎样具体衍生的,其真相究竟如何,材料所限我们无法细究,但无论如何,所谓鬼魂附体不可能是实有的事情,要么是有关当事人在一时精神错乱的情况下的巧合之言(丈夫出海,在家的妻子日夜担心发生事故,高度紧张的情况下出现病态并非不可能),被作出迷信性解释,哄传开来;要么便是有人故意造作渲染,而前者的可能性要更大些。至于对于那个年代诸多关于鬼魂之事的传闻,迷信心态下杯弓蛇影的误认自亦不可免,而故意造作者恐亦不在少数。像清末来华的德国传教士卫礼贤,就曾记载了大约就是发生在清末(抑或民初?)的这么一件“曾引起一时轰动的事情”:“某一冬天在上海近郊,有一艘汽轮在暴风雪中沉没了,大部分乘客和船员都遇难了。一位淹死的商人及妻子在某天晚上突然出现在他儿子面前”,向儿子述说了他们遇

---

① 陈其元:《庸闲斋笔记》,中华书局1989年第1版、1997年第2次印刷本,第312页。

② 薛福成:《庸盦笔记》,第111页。

难的情况，儿子按照他们的吩咐在第二天子夜时分还拍到了照片，“发现在照片的底片上出现清晰可见的男人和女人的轮廓”。听到这个传闻之后，卫礼贤在两位中国人的陪同下开始对这件事的真假进行调查，结果证明照片是“死者生前的旧照片被涂上某种特殊墨水后重新翻拍”而成的。① 而在当时广大的迷信人群中，像这种传闻的信众是不会少的，有关情事很容易被他们当做事实接受，而由怀疑心理驱动像卫礼贤这样做调查核实工作的恐属个别。

义和团时期团众所大力传扬的他们的种种神术，也多与所谓降神附体有关。所传义和团的神术多矣，像仲芳氏《庚子记事》中所记及的神术焚烧之法、穿山岭城垣之遁法、焚表致千里立至法、食之不尽的“沙锅会”、刀枪不入法等等，都是义和团借助“神力”所行异事。并且据说这类事情多是靠神仙直接附体“上法”所施。其降神附体的具体情况五花八门，而一般“程序”是，面向东南掐诀念咒、焚香叩头，诵请神名，随后即“上法”变态，最后解法复原。下面引录的对有关情况的记述较有代表性：“习拳者持咒面东南方，三诵而三揖，即昏绝于地，顷之手足伸屈，口作长歔，一跃而兴，舞蹈不已。问其名，则关平、武松、孙悟空、黄天霸之类，皆戏剧中习见者。或以手拍起顶心，则神立解。”②还有特别醒目的一种现象，就是其所谓请下神附体时，所声称是哪路神仙，便有其姿态上的模仿。如说是附体神仙为猪八戒者，便“四处乱爬，以口掀地”；说是附孙悟空者，便“又要金箍棒，又要上树”③；说附老龙马者，便“吼吼地叫起”；说附刘备者，即“嚎啕大哭”；说附毛遂者，则“缩头

① [德]卫礼贤著，王宇洁、罗敏、朱晋平译：《中国心灵》，国际文化出版公司1998年版，第228页。

② 龙顾山人：《庚子诗鉴》，《义和团史料》上册，第33页。

③ 董作宾：《庚子佚事》，《义和团史料》上册，第505页。

挤眼"①;说是拐仙者便"摇兀作跛势";说是仙姑者,就"扭摆为妇人态"②,如此等等。当然,也不拘泥于此,其"上法"后的有些怪状也无法与哪路"神仙"一一对号,如有这样的观察记述:其"有闭目缓行者;有数人扶持一人者;有两人掖一人且斜步如酒醉者;有持大刀乱舞、行人躲避不及者;有数人持枪刀、鱼贯而行者;有乘马而拥导者"等等,"纷纷扰扰,无复人状"③。

义和团所谓附体神灵自然属其所"信仰"的神仙谱系之列。而其所信仰的神仙是相当庞杂的,这从其一则请神咒语中可见一斑:"天灵灵,地灵灵,奉请祖师来显灵。一请唐僧猪八戒,二请沙僧孙悟空,三请二郎来显圣,四请马超黄汉升,五请济颠我佛祖,六请江湖柳树精,七请飞镖黄三太,八请前朝冷如冰,九请华佗来治病,十请托塔天王金吒、木吒、哪吒三太子,率领天上十万神兵。"④当然,尚不仅止于这则咒语中所提及的"神仙",还能罗列出许多,此不一一。推究其源,正如有的研究者所特别注意到的,其诸多神仙"主要来自白话小说《三国演义》、《封神演义》、《水浒传》和《西游记》"等,因为"任何中国人都会在社戏或集市说书者那儿听到他们的故事"⑤。这种民间文化因素,对于解释义和团的神仙附体来说,诚然是一个不可忽略的重要方面。作为以农民为主体的义和团众,其文化水平低下,恐怕大多是目不识丁之辈,他们心目中所储备的可资借用的"神仙"资源,最为主要和普遍的恐怕就是上

---

① 马永祥:《庚子易州拾零》,黎仁凯主编:《直隶义和团调查资料选编》,第94页。

② 吴永口述,刘治襄记:《庚子西狩丛谈》,岳麓书社1985年版,第30页。

③ 管鹤:《拳匪闻见录》,中国近代史资料丛刊《义和团》第1册,第477页。

④ 胡寄尘编:《清季野史》,岳麓出版社1985年版,第46页。

⑤ [美]周锡瑞著,张俊义、王栋译:《义和团运动的起源》,江苏人民出版社1998年版,第340页。

述类别的小说中所包含的。这类小说语言上较为浅白,一般性阅读不需要太高的文化水平,况且,不仅限于直接阅读一途,听取口头传播对于广大民众来说当是更重要的途径,乡间说书、唱戏多用这类题材,作为民间故事流传更是随时随地,令人耳熟能详。目不识丁者当中,也不乏有人能连篇讲述这类故事。并且,他们所信崇的这类"神仙"不但神通广大,而且一般来说在其心中都有鲜明的正义性,属英雄之神,所以十分适合成为他们在"灭洋"的斗争中所求助的对象。

所谓神仙附体这类事情显然不可能真实存在。一方面,是义和团在当时特定情境下故意张扬利用,假戏真做,自我渲染神秘性威力;另一方面,也着实有其在迷信心理的作用下,真实相信的情况,那种在特定情境下群体性的降神上法活动,其暗示性和感染力是很强的,可能使有关人员确实暂时性地陷入一种精神上的迷狂状态。① 当年留下来的有关记述中,不少是儿童参与"上法"的事例,其故作姿态的可能性更小,恐怕多属接受心理暗示实际效果的表现。至于外界对义和团有关神术的看法,或信或否或疑惑不决,情况亦颇复杂,但就大众层面而言,恐怕是信多否少,因此,这类传闻一时有着巨大的生发空间。义和团的所谓降神附体之类的"神术"表现,就其实际要素来说,诚如有的研究者所论及的,"不过是

① 像前些年气功盛行时,在所谓"集体授功"场所,每每出现群体性迷乱的情境,这便主要是信众在特定场合下接受心理暗示的效应,由此也可提供一种类似的佐证。另据台湾学者李亦园关于"童乩"做法所谓"有神附体"的解释,认为其时的"精神现象是一种习惯性的'人格解离'",即"童乩本人平常的'人格'暂时解离或处于压制的状态而不活动,并为另一个'人格'所代替,这另一人格也就是他所熟识的神的性格,因此并非真正的神降附在他身上的"(见李亦园:《人类的视野》,上海文艺出版社1996年版,第284页)。此说亦颇有参考价值。

传统的气功术、巫术和武术的结合”①。就拿所谓“上法”后的“刀枪不入”来说，有人或可练就在气功状态时对外击力比常人有更大的承受和对抗能力，但这毕竟是有限度的，若过分迷信这一点，便可能付出生命的代价。对火力的枪弹，人体靠怎样的气功态也是不能抵挡“不入”的。真实的武功在常人眼里也可以产生某种神奇感，特别是在表演性场合或短兵相接使用冷兵器的拼搏当中更显突出。至于“巫术”，义和团“降神附体”以及施展所谓“神术”的过程中，不但惯有特定的仪式、咒语，并且也往往配合有相应的禁忌。有的研究者将义和团的禁忌归纳为三个主要方面，即一是禁见秽物；二是忌贪财；三是忌茹荤饮酒②。在义和团看来，违背了这些禁忌都会使降神附体被“冲”而失灵。而他们在自身做此类禁忌的同时，也往往指认敌方运用这类禁忌的事物从事破坏，从而作为其“神术”失灵的借口。像这类传闻也是颇为盛行的，特别是以关乎妇女“秽物”(从月经、产后的污血，到裸体、毛发等，不一而足)为最典型和集中者。义和团每当有战事不利，多有神术被对方利用妇女秽物破坏的传言相伴随。如关于庚子年间天津义和团与洋兵的战斗，有传云，这年五月廿二日的战事，“义和拳与洋人合仗，洋人不能敌，忽洋人军队中有一妇人赤体立，义和拳法术被冲，不敢前进”③，同月间紫竹林之役，“各洋楼架大炮甚多，每炮皆有一赤身妇人跨其上，所以(义和团)避炮之法不能行”④，如此等等。再如义和团北京的战事失利，也广为传说是

---

① 杨天宏：《义和团“神术”略论》，《近代史研究》1993 年第 5 期。

② 杨天宏：《义和团“神术”略论》，《近代史研究》1993 年第 5 期。

③ 刘孟扬：《天津拳匪闻见录》，中国近代史资料丛刊《义和团》第 2 册，第 16 页。

④ 佚名：《天津一月记》，中国近代史资料丛刊《义和团》第 2 册，第 151 页。

被教方利用妇女秽物破坏了法术，所言具体方法千奇百怪，像攻洋人居所不下，则有谓“教士以女血涂其屋瓦，并取女血盛以盎，埋之地，作镇物，故(义和团)的咒不能灵”①；甚至有像在前边关于反教洋传闻中述及的，说洋人用妇女阴毛编成“万女旄”之类。而义和团方面，有时也宣传用妇女秽物可破坏对方“邪术”。对此类事情，不屑说“蚩蚩之氓”，甚至清朝高官中也不乏信实并且极力宣传、倡用的人物，像大学士徐桐(字豫如，号荫轩)就不失为典型。②

当然，相传的这种以妇女秽物用于作战和“破邪”之事并非创始于义和团，起码在明末和清前期就有着这方面的典型记载。③及至晚清也时有这方面的相关传述。鸦片战争中曾任清方前敌副帅的杨芳，面对英军的坚船利炮，认为“必有邪教善术者伏其内”④，于是用起了“购买马桶御炮，纸扎草人，建道场，祷鬼神”⑤

---

① 陈恒庆:《谏书稀庵笔记》，台湾文海出版社“近代中国史料丛刊”影印本，第38页。

② 在知情者高树所作《金銮琐记》中，对这位“太师”(他曾为同治帝师傅)、“相国”听信鄙陋之辈关于使用妇女“猩红”、“阴门”作法的种种荒诞之言，甚至“招各翰林”演说的情事，以诗句加注文予以忆述和讽讥，像有“八十高龄徐大师，伧言俚语信偏痴”；“退朝演说阴门阵，四座生徒亦粲然”等句。见荣孟源、章伯锋主编:《近代稗海》第1辑，四川人民出版社1985年版。

③ 柯文的《历史三调——作为事件、经历和神话的义和团》中就注意追溯了有关记载，述及:“明朝末年的几支起义军曾利用妇女的污物来抵减官兵的火力”；清前期乾隆年间山东王伦领导的白莲教起义部队与清军的战事中，清军方面为了对付王伦部队的“法术”，“呼妓女上城，解其亵衣，以阴对之”，此举产生“奇效”。过后王伦也说:“城上有穿红的女人，光着下身，抹着血溺尿，把我们的法破了。”见该书第113页。按:据查“呼妓女上城……”一段引文出自俞蛟《梦厂杂著·临清寇略》。

④ 梁廷枏:《夷氛闻记》，第59页。

⑤ 《粤东纪事》，《近代史资料》1956年第2期。

之类的"法术"。其中有以马桶御炮事项,不仅"购买",还大力自民间敛取,意即以秽物破邪,虽不仅限于妇女秽物,但无疑包括甚至主要是取其来用的。太平军与清军的战事中,有传闻说太平军方面"每到利害时,每令女兵赤体相向",清军即溃,清方有的人员便提出"惟用勇力和尚数十人,露出阳具与战,可以胜之"①。到义和团时候,有关情事被发挥和传说到极致。然而,由女子组成的"红灯照",则与义和团可谓"相辅而行"的兄妹军,在义和团看来不但没有污秽之嫌,而且也同样成为纯洁神勇的化身。红灯照的"神术",也多系降神附体、念咒作法之类,从下列纪闻可见一斑:红灯照"辄衣红衣,短袖窄绔,十百成群,招摇过市,手持红巾一方,沿途挥舞","谓只须红巾一拂,可使于百尺楼顶发火,立时灰烬;或以红巾铺地,一人立其上,念咒数通,巾与人则冉冉升空,如驾一片彩云,直上天际云云"②。又有记述,"红灯照祀九逵道人,其法以铜盘贮水供神前,绕行呼'飞'字不绝。自云习之四十八日即能飞行空际……习此者,人制一灯,以绛纱笼之,悬户外。一夕灯匿不见,则里闬惊传诸女伴飞向海外,焚洋人庐宇去矣"③。如此等等。总之,红灯照"神术"与义和团者大旨上颇相类同,只不过自有其某些"女性特征"而已。像其能驾云飞空云云,更纯是虚幻之说,毫无实际可言。

4. 仙乩、梦兆话题

扶乩不同于民间一般的占卜,而是借以箕插笔在沙盘上画字,所谓"神仙"提示乩语的特别形式来进行占卜的。主导操作者需

① 赵烈文:《落花春雨巢日记》,咸丰三年二月二十八日附录湖南李某致靖江县令书,《太平天国史料丛编简辑》第3册,第32页。

② 吴永述,刘治襄记:《庚子西狩丛谈》,第16页。

③ 龙顾山人:《庚子诗鉴补》,《义和团史料》上册,第126页。

要有一定的文字水平，对乩语的附会解释也不是目不识丁者所易为，故在士大夫间流行。这种扶乩之术起自唐代，盛于明清，晚期时期仍较流行，官绅士子不但常用以测度自己的身家私事，而且军、政、闱场等事也惯以仙乩求卜，有的形成具有一定流布范围的社会传闻。

像鸦片战争期间的道光二十一年(1841年)四月间，广州即有关于英军进退之事，"仙乩皆验"的传闻。或又具体记述说："北城人请仙，吕纯阳先师降乩，中有云'白云山上陈师旅，万里奴夷九曲通'。"①而记述者还是对这种仙乩准确、灵验表示了怀疑。第二次鸦片战争期间，两广总督叶名琛扶乩以定军机进止的荒唐之举更传为一大笑柄，事在咸丰七年(1857年)十一月间，事涉广州城守军务：

> 僚属见寇势日迫，请调兵设防，(叶)不许；请招集团练，又不许。众固请，叶相曰："姑待之，过十五日，必无事矣。"乃乩语曰。先是叶相之父志诜喜扶乩，叶相为建长春仙馆居之，祠吕洞宾、李太白两仙，一切军机进止咸取决焉。乩语告以过十五日可无事，而广州竟以十四日先陷，人咸讶之。或曰，洋人赂扶乩者为之也。②

由"人咸讶之"，以及关于"洋人赂扶乩者为之"的猜测性议论，可见当时有关情事已在外间广为传扬。而无论如何，广州城是真的失陷了，这位"叶相"当了英军的俘虏，随后被押往印度加尔各答囚禁，并最后死在那里。据说，被囚外域期间，"仍日诵'吕祖经'

---

① 梁松年：《英夷入粤纪略》，广东省文史馆编：《三元里人民抗英斗争史料》，第62页。

② 薛福成：《书汉阳叶相广州之变》，中国近代史资料丛刊《第二次鸦片战争》第1册，上海人民出版社1978年版，第231～232页。

不辍"①。

如果说叶名琛属颟顸荒唐之辈的话,那么,相比之下曾国藩当算"明智"之人了。但他有时同样也惑于这类事情。咸丰八年(1858年)四月间,曾国藩尚在因受掣不顺而借故委军回籍家居未出之时,这天,有人在他家请乩,一开始,就出了个"赋得偃武修文(字谜'败'字)"的判词。曾国藩正惊讶败字不知何所指,乩判回答说是"为九江言之也,不可喜也"。当时湘军刚取得九江战役胜利不久,气机正盛,曾国藩仍大惑不解败从何言,乩又判说"为天下,即为曾宅言之"。几个月后,即有了湘军三河之败,而覆没之军,正是在九江战役中充当主力的李续宾部湘军,而在其军的曾国藩的弟弟曾国华也在此役中死难。事后,曾国藩回忆起扶乩之事,大有恍然而悟的感触:"由今观之,三河之挫,六弟(按:指曾国华)之变,正与'不可喜也'四字相应,岂非数皆前定邪?"②这是曾国藩在家书中所言,当非故作欺饰之词。以后多年间,他又曾在不同场合屡次提及此事,以之作为事由命定的例证。当然,也并非真的"仙乩"灵验,只是处于特定心态下的曾国藩,将解释上弹性幅度颇大的乩词与既有的事实联系起来的一种事后"悟解"而已,似悟实迷,不过他自己的确是信以为真的,故当作事实传扬,为许多人所知而复传。像薛福成在其《庸盦笔记》中,就以《扶乩奇验》条目记下了与上据曾国藩家书中所述情事大致相符的内容③。其实,对于曾国藩乃至其家族来说,这种求乩问卜的事情并非特例,而是

---

① 薛福成:《书汉阳叶相广州之变》,中国近代史资料丛刊《第二次鸦片战争》第1册,第233页。

② 曾国藩:《致澄弟沅季弟》,《曾国藩全集·家书》第1册,岳麓书社1985年第1版、1995年第3次印刷本,第445页。

③ 见薛福成:《庸盦笔记》,第166页。

常有之事。像同治九年天津教案时，曾国藩以老病之躯赴津处置此一大险难之事，留在保定家中的纪泽就曾为他“敬筮”，说是结果似“微有吉象”，他特作函向乃父报告。① 此事未必形诸传闻，但也可有助于说明神异传闻的心理基础问题。

在社会上神秘政治文化氛围特别浓重的一些时候，仙乩之事更尤其盛行，像义和团运动时的情况即颇典型，当时真可谓坛谕满天飞，乩语纷如蝗。陈振江、程歗《义和团文献辑注与研究》一书的上编中，就以“坛谕、乩语”为专类，从多种文献中辑录坛谕、乩语三十余则。这时传布的乩语未必都真的经过扶乩产生，托言乩语以渲染其神秘性也未可知。甚至有的说成是“皇太后请鸾”所得②，有的说是“大内”所得乩判③。尽管真真假假，虚虚实实，底根难究，但无论如何，其时的扶乩问卜之事存在多有肯定无疑。

仙乩之外，当年还盛行一种形式上比临场扶乩更便捷的“求

---

① 见曾纪泽：《禀父亲》，王澧华等整理：《曾氏三代家书》，岳麓书社 2002 年版，第 613～614 页。请卜祷词云：“假尔泰，筮有常。弟子纪泽为父亲奉旨查办天津事件，不知何时可了，爰质所疑，于神于灵，凶吉得失，悔吝忧虞，惟尔有神，尚明告之。”

② 像传有这样一则“乩语”：“今时不算苦，三（二）四加一五，大路红灯照，那时才算苦。广县连走信，紧防大沽口，电线不长久，江山间老叟。麦大一齐收，十月刨幽州，小官逼大官，皇上也忧愁。”记述者说这是“光绪二十年岁次甲午夏月”，“皇太后请鸾此乩语”（见孙敬辑：《义和团揭帖》，《近代史资料》1957 年第 1 期，第 13 页）。而此所谓“乩语”在当时有着大旨一致，个别文字上稍异的多种有同版本，而对其来源的说法也纷杂不一，或说出自碑文而非乩语。

③ 像所传庚子年春间这则“乩语”：“大劫当头，血水横流，白骨丛丛，即在今秋。劫运到时天地愁，恶人不免善人留。但看铁马东西走，谁是谁非两罢休。”记述者说这是“大内以义和团之事，召神问休咎，乩笔判云”（见杨典诰：《庚子大事记》，中国社会科学院近代史研究所编：《庚子记事》，第 80 页）。这则“乩语”亦有大旨类同文句上稍异的不同版本，有的便未说是“大内”乩得。像仲芳氏《庚子记事》中即此（见中国社会科学院近代史研究所编：《庚子记事》，第 10 页）。

签”问卜,与扶乩可谓异曲同工。它一般是以神庙为卜所,以竹签为卜具,竹签编列号数,贮之以筒,祈祷时持筒颠簸,有签落出,验其号数,对照以纸印成之诗语,借测休咎。其签语的体裁上与乩语类同,亦说是神仙所示,直接解读也需一定的文化水平,故同样盛行于官绅士子当中。这种求签问卜比扶乩历史或更为久远,而到晚清这时亦颇盛行。有些人遇有凶吉祸福、进退荣辱的迷惑之事,求签问卜习以为常,甚至国家军政大事,也求签问之,还形诸奏章。像第二次鸦片战事期间的咸丰十年(1860 年)七月间,大学士彭蕴章就把该年四月间他“恭诣关圣帝君庙求签占夷务”之事,附片上奏,认定“神明断不欺人”,故“敬将灵签粘呈御览”,并根据对签诗的理解,提出“似将来议和,仍在上海,然非大胜而退之,何能先凶后吉,又何能在上海议和耶”,劝皇上不失时机,“奋发为之”①。由此可见,当时仙乩签卜之类事情,是何等流行,其有关传闻的生发不息,也就是毫不足怪的了。当然,其神秘性的灵验之说全在人自身的迷惑,这也与有人故使骗伎分不开。②

至于对梦兆的迷信,在中国更具有十分悠远的历史,占梦的专门性典籍也代不乏有,占梦成为旧日从君主、贵族到平民百姓十分

① 中国近代史资料丛刊《第二次鸦片战争》第 2 册,第 483 页。其所记签诗云:“功名富贵自能为,偶着先鞭莫问伊。万里鹏程君有分,吴山顶上好钻龟。”解曰:“富贵分定,迟速有时。藏器以待,切莫怨迟。掀天事业,时至即为。若到天边,便可决疑。”如此之类,可见实际全是没有定指、含混模棱、空泛玄虚之词。据此所作卜测纯系附会而已。

② 关于求签作释的荒唐,上注中已经示例论及。扶乩形式自然更具迷惑性,不知根底者觉得能在沙盘上写画出乩语神秘异常,遂信出自“仙示”。而实际上操作扶乩者都经特别的训练,掌握了这套颇能惑人眼目的“技术”。局内人员或有揭露其实底和真相者。像《近代中国江湖秘闻》(《文史精华》编辑部编,河北人民出版社 1997 年版)下册中所载高坦《说说扶乩》一文,即为一例,作者根据自己亲身操作过扶乩的经历,从多方面揭露了扶乩的人为欺骗性。

普遍而又日常化的一种迷信事体。做梦,有着十分复杂的生理机制,甚至到现在仍然不能获得十分精确的科学解释。但它与人体受到的内外刺激因素密切相关,当是没有疑问的。既然如此,从科学的角度看,的确可能从梦境中寻绎出某些与做梦人身体、情绪等因素有关联的"征兆"。旧时的占梦虽不能说与某些经验性的朴素科学认识毫不沾边,但总体上是一种视为神鬼兆示的虚妄无稽的迷信亦无疑义。晚清时期这种情况仍然颇为典型,乃至演绎出诸多的社会性传闻。

检阅此期一些有名人物的旧传,其降生之时家人梦兆富贵的记载屡见不鲜,这已是历久沿袭的陈套。像传说曾国藩出生之时,其年已古稀的曾祖父"是夜梦有巨蟒盘旋空中,旋绕于宅之左右,已而入室庭,蹲踞良久",因被视为家祥门贵之兆。并且与这样一种事象联系起来:其"宅后旧有古树,为藤所缠,树已槁,而藤日益大且茂,矫若虬龙,枝叶苍翠,垂荫一庙,亦世所罕见者"①。其意是把"矫若虬龙"的巨藤与家人梦中的"入室巨蟒"联系在一起,暗示曾国藩为巨蟒、虬龙类非凡之物转世。甚至有说"厥后家人每观藤之枯荣",卜测曾国藩之境遇,"其岁枝叶繁茂,则登科第、转官阶、剿贼,迭获大胜。如在丁忧期内,或追寇致败屡濒于危,则藤亦兀兀然作欲槁之状",并且说"如是者历年不爽,公之乡人,类能言之"②。可见此事当年即广为流传。更有意思者,曾国藩长大后身患癣疾,痒搔落屑如鳞,更被印证说是"癞龙"之象③。可见,由其家人一梦,便附会衍生出偌多奇异的传闻。像这类异传对于当

① 黎庶昌:《曾国藩年谱》,岳麓书社1986年版,第1页。
② 薛福成:《曾文正公始生》,《庸盦笔记》,第81页。
③ 见薛福成:《曾文正公始生》,《庸盦笔记》,第81页。

时的名贵之辈来说所在多有,不待繁举。

梦兆,对于平民百姓来说似乎只配关涉自己的身家之事,而对于显贵者流,则除了身家之外而往往还要牵及邦国大事。一到帝王的梦兆,那就是更不得了。据说:“咸丰九年,上一日独坐若瞑,见白须人跪前。上问何人,对曰,守园神。问何所言,云将辞差使耳。问汝多年无过,何为而去。对以弹压不住,得去为幸。上曰汝嫌官小邪,可假二品阶。俄顷不见,未一年而乱作矣。”①所谓“守园神”,是指圆明园的守护神。所谓“乱作”,是指咸丰十年(1860年间)英法联军入侵北京焚毁劫掠圆明园之事。咸丰帝此梦真有假有,只有他自己知道,但无论如何,为外间所传知是确凿无疑的事情。上引记载便是自出湘人王闿运《圆明园词》中“妖梦林神辞二品”一句的注文。王闿运虽与有的朝内要员有过接触(如曾应肃顺之聘在其家教读),但自己终非内廷人员,一在野游士耳,此事得自传闻无疑。显然,这非属一般的“痴人说梦”之类,而带上了浓重的神秘性政治涂饰色彩。

以上择取四个方面的话题进行了具体论列。当然,神异传闻不是这四个话题便能全然包纳的,但其也基本能够代表了典型性内容。神异传闻的具体话题分析就此打住,下面拟对谶谣形式的传闻予以集中论说。

所谓“谶谣”,是指一种利用隐晦而又通俗的语言形式表述预言的神秘性谣歌。非歌谣体者则可以“谶语”称之。这种宣传形式,因其预言的神秘性,决定了它可归入神异传闻之类。特别是谶谣文体者,更便于传诵甚至可借助儿童传诵,以其“童言无欺”,益

---

① 王闿运:《圆明园词》,中国近代史资料丛刊《第二次鸦片战争》第2册,第520页。

增强其传播效果。谶谣在中国具有悠久的历史:起源于先秦,盛行于两汉和魏晋南北朝。隋朝开始对谶纬进行限禁,谶谣也随之出现萎缩趋势,但也没有走向衰亡,此后在各朝各代都有一定强度的流衍。及至晚清时期,特别是太平天国和义和团运动之时,可谓又出现了相对性的高潮。

从太平天国与清朝对峙时期有关谶谣所涉主要内容看:一是从宏观上预言战乱形势者。譬如有说当奕䜣即位改元咸丰之时,有童谣云:“一人一口起干戈,二主争山打破头(頭)”①。这显系一联拆字谜式的谶谣。其“谜底”,前一句为“咸”,后一句为“豐”(“争山”的两“丰”与“主”象形,破“頭”则为“豆”字,合为“豐”),寓意为咸丰年间要出现“两主”相争的乱势。又有记载说咸丰初年北京出现“今年不算苦,明年二三五,城内莲花瓣,城外一片土”的谶谣。有论者就此分析说:“这反映其时北京人心惶惶,预言大劫将来。”②又有说,“清道咸间,江宁童谣有‘蝴蝶飞过墙,江南作战场’。后洪氏都金陵而语悉验”③。

二是对战事胜负成败的预言者。以有关北伐战事为例:据清方有关人员记述,咸丰三年五月间“贼未北窜之前”,河南地方上先有童谣云:“长毛贼,有万千,坐南京,心不安,望北京,在眼前,围怀庆,枉徒然,走到济源一阵烟。”所谓一阵烟,当寓败意,而当时北伐军是在豫境,要继续北进,记述者预言,“中秋节前即当应此佳谶”④。还有出自清方人员的记述说:“初贼之北犯也,就善卜

① 凌善清:《太平天国野史》,第301页。

② 张守常辑:《中国近代谣谚》,北京出版社1998年版,第348页。

③ 凌善清:《太平天国野史》,第302~303页。

④ 开封知府贾臻致河南巡抚瑛棨函,张守常编:《太平军北伐资料选编》,第251页。

者占之。卜者曰:‘此去遇僧而败,遇平而灭。’贼故见僧即杀,不知其应在王(按:指僧格林沁)也。‘遇平而灭’者,冯官屯在茌平县界也”①。

三是对有关人物之于战局和时势作用的预言者。如咸丰十年(1860年)四月间,因常州被太平军占领,清朝方面感到江南形势更加糜烂,当时在湘军首领曾国藩幕下的赵烈文,在其日记中记述说:“先是,有谣曰:‘江南若遇人丁口,江南便是鬼门关。’妖谶征应如此,亦可异矣。”②这也是一拆字式谶谣。所谓“人丁口”,合起来为“何”,隐指两江总督何桂清,当时因清军江南大营全溃,其人遁出驻地,并且在临行时枪击跪乞留守的绅民,常州要地失守,在清方看来不啻陷入“鬼门关”。另外,据说早在太平军攻占金陵之前,江南即有“丹桂插金瓶,无根总不成”的童谣。有的研究者解释,这也是隐指何桂清之败的:“何桂清字根云,根不深入泥土,却悬之云中,可比何虽为两江总督,但两江总督历来驻节的根本之地南京却在太平天国手中,他只能流寓常州,亦犹丹桂之不栽入泥土,而插入瓶中,皆无根也。无根岂能成事?”③再如,或记述四川当年有谣云:“四川土地薄,硝磺用不著,若要太平时,除非马生角。”按记述者解释,硝磺分别是隐指记名按察使萧(俗写作“肖”)启江和记名道员黄醇熙,“马生角”则隐指骆秉章(说是角、各音近,马、各合起来为骆),此谣“预言”在石达开兵临四川,清方组织援剿时,萧、黄两人无功而亡,总督骆秉章“率所部卒以同治元年

① 光绪《畿辅通志》卷132,1934年商务印书馆缩版影印本,《前事略》二。

② 赵烈文:《能静居士日记》(咸丰十年四月二十九日条),太平天国历史博物馆编:《太平天国史料丛编简辑》第3册,第151页。

③ 张守常辑:《中国近世谣谚》,第371~372页。

(按:实在同治二年)四月禽(擒)石逆于紫达,蜀乱始平"①。如此等等,不胜枚举。

义和团运动之时,谶谣又为一大盛期。义和团自身的宣传品,无论何种体载者,多谶味十足,而谶谣则为其一个重要的体裁类别。像前边为举证"碑文类揭帖"时引及的"这苦不算苦,二四加一五……"和"庚子三春,日照重阴……"二则"碑文",即为典型的谶谣,以埋碑和托名前人的方式制造和渲染了其神秘性,词语上含混怪诞,让人难以完全明晰其意,但又表露出预言灭洋消灾的总体意向。再如当年北京流传这样一首谶诗:"沿河一带建楼房,扯旗放炮逞刚强,有朝西北真主至,一炬火光化无常。"据注:"同治五年丙寅有一云游道士,至天津紫竹林观看,见各国洋楼高耸,百厦云连,每逢礼拜日则旋旗鸣炮声势赫濯(耀),其强也甚矣。题此诗于壁,有人见之。奇哉,此道人也,能知六十年兴亡,又能道出西北之有真主,将来临世。款款掇笔题诗,能知天地之奇,谅亦不凡也矣。"②此诗作者身份及题写时间显系假托,以渲染其预言的神秘性。所涉及的场境在天津,而北京一带亦传,可见其播布之广。还有这样的歌谣:"可笑可笑,不用问,就知道:黑阴路,白当道,众神惊,诸鬼叫;披金甲,开枪炮。黄雾消,红灯照,三五七八就知道。你你应那时,可笑不可笑。"③——其反洋灭洋的意旨亦明,"三五七八就知道"句,比较隐晦,据有的研究者注解:"'三五'相加得八;'七八相加为十五','三五七八就知道'隐含着八月十五起事的暗号。"④显系义和团方面造作的这类谶谣非常之多,不胜枚举。

---

① 陈康祺:《郎潜纪闻初笔二笔三笔》下册,中华书局 1984 年版,第 726 页。

② 孙敬辑:《义和团揭帖》,《近代史资料》1957 年第 1 期,第 16 页。

③ 陈振江、程歗:《义和团文献辑注与研究》,第 131 页。

④ 陈振江、程歗:《义和团文献辑注与研究》,第 132 ~ 135 页。

当然,也不仅是义和团方面造作谶谣,清方人员抑或为之,民间自发性地“创作”当也是一条重要途径。

并且,也不仅限于义和团和太平天国时期有谶语流行,只不过两个时期其势尤盛而已,其他时候相对呈“平流”态势,也流传不绝,特别是民间的一道“常餐”,这在地方史志中便不乏记载。如民国《阳原县志》记载,当地有始传于甲午之前的一首词为“穿鞋没脸,吃烟没杆,花钱没眼”的短谣,据志书编者注解:“彼时鞋有脸,烟筒有杆(按:指‘吸旱烟之烟筒头与嘴间,例有一木或竹竿’),钱皆有眼,由今观之,则皆无矣。故此亦预言也。”①从鞋式的变化,由旱烟到“无杆”的卷烟,自方孔钱到无孔铜币、银元和纸币,这些无疑都属社会生活领域的一些变化事项,而一用上引“预言”性谣歌释之,便带上了神秘性,为谶谣之属无疑。再如该县志中又记“发生于宣统元年”的一谣:“大青灰,大青蓝,大青黑紫,大青完。”注云:当地“骂人颜色不好为黑紫”,“完,即终了之意”,当时“因商人多售染料,中有大青灰、大青蓝等色。街巷儿童遂有此谣。未几而大清灭,此亦预言也”②。显然,此解释还利用了“青”与“清”的谐音。这样,也就具有了典型的谶谣意境。甚至连宣统之年号,也被言为不吉,因为“宣统之宣,字形是宝盖头(宇宙天下)下有二日”,被传疑“清朝之皇祚,果能长久无事耶”③。及至革命党起事,似乎此谶亦得应验。

谶谣在当年的流行,除了前边业已论及的当时神秘政治文化

① 丁世良、赵放主编:《中国地方志民俗资料汇编·华北卷》,北京图书馆出版社 1989 年版、1997 年第 2 次印刷本,第 185 页。

② 丁世良、赵放主编:《中国地方志民俗资料汇编·华北卷》,第 185 页。

③ [日]宇野哲人著,张学锋译:《中国文明记》,光明日报出版社 1999 年版,第 199～200 页。

氛围浓重的基本环境条件和其他有关方面的重要因素外，这种形式的神秘性传闻所特有的迷惑性也是很值得注意的，甚至有着一定的"灵验效应"。

有些谶谣事实上是事后有人附会造作而以事前预言的面貌出现的。如上面已征引涉及的一些虽所用方式不同但明显是倒填产生年月的谶谣。再如不管是有关太平天国还是义和团的谶诗，都有说是明代黄檗禅师所作者①，这显然是不可能的。至于说唐代袁天罡、李淳风撰的《推背图》中即对太平天国、义和团时期之事都有比较准确的"预言"（分别见其中第三十四、三十六象之"谶"、"颂"，不再出注原文），那就更属荒唐之事。据有的研究者考论，宋代以前便有人假托唐人之名写了《推背图》一书，以后又不断经人增补和改造加工，有关清末和民国年间的"预言"，当为民国时人所伪造②。如果是这样，那么它们在当时根本就无传，纯系子虚乌有，对时人自然说不上什么灵验不灵验，但对不明真相的后人来说，自然觉得"灵验"。

即使真的在某事之前出现而后来证明所谓"应验"的谶谣，其

① 关于太平天国者如："亥逐无讹两卦开，三三两两总是哀。东南万里红巾扰，西北千群白帽来"。"同心佐治运中兴，南北烽烟一扫平。一纪刚周阳已复，寒冰空自惕兢兢"（见凌善清：《太平天国野史》，第302页）。其隐寓咸丰年间要有从太平军到西北回民起事（或说外国入侵）的发生，随后则有"同治中兴"之局。关于义和团者则有："红鸡啼后鬼神愁，宝位分争半壁休。幸有金鳌能代主，旗分八面到秦州。"据庚子年间有人证及的注解，大意是"预言"鸡年（按：光绪二十三年为丁酉年）之后陆续有乱事发生，像废立之争；"国家割地赔饷列邦"，"财赋疆土去其大半"；"两宫统带神机营、虎神营八旗兵丁避乱于西安"（见中国社会科学院近代史研究所编：《庚子记事》，第10～11页）。而民间朱肖琴注与之大旨相同而亦有具体差异（见海南出版社1998年出版的谢贵安：《中国谶谣文化研究》，第357～358页）。

② 见谢贵安：《中国谶谣文化研究》，第329～335页。

“应验”的情况也各个不一：一是真实应验者。因为世事的发展态势和结果的确有其一定的可预测性的，前提是根据真实条件进行正确地分析、判断，如果是这样的预言而故意借助谶谣的神秘形式表示和传达，那么其“应验”事实上也并不神秘。再是巧合性应验。这种谶谣并不是基于造作者的正确判断，只不过是通过神秘方式表示了其某种愿望和猜测，而事局的发展恰巧与之应合。像这种情况并不鲜见，譬如说，假若所预言的是那种非此即彼性的事局，那么巧合的概率即会有50%。还有一种情况更特别需要注意，那就是谶谣的语言形式本身，其表意模糊性很强，弹性幅度很大，所谓“灵验”的附会性解释上能有很大的发挥空间和回旋余地，甚至可以包容相反的义项。像上面引及的关于四川的那则“马生角”谶谣，有文句上略异的诸多“版本”，关于“马生角”的解释，多说指骆秉章，而有的研究者则认为这并不正确，实意应该是以“马生角”之不可能，来比喻川民太平安乐之不可能，“是川民已感到在清朝统治下已不可能改变痛苦的生活，这是对清朝封建统治下旧秩序感到绝望的一种呼声”①，释义上的出入之大由此可见一斑。谶谣所具有的隐晦语言形式能够附会解释的余地既大，而迷信接受者的特定心理状态，又自觉不自觉地驱动其尽可能向“灵验”方面去寻找解释，这恐怕该算是谶谣“灵验效应”的最重要因素。

除此而外，谶谣语言形式上一般来说简短易记，押韵易诵，而又有其神秘意境，也应该是吸引人们传诵的一种有利条件。

① 张守常辑：《中国近世谣谚》，第384页。

第三章　典型题材示例与分析(下)

本章中对战事、变政和其他题材的传闻进行具体论列分析,根据其内容特点,这几类传闻题材之下不再以"话题"而以"事类"来分层,基本数路与上一章仿同。

三、战 事 传 闻

有关战事传闻也是晚清社会传闻中值得重视的题材之一。晚清时期战事频繁,有大量相关传闻生发,其中有关神异性内容者已在上一节中包纳论述,本节中不再涉及,而只就纯"世俗"方面的事类进行分析。

有关军事信息,自为作战双方密切关注,力求尽量详确把握,所谓"知彼知己,百战不殆",这是自古以来一条经典性的军事原则。但军事信息又有它相对的隐秘性,尽可能向敌方保守己方的军事秘密,并且故意以虚假信息欺骗和迷乱对方,这是惯常的军事手段。甚至对自己方面,当事人出于种种目的和利益的考虑,不管对下还是对上,隐瞒欺饰也是常有之事。对于外间来说,详确了解有关信息自然就更为困难,诉诸道听途说自不可免。这种军事信息情势在晚清时期颇为典型,成为有关战事传闻生发的最直接条件。下面分"军情"、"战况"、"战果"三个方面的事类对战事传闻予以论列。

1. 关于“军情”事类

“军情”一般说来也可以而且应该包纳具体“战况”和“战果”的内容,而这里是作为除去后边还要专项论列的两者,而特指其他内容的有关军事情势的概念来使用的。这个事类的传闻内容繁杂多有,这里只能略举几例。像除了前边论及的鸦片战争之初,关于英军“腰腿僵硬,一仆不能复起”的说法之外,当时还有关于英军腿直立而又纤细无力“不能超越腾跑”,“上岸至陆地,则不能行,若制铤专折其足,则皆毙矣”;其眼睛则“不能远视,故不能挽强命中”①等类似的说法,这些显然都是关涉到英军战斗力的传闻。相对宏观的军事情势层面的事例,像鸦片战争后期阶段的道光二十二年(1842 年)夏间,英军在战局上的优胜本已成定势,正恃强胁迫清方最后就范,而一度忽然盛传英方因其印度属邦有乱,要调在华之兵“踉跄返救”,“有内溃之形”。这种所谓“海外传闻”,在“粤中好事者”的竞传下,对夷愤甚的粤省绅民,“乍闻谣言,纷纷传述,几于万口一词”,甚至很快传及台湾。有的京官还据所闻上奏,“以慰圣心”②。这种传闻虽非毫无影迹的编造,但总体情势上是与事实不符的。无独有偶,类似的情况于第二次鸦片战争中复又出现。咸丰六年(1856 年)战事开局不久,总督叶名琛不但迷信乩语,而且惑于新闻纸“伪造”的“英军在印度孟喀喇等处战败,无力兼顾远东”的消息,“信之不疑,致以是形诸奏牍”,倒是咸丰皇帝览奏后的上谕中有

---

① 汪仲洋:《庚子六月闻舟山警诗原注》;叶钟进:《寄味山房杂记》。转引自熊月之著:《西学东渐与晚清社会》,上海人民出版社 1994 年第 1 版、1995 年第 2 次印刷本,第 283 页。

② 梁廷枏:《夷氛闻记》,第 113 ~ 114 页。

“传闻未可尽信”①的警告。

与第二次鸦片战争有过一段并行期，而其时间上起点更早、终点更晚数年的太平天国与清朝（后期又加外国干涉军）之间的战争中，有关军事情势的传闻亦颇纷杂。如咸丰三年（1853 年）六月间，江南大营统帅向荣等人，依据“寻访金陵难民”所得之口述，向清廷奏报敌方领袖人员的情况，说“咸称洪秀全实无其人，闻已于湖南被官兵击毙，或云病死，现在刻一木偶，饰以衣冠，閟置伪天王府内”；而杨秀清“两眼戴极大墨晶镜，或用黄白面具遮障，总不欲人见其真面目也。至五月以来，或云杨秀清已成瞽目，或谓已伏冥诛，凡外出巡城，每令其妻舅顶替，是以用面具遮蔽”②等等。所采如此之说，显系典型传闻，与事实大相径庭，简直是一派奇谈，令人骇异。此出自所谓“难民”之口尚有可原，若清朝官方连太平天国最主要领导人员的有关情况都这般懵懂无知，似乎令人不可思议。但仔细想来，在战争进行的特别之时，敌对双方要精确获知对方高层底细也决非易事，正因为如此，才会饥不择食地搜求利用包括传闻在内的各种信息（至于故意借明知的虚假信息达到某种目的，那另当别论）。

再如清方与北伐太平军战事中的有关情报事例。北伐太平军到达直隶津南时，有在河南开封的清方人员这样述说闻及的相关军情信息：“北路之贼传闻异词……天津练得水会勇几万人，扎营城外，连得胜仗。津门照常贸易演戏，城门大开，以示不惧之意，贼

① 篠园：《粤客谈咸丰七年国耻》（原载《国闻周报》），中国近代史资料丛刊《第二次鸦片战争》第 1 册，第 247 页。

② 《向荣等奏报寻访金陵难民口述洪杨等人情形片》，中国第一历史档案馆编：《清政府镇压太平天国档案史料》第 8 册，社会科学文献出版社 1993 年版，第 185 ~ 186 页。引文中“閟”字原书中为“闷”，显误，径改。

亦竟不敢攻城。又闻贼于静海一带筑三木城,其人尚众,几四五万。又闻僧邸(按:指僧格林沁)已移兵武清,又由武清移兵,距贼营廿余里,胜(按:指胜保)营距城三五里。又闻以大炮轰死贼兵几万人,现仅剩三万。又闻一从九某由直隶至汴,言僧邸之兵虽多,闻惊(警)即逃。"述者在历数了上述消息后,接着特别强调说明:"凡此皆传于道涂(途)之口,未足深信。"①显然,其所获信息系地道的传闻之属。从其内容上看,不排除有真实成分,如北伐太平军所在大概的地方,及清朝天津地方上筹办御守,清朝军队也与北伐太平军有战,但关于北伐太平军兵力以及有关具体战况的说法,恐怕即虚多实少了。当时北伐太平军的兵力似无如此之多,至于说胜保军"以大炮轰死贼兵几万人,现仅剩三万",就更不啻天方夜谭。与太平军作战素有"败保"之称的胜保所统清军,何曾有过如此"辉煌"的战绩?如果说轰死"贼兵几万",还剩三万,那么原先的北伐太平军恐怕就又不止前边说到的"几四五万"了,岂不又自相矛盾?其实有关这类军情传闻并不只是限于"私议",亦多载于公牍乃至奏疏、上谕之类,这在清方传递有关北伐太平军军情消息、指令的文牍中即有典型反映。如北伐太平军抵达津南之前,是在栾城(今石家庄附近)一带东折进军的,而没有从那里继续北进,但清方军报曾说其经正定抵定州②,甚至说前锋到达距保定仅60里的张登③,并且皆言系"探得"之讯,想必是据之传闻。而时人所谓"侦者仅据道路谬悠之口,回署销差;而疆吏即据州县荒唐

---

① 周士健致瑛紫函,载《瑛兰坡藏名人尺牍墨迹》,张守常编:《太平军北伐资料选编》,第455页。

② 见直隶总督桂良奏,中国第一历史档案馆藏《军机处录副奏折·革命运动类》,第619卷第2号件。

③ 胜保奏,见《钦定剿平粤匪方略》卷60,光绪内府铅活字本,第9页。

之禀，飞章飞告"①，着实道出了官方军报与传闻消息之间密切关联的情况。

再看外国人所办中文报纸《上海新报》所采载有关太平天国方面军情传闻的典型情况。当时该报的这类载闻，可谓连篇累牍，经常不断，惯以"闻得"之类启述。仅举同治元年(1862 年)九、十月间关于洪秀全行踪及相关情形的几则消息为例。其九月二十日(11 月 11 日)载闻，说洪秀全"因官军围困太急，率领随贼众数万人，已离南京，出窜常州府城，又复起造宫殿，大兴土木"，"所有南京存留者，除老幼不计外，强壮者亦不过三四万人。城内米粮并不充足，不过月之粮。每日城头敲更之人大半妇女。城内逆贼亦有出窜之意"②。隔日该报又载：闻得洪秀全"驻守常州，传令搬运大木至江阴备用，意图捆造木筏，窜扰江北"③。十月十五日(12 月 6 日)继续登载有关消息，说闻得"因官军扫清安徽一带，大兵业已渐次移扎南京，料理攻打城池"，洪秀全"自知不能取胜"，"现在专派伪烈王带领数万人坐守南京"，而自己"自带护卫万人，于本月初旬，由丹阳、常州乘船已到苏州，拣选从前大户人家门屋宏敞者往下。另看地落，起造宫殿。随从万人，以一半在城外扎营，以一半留在城内自卫"④。这种军情消息实际上的虚假自不待言，在当时信传者恐大有人在。更有甚者，在此前二个多月前的七月初十(8 月 5 日)，该报载闻："今日有人传言，南京省城已为官兵攻

① 廉兆纶：《致胜克斋都统保》，转引自张守常：《太平军北伐进攻北京诸问题的有关史实》，河北、北京、天津历史学会编：《太平天国北伐史论文集》，河北人民出版社 1986 年版，第 197 页。引文中"锁差"，显误，引录中径改为"销差"。

② 上海图书馆编：《〈上海新报〉中的太平天国史料》，第 52 页。

③ 上海图书馆编：《〈上海新报〉中的太平天国史料》，第 53 页。

④ 上海图书馆编：《〈上海新报〉中的太平天国史料》，第 68 页。

克”。当然,连报方对此也不敢完全相信,说是“未知确否,如果属实,则幸甚矣”①。由此可见当时有关军情信息传说纷纭、真假莫辨的情状之一斑。

到中法战争和中日甲午战争的时候,电报已在军事通讯方面越来越多地应用,起码使得官方军报军令传达上大大迅捷,有关新闻的采集传播也加强了时效,但这并未从源头上抑制有关军情传闻的生发。并且,清政府为了防止泄露军事机密,防范外国谍报,有时也对电报的使用加以限制,譬如在中日甲午战争开局之初,清政府就饬令中国电局禁止收发除特许的高级别官方密报外的其他一切密报②。这起到了一定对外防范作用,但己方的军情通报也可能受到某种限制。加以战乱环境下的其他诸多障碍因素,当时有关军情的详确信息渠道颇存窒碍,而致传闻多有,甚至局内官方人员也被这类真假莫辨的消息搞得如陷雾中。像清历六月底牙山之役驻朝清军失败数日之后,有关人员致函当时参理饷事军务的盛宣怀,说是“牙军噩耗系由唐绍仪传出,今日有人见唐君,向其盘诘,并无确据,唐君平日言语难信,但望此说非真,或此时两军尚在相持亦未可定”③。可见,尚属全然不知底细。数日后又有局内人员致函盛宣怀,说“叶军(按:指叶志超所部清军,在牙山之役中失败)在韩,传闻不一,殊为忧虑”④。像这类军情,绝非细枝末节,而是关乎一役胜败如何的荦荦大端,较长时间里竟流诸传闻,并且

① 上海图书馆编:《〈上海新报〉中的太平天国史料》,第8页。

② 《盛宣怀致总督总办电》,陈旭麓主编:盛宣怀档案资料选辑之三《中日甲午战争》上册,上海人民出版社1982年版,第33~34页。

③ 《周桢致盛宣怀函》,盛宣怀档案资料选辑之三《中日甲午战争》下册,第124页。

④ 《孙金彪致盛宣怀函》,盛宣怀档案资料选辑之三《中日甲午战争》下册,第132页。

官方亦纠缠其中,此情岂不可堪揣摩?

上述种种绝非特例,对于晚清诸多战事来说亦多牵缠类似情况,毋庸繁举。

2. 关于"战况"事类

这里所谓"战况",主要是指作战的临场情状,像兵力投入、交战方式、指挥状况、参战人员的勇怯巧拙表现、胜败局势等事项。兵力投入情况,一般而言,前敌官弁将帅向上级的报告,通常夸张敌方人数而减缩己方员额(与平时为冒饷虚报员额相反),以便为战绩作夸饰、搪塞性铺垫——胜则或更显以少胜多,败则或可借口寡不敌众。指挥者则更是惯于千方百计地为自己炫能而讳劣,在战局形势上夸饰战绩乃至讳败为胜者在在多有。在这中间或可借用传闻素材作为实证,而其铺张乃至造作的有关情节,又更会成为一种有着更大生发空间的传闻源。前边引及的赵烈文所谓"近世捷报,大半虚词"诚为一语破的。有的即使不是有意造假,但为了彰显义烈,甚至是不自觉地受一种程式化文体的牵制,惯对战况作出传闻故事般的描述。像钦差大臣林则徐在有关奏报中,对道光十九年(1839 年)九月末提督关天培在穿鼻洋海面督战英军的一个场景这样置言:

> (英船)先开放大炮,前来攻击。关天培亟令本船弁兵,开炮回击,并挥令后船协力进攻。该提督亲身挺立桅前,自拔腰力,执持督阵,厉声喝称:"敢退后者立斩!"适有夷船炮子飞过桅边,剥落桅木一片,由该提督手面擦过,皮破见红。关天培奋不顾身,仍复持刀屹立,又取银锭,先置案上,有击中夷船一炮者,立刻赏银两锭。其本船所载三千斤铜炮,最称得力……关天培督令弁兵对准(敌船)连击数炮,将其头鼻打断,船头之

人，纷纷滚落入海。①

在鸦片战争中关天培的忠勇表现无可怀疑，但像上述具体生动的督战场景描述，的确如有的论者所感触到的，使人"恍惚置身于古典戏剧小说的战斗场景之中"。这位对鸦片战争史深有研究的论者还指出："若关天培的举止确如林则徐的描写，那么在一派中世纪的豪迈之中，又让今人凄然感受到无知于近代战术原则的悲凉"，并且据其考证得出的印象，实际上，"清军在此战中并不占上风，林则徐的报告中似有水分"②。无论如何，这种场景描述的浓重传闻色彩当是存在的。

检阅晚清时期有关文献中对于临场战况的记载，言说将士的勇敢能战，像"奋不顾身"，"一马当先"，"左冲右突，如入无人之境"，"杀敌无算"之类的描述性语汇或比比皆是，越是这样，严格说来其准确可靠程度就越有打折扣的余地，甚至不乏欺饰成分夹在里面。咸丰皇帝曾召见过随赛尚阿(曾任钦差大臣统军与太平军作战)专办奏折事务的丁守存，问到"办折子是凭什么"，丁氏答"所凭者各营禀报，与大营专弁探报"。咸丰帝又问："禀报、探报靠得住吗?"丁氏答："固知不能全靠得住，胜仗少(按：这里"少"字意为"稍微")有敷衍，败仗少有弥缝……其中实情亦只有七八分。"③这个人真不愧是办折子的"高手"，话说的圆滑得颇有分寸——用一个"少"字，把"敷衍"、"弥缝"的程度给定量为"二三分"(因说实情"七八分")，实际肯定是大打了折

① 林则徐：《会奏穿鼻尖沙嘴叠次轰击夷船情形折》，《林文忠公政书》，中国书店1991年版，第152页。

② 茅海建：《天朝的崩溃》，三联书店1995年版，第131页。

③ 丁守存：《三朝遇恩记》，转引自罗尔纲：《太平天国史事考》，三联书店1979年第2版，第164～165页。

扣,但还显出说话中肯,所谓"不敢欺蒙皇上"的诚实态度,赢得了皇上的"点首"①认可。而对有些事情的奏报,其实情二三分、虚饰七八分,甚至全盘造伪也未可知。后边要述及的关于捏造所谓"天德王洪大全"的事例,即可为典型证明。又有从那个时代的过来人评说过这样的情况:

> 曾记得,曾文正公(国藩,号涤生)在江西内湖编练水师,同太平天国的水师相打,有一次打了胜仗,据他说是水师统领彭玉麟的功劳,专折奏保。这篇奏章我曾经读过,说是彭玉麟当两军决战甚酣的时候,彭某手执大刀,奋身跳过贼船,当者辟易,斩贼渠魁,因奏肤功,云云。我当时读到这儿,实在有点莫名其妙,彭玉麟原来是个穷秀才,未曾听说他有怎样膂力,而且他原来又不是个生长在江湖上惯于舟楫的人,为什么他能在两军鏖战时,从他们战船上身先士卒,就一跳跳到贼船上,如入无人之境?后来,我问了好几个淮军已经卸职的军人,他们告诉我,从前打仗,实在好笑!两军在相距三里以外,便拼命地骂阵,所谓"骂阵"就是他们互相声震天地地骂对方。官军骂长毛为"贼",长毛骂官军为"妖",赶到越走越近的时候,只要哪一方有少数的人胆怯一点,跑了回去,其余的也就跟着往后退,于是敌方便乘机追了过来,在后面杀几个落伍的敌兵,就这样便大获胜仗了。而封疆大吏的幕府中总有一两把办奏稿的好手,轰轰烈烈,铺叙战功,俨若一场血战,于是一大批红顶花翎,便在他们笔下产生出来了。②

---

① 丁守存:《三朝遇恩记》,转引自罗尔纲:《太平天国史事考》,第165页。
② 马相伯:《一日一谈》,上海文艺出版社1999年版,第85页。

关于战况奏报的通常严重失实,由此更可进一步说明。像当年的湘淮军,比起清朝的"经制"旗兵和绿营来,还算是比较有战斗力的,旗兵和绿营就更相形见绌。有知情的时人,记述当年清方钦差大臣、江南大营统帅向荣麾下的绿营兵与太平军作战的情形,说是:

将战,大帅或曰:明日出五程(成)人(五程者,一标出其半也),兵则强项曰:天热谁肯打仗,二程便去。提镇无奈,为婉辞以己意请……夜点名给牌,或雇替,或曰肘有疖,或曰足生疮,或曰吾不食者三日,以至癣疥微疾,胫酸骨软,皆不肯接牌,天明荷刀杖出者仍不过一程,袒裸以布围腰,辫线粗一握盘项,东先西后,三十、五十出不以队,参差造城下,各释杖坐,与贼通火吸烟深谈,或认亲叙两军光景,至倦且饿,则曰:须朝食矣。于是大呼狂笑喊杀,鸟枪不纳弹犹向天放,又咳声作势曰:"开炮",则闻砰訇声,群呼曰:"杀贼不计其数"……①。

据记载,这是当时"有自江南大营来者"亲言,并道及该大营平日的情况,如"一繁华都会耳","处处梨园,时时令节,文恬武嬉,每日以观剧为事;菜馆数十座,味穷山海,其他凡可快心悦志者靡不毕集"②。像这样的军队,怎能有战斗力,临战出现上面引录的那种情形,并不是不可能的。

当然,战场毕竟是血与火的残酷场所,战事也决不能都像上述情况这样如同儿戏,不过起码这也可以视作一种战况传闻,并且应该说还要算是颇为典型的相关传闻事例,与那种夸饰勇武异常的

① 方江:《家园记》三,《安徽史学》1986年第2期。
② 方江:《家园记》三,《安徽史学》1986年第2期。

传闻,尽管夸饰的向度相反,但就事体的暧昧性而言可以说是异曲同工。无论哪个向度的夸饰,如果情节上到了荒诞离奇的程度,自然也就失去了可信性。譬如曾率部与太平军、捻军作战(第二次鸦片战争中也曾与外国侵略军作战)的僧格林沁,的确算得上清朝的一大悍帅,即使在民间,也流传着关于他的种种有关传闻。像当年太平军北伐战争中曾作过重要战场的直隶阜城一带,就流传说僧格林沁力大过人,“每胳子窝夹一尊炮,现装药现放”,这恐怕就难是事实。至于说他有两尊大炮“常不离左右”,“一尊叫‘大将军’,一尊叫‘二将军’”,这倒不是没有可能。无论是虚是实,这些说法几代流传不泯。20 世纪 80 年代初当地作有关调查时,有些人还能够知晓讲述。①

3. 关于“战果”事类

“战果”作为战事结局性得失的既定事项,在有关各方的估测认定和宣传上却有可能产生颇大歧异,这即有可能成为所述情节以及主观倾向性上都不尽相同的有关传闻生发的“源头性”信息,由此或许越传越纷杂虚玄。试析几例:

鸦片战争中三元里抗英的故事,成为世代相传的历史佳话。从当时传扬的战果看,最显赫的是斩杀了敌方“渠帅”伯麦、霞毕的那场战斗。时在道光二十一年(1841 年)四月间。有记述说:这天“夷兵千余自四方炮台回至泥城,于是三元里民愤起,倡议报复,号召各乡,勇壮云集,四面设伏,截其归路。夷兵突围不出,死者二百,殪其渠帅曰伯麦、曰霞毕,首大如斗,夺获其调令符、黄金

① 据中共阜城县委办公室:《关于太平天国北伐踞守阜城的传说》,未刊稿,系向 1983 年在石家庄召开的“纪念太平军北伐一百三十周年学术讨论会”提供的调查材料。

宝刺及双头手炮。”①这一记述显然是据之传闻。当时奕山等人向清廷的奏报中述及斩获“夷目”的情节时，特别说明“现内外乡民，众口一词，远近传播”②，可见一时有关传闻之盛。于是，斩伯麦、霞毕之说为许多记载采取。而此战中的杀敌人数，甚至有说300余人乃至748人之多者。而按照英军的记录，此战中其死伤为28人至49人。③ 毙敌数量上述中方的传说和记载恐不免夸张，而伯麦、霞毕的被杀死更属子虚乌有之误传，但一时却在众口铄金的情势下被人们信以为真。尽管奕山等人的奏报中对此说明是据以传闻，表示要将其首级“验看真确”④，但结果还是以“首级发变，认识不出，闻系英夷掌兵渠魁”⑤的说法表示出认实的倾向。

如果说民间传说是因为不明真相，以讹传讹，那么，有迹象表明，奕山之辈当时却是故意浑水摸鱼。作为英国远征军海军司令的伯麦因去印度请兵，上述战事发生之时不在中国，当然没有在此战中被斩杀的可能。此战后20多天他从印度返回后，正如有的研究者所注意到的，他与义律曾不止一次地联名就其担任新职等事照会当时的两广总督祁贡，奕山亦当“完全明白伯麦行踪，并知其新升职务”⑥，但其奏疏中却不言其情，对伯麦被斩杀之事含混认之，这当然更会助长外间的误传。关于霞毕其人，据有的研究者考

---

① 李德庵、李凤翎:《夷艘入寇记》，广东省文史研究馆编:《三元里人民抗英斗争史料》，第20页。据该书第15页的解题说明:中国近代史资料丛刊《鸦片战争》(神州国光社1954年版)的《书目解题》中谓《夷艘入寇记》作者为魏源，广东省文史研究馆副馆长冼玉清考证认为当是李德庵、李凤翎父子，而非魏源。依此。

② 广东省文史研究馆编:《三元里人民抗英斗争史料》，第113～114页。

③ 见茅海建:《天朝的崩溃》，三联书店1995年版，第300页。

④ 广东省文史研究馆编:《三元里人民抗英斗争史料》，第114页。

⑤ 《鸦片战争档案史料》第3册，天津古籍出版社1992年版，第605页。

⑥ 见茅海建:《天朝的崩溃》，第323页注。

析,很可能是指英前锋舰队指挥官、加略普号舰长荷伯特(Thomas Herbert),不但其职级上与奕山所上有关奏折中所称"先锋"相似,而且粤语中霞毕的发音与Herbert也相近。"当地民众根本不认识霞毕,却冒称刀斩霞毕",而"荷伯特本人,当时在省河的英舰上,未参加三元里之战,当无被击毙之事"。"三元里抗英之战中确有英军军官死亡,其为陆军少校、军需副监Beecher",他是"因中暑兼疲劳过度"而死,其人一般译"比彻",或译为"毕秋","与霞毕毫无关系"①。由此可见,关于上述战果的传闻与事实有多么大的出入。

再看清军与太平军永安突围时的战例。关于这场战事的结果,太平军最终胜利突围北上,予敌军以重创,阵斩长瑞、长寿、董光甲、邵鹤岭等四总兵,而以赛尚阿为统帅的清军显然是失败的。但清方有关人员讳败为胜的惯技重施,奏称"贼匪冒雨突围","我兵跟踪追剿,歼毙数千人,擒获逆首洪大泉"②。太平军金田起义时也就是二万人上下的规模,先是在基地盘旋数月,随后又在永安滞留半年之久,外有敌军围困,其间军队规模难有大的发展,突围战中有一定损失自不可免,但清方所说"歼毙数千人"显系大为夸张的数字。更为关键的是所谓"擒获逆首洪大泉(全)"(嗣后清方

① 茅海建:《天朝的崩溃》,第299页。同时,该书在同页也提供了这样的情况,"梁廷枏的《夷氛闻记》将霞毕写作毕霞(不知何故,恐手民误植),姚薇元先生又将Beecher作毕霞,此后各论著多从姚说。"显然,若是说传闻中所指被斩者是指此一"毕霞",那么,虚实的出入就不在此人死否,而只是死因问题了,是英方所言因病猝死,还是被斩杀。

② 王先谦编:《咸丰朝东华续录》,卷14,上海图书集成印书局光绪十三年石印本。"洪大泉"是清朝文报写作中的写法,将本当为影射"洪秀全"名字的"洪大全",改"全"为"水"字旁的"泉",这属清方一种惯用的改字法,对其所认为的"贼"、"匪"罪犯之人用之。如后来把"孙文"改写作"孙汶",亦属此类。

有的人员又把“洪大泉”冠以“伪天德王”衔)之事,更是成为多年间传说纷纭也争议纷纭的一大谜案。对此,研究太平天国史的著名专家罗尔纲先生,作有洋洋8万余字的《洪大全考》和《洪大全考补》。① 其考证揭示出,在有关人员奏报“擒获逆首洪大泉”,并派员押送京师尚在途中之时,清朝官员中即有人对洪大泉的“逆首”身份怀疑,认为是赛尚阿辈“因贼众窜出永安,于无可如何之时,不得不张皇装点,借壮国威,并以稍掩己过”②,而咸丰帝览此奏所发上谕中也认同说此人“原非首要之匪”,是鉴于“现既槛送在途”,所以指示“仍著解送京师”③。当时对赛尚阿辈持铺张饰过看法的尚有清方其他知情人员,像曾协助清方有关大员守广西省城桂林的在籍翰林院侍讲龙启瑞,在一首长篇纪事诗中,就“擒洪大全解送京师”事而写下“谓言当大捷,献俘堪铺张”④句。但所谓的“洪大泉”被槛送至京师后审讯却认定了他被洪秀全封“天德王”、系“逆首”之一的身份(予以凌迟枭首),这一供词及赛尚阿先已审得奏报的“供词”等件,都是清方有关人员伪造的。而作为赛尚阿机要幕僚又被派监押“洪大泉”入京的丁守存(前边曾提及此人),就是参与作伪的枪手。罗先生经过复杂的考证认为,“天德王洪大全是虚捏的,一切所谓天德王洪大全的文件都是伪造的,在太平天国里面,并没有一个所谓与洪秀全同称万岁为太平天国谋主的天德王洪大全其人其事”⑤,被当做“天德王洪大全”者,实

---

① 见罗尔纲:《太平天国史事考》,第75~185、360~368页。

② 陈坛:《奏陈时事艰难疏》,葛士濬编:《皇朝经世文续编》,台湾文海出版社“近代中国史料丛刊”影印本,第1册,第362页(原书卷11,第5页)。

③ 王先谦编:《咸丰朝东华续录》卷14。

④ 龙启瑞:《浣月山房诗集》卷3,转据罗尔纲:《太平天国史事考》,第78页。

⑤ 罗尔纲:《太平天国史事考》,第184页。

际上是湖南兴宁的一个叫焦亮的人，他为湘南天地会成员，曾创“招军堂”组织，被俘时系太平天国的囚犯[①]。

当然，罗尔纲先生的观点，也曾受到不同意见者的质疑。罗先生的考证中，也利用了传闻佐证。譬如，有丁守存家乡山东日照籍的人员，在20世纪40年代初就提供过当地“父老口传”，说是丁守存在受命押解“洪大全”赴京途中，他给其人食以喑药，“故洪大全到京后即不能发言，所有供词，均系假造”，“谅系丁守存为替赛尚阿弥缝起见”而为，“使不能发音，便于蒙混清廷耳”，并特别置言“此事虽无文字可稽，但故乡父老口传如此，当非妄语”[②]。这被罗先生认同。不论此一情事真伪如何，对于说明关于洪大全事的传闻历久不息来说，诚可谓一典型证据。事过多年之后尚且如此，在当时关于此事的传闻势必更盛，并且也不会只是对所谓“天德王洪大全”具有怀疑倾向者，因为清朝官方有关虚假消息的影响，在信实基础上衍生的传闻自会更多。

再如关于湘军攻破太平天国都城天京之役及其后的战果情况，一时也是传说纷纭。关于破城之役的战果，清两江总督、湘军渠魁曾国藩奏报说，“三日之间，毙贼共十余万人”，“伪幼主积薪宫殿，举火自焚”[③]。实际上当时天京城内决无十余万太平军之多，据多方知情者所言互证，其时城内太平军不过万余人（连居民合计起来不过3万人）[④]。至于幼天王洪天贵福（清方文报中或为

① 见罗尔纲：《太平天国史事考》，第184～185、366～368页。

② 见罗尔纲：《太平天国史事考》，第166页。

③ 曾国藩等：《奏报攻克金陵尽歼全股悍贼并生浮逆酋李秀成洪仁达折》，《曾国藩全集·奏稿》第7册，岳麓书社1989年第1版、1995年第2次印刷本，第4221页。

④ 见罗尔纲：《曾国藩奏报攻陷天京事考谬》，《太平天国史记载订谬集》，三联书店1985年第2版，第49～50页。

洪福瑱)也决无举火自焚之事,他在忠王李秀成等人的保护下逃出天京,辗转流亡两个多月后在江西被俘,当年(同治三年,1864年)十月(11月)间在南昌被杀。在其人被俘获之前,清方内部即为他的下落问题发生争执。包括湘系要员左宗棠在内的许多人都坚持认为,此人不是像曾国藩奏报的那样举火自焚,而是逃逸在外。其实,自李秀成被俘作供,此事已明。而这种消息的另一来源渠道,就是民间传闻,甚至有其带兵数千之说。在这种情况下,曾国藩虽不得不承认,其人积薪自焚茫无实据,但又希图以其人"必死于乱军无疑"的揣测来搪塞弥过,而清廷严厉究查。① 左宗棠等人也坚持定见,给曾国藩施加着无形压力,甚至在幼天王被俘获和处死之后,有的人(如沈葆桢)还继续在此事上大做文章,使得曾国藩非常气恼和被动。

总之,官方消息和民间传说交织在一起,当时的有关舆论情况颇显纷杂。曾参加太平天国革命的英国人呤唎就说:关于太平天国首都陷落的记载,就"清朝方面的消息来源"而言是靠不住的,"全体清朝官吏的说谎癖是众所周知的事","清朝官吏的报道","其中除极少数情节外均不可信"。于是"决定从在华欧洲人的各方面消息来加以推断,这里面包括上海和香港的报纸,以及我的友人为我在现场所收集的消息"②。凡此种种,他所记述的来自各方面的消息俨然汇集成了一个有关传闻的大观园,譬如涉及天王的死因、攻城清军的伤亡情况,忠王、干王和幼天王被俘的情节,忠王自述的形成及可信程度,城破前天京居民的人数问题等等。其具

---

① 参见曾国藩:《再陈裁撤湘勇及访查洪福瑱下落尚无端倪片》,《曾国藩全集·奏稿》第7册,第4272页。

② [英]呤唎著,王维周、王元化译:《太平天国革命亲历记》,上海人民出版社1997年版,第645~646页。

体细节不能一一备述。不过,总的看来,呤唎据包括传闻在内的多种渠道的有关信息所作出的推断,有的事情基本符实,也有些事情与事实有较大的距离①。当然这些当中有的已超出了直接的"战果"范围,但也与"战果"密切关联,有的则直接属之无疑。

中法战争中有些战事的战果传闻情况也颇典型。像光绪十年(1884年)六月间的台湾基隆之战,对于中方来说素以"大捷"称之。当时督办台湾军务的刘铭传,对该役胜况作有这样的奏报:"……枪战逾时,我军所持后膛枪,皆能命中,击倒山巅拥纛之法酋二人,与山下法兵头一人。敌军大溃,我军一鼓登山,当破敌营,夺获洋枪数十杆,帐房十余架,并获其二纛,斩首一级。探报法兵伤亡百余人,……我军伤亡才数人。二纛者,皆国徽,尤为万国行军所大耻。"②而传闻则或更有发挥。如《点石斋画报》中所载《法败详闻》和《基隆惩寇》两幅配文画作,都是根据有关传闻想像画成,正如有的研究者所指出的,"作画人既不曾到现场采访,又不熟悉他们所画的人和事,因而画出来的东西,并不是现场情况的真实记录"③,这可以说是属于"图画型"的传闻题裁。而其所配文字说明,使其表达的传闻意境更具体化和有了确定性。如《法败详闻》一画的文字说明中介绍,有关战事是听一个"日耳曼人来沪述及"的,"其时彼船亦在基隆海面",战事为其"亲见":

……此时法弁派兵三百名……登岸……而华军约千

① 见[英]呤唎著,王维周、王元化译:《太平天国革命亲历记》,第646~661页。

② 刘铭传:《敌陷基隆炮台我军复破敌营获胜折》,《刘铭传文集》,黄山书社1997年版,第95页。

③ 方汉奇:《中国近代报刊史》上册,第55页。

> 人严阵以出,相与对敌,法大不支,委旗弃炮,倒戈争逃,棚帐衣帽,随路遗弃,坠崖落涧,死亡枕籍。奔至水边,又以船离岸远,相率下水而又为海水飘没。幸有小划子赶来相救,乃剩一半归船,否则三百人无一生还矣。①

《基隆惩寇》图亦系据传闻素材所画,解释其画面意境的说明文字云:

> ……时我毁其兵轮一艘,名“未拉司”者。寇见我炮台有损,遂挥兵四百名,携炮四尊登岸。经刘爵帅饬台湾镇章总戎率队由后包抄,毙寇百数十名,生擒酋目一名,夺获法炮四尊,旗帜、帐棚等物甚多。②

正如有的研究者所指出的,如果说按《法败详闻》图说,“300名法军仅有一半生还,死去者达100多人,与刘铭传的说法大抵相当”,那么,《基隆惩寇》图说则又进一步“扩大了法军的损失”,比刘铭传的奏报又多了击毁敌方兵轮一艘、夺获其炮四尊、生擒其酋目一名的“战果”。而经这位研究者考证,这几项“战果”其实“是不存在的”,法国原始档案中记载的此战中法军死2人,伤10人,而且全是士兵,“比较接近事实”,此战中“清军伤亡在70人左右,是法军伤亡人数的好几倍”③。如果是这样的话,可见刘铭传奏报特别是有关传闻的水分之大。随后的淡水之役,据同一研究者的考证,也存在着类似情况,不再细述。

从上面关于军情、战况、战果几个方面事类的示例分析,当可

① 《点石斋画报》甲集,第92页,转据黄振南:《中法战争诸役考》,广西师范大学出版社1998年版,第181~182页。

② 《点石斋画报》甲集,第83页,转据黄振南:《中法战争诸役考》,第182页。

③ 见黄振南:《中法战争诸役考》,第182~188页。

概见战争传闻具体状貌之一斑。

四、“变政”传闻

所谓“变政”，在当年即是一个常用词语，多用于指朝局的突兀性重大变化。这里仍从这个意义上用之。变政之际，政局动荡，事态内情对外间来说又往往隐晦不明，为人关注但又难知详确消息，故而导致有关传闻的盛行。拟择取以下几个主要事类论列示例。

1. 辛酉政变事类

辛酉政变是晚清朝局的重大事变，通过这场流血的政争，慈禧太后剪除了肃顺一派政敌势力，取得了“垂帘听政”的“合法”地位，开始了她为时长达半个世纪之久的作为清朝最高统治者的政治生涯。

辛酉政变是以咸丰帝在热河“宾天”为契机的。而这位皇帝于咸丰十年秋间因英法侵略军进逼北京仓皇出逃之后不久，关于他的死讯和继位人的传闻便纷纷扬扬。当年的九月廿四日（10 月 19 日），也就是咸丰帝逃离北京还不到一个月的时候，法国侵略军头目葛罗在一封函件中便说：“传闻清帝已崩，如联军赞成，将以恭亲王继位云云。”①当时，恭亲王奕䜣受命留京与外国方面议和，在外国有关人员的心目中，也许他是比咸丰帝更为合适的皇帝人选，如果有可能，实现这种更替，也许是他们的一种真实愿望，但关于咸丰帝死去的传闻，却未必是出自他们的造作，而是当时清方朝

① 《西书中关于焚毁圆明园纪事》，中国近代史资料丛刊《第二次鸦片战争》第 2 册，第 460 页。

野在惶惑中的一种误传。有人后来却忆述说:“庚子之役,文宗北狩。已得疾,中外惶悚。英人欲拥立恭亲王奕䜣,如契丹待石晋故事。”①这样看来,外国方面欲“拥立”奕䜣,不过是在希冀关于咸丰帝死去的传闻为真实情境下的一种设想而已。而事实是,当时咸丰帝还活着并且有精力在塞外行宫抓紧享受声色之娱,他真正的“驾崩”之时,是在近十个月之后的来年七月十七日(8 月 22 日)。在他刚到热河不久京城中就有这般传闻,对他来说真不啻一种凶谶。而有迹象表明,这类传闻大有迁延不息、愈加纷杂之势,在北京的奕䜣决不可能充耳不闻,其人当时的真实心理反应我们无法确知,反正他在咸丰十一年(1861 年)五月间的一次上奏中表白的,是这样一种诚惶诚恐、忠心不贰的心迹:说是面对“局外者未免谣诼纷来”的情势,“虽委曲之隐固不必求谅于人言;而专擅之讥则不敢不预防于众口”②。而随着咸丰帝的疾病愈来愈严重,清朝最高统治集团中不同政派的权逐斗法也愈加激化,事实证明,奕䜣是站在了两后一方,成为政变派中的重要成员。

当然,这次政变的主角还是慈禧太后。而政敌则是受命赞襄政务的八大臣方面。他们当中虽说名位并不属肃顺最显,但实际上的首席领袖却是其人。有关传闻也就围绕着以慈禧和肃顺为双方领袖的两派势力的斗法展开。

首先是肃顺等八人的赞襄政务王大臣的资格是咸丰帝的遗诏授命,还是他们“矫诏”自封。在今天看来,是前者而非后者铁证

---

① 胡思敬:《国闻备乘》,上海书店出版社 1997 年版,第 9 页。

② 《总理各国事务恭亲王奕䜣等奏接奉谕旨酌办抚务不敢诿卸折》,中国近代史资料丛刊《第二次鸦片战争》第 5 册,上海人民出版社 1978 年版,第 486 页。

如山,有咸丰帝临终前口授、侍臣记录的谕旨原件可查①。并且,八大臣受命之后就改用"军机处赞襄政务王大臣"的衔称问题"请旨",当时两太后并未加以否定,有关大臣也未就其受命的真实性提出疑问,是到了政变发生前夕,支持政变派的营垒中才有人员揣摩迎合慈禧太后的意图,对此表示怀疑,得到一些人的呼应。这显然是为政变的"合法性"和"正当性"作舆论准备,也确实成为慈禧太后向政敌发难的重要借口。政变成功后,自然就把"矫诏"造作的罪名加到了政敌头上。此等宫廷的政治阴谋,外间何能知晓底细,因而衍生出种种传闻。这从诸多笔记材料中的有关记载即可觅见大略。像薛福成在《咸丰季年三奸伏诛》文中,不但按当年政变派的口径,记下"文宗显皇帝崩"后,"三奸(按:指载垣、端华、肃顺)辄矫遗诏",与其他五人"自署为赞襄政务王大臣","自是诏旨皆出三奸之意,口授军机处行之,多未进呈御览,中外惶惶"之类的情事,而且对肃顺等人的奸行有着情节更为细致的描述:

> 两宫皇太后欲召见恭亲王,三奸力阻之。侍郎杜翰昌言于众,谓叔嫂当避嫌疑,且先帝宾天,皇太后居丧,尤不宜召见亲王。肃顺拊掌称善曰:"是真不愧杜文正公(按:指杜受田,曾为咸丰帝师,谥文正)之子矣。"然究迫于公论,而太后召见恭亲王之意亦甚决。太监数辈传旨出宫,恭亲王乃请端华同进见,端华目视肃顺,肃顺笑曰:"老六,汝与两宫叔嫂耳,何必我辈陪哉!"王乃得一人独进见。两宫皆涕泣而道三奸之侵侮,因密商诛三奸之策,

① 此件藏中国第一历史档案馆《军机处上谕档》,文为:"咸丰十一年七月十六日奉朱笔:皇长子御名现立为皇太子,著派载垣、端华、景寿、肃顺、穆荫、匡源、杜翰、焦祐瀛尽心辅弼,赞襄一切政务。特谕。"见故宫博物院明清档案部编:《清代档案史料丛编》第1辑,中华书局1978年版,第83页。

并召鸿胪寺少卿曹毓瑛密拟拿问各旨,以备到京即发,而三奸不知也。次日,王即请训回京,以释三奸之忌。兼程而行,州县备尖宿处,皆不敢轻居,惧三奸之行刺也。及抵京,密甚,无一人知者。①

其中有些情节,写得如此细腻,绘声绘色,栩栩如生,而薛氏又非当事之人,如此述说,据自传闻素材当无疑义。

又有湘籍名士王闿运,尝作《祺祥故事》,所述有关事体,亦颇细致。不过在有的关键性事体上,与薛记有异。譬如明确说是咸丰帝"遗诏八臣受顾命如故事",不但不言"矫诏",而且隐示以咸丰帝的这一安排符合祖制。他对权争双方的斗法之事,也述及若干具体情节。像关于"垂帘"之争,有这样的记述:

御史高延祜上请垂帘,本后意也,以示顾命臣,肃顺即言,按祖制当立斩。孝贞(按:慈安太后)心怍焉,即曰:我辈不用其言,足矣,不必深求。及票拟上,议斩。奏下,独留高折不发。于是军机三日不视事。孝贞问,则对以前折未尽下,于是孝贞涕泣,自起检奏与之,拟高谪为披甲奴。②

对于"垂帘"之事,太后一方力争之,而赞襄王大臣一方则力阻之,此乃情理中事,但首先上奏建议并且其折到热河后引起双方争执的那个臣工是御史董元醇,而非高延祜,连此等事情都出现错记,那么具体细节上自更难保真。虽说王闿运还曾在肃顺家当过馆师,但热河权争之事他毕竟处身局外,难知其详确情况。并且正因为与肃顺家有过那层关系,在采记传闻当中,或有为肃顺辩护之

① 薛福成:《庸盦笔记》,第16页。

② 中国近代史资料丛刊《第二次鸦片战争》第2册,第325页。

意，也未可知。而无论如何，其记述可反映由当年传留下的一种传闻，当无疑义。像在记及上述垂帘之议受到肃顺一派的阻挠和否定之后，接着又记述说，越日孝贞见到醇王福晋哭诉此事，说是肃顺欺我至此，我家独无人在乎！被告曰七爷（按：指回话人的丈夫奕譞）在此可以帮忙。孝贞于是召见醇王奕譞，先是被肃顺阻挠，终得见，醇王告以“此非恭王不办”，“后即令往召恭王”，“醇王受命，驰还京，三日，与恭王至”①云云。咸丰帝所谓热河“秋狝”，醇王的确随驾同至，但他并没有回京召恭亲王奕䜣之行。王闿运此记，当源自于事后的一种传闻。除此之外，关于充当至京与奕䜣联络的密使者，别人还有太监安德海②和侍卫恒起之说③，也皆属传闻而已。事实上，有关真实的细节情况也是一个难以完全破解之谜④。再者，像王闿运的记述中，孝贞即慈安皇太后似乎成了与肃顺争斗的主角，这也不符合历史事实。虽说当年是两宫联手与政敌斗法的，并且慈禧太后在有些场合或故意“谦让”叫慈安太后在前，但实际的权术、心计上慈安决非能望慈禧项背，政变之谋主是慈禧而非慈安自不待言。

除上述有关情节外，传闻的内容还涉及咸丰帝、两后、奕䜣以

---

① 中国近代史资料丛刊《第二次鸦片战争》第2册，第325～326页。

② ［英］濮兰德、白克好司：《慈禧外纪》中记载：“太后有一太监，名安得海，最为信任，每日递信于恭王。能直达都中无碍者，皆安之力也。”并且说明是得自一个“曾随扈热河”的满人所述。见该书辽沈书社1994年版，第23页。

③ 吴相湘《晚清宫廷实纪》中有此说法，但未说明出处。正如有的研究者所认为的，吴氏作为“现代清史学者”，“采用此说似应有可靠的根据”（见徐彻著：《慈禧大传》，辽沈书社1994年版，第116页）。不过这种根据也当属传闻性史料。

④ 有的研究者将上述有关赴京密使人员的几种传闻的真实性皆予否定，认为“两宫太后根本没有向北京派密使”，并进行了较细的考论（见徐彻《慈禧大传》，第116～122页）。这也是一种有参考价值的观点。

及肃顺等人之间的微妙关系,作为政变发生的溯源性解释。像有说懿贵妃(即后来的慈禧太后)因善媚和生子赢得咸丰帝的宠爱,但随着她热衷干政迹象的暴露,遂为咸丰帝所警惕和防范,甚至想效法汉武帝为防母后干政而幽禁钩弋夫人(赵婕妤)的所谓"钩弋故事",并且是和其心腹肃顺密商过的,甚至更说是由肃顺首谋,慈禧终有所闻,于是衔恨于肃顺①。关于咸丰帝与奕䜣这对同父异母的兄弟之间的关系,有说也有一个由密到疏的变化过程。王闿运的《祺祥故事》中对此即有记述,说是咸丰帝奕詝幼时由奕䜣生母抚育,奕䜣母舍其亲子而乳之,奕詝即帝位后即让奕䜣入军机,对其"恩礼有加",但对奕䜣生母只册封为太贵妃。奕䜣提出应当上太后尊号,咸丰帝始则默不答应,待母疾笃之际奕䜣跪乞,咸丰帝也只是"哦哦"地搪塞。是奕䜣到军机处擅自传旨令具册礼。咸丰帝虽勉强"依而上尊号",但"遂愠"奕䜣,"令出军机,入上书房,而减杀太后丧仪,皆称(太后)遗诏减损之,自此远(恭亲)王",以致他庚申"秋狝"也不让奕䜣随驾,甚至病笃之际还借故拒绝了奕䜣的省视之请。"其猜防如此,故肃顺拟遗诏,亦缘上意,不召(恭亲)王与顾命也"②。

还有两后之间的关系,传闻中对慈安太后多有"性贤淑长厚","娴礼法,容色冠后宫"③之类的称道,而对慈禧太后则多以

---

① 如许指严《十叶野闻》中记载:"(咸丰)帝晚年颇不满意于慈禧,以其佻巧奸诈,将来必以母后擅政,破坏祖制。平时从容于肃顺密谋,欲以钩弋夫人例待之。醇王夫妇以身家力争,得不死,然慈禧固已微侦肃顺之倾己矣。"(见该书山西古籍出版社1995年版,第181页)恽毓鼎《崇陵传信录》中则说"或传咸丰时,大学士肃顺曾密疏请文宗行钩弋故事,故孝钦听政首除肃顺,而摭拾跋扈罪状以成狱。"(见《史说慈禧》,辽沈书社1994年版,第394页。)

② 中国近代史资料丛刊《第二次鸦片战争》第2册,第324页。

③ 许指严:《十叶野闻》,第106页。

能而不贤、奸诈阴毒状之。并且提示出这样一种舆论倾向:政变前后两后表面看来颇为谐和,实际上这是慈禧驾驭利用慈安的成功手段所致,其间实际上早就结怨很深。如果说从大概情状来看,这类传闻比较接近事实的话,那么,所传说的一些具体缘由中,有的则颇带有传奇故事的色彩。譬如有说"当文宗(按:咸丰帝庙号)初幸慈禧之日,颇有惑溺之象",竟有"宿慈禧所,数日不坐朝"的情况,"慈安谂其状"。这天,"乃顶祖训至宫门正跪,命内监请帝起,敬听祖训",便出现了这样一幕——

> 文宗惊跣而出,亟止之曰:"勿复尔尔,予即视朝。"辇既驾,匆遽间不及顾慈禧处分矣。及登殿,忽忆后有权杖斥事,乃顿足曰:"苟如是,兰儿危矣。"兰儿者,慈禧小名也。草草见诸臣已,即命驾还宫,亟问皇后所在。或对以坤宁宫,知事且变,盖坤宁宫者,皇后行大赏罚之所也。文宗疾驰往,则慈安方正中坐,慈禧长跪于下。慈安正历数其过,命杖将笞辱之。文宗大呼曰:"请皇后免责,兰儿已有娠矣。"后闻之,瞿然下坐曰:"帝胡不早言?吾之杖伊,遵祖制也;受杖坠娠,失祖训矣。皇上春秋虽盛,储宫未备,吾安可守一训而失列祖列宗万世之遗意哉?"因涕泣久之,遂勿杖。自是慈禧严惮慈安,不复敢导上以纵欲,然衔恨实自此始。①

这则传闻的主旨,显然是要突出慈安的刚严正直,理义兼晓,但与大多关于慈安的传闻中刻画的她宽厚有余,刚强不足的性格特点并不相符。就是记述上则传闻的同一个人在所记另一则有关传闻中,就说是那拉氏(慈禧太后姓,指其人)对于"文宗

① 许指严:《十叶野闻》,第109~110页。

好声色，后宫多以媚进”的情况不以为然，欲为警戒，便“时诉于后，欲激其怒，令助己”，而“后独从容闲雅，劝那拉氏勿悻悻。那拉氏内愧，而意甚恨之”①。与上一则传闻相比照，可以体察的出传述者赞慈安而忤慈禧的主观意旨略同，但事体情节上却不免有些两相抵牾。

不仅关于辛酉政变及其追溯“前因”的传闻多多，而且关于其“后果”延展性的传闻亦颇纷繁。像政变之后慈禧与慈安、奕䜣的矛盾日趋激化，其间不断有斗法之事，这是确凿无疑的史实。而在有关具体情事的细节上所衍生出的种种传闻，则虚实交杂，暧昧不清。如关于同治四年(1865 年)慈禧对奕䜣的惩儆内幕，同治八年(1869 年)的诛杀太监安得海之案的隐情，甚至一直连及光绪七年(1881 年)的慈安暴卒之谜，都不乏细致生动甚至奇异骇怪的种种传闻。对此人多熟知，并且与辛酉政变的联系也已不很直接，不再具体论列。

还需要说明，以上举及的关于辛酉政变的传闻，有的虽不是当时的记载，而是事后甚至事后多年所作追记。但推本溯源，还是自当年流衍下来的，一般可以反映当时的传闻情况。记述者有的对此有明确解释，说明是闻之于当年有关的知情人(如上面注及的《慈禧外纪》中关于政变酝酿期间热河与北京的秘密信使之说，就说明是闻之于一个曾“随扈热河”的满人)。有的甚至道及这样的理由：“慈禧当国之世，众怵于母后之威”，“及清亡，私家记载及耆老传述，始敢道其真相”②。这就是说，即使清亡以后的有关记述，也有其当年即有的传闻本源，只不过揭载在后而已。

① 许指严:《十叶野闻》，第 107 页。

② 许指严:《十叶野闻》，第 180 页。

2. 同(治)光(绪)易代事类

同(治)光(绪)易代,事局复杂,传闻多出。

首先是同治帝死于何种疾病,有没有特别的促死因素。朝报宣示和官书记载中,都说同治帝是死于所谓“痘症”即天花,慈禧太后以及病中的同治帝本人也曾在上谕中明确说是生的“天花”①。野史记载中的传闻则多说他是死于属性病的梅毒,而这又与其人游冶糜烂的生活密不可分。像一生大半时间生活在晚清谙熟其时掌故的许指严即说,“同治帝以游冶致疾,遂夭其年”②,并且,指明其外出游冶是由恭亲王奕䜣之子载澂所诱引和陪伴:

> 载澂者……佻达自喜,帝引为友。因劝帝曰:“掼交(按:说是同治帝所喜欢的一种功夫性“舞剧”)劳神疲力,又何足取?偌大京华,城内外多行乐地,盍往观乎?彼小家则囊中得金数钱,买醉胭脂坡,自适其身。身为至尊,而宫禁如牢囚,宁不虚生一世?”帝闻其言,亟赞叹以为然,乃始微行。二人俱好着黑衣,倡(娼)寮酒馆,暨摊肆之有女子者遍游之。其病实染毒疮,死时头发尽脱落。③

又有野史记载说,同治帝“出而纵淫”,“又不敢至外城著名妓嫽,恐为臣下所睹,遂专觅内城之私卖淫者取乐焉,从行者亦惟一二内监而已。人初不知为帝,后亦知之,佯为不知耳”——

> 久之毒发,始犹不觉,继而见于面,盎于背,传太医院治之。太医院一见大惊,知为淫毒,而不敢言,反请命慈

① 《清实录·穆宗毅皇帝》(七),中华书局1987年影印本,第937~938页等处。

② 许指严:《十叶野闻》,第113页。

③ 许指严:《十叶野闻》,第141~142页。

> 禧,是何病症,慈禧传旨曰:“恐天花耳。”遂以治痘药治之,不效。帝躁怒,骂曰:“我非患天花,何得以天花治?”太医奏曰:“太后命也。”帝乃不言,恨恨而已。将死之前数日,下部溃烂,臭不可闻,至洞见腰肾而死。①

若按此类言语、细节推敲,自皆难认定确凿,传说而已。但此等传说又绝非空穴来风,即使演绎性想象造作,也是基于认定同治帝因游冶而患“恶疮”为事实的,当有其合理性。试想,同治帝如果真的有此劣行,患上此病,乃皇家大耻,怎能承认和宣示,肯定要设法遮掩,而不论是知情太医还是臣工人等,又怎敢揭明事实而不顺水推舟? 所以,关键并不在于作具体细节上的穿凿,而在于弄清同治帝游冶进而致疾是否事实。从有关重要迹象看,此事实有的可能性居大。譬如说同治帝与载澂游冶之事,并非在同治帝死后才生出传闻,而当时即有关于奕譞、奕䜣等对同治帝劝谏,以致引起朝政风波的消息。事情发生在同治十三年(1874 年)七月间,当时同治帝欲修复圆明园作为“归政”后的慈禧太后的颐养之所,因工程浩大,财力难支,一时朝野传议纷纷,朝内权臣多有劝谏,此中即牵涉到同治帝“微行”之事。曾在畿辅为官多年的吴汝纶,在当年九月五日的日记中记述,“见都下某官与某中丞书”,言七月间“政府亲臣”争谏同治帝之事:

> 十八日(廷争园工之事),醇邸继复泣谏至微行一条,(同治帝)坚问何从传闻,醇邸指实时地,(同治帝)乃怫然语塞,传旨停工。至二十七日召见醇邸,复询微行一事闻自何人。恭邸以臣子载澂对。故迁怒恭邸并罪载澂也。又某枢直言,二十七日原旨中有“跋扈弄权,欺朕年

① 《清朝野史大观》,河北人民出版社 1997 年版,第 80 页。

幼,着革去一切差使,降为庶人,交宗人府严行管束"等语。文相(按:指文祥,其人时为体仁阁大学士,故以"相"称之)接旨即陈片奏,将朱谕交回,奉旨"着不准行"。复奏请"暂阁一日,明日臣等有面奏要件"。比入,犯颜力争,故谕中有"加恩改为"字样。逾日,复草革醇王谕,不知何人驰诉。忽传旨召见王大臣,不及阁学。时已过午,九卿皆已退直,惟御前及翁傅直入弘德殿,见两宫垂涕于上,皇上长跪于下,谓十年以来,无恭邸何以有今日,皇上少未更事,昨谕着即撤销云云。①

吴汝纶将此记入日记,并载明是亲自"见都下某官与某中丞书"所言,当然亦属传闻,但显然又非外间一般的捕风捉影之谈可比。核查有关朝事的确切记载,该月十八日果有廷争之事。教读同治帝的翁同龢该天的日记中记云:"是日御前大臣、军机大臣同请对,凡十刻始下","兰孙(按:李鸿藻号)来,具述廷争语"②。李鸿藻为"廷争"时的在场者,向翁同龢转述了有关情况,故当日"廷争"之有确凿无疑。从二十七日以后的朝争之事大致也有迹可寻。像翁同龢二十九日日记中即有大概情节如下的记述:这天皇帝先见军机、御前大臣,午后又复召见。此次翁同龢也在内,并且被首先责问为何先前不劝谏园工事,他说明了理由,又"将江南民间所传一一详述"。除了这个话题之外,皇上其余所言"大略诟责言官,及与恭、醇两王,往复辨难,且有离间母子、把持政事之语,两

① 吴闿生编:《桐城吴先生(汝纶)日记》,台湾文海出版社"近代中国史料丛刊"本,第420~421页。该版本日记系属"类钞"性质,此引录文字在"时政"类,系于"癸酉"年下,显系钞编者之误,当在甲戌年。

② 陈义杰整理:《翁同龢日记》第2册,中华书局1989年版、1998年第2次印刷本,第1060页。

王叩头申辨不已”。最后遂定议“停园工、修三海”,有关人员“同至军机处拟旨”。申初有朱谕一道封下,交文祥等四人,翁同龢等不能阅看者退出,对其内容“微闻数恭邸之失,革去亲王世袭及伊子载澂贝勒也”。而“文祥等请见不许,递奏片请改不许,最后递奏片,云今日俱散直,明日再定”。翁同龢访李鸿藻“谈朱谕诸事”,闻谕中有指斥恭、醇两王“跋扈、离间母子”,又有“欺朕之幼,奸弊百出,目无君上,天良何在”等语。不过,翁同龢特别说明,“皆传闻,未的也”①。到三十日,即确有谕旨宣示,以恭亲王奕䜣“于召对时言语诸多失仪”,“加恩革去”亲王世袭罔替,降为郡王,伊子载澂革去郡王衔贝勒。显然,这道谕旨的措辞已是经过文祥等人争谏修改过的。次日,即八月初一日,“两宫皇太后御宏(弘)德殿宣谕诸臣,念恭亲王有任事之勤,一切赏还”,也就是说撤销了昨发上谕中宣布的处分,而当时“上侍立,亦时时跪而启奏”②。可见,如果不在具体时日等细节问题上穿凿,就大致情节而言,吴汝纶得之“都下某官”函中的记述,与实际情况基本吻合。同治帝之所以对奕䜣、奕譞两王如此忌恨,当与揭其“微行”之隐有关,仅为园工事,恐不致如此。

当然,不要说上谕类文件,即使翁同龢辈的日记中,也没有把有关同治帝“微行”之事明确记载下来,这是可以理解的。不过,即使从奏疏这等严肃的文献中亦能寻绎出一些隐情的暗示。譬如同治帝死后不日,御史陈彝所上弹劾翰林侍读王庆祺的章奏即颇典型。王庆祺,“顺天人,生长京师,世家子也。美丰仪,工度曲,擅谄媚之术。初直南书房,帝爱之,至以五品官加二品衔。毓庆宫

① 陈义杰整理:《翁同龢日记》第2册,第1062页。

② 陈义杰整理:《翁同龢日记》第2册,第1062~1063页。

行走。宠冠同侪,无与伦比”。此人不但对同治帝投好诱淫,甚至直接与之搞同性恋,所谓“帝竟与王同卧起,如汉哀、董贤故事”①。这等传闻在当时即在朝野播布。陈彝的奏参中所谓“至于街谈巷议无据之词,未敢渎陈”的委婉说法,当即隐指此类传闻。而其奏参中明确置言,王庆祺“素非立品自爱之人,行止之间,颇多物议”,并进而指明风闻他曾有“公然微服冶游”②的劣行。结果朝廷认定王庆祺“素行有亏”,给予了“着即行革职,永不叙用”的惩处③。接着,皇太后又发布懿旨,以“胆大妄为,不安本分”等罪名,惩治了总管太监张得喜、孟忠吉、顶戴太监周增寿等多人,上述三人,“发往黑龙江给官兵为奴,遇赦不赦”④。据传,若辈亦是诱引同治帝游冶之人。并且有说,发往黑龙江给官军为奴的太监中,有一人被分配给虽为罪戍但颇得黑龙江将军优待的陈国瑞,该罪监“闻陈性暴悍,栗栗危惧,未见即先呈巨金为寿。陈怒斥之曰:‘老子的皇上被他们弄死了,老子要替皇上报仇,要他的钱干甚?’却巨金不受。及监既来,即令人褫其衣,痛鞭之,且数之曰:‘八大胡同逛得好么?’如是,日令鞭一次,著为例。监急在将军处设法,改归他人,始已”⑤。将此等传闻与“官书”中有关史实记载联系起来分析,互为参证,当更能说明问题。此外,同光易代之际,有的臣工特以“养君德”建言,得到太后懿旨肯定,特谕“皇帝尚在冲龄,养正之功,端宜讲求。所有左右近侍,止宜老成质朴数人,凡年少

① 《清朝野史大观》,第80页。

② 转据李宗侗、刘凤翰编:《李鸿藻年谱》上册,台北“中国学术著作奖助委员会”1969年版,第226页。

③ 《清实录·德宗景皇帝》(一),中华书局1987年影印本,第86页。

④ 《清实录·德宗景皇帝》(一),第101页。

⑤ 柴萼:《梵天庐丛庐》卷6,中华书局1925年印本,《陈国瑞轶事》条。

轻佻者,概不准其服役"[①],这显然是有的放矢的亡羊补牢之筹策。

既然同治帝冶游为实,那么他因此而染"淫疮"的可能性也就很大了。甚至可以说是"水到渠成"。个中原因,台湾学者兼作家高阳根据其所认定的有关事实作出的分析,颇有道理:同治帝"搞同性恋以外,又复微行宿娼。但八大胡同的'小班'、'茶室',以及内城口袋底的高级私娼,都是'树小房新画不古,此人必是内务府'这类暴发户的天下,此辈皆常有'内廷差使',无不瞻仰过'天颜',所以小太监不敢领了去,导帝微行之处,是广渠门大街以南,后来京奉路所经极偏僻之处,如黄花院等处'造二十'的最下等娼寮,安得不染梅毒"[②]?

有的研究者对同治帝患梅毒之说不以为然,除了对野史中传闻记载的一定可凭性抱怀疑态度外,有人还通过正面考证来说明问题,特别是根据有关医案资料论证同治帝是死于天花而非梅毒。[③] 同治帝当时也确实患了天花,这从有关医案中能够得到证明,但并不能因此排除他更早地染上了梅毒的可能。而作为明知要存档的医案对此病有意掩饰,并不能完全据实写录,是应该考虑的一种因素。我们知道,李德立是当时为同治帝诊疗的御医,当是最知内情者,有关医案多出其人之手,但据其后裔说,他曾传下口碑资料,说"同治帝确是死于梅毒"。其后人参照其他有关证据,也表示认同此说。[④] 并且,即使从医案和有关光绪帝病症的其他记载中,仍可以寻绎到一些迹象,有助于说明同治帝是先患梅毒又

---

① 《清实录·德宗景皇帝》(一),第99页。

② 高阳:《翁同龢传》,华艺出版社1995年版,第47页。

③ 像徐艺圃的《同治帝之死》一文(载《故宫博物院院刊》1980年第4期)便是这方面的一个例子。

④ 李镇:《同治究竟死于何病》,《文史哲》1989年第6期。

兼患天花，雪上加霜，无以为治，而致夺其命。对病中的同治帝得以经常看视并具备一定医药知识基础的翁同龢，在其日记中对同治帝病况和诊疗情况有较细的记述，据之可以查知，与痂已多落，痘症渐轻的征象相悖，发展到最后一些天，同治帝腰间的溃口甚大而深，"揭膏药则汁如箭激"，继而发展到"漫肿一片"，甚至于"牙龈糜黑，口气作臭"，脸流血水，"势将穿腮"①，与单纯天花的危症似并不尽相符。总的看来，当是原本患梅毒的他又加天花一症，两相夹攻，终致无可救药。

除了疾病本身之外，还有传闻提示，慈禧的苛虐，也是刺激同治帝的疾病加剧，促其死亡的一种诱因，并且直接导致了皇后的接踵而逝，而这些又都与帝位权争密切相关。一种传说为，在同治帝病危之时，将其信赖的军机大臣亦其多年的师傅李鸿藻单独召入寝宫，并且让皇后也在场，密议立嗣子传位问题，同治帝征询皇后意见，皇后对曰："国赖长君，我实不愿居太后之虚名，拥委裘之幼子，而贻宗社以实祸。"同治帝非常高兴地表示赞同，"乃与鸿藻谋，以贝勒载澍入承大统，且口授遗诏，令鸿藻以榻侧书之。凡千余言，所以防慈禧后者至密"。然而"鸿藻既出宫，战栗无人色，即驰至慈禧后宫，请急对。慈禧后召入，即见，即出袖中草诏以进。慈禧阅毕，怒不可遏，立碎其纸，掷于地，叱鸿藻出。旋命尽断（帝）医药饮膳，不许入乾清宫，移时穆宗崩耗闻于外矣"②。这是说同治帝和皇后之意是让载澍继承皇位，并拟遗诏，是由李鸿藻向慈禧太后告密，出卖了同治帝后。另有一种传闻，说是通常皇后探视同治帝，都要征得慈禧太后的同意，"及帝弥留之际，后不待召，

① 见陈义杰整理：《翁同龢日记》第2册，第1082～1086页。

② 《清朝野史大观》，第81页，《穆宗垂殁之状》条。

哭而往。问有遗旨否,且手为拭脓血,帝力疾书一纸与之。尚未阅竟,忽慈禧至"——

> 见后悲惨,手拭帝秽,大骂曰:"妖婢!此时尔犹狐媚,必欲死尔夫耶?皇帝与尔何物?可与我。"后不敢匿,慈禧阅讫,冷笑曰:"尔竟敢如此大胆!"立焚之。或曰言继续事也,顺手批其颊无数。慈禧手带金指甲,致后面血痕缕缕。帝为缓颊,慈禧乃斥令退,不使之送终也。①

如果是这样,对身染沉疴、命在旦夕的同治帝当然会造成极大的身心伤害,促其死亡,至于对同治后,当然也就更直接逼向绝境。还有说:

> 及上崩,德宗立,毅皇后以与所草之遗诏不符,剧悲痛,事为那拉氏所知,亟召至,遽批其颊曰:"尔既害吾子,尚思作皇太后耶?"毅皇后跪于地,泣不止。久之,始还宫,益痛不欲生,旦夕悲啼,目尽肿。一日崇绮(按:同治后之父)入视,知其状。奏闻,慈禧后曰:"皇后如此悲痛,即可随大行皇帝去罢。"崇绮出,未移晷,而毅皇后忽薨……②

又有说同治后在走投无路的绝境中,曾"以片纸请命于父崇绮,父批一'死'字,殉节之志遂决"③。同治帝、后之死前后只差两个半月(同治后死于光绪元年二月二十日,即1875年3月27日)。关于皇后的直接死因,当时即有诸多传闻,或说是"绝食"而死④。或说还曾"服金屑"(临时被解救)。无论如何,当然朝廷是要做点

---

① 《清朝野史大观》,第82页,《毅皇后之被逼死》条。
② 《清朝野史大观》,第81页,《毅皇后之惨死》条。
③ 《清朝野史大观》,第82页,《毅皇后之被逼死》条。
④ 李宗侗、刘凤翰编:《李鸿藻年谱》上册,第230页。

冠冕堂皇的表面文章的，布谕说同治后因哀"大行皇帝龙驭上宾，毁伤过甚，遂抱沉痾"，褒扬其"殉夫之烈"，但传闻舆论说这是"特掩饰天下耳目之言，非实录也"①。当时也有"不识时务"的臣工，采择"道路传闻"，奏请表彰同治后这种"奇节"，有谓"后崩在穆宗升遐百日内，道路传闻，或称悲伤致疾，或云绝粒霣生，奇节不彰，何以慰在天之灵"。这当然深触慈禧太后之忌，说上此奏者"其言无据"，"斥为荒谬"，因夺其官。② 对这等事，不屑说外间之传纷纭不一，即使皇室家族内部的传说也久疑不决③。揆情度理，无论情事细节如何，阿鲁特氏这位只活了 19 岁的皇后，为慈禧太后所忌恨，成了宫廷权争的牺牲品当是没有疑问的。推究其为慈禧太后所忌恨的缘由，或说这位皇后"幼读书，知大义，端静婉肃，内外称贤"，但据"道路之言"，谓慈禧太后的意中皇后为慧妃，而慈安太后以阿鲁特氏"庄重"故"力赞成之"，慈禧"终不慊也"，及同治帝病甚，"颇责让后"④，以致将其逼死。甚至还有说，因为"慈禧太后好观剧，毅皇后每陪侍，见演淫秽戏剧，则回首面壁不欲观。慈禧累谕之，不从，已恨之，谓有意形己之短"⑤。无论如何，慈禧与阿鲁特氏之间的关系不协是不争的事实，甚至慈禧直接干预同治帝、后间的亲近，逼使同治帝移情其他嫔妃，以至于这对本来情

---

① 天嘏：《清代外史》第 7 篇第 3 章，《清代野史》第 1 辑，巴蜀书社 1987 年版，第 145 页。

② 《清史稿》第 30 册，中华书局 1976 年版，第 8931 页。

③ 像作为清末代皇帝溥仪之弟的溥杰，对同治帝、后的死因就都持模棱说法，并特别引及《清皇室四谱》中多说并录、"皆不能明也"的记述。见爱新觉罗·溥杰《清朝贵族家庭的没落过程》，中国人民政治协商会议全国委员会文史资料委员会编：《文史资料存稿选编》第 1 册，中国文史出版社 2002 年版，第 19 页。

④ 李慈铭：《越缦堂日记》（光绪元年二月二十日）第 22 册，第 45 页。

⑤ 《清朝野史大观》，第 82 页，《毅皇后之被逼死》条。

意笃厚的夫妻之间不能享受正常的感情生活,同治帝负气独宿于乾清宫,这自不失为其陷入荒唐糜烂生活泥沼的一种促因。当然,最终尤为主要和关键的,是同治帝、后在皇位传承问题上显出与慈禧太后抵牾的迹象。上引有关传闻之说,不管是他们欲传位给同辈的载澍,使国有"长君"亲政,而不再使太后有垂帘的借口,还是要从下一辈人中选嗣(这从慈禧斥阿鲁特氏"尚思作皇太后耶"的话语中可推知),从而把慈禧置于太皇太后的隔代位置,实际上都是为慈禧太后继续垂帘听政的"合理性"设置障碍,如果真是这样的话,自然是在老谋深算的慈禧太后手下玩"小儿把戏",她不会看不破其中的机括所在,而不费吹灰之力地将这化为泡影。

有迹象表明,围绕着帝位传承问题,不仅是同治帝、后与慈禧之间,而且朝内枢要层内臣工也有不同意见者。除了上面提及的立载澍说之外,还有立奕䜣、载澂、溥伦的多种传闻。关于奕䜣说者,有记曰:同治帝晏驾后,慈禧太后召见有关大臣,"问曰:'皇帝宾天,天下不可无君,孰为宜?'皆伏泣,不知所对。慈禧太后目视恭邸王而言曰:'奕䜣其为之',恭邸悲痛绝于地。慈禧太后复徐言曰:'汝不欲任天下之重耶?其令奕谖之子入嗣。'醇邸亦昏绝于地"①。这是说慈禧太后试探性地提及奕䜣,当下很快又转及奕谖之子(即光绪帝)。揆情度理,奕䜣作为同治帝叔父,绝不可能逆向登继皇位,慈禧太后似也不可能以此等出格之语去试探奕䜣。但有的在清宫服役过的太监,更说是同治帝临终前交于李鸿藻谕旨中,即拟定"传位朕叔恭亲王"②。可见,此说在朝中亦久传不

① 刘体智:《异辞录》,第61页。

② 恽宝惠:《清末贵族之明争暗斗》,载《晚清宫廷生活见闻》,文史资料出版社1982年版,第61页。

泯。曾在华多年的英国人濮兰德辈，则记述两宫皇太后在养心殿与有关臣工议定嗣君，奕䜣提出："皇后诞生之期已不久，应暂秘不发丧，如生皇子，自当嗣立。如所生为女，再议立新帝不迟也。"其余王公大臣，似亦以此议为然。慈禧太后否定了这一意见，慈安太后遂先后提出立恭亲王之子（按：指载澂）和溥伦（载治之子）的建议。慈禧太后不表赞同，而提出立奕𫍽之子载湉。在意见分歧的情况下，慈禧提出"可以投名法定之"，"其结果则醇亲王等投溥伦，有三子投恭亲王子，其余皆如慈禧意，投醇王子，于是大位遂定"①。在如此急迫而重大的问题上，议者或有异见亦在情理之中，但像所说以"投名法"来决定之事，恐不无西方人以其本国惯用的投票法来附会演义当时中国的朝事之嫌，若事实上真是这样，还有点"民主"议事形式的味道了，想来是不大可能的。至于说"皇后诞生之期已不久"，此等事情也得不到确实证明。还有的记述中提及，在慈禧太后召集有关臣工议立嗣君时，"或言溥伦长当立"，惇亲王以"溥伦疏属（按：指溥伦之父载治非道光帝长子奕纬的亲子而是过继者）不可"表示了异议，慈禧太后遂曰："溥字辈无当立者。奕𫍽长子今四岁矣，且至亲，予欲使之继统。"②这样，即成定议。总而言之，不论曾有谁被酝酿为嗣君人选，最终的实际结果是奕𫍽之子载湉继位，这是慈禧太后的决定，根本不允许别人动摇更改。对此，作为临场知情者的翁同龢，在其日记中有确切记载：同治帝于十二月初五日酉刻崩逝之后，两宫太后随即在戌正时刻召诸臣入——

① ［英］濮兰德、白克好司著，陈冷汰译：《慈禧外纪》，第68～69页；许指严《十叶野闻》中也类同此说，见该书第113～114页《立帝之争》条。因其成书稍晚，当系参考采编自《慈禧外纪》。

② 《清朝野史大观》，第83页，《德宗继统私记》条。

> 谕云此后垂帘如何？枢臣中有言宗社为重，请择贤而立，然后恳乞垂帘。谕曰，文宗无次子，今遭此变，若承嗣年长者实不愿，须幼者乃可教育，现在一语即定，永无更移，我二人同心，汝等静听。则即宣曰某。维时醇郡(亲)王惊遽敬唯碰头痛哭，昏迷伏地，掖之不能起。诸臣承懿旨后，即下至军机处拟旨。①

慈禧太后是此局的主使者毫无疑问。她以与慈安太后连同的名义，公开表示不愿立“年长者”为君而须立“幼者”，冠冕堂皇的理由是“须幼者乃可教育”，而其实意是防止立年长者而堵塞了她继续垂帘听政的途径，于此，可谓司马昭之心路人皆知。而在这种情况下所立之幼君，当然难以不成为慈禧太后的掌上玩偶。也正因为如此，在场亲闻太后懿旨的嗣君之父惇亲王奕谖，不以为喜，反而“惊惧”得以至“昏迷伏地”，可知决非故作假象。在儿子坐了皇帝以后，奕谖非但没有一丝一毫恃此而骄的表现，反而在慈禧太后面前显出较前加倍地驯顺、谦卑，自为惕厉保身之策。像这种情况，传闻中也多有具体的描述，当是大致地反映了真情的。

3. 关于戊(戌)己(亥)朝局事类

清季戊戌年(光绪二十四年，1898 年)间，“变政”(这里是从“变法”意义上指称)与“政变”紧相踵接，政治风云诡谲莫测，朝局形势动荡迷乱，而与此密切相关的传闻沸反盈天，成为当时非常醒目的一种社会政治文化现象。

从其涉及的事体内容来看，起码可以归纳出下述要项：

第一，关于光绪皇帝境遇的传闻。

---

① 陈义杰整理：《翁同龢日记》第 2 册，第 1086～1087 页。

在光绪皇帝颁诏“明定国是”、宣布实行维新变法前后，京师就开始有“今上圣躬不豫”，甚至是“危重”①的传闻。据知情者记述：“北京谣言极多，皆言皇上病重，初言患淋症，继言患腹泻症，继言患遗精症，继言患咳嗽症，皆云自内务府太医传出，确凿有据。或言张荫桓进红丸，或言康有为进红丸”②。并且，当时还有关于慈禧太后一方谋定，拟利用到九月间挟光绪皇帝赴天津阅兵的机会，将他废弑的传闻③。政变发生后，更一时哄传光绪皇帝死去。至于死因，或传是由太后加害，或传是被康有为辈进药毒杀。关于这后一种说法，据说还载于谕旨，政变之际康有为在乘船逃亡途中接近上海时，从救护他的英国人所出示的清上海道蔡钧的函件中，即亲见过上面所抄载的有关谕旨的内容。后来梁启超这样追述说明有关情况：“（戊戌）六七月间，日兴讹言，为帝疾大渐相惊，以内务府已察大行典礼，又摭愚民仇教之邪说，谓南海先生（按：指康有为）曾以一丸进帝，服之，遂为所迷惘。此等谣诼，遍布辇毂，并为一谭，牢不可破。其处心积虑，则在捕获南海先生后，旋即弑帝，因归罪于先生而诛之。故逮捕时，伪旨称帝已大行。其时，上海道蔡钧以此伪旨遍示各国领事。各国领事无不见之，故各国报纸咸报我国恤。”④从当时的情况看，外国方面确有“报恤”之举。譬如政变发生后的第二天，即清历八月八日（9 月 23 日），英国驻上海代理总领事白利南（R. Brenan）便向

---

① 《圣躬万福》，《国闻报》光绪二十四年七月初三日。

② 梁启超：《戊戌政变记》，中华书局 1954 年版，第 63 页。

③ 对此，杨天石《天津“废弑密谋”有无其事》一文（《中华读书报》1998 年 7 月 15 日）作有专门考论，梳理了这一传闻的来龙去脉，否定了其事的真确性。

④ 钱钟联主编：《清诗纪事》第 20 册，上海古籍出版社 1989 年版，第 13901 页。另参见中国近代史资料丛刊《戊戌变法》第 4 册，第 162 ~ 163 页。

本国外交大臣电告:“清宫政变已发生,光绪帝死了”①。而同日,伦敦即有报纸载出“中国皇帝已被强迫逊位,据说已驾崩”②的消息。而就在光绪帝已死的传闻铺天盖地的同时,又有“另一传说”认为,“他和康有为一同逃出北京,乘坐英国商船‘巴罗纳特’号(Ballarat)到达了香港”③。

政变后的第五天,即八月十日(9月25日),清廷当政者以光绪帝自颁上谕的方式宣示其人久病不愈,急需征医:“朕躬自四月以来,屡有不适,调治日久,尚无大效。京外如有精通医理之人,即着内外臣工切实保荐候旨,其现在外省者即日驰送来京,勿稍延缓。”④这无疑是要向外间表明光绪皇帝仍在京城皇宫里活着,只是染病已久而已。此际还配合有太后十分关心光绪皇帝健康的传闻:“日来皇上圣躬屡觉不适,其病症大约是食不消化因而成痢。皇太后怒御前太监服事不周,责毙数人。并另派太后熟悉当差之内监八人,在皇上左右留心伺候”。这是《国闻报》所载消息,同时说明“传说如此,未知确否”⑤。清朝官方则明确宣称“皇上和慈禧太后的关系极为融洽”⑥。这种官方消息当时在中外公众中的取信度自然很低,与之相对的是关于慈禧太后残酷虐待皇帝的大量传闻,说光绪帝被审讯、羞辱乃至囚禁折磨,甚至绘声绘色地描述出有关场景细节。凡此种种,人多熟知,毋庸一一示例。无论如何,这分明都是以业已认定光绪帝存活为基点的。而到

① 《戊戌政变旁记》,中国近代史资料丛刊《戊戌变法》第3册,第523页。

② 陈霞飞主编:《中国海关密档》第6卷,中华书局1995年版,第890页。

③ 《光绪帝》(原载1898年10月1日《字林西报》),中国近代史资料丛刊《戊戌变法》第3册,第485页。

④ 《光绪朝东华录》第4册,总第4202页。

⑤ 《圣躬欠安》,《国闻报》光绪二十四年八月十五日。

⑥ 金登干致赫德函,陈霞飞主编:《中国海关密档》第6卷,第893页。

政变发生20多天后的九月初时,尚有认为光绪皇帝事实上已死的传闻流布。如此间《字林西报》所载一篇题为《北京之谜》的文章中即这样说:"假若我们把一切可能的条件拿来仔仔细细地研究一下,那么,光绪之已被谋害,似乎是毫无可疑的。太后现在正维持着光绪名义上统治的滑稽剧,一到适当的时候,便公开宣布他的死讯。"①甚至当时在华的外国人士获悉这样的具体传闻:"有六个年轻人正在宫中接受考查,据说他们之中有一个人在月底(按:指西历10月底)之前成为皇帝"②。显然是说另立新君在即。

从上述情况,足见其时关于光绪皇帝境况的揣测传说之繁多和歧异。这个题材的传闻应该说在戊戌朝局传闻中属最为盛行和集中者,可谓焦点题材。而这中间也必然兼涉慈禧太后、康有为这两个政敌关系的领袖人物的传闻情况。因为对于当时的朝局来说,光绪帝和这两个人物之间客观上构成了一个关系复杂微妙、不好分割的"联体"。

第二,关于与朝局密切牵连的其他要员的传闻。

譬如围绕梁启超、"戊戌六君子"、张荫桓以及荣禄、袁世凯等人,当时也都有诸多传闻,这里不能一一列举。而对其中有些传闻,像关于谭嗣同夜访袁世凯策动诛杀荣禄、袁世凯回津向荣禄告密、荣禄微服入京诣(颐和)园向慈禧告变等相关情事者③,也是异说纷纭,扑朔迷离,对此人们一般比较熟悉,故亦不再详述。这里仅拟举人们或相对生疏些的关于张荫桓一人者的事例。张荫桓,

---

① 中国近代史资料丛刊《戊戌变法》第3册,第487页。

② 赫德夫人致金登干函,陈霞飞主编:《中国海关密档》第6卷,第897页。

③ 房德邻的《戊戌政变史实考》(载《戊戌维新运动史论集》,湖南人民出版社1983年版)对此作有较详考论,揭示出有些传闻情节的不实之处。

广东南海人,与康有为同邑,有过多年充任驻外使官的履历,戊戌政变前后担任户部左侍郎。他赞同维新,并发挥过较大实际作用,为顽固守旧派所忌恨,政变之后陷入险恶处境①,外间对其境况颇为关注。据当时报纸载闻,政变发生当天(八月初六日,9 月 21 日),就有关于他"籍没被捕之谣","都下纷纷传说"。次日,"外边议论愈传愈多,或谓张侍郎亦已交刑部,或谓该宅有提督府兵役看守云云"②。而事实上,这天清朝当局明里尚未对张荫桓采取行动。当然,对他治罪的策划已经进行,初八日(23 日)他便被召至提督衙门监禁起来,次日宣布将他革职逮问。到初十日(25 日),遂又有他"于当天晚上或次日早晨被处决"③的传说。事实上亦非如此,十四日(29 日)谕令将其遣戍新疆。而当张荫桓正在戍途中的时候,又有传闻说太后已秘密命令把他暗杀了④。由此可见当时关于涉事要员们的传闻纷杂之一斑。

第三,关于内政事项和中外关系的传闻。

围绕清朝施政的诸多具体事项,有关传闻也是纷纷扬扬。如在百日维新开局前夕,即有"不日迁都南京"⑤的传说。百日维新期间,新政诏令频频,涉及事项繁多,相关传闻更是此起彼伏,接连不断。像关于官制变革之事者即颇为典型。新旧两派为此明争暗

① 对此,马忠文的《张荫桓与戊戌维新》一文(辑入王晓秋、尚小明主编:《戊戌维新与清末新政——晚清改革史研究》,北京大学出版社 1998 年版)有较详考论。

② 《张侍郎事述闻》,《国闻报》光绪二十四年八月初十日。

③ 《窦纳乐致英国外交大臣信》,中国近代史资料丛刊《戊戌变法》第 3 册,第 541 页。

④ 《列强在北京》(《字林西报》1898 年 10 月 14 日),中国近代史资料丛刊,《戊戌变法》第 3 册,第 499 页。

⑤ 《论中国迁都得失》,《时务报》光绪二十四年四月十八日。

斗之际,“京中已有裁撤六部九卿,而设立鬼子衙门,用鬼子办事之谣”①。而所谓“宫闱之变”,最直接牵涉的就是人事之变、政派之争,这方面的传闻,多系“谓某官某官均泣求长跪于太后之前,某官某官往来南北传递消息”之类,“如此风闻,人几尽知”②。还有传闻具体描绘政变之后在宫中搜获西人冠服,或“以此为皇帝易服色之据”③。或说太后诘问此事,“有与皇上相善者代之回护,言该西服系某伶人遗下,此伶人名驰遐迩,近方在天津演剧,地方官奉命拿之”④。至于政变情节和政变后朝内政务的传闻,更是纷杂不一,言人人殊,甚至夹杂神异内容⑤。

当时中外关系方面的传闻亦颇纷杂骇怪。除围绕中俄密约有无之事的传闻仍迁延不断外,直接关系眼下朝局事端者更为热点。特别是政变前后这段时间里,日本前首相伊藤博文来华“游历”,与清朝政派所属不同的诸多要员广泛接触,特别是接受了康有为的专访和受到光绪帝的接见。围绕这个神秘人物的活动生发出众多传闻。政变前夕的八月初三日(9 月 18 日),顽固派大臣杨崇伊

---

① 苏继祖:《清廷戊戌朝变记》,中国近代史资料丛刊《戊戌变法》第 1 册,第 337 页。

② 《记天津初六初七初八三日惶惑情形》,《国闻报》光绪二十四年八月初九日。该报道中追述自“六、七月以来”之事。

③ 《九霄云外》,《国闻报》光绪二十四年九月初八日。

④ 香港《士蔑报》1898 年 10 月 28 日载闻,清华大学历史系编:《戊戌变法文献资料系日》,第 1199 页。与上引《国闻报》载闻对照,具体情节有异,如关于在宫中搜获西人冠服的数量,《国闻报》载闻中说“十余袭”,《士蔑报》载闻中则说“一套”。另外,《国闻报》载闻中指明遗宫中西服的伶人是被称为“想九霄”者的田际云,而《士蔑报》的载闻中既没有指出伶人之名,也对西服是否真的伶人所遗有怀疑之意。这正符合传闻往往“异词”的特征。

⑤ 如劳祖德整理:《郑孝胥日记》(中华书局 1993 年版)第 2 册,光绪二十四年八月初十条中就记及这方面的事例。

所上请求慈禧太后“即日训政”的密折中,即特别说到“风闻东洋故相伊藤博文即日来京,将专政柄”①。如此耸人听闻之事,亦凭“风闻”而已。而随后关于光绪帝接见伊藤之情节更是传闻多多,甚至有说“时太后在帘内”监视者②。时论还更进一步把伊藤来访看做是引发政变的重要缘由,生发出关于“皇帝很推崇伊藤博文,这与慈禧太后发动突然袭击有很大的关系”这类所谓“谣传”③。政变发生后有关朝局的传闻可谓五花八门,其中不乏杯弓蛇影之属者。譬如像有人说是见到法国驻华使馆“有车辆卸载,其中木箱偶然破裂,见有短刀、枪子等物”,于是“互相传说,众志猜疑”④,意思是认其对清廷要准备动武。而又有传说清朝当政者“要趁这留在北京的外国人为数很少的时机,将他们全部根除,烧毁各国使馆”⑤。甚至还传有行动的具体时间。当时在华英国人赫德(Robert Hart)于清历九月初九日(10 月 23 日)发往其国内的函件中即说:“谣传(清朝)军队将在明天采取行动,届时将把所有的外国人统统消灭,恢复中国的黄金时代。”⑥如此等等,不一而足。

值得注意的是,戊戌朝局传闻还是表现出颇强迁延和连续性。像关于“废立”之事,虽然在外国的干预下,加上清朝内部有的大

---

① 国家档案局明清档案馆编:《戊戌变法档案史料》,中华书局 1958 年版,第 461 页。

② 见王庆保、曹景郕:《驿舍探幽录》,中国近代史资料丛刊《戊戌变法》第 1 册,第 493 页。

③ 赫德夫人致金登干函,陈霞飞主编:《中国海关密档》第 6 卷,第 891 页。

④ 《户科给事中胡俊章折》,国家档案局明清档案馆编:《戊戌变法档案史料》,第 470 页。

⑤ [澳]骆惠敏编、刘桂梁等译:《清末民初政情内幕》上卷,第 116 页。

⑥ 陈霞飞主编:《中国海关密档》第 6 卷,第 902 页。

员的反对,未能在戊戌年实施,但却并未因此止息,慈禧太后继续筹划着这方面的图谋,乃至随后即有"己亥建储"事件的(光绪二十五年十二月立端王载漪之子溥儁为大阿哥)的发生。而在这个过程中,关于"废立"的传闻一直迁延不断,沸沸扬扬。如光绪二十五年四月间,澳门《知新报》转发《字林西报》的消息中说:"北京纷纷传说,谓西6月20号中朝另立新君,闻践位者为恭亲王之孙,又有谓为五王爷之孙者。"①香港的《士蔑报》在己亥年八月初载闻:"西后所造之铁屋,乃所以监禁皇帝于其中,定于本月废位,而另以一九龄童子继位,仍以西后训政。"②该报及至十一月初的报道,就说得更为肯定和细致:"论光绪废立之事,必有所因。盖上海各报接北京来耗,均言伪政府确已决计明年改元,另立新主……张之洞、刘坤一、谭钟麟皆有亲信人在北京探传消息,一闻此耗,登即飞报。"③如此朝局大事,举国上下自然都很关切,传闻纷杂,影响颇大,甚至衍生出诸多千奇百怪的传说,为诸多千奇百怪的事件产生提供了舆论的温床。如这年在武昌发生的"假光绪案"即颇典型:一个名叫崇福的20多岁的旗籍伶人,"幼入内廷演戏,故深知宫中之事",而面貌又"颇类光绪"。他与一个因窃宫中器物被发觉出逃的四五十岁的内监配合,到武昌租馆而居。一时间,光绪皇帝逃来武昌的消息"传遍武汉悠悠之口","汉报亦多作疑似之谈。沪上各报,转载其事。汉口小报又为之刊载说唐故事,谓西太后为武则天,光绪为李旦坐汉阳"。以致"愚民信之。张之洞保驾之谣,更播于海内外"。湖广总督张之洞亲自过问其事,最后交由

① 《戊戌变法文献资料系日》,第1353页。

② 《戊戌变法文献资料系日》,第1401页。

③ 《戊戌变法文献资料系日》,第1422页。引文中所提及的张之洞、刘坤一、谭钟麟,当时分别任湖广、两江、两广总督,他们都不赞同废立之谋。

江夏县审办,将案犯处以斩刑。① 此案情节似颇滑稽,但对于传闻情况来说又颇典型,自与戊戌政变后关于光绪帝惨苦境遇和此时废立即行的传闻有连带关系。否则,即使"愚民"也很难相信一个皇帝会出逃外间。

光绪帝实际不可能逃往外间,他被严密地囚禁于瀛台忧愤而又无可奈何地打发着时光,后党的废立之谋则正加紧酝酿。其间事机亦颇隐秘,有关传闻也纷杂多有。譬如有说,当时承恩公崇漪、大学士徐桐、礼部尚书启秀三人极力拥护废立,为之"日夕密谋",鉴于荣禄为慈禧太后尤为宠信,地位重要,商议策动其人支持。这天,启秀先到荣禄处试探,荣禄闻讯"大惊,佯依违其词",姑作搪塞,待次日朝罢,荣禄便利用机会与慈禧太后有这样一番对话:

> (荣禄)问太后曰:"传闻将有废立事,信乎?"太后曰:"无有也,事果可行乎?"荣曰:"太后行之,谁敢谓其不可者,顾上罪不名,外国公使将起而干涉,此不可不惧也。"太后曰:"事且露奈何?"荣曰:"无妨也,上春秋已盛,无皇子,不如择宗室近支子,建为大阿哥,为上嗣,兼祧穆宗,育之宫中,徐篡大统,则此举为有名矣。"太后沉吟久之曰:"汝言是也。"②

照此说法,是荣禄着眼全局,权衡利弊,利用他被慈禧太后宠信的有利条件,巧妙地建策以建储代替即行废立,为太后采纳。这显然是传闻之属,如此隐秘事机,外间人士何能知这般详细情节? 不

---

① 见刘禺生:《世载堂杂忆》,中华书局 1960 年版、1997 年第 2 次印刷本,第 66~68 页。

② 恽毓鼎:《崇陵传信录》,中国近代史资料丛刊《戊戌变法》第 1 册,第 478 页。

过，在即时废立问题上，荣禄是持劝解态度，并在这方面发挥了重要作用，确是事实。据传，就这一问题，他还曾向李鸿章咨询，李氏即在此局中发挥了他的影响和作用，又借以为出任两广总督做了铺垫。说是这天荣禄造访赋闲于贤良寺的李鸿章——

> 深夜晚餐，屏退左右，从容言："太后将行大事，天位当易，惟亡命者肆意鼓吹，恐友邦为惑，素知公习外情，烦一探其项背。"李对曰："我办外交数十年，皆人先谒我，且此系内政，先询人，失国体。如必询，当授我以两广总督，我先于泰晤士报传其风说，届时外宾必来贺我，询我以国事，我可就而探之。"荣喜，报太后，乃命督两广。外宾果来贺，且询报言，李文忠（李鸿章谥"文忠"）转叩其意，外宾谓无理干涉，唯国书系致光绪帝，今易帝位，是否继续承认，尚须请示本国云。当时政府多旧人，不习外交，李文忠又或权词，以保帝位，故只立大阿哥，内禅之议暂止。①

尽管此等记载属后来的追忆，但当时即有所传是可以相信的。且不论其具体情节的真伪程度如何，反正有迹象表明，李鸿章的确在联同有关大员阻止"废立"之事上是有所作为的。② 立大阿哥也

---

① 章华：《语林》，中国近代史资料丛刊《戊戌变法》第 4 册，第 321～322 页。

② 有知情的外国人员对此亦有记述，并且联系其前后几个重要历史关头的情况，揭示李鸿章对清朝皇权帝位问题的态度。述及早在同治初年，就有关于李鸿章"对帝位怀抱有秘密野心"的传闻，甚至与李氏有密切联系的戈登"在 1863 年写自中国的信函"中"也提及这种传闻"。到 1900 年时，李鸿章的名字又"作为本国王朝的可能创始人（按：意思是取代清帝）被频繁地提及"。当然，李氏代清没有也不可能成为现实。该记述者对李鸿章本人的有关心态、认识和做法进行了不无参考价值的分析。见 J. O. P. Bland，Li Hung-chang，Henry Holt and Company，New rork ，1917，p. 99～100。

终为既成之局。不过直到此事正式宣明的前一刻,据说廷臣中还多有即行废立的猜测:当天,“召集近支王公贝勒、御前大臣、南上两书房、翰林部院尚书于仪鸾殿,上下惊传将废立,内廷苏拉(按:内廷勤务人员称“苏拉”)且昌言曰:‘今日换皇上矣。’迨诏下,乃立溥儁为大阿哥也。”①可见,关于废立的传闻是持续到了建储之事正式揭晓的最后一刻。

再如己亥年关于谋炸圆明园的传闻亦属显例,该年八月初一日《知新报》所载《论圆明园炸药事》一文说:“迩来各报谣言,谓有以炸药瘗于圆明园内者。因举其人以实之曰,为此事者庆亲王也。”该文则认为,庆亲王奕劻不会有此举,而断言“此荣禄之贼谋也”。其所作分析举证,便与戊戌之事紧密联系起来,说荣禄曾造作关于奕劻、张荫桓的谣言诬害他们,特别置言:“荣贼之害新党,亦计之最毒而事如出一辙者也。未变之前,则谓皇上病重之言,以乱天下之耳目而预为训政之地,又以康氏进红丸以实之,盖亦如庆亲王炸药之事……”②当然,所谓圆明园炸药事本身即属传闻,《知新报》载文中言作恶者非庆王奕劻而是荣禄更属揣测,甚至是对所仇恨的对象故作讦言,亦成不足凭信的传闻。而无论如何,它与戊戌有关传闻紧相牵连,一脉相承,互为烘托,亦颇明矣。

还有关于政局动态,政变之后更是所谓“政策日歧,讹言百出”③。到己亥年间,像有传闻说,“西后每日必数遣内侍往问皇上

① 恽毓鼎:《崇陵传信录》,中国近代史资料丛刊《戊戌变法》第1册,第478页。

② 《戊戌变法文献资料系日》,第1399~1400页。

③ 天游先生(唐才常):《答客问支那近事》,《戊戌变法文献资料系日》,第1392页。

病状，闻少痊，即慈颜大喜”，她并且“急欲变法”，乃至“尽发康有为前后所上条陈览之，曰：‘康有为话，实在句句不错’。”①这类传闻不仅传于国内，而且播扬海外。值得注意的是，当时连唐才常这样的新派人士，对这类传闻的一定真实和可参考性亦有所肯定，说是“各报赞扬太后有维新之意，未为无因，以太后临御数十年，中更多故，岂无惩艾？况近来事变之奇，樊然在目，则或幡然改图以存中国，亦意中事。”②应该说，无论其所分析能在多大程度上符实，而这无疑是对有关传闻信息理智思考的认识结果，联系戊戌政变之初，即有关于“两宫和洽”之类的传说，而慈禧太后本人，也决不自愿戴一顶顽固守旧派的帽子，一直反对所谓“妄分新旧”，在政变后所颁懿旨中就明确宣称：“一切政治有关国计民生者，无论新旧，均须第次推行，不得因噎废食。”③这对有的盼望改革者来说，或可留下政局有“转圜之机”的希冀余地。故延续至己亥年间有关传闻的衍生，亦非突兀骇怪之事。无论如何，事实上由于接踵就有了庚子事变的发生，打乱戊戌至己亥政局继续演变的自然进程，连建储之事也很快破败，端王载漪因“肇祸”获咎，其子的储位被废。“不能照旧生活下去”的以慈禧为首的清朝中央当政者，在庚子年岁末尚在流亡地西安之时，便急迫地颁布“变法”诏书，吹响了清末新政开场的指挥哨。其间原因固然复杂，但从戊戌延及己亥的有关传闻中，岂不也可以抽绎出几分有助于破解其中玄机的“秘谶”？

4. 戊申变故事类

戊戌政变十年之后，也就是戊申年（光绪三十四年，1908 年），

① 日本东京《时事新报》消息，《戊戌变法文献资料系日》，第 1370 页。

② 天游先生（唐才常）：《答客问支那近事》，《戊戌变法文献资料系日》，第 1393 页。

③ 《光绪朝东华录》第 4 册，总第 4225 页。

对于清王朝来说,又是多重大变故之年,而最大的变故,莫过于光绪皇帝和慈禧太后分别于十月廿一日和廿二日(11 月 14 日、15 日)接踵崩逝,两宫国丧夹以虚龄 3 岁的"新君"即位。仅仅就光绪帝与慈禧太后这双关系微妙的"母子",前后仅一天之差归天的时间而言,就留下了生发传闻的莫大空间。时人有谓"天下事未有如是之巧"①。而传闻内容的焦点,即光绪帝死因之谜,多传系因慈禧太后自觉不能久于人世,预作安排,由她或是假手他人毒死这位皇帝。有些传说虽属后来的忆述,不排除其中有不断发挥、添枝加叶的成分,但一些最基本的说法,多可以寻根至变故发生的当时,殆无疑义。

有的传述不但情节细致,而且时日具体,像有说:戊申十月初十(11 月 3 日)这天,光绪帝率百官晨贺太后万寿,尚未及见太后行礼,"忽奉懿旨,皇帝卧病在床,免率百官行礼,辍侍班。上闻之大恸。时太后病泻数日矣"。并且,记述暗示出,慈禧太后出此举动,似乎是为对光绪帝下毒手预作铺垫,发出一个先兆信号:"有僭上者,谓帝闻太后病,有喜色。太后怒曰:'我不能先尔死'"。及至十九日,突然"禁门增兵卫,稽出入,伺察非常。诸阉出东华门净发,昌言驾崩矣"。次日"寂无闻。午后,传宫中教养醇王监国之谕"。廿一日,"皇后始省上于寝宫,不知何时气绝矣。哭而出奔告,太后长叹而已"②。从这种说法中体察,虽然没有明说但业已暗示出,是由慈禧一手策划害死了光绪帝,并且在由皇后于廿一日发现光绪帝已死的前两天即十九日,宫中太监已有皇帝驾崩

① 胡思敬:《国闻备乘》,第 71 页。

② 恽毓鼎:《光绪帝外传》(《崇陵传信录》),《清代野史》第 4 辑,巴蜀书社 1987 年版,第 24 页。

的传言,这样说来,光绪帝之死自更显得疑情重重,暧昧不明。甚至接替光绪的末代皇帝溥仪也认为,关于“西太后自知病将不起,她不甘心死在光绪前面,所以下了毒手”的这种“传说”,事实上“也是可能的”①。

有的则说是李莲英一手毒害了光绪帝:

> 万恶的李莲英眼看太后的寿命已经不久,自己的靠山,快要发生问题了,便暗自着急起来。他想与其待光绪帝掌了权来和自己算账,不如还让自己先下手的好。经过了几度的筹思,他的毒计便决定了。“近来奴婢听许多人说万岁爷的身子很不好。”凑某一个机会,他就悄悄地向太后说,语气是非常的奸猾。“奴婢愿意去瞧瞧他看,或者可以使他的身体好起来。”……就在李莲英说过这一番话的第二天,光绪便好端端地也害起很厉害的病来了……他料定必是给李莲英在饮食中下了毒,存心要谋杀他。但李莲英究竟下了什么毒呢?应该怎样才解救得转,他就无法可想了。②

作此一记述的是曾在慈禧宫中任御前女官的德龄,其文字体裁上已带有某些文学色彩,但基调上仍然是在“述史”无疑。并且有迹象表明,当时即确有此传。谙熟清末掌故的时人胡思敬有说,其时“外间纷传李莲英与慈禧有密谋”,他“遍询内廷人员,皆畏罪不敢言”③。他显然是倾向于相信李莲英与慈禧太后有密谋的。

---

① 爱新觉罗·溥仪:《我的前半生》,群众出版社 1964 年第 1 版,1996 年第 19 次印刷本,第 21 页。

② 德龄原著、秦瘦鸥译述:《瀛台泣血记》,云南人民出版社 1980 年版,第 357~358 页。

③ 胡思敬:《国闻备乘》,第 71 页。

而德龄对此则持“不敢断定”的表态,并说是“为稍存忠厚起见,我们不妨姑且说她(按:指慈禧太后)因为病中精神恍惚,所以没有窥测到李莲英的真意”,但同时又肯定地说,无论如何“太后到底不曾出来干涉。于是她就在无形中帮助李莲英达到了目的”①。即使胡思敬,对光绪皇帝死于李莲英和慈禧太后之手似乎也不敢完全采信,又列举出关于庆亲王奕劻谋害光绪的传闻,说是“奕劻荐商部郎中力钧入宫,进利剂,遂泄泻不止。次日,钧再入视,上怒目视之,不敢言。钧惧,遂托疾不往,谓恐他日加以大逆之名,卖己以谢天下也”②。

还有一种传闻,说是袁世凯杀了光绪帝。溥仪的回忆录中即有此类转述,说曾听见一个叫李长安的老太监说起光绪之死的疑案,照他的说法:

> 光绪在死的前一天还是好好的,只是因为用了一剂药就坏了,后来才知道这剂药是袁世凯使人送来的……据内务府某大臣的一位后人告诉我,光绪死前不过是一般的感冒,他看过那些药方,脉案极为平常,加之有人前一天还看到他像好人一样,站在屋里说话,所以当人们听到光绪病重的消息时都很惊异。更奇怪的是,病重消息传出不过两个时辰,就听说已经“晏驾”了。总之光绪是死得很可疑的。③

更值得注意的是,帮助溥仪执笔撰述人员提供了这样的情况:起初溥仪根据太监的传说和他自己对慈禧为人的分析,确信光绪是被

① 德龄原著、秦瘦鸥译述:《瀛台泣血记》,第358页。

② 胡思敬:《国闻备乘》,第71页。

③ 爱新觉罗·溥仪:《我的前半生》,第21页。

慈禧害死的,但又提不出确证。为了解决这个问题,他们曾多方搜集材料,进行研究,结果获阅一份"很值得重视"的材料,即由在光绪、宣统两朝曾任内务府大臣的增崇存藏下来的光绪帝的有关药方脉案,提供者为增崇之子蔡存耆。增崇为经管这些药方脉案的当事人,蔡存耆当时也曾亲耳听到过有关疑案的议论,只是岁数尚较小"未曾留意",稍后"从叔父们的议论中得悉,连内务府大臣对光绪之死也是有怀疑的"。增崇还曾说过,光绪死的前两天他还看见"皇帝站着对太监发脾气,声音很大",他和他的兄弟们"都认为脉案所记,光绪并非急病"①。这样说来,有关药方脉案更成了让人增加怀疑的佐证。

但是也有研究者根据清宫医案中的有关材料,揭示光绪帝在光绪三十三年(1907 年)时,就显出多年前即有的"肾经亏损"、"下元虚弱"的病症发展得比较厉害,此后愈发严重,宫中御医无计可施,只得向外间征医。从诊疗的有关情况看,认为"光绪帝自病重至临终之时,其症状演变属进行性加剧,而无特殊或异常症状出现。其临终时的症候表现,乃是病情恶化之结果",从而断定其人是"死于疾病"②,否认是被他人施药加害。也有的从事医药、医学研究者,根据有关医案材料,更具体认定光绪帝系"死于肺结核"③。但有的研究者认为,从光绪帝临终的脉案④来看,"却未见结核病恶化的症状",并且进而言之,"在封建专制时代的宫廷,脉

① 李文达:《补充注释》[12],《我的前半生》,第 570 页。

② 朱金甫、周文泉:《从清宫医案论光绪帝载湉之死》,《故宫博物院院刊》1982 年第 3 期。

③ 邢思邵:《从光绪帝之死的疑案说起》,《健康报》1982 年 6 月 24 日。

④ 可参见中国第一历史档案馆:《光绪临终前脉案选》,《历史档案》1983 年第 4 期。

案及药方,并非均为御医对患者诊治的真实记述","所以,仅据清宫的脉案、药方,还难以揭示光绪帝的真实病情,更不能探明与此相关的内幕"①。的确,有关药方、脉案之类的明知要存档的材料,当时阴谋者指使造伪的可能性不是没有。关于光绪帝临终前的病症,据当年曾入宫为光绪帝诊疗的屈贵(或作"桂")庭医生忆述,十月十八日,"帝忽患肚痛,在床上乱滚",大叫"肚子痛的(得)了不得","此系与前病绝少关系者"②。如果这是事实的话,那么,其中毒症状是表现颇为典型的,而证明他系"自然死亡"的医案的真实性即更成疑问。这样看来,关于光绪帝的死因,正如采访屈贵庭医生者所言,"重重黑幕,言人人殊,久成疑案,比之'烛影斧声'"③,至今应该说仍然是一个并未真正破解的历史之谜。④ 从当时即生发随后又不断衍化的诸多相关传闻素材,仍不失其对破解这个谜团来说所具有的线索提示性的史料参考价值。有一点似乎可以认定,如果光绪帝真有可能是被毒害的话,那么直接的施毒者无论是谁,最终都必定是由慈禧太后主谋和允准的,很难想象,没有慈禧太后的指使起码是默许,有任何人敢于对光绪帝下毒手,尽管他是一个空有其位的"虚君"。

与光绪帝崩逝密切关联的选立嗣君之局,也有一些传闻。

从表象上看,清朝的这最后一次皇位更替的事局并不甚复杂。在光绪帝去世的前一天,慈禧太后即接连发布懿旨,溥仪"著在宫

① 孙孝恩、丁琪:《光绪传》,人民出版社1997年版,第510页。

② 屈贵(桂)庭述:《诊治光绪皇帝秘记》,《逸经》第29期(1937年)。

③ 见屈贵(桂)庭述:《诊治光绪皇帝秘记》一文的前置说明。《逸经》第29期(1937年)。

④ 近些年虽试图运用科技手段检测光绪帝遗骸破谜,但也未获确切定论。有关情况的介绍见第六章　第二节中所及。

内教养,并在上书房读书";"醇亲王载沣为摄政王";"朝会大典、常朝班次,摄政王著在诸王之前"①。确定了皇位承继人和摄政王的人选。次日光绪帝"驾崩"后,慈禧太后又连续发布懿旨宣布"溥仪着入承大统为嗣皇帝";"溥仪承继毅皇帝(按:同治帝谥号)为嗣,并兼承大行皇帝(按:指已死的光绪帝)之祧";"著摄政王载沣为监国。所有军国政事,悉秉承予之训示,裁度施行"②。也就是说,在此时慈禧太后尚宣明自己对"军国政事"具有法定的最高把持权。但很快,她已感到自己"病势危笃,恐将不起",于是到二十一日晨即布旨"嗣后军国政事,均由摄政王裁定",但又布设了新的一条牵制途径,即"遇有重大事件,必须请皇太后(按:即光绪帝隆裕皇后)懿旨。由摄政王随时面请施行"③。就在发布懿旨的当天,慈禧太后就死去,结束了她实际执掌近半个世纪之久的清王朝最高统治权。在她临终前对嗣君的选定,也完全是出于一己之意。溥仪当时仅为一个 3 虚岁的幼童,他是道光帝的曾孙,奕譞的嫡孙,光绪帝的亲侄儿,其生母则为荣禄的女儿。而奕譞是慈禧太后的亲妹夫,荣禄则是她的宠臣。总之,不论是从皇室血统还是特殊亲、宠关系,以及因系幼君可使其以太皇太后身份继续秉政等方面的条件来看,溥仪作为慈禧太后心目中最为合适的皇位承继人选,是很自然不过的事情。她当然也会象征性地在特定范围"征询"一下意见。这中间的隐秘内情自不会向外宣示,正是于此生发出一些相关传闻。

譬如有说慈禧太后病危时,曾密召世续、张之洞入内,商议

① 《清实录·德宗景皇帝》(八),中华书局 1987 年影印本,第 5459 页。
② 《清实录·德宗景皇帝》(八),第 5459 页。
③ 《清实录·附宣统政纪》(一),中华书局 1987 年影印本,第 13 页。

嗣君事。世续、张之洞"恐皇后再出垂帘",因合词奏曰:"国有长君,社稷之福,不如径立载沣。"慈禧太后以"不为穆宗立后,终无以对死者"为由,坚持立溥仪而以载沣主政,说是这样"公义私情两无憾也"。张之洞又提出仿古已有之的兼祧之制,让溥仪兼为光绪帝嗣子,太后始则"默不言",良久才答应。此策既定,乃电召派出勘易州陵工的奕劻回京,"告以谋","奕劻叩头称善"①。或说让溥仪兼祧光绪是出自奕劻的力谏,"传闻是日奕劻返京,后命草诏,立溥仪为大阿哥,承继穆宗。奕劻请于诏书中加兼祧皇帝一语,后不应,有怒容。奕劻恭请至再,乃颔之"②。又有说较为年长的恭亲王之孙溥伟曾极力争位,并得到有关人员的内外之援。当慈禧太后决定立储溥仪的时候,载沣曾有力辞的表示,太后叱之曰:"此何时而讲谦让?真奴才也!"徐训之曰:"汝恐一人之力不能胜任,溥伟最亲,可引以为助。"溥伟"闻之大喜,私冀当得政权"。及遗诏下,"只言国事皆听摄政王主持,不及己,大失望",遂"趋入枢廷大骂张之洞",旋又"顿足大哭,遍骂诸军机"。张之洞等"谨避之,不与校"。越数日,溥伟"忽传旨内务府,有所指挥",载沣闻讯大惧,"急邀奕劻入见隆裕,言溥伟悖状","遂降旨言自皇帝以下,皆当服从摄政王命令。溥伟始不敢逞"③。还有说慈禧病危时,召军机大臣奕劻等5人入宫议事,问"近支王子,何人堪继皇位",在被召见之列的袁世凯建议立贝子溥伦(道光帝长子奕纬之孙),慈禧严辞斥之,说"尔毋喋喋,予自有主张",遂宣明已

---

① 胡思敬:《国闻备乘》,第68页。

② 《清朝野史大观》,第111页,《奕劻力请宣统兼祧德宗》条。

③ 胡思敬:《国闻备乘》,第70页。

意，“众唯唯”而已。①

从有关传闻的情况看，虽反映出在光宣替接问题上，皇室、臣工中也有不同意见和争逐的迹象，但并未掀起多大波澜。尽管此时清朝统治危机已颇显严重，慈禧太后本人也是处在身染沉疴、朝不保夕的境况下急操此事，但毕竟还算是比较顺利地完成了清王朝这最后一次皇位的替接。至于事关内朝机密，既决不可能向外间宣明，也决不可能揭载于“正史”的有关传闻所涉情事，胶着于细节上的虚实考证实难完全做到，似亦无此必要。并且需要说明，这类传闻因当时的政治忌讳，或不可能像有些社会传闻那样形成大规模的公开哄传之势，而更主要表现为一种相对隐态的私下传播，这可想而知。但这类传闻的迁延性要比一般的社会传闻绵长得多，传播范围也会由朝至野地不断拓广，最后甚至形成为一种历史谈资的不灭话题。像说宣统小皇帝“登极大典”时，没完没了地大哭大闹着“要回家”，乃父摄政王载沣着急无奈之下随口哄他“别哭别哭，快完了，快完了”，文武百官以为不祥，典礼结束后议论纷纷。这一传闻，似乎已经没有必要寻究何家的文字记述最为“原始”，口口相传也已足以“传世”不泯，至今仍然不失为乡间野老都能讲述的具有谶语意味的历史故事。而当时的场景和话语并非虚构，确是事实——作为当年“登极大典”主角的溥仪自己亦曾证明，尽管他当时只是个三岁的孩童，但强烈的刺激情境已经能够使他留下基本的记忆。并且，他也纠正了“后来有些笔记小品里添枝加叶”的说法②。而不断地添枝加叶，正是传闻在流布过程中

① 陈灨一：《睇向斋秘箓》，台湾文海出版社《近代中国史料丛刊续辑》影印本，第125～126页，《孝钦轶事三则》条。

② 见溥仪：《我的前半生》，第37页。

不断变异的一个特点。

总的看来,所谓"变政"事体,对外间来说多属朝局隐秘,莫可知悉底里,相关传闻格外盛行。而官方文献,对有关真确详情,更难有实事求是的记载。要推究这方面真实情事,传闻委实是不可忽视的史料类别。

第四章　传播机制及情境角色

传闻的播布,自有其运行机制上的规律性,也总是表现为一定的具体情境,而在这中间,又体现出特定的角色关系。那么,对于晚清社会传闻来说,其这方面的具体情状又如何呢?这便是本章所要考察的内容。

一、从二要素到三要素“公式”的启示

美国社会心理学家奥尔波特(G. W. Allopart,或译艾尔波特)和波斯特曼(L. J. Postman,或译波茨曼),在其《传闻心理学》(The Psychology of Rumour,通常译《流言心理学》,也有译《谣言的心理》者)一书中提出了一个关于传闻的公式:$R \approx i \times a$ 。其中R(Rumour)指传闻的流布量,i(important)指问题的重要性,a(ambiguous)指证据的暧昧性(或说事实的模糊性)。该公式表明,传闻的流布量大致与传闻所涉问题的重要性和证据的暧昧性成正比,也就是说,传闻关涉的事情对公众来说越重要、证据越模糊不清,其传布也就会越盛,从晚清时期社会传闻的情况来看,也正是这样。

上面所展列和分析的诸种传闻的典型题材,所涉事体对于一定的公众群体来说,都是颇显重要的。譬如“洋教”在广大绅民的

心目中,危害至大。文化观念上守旧倾向明显的士大夫们,主要是从所谓“崇正辟邪”的义理和夷夏之辨的角度着眼。王炳燮可算得上这方面的一个代表人物,他尝数列天主教的“八大罪”和“听其传习”的“十大害”。“八大罪”是弃父母、无君上、“诬天”、“诬人”、“毁神”、“盗佛”、“灭绝祖宗”、“挟邪滑夏”等项;“十大害”则为“动摇邦本”、“淆乱祖制”、“坏人心术”、“贻累善良”、“败坏风俗”、“坏人心术”、“榛芜圣道”、“借资奸逆”、“盗窃权威”、“关碍国计”等项①。这中间也涉及对外国借教侵略揭露的内容,如上述“十大害”中的首项“动摇邦本”,便是特别结合业已经过的两次鸦片战争的背景立论。像前边曾引及的反洋教派迷狂人士周汉所谓“每逢一宗教案起,丧权辱国输到底”,就更可谓一针见血之词。有研究者揭示清季反洋教运动日趋高涨的宏观背景,以有关群体感受到“信仰危机”、“民族危机”、“生存危机”不断加深的压力来概括②,反洋教传闻的盛行自与这有着密切的关联,也正好体现出其重要性因素之所在。

神秘性事体当时在相当范围的国人心目中也是值得重视的事情。“神道设教”特殊人为宗教的传统,在中国历史上可谓根深蒂固。天人感应,神鬼灵异,谶兆命相等等,诸多迷信之说流衍不绝,延及晚清时期依然呈颇为强劲之势,不论是国之礼、法所彰显的“正神”“崇祀”之属,还是民间或明或暗的有关“杂俗”、“左道”之列,在激荡神秘主义社会文化的川流方面实际有着殊途同归的作用。今天看来种种荒诞不经的“迷信”事象,当年却在许多人的精

① 王炳燮:《上协揆倭良峰中堂书》,《毋自欺室文集》,台湾文海出版社《近代中国史料丛刊》影印本,第243~256页(原书卷6,第8~14页)。

② 见张力、刘鉴唐:《中国教案史》,四川省社会科学院出版社1987年版,第466~476页。

神领地中被奉为神圣。不要说“蚩蚩之氓”，即使“上智”阶层中号称“有识之士”的许多人们也难脱其彀。特别是在社会动荡迷乱的环境之中，在个人前途命运迷离叵测的境遇之下，人们往往更易于乞灵于实际上是作为异己力量化身的神异来助佑、兆示，甚至作为“九五之尊”的君王，在军国大政类严肃事情上，也不乏信谶求卜、“邪”正不分的时候。至于借“天象之变”、“神异之兆”而卜“人事”，在晚清官方的政治文化中更是一种“常务”，君臣之间亦不乏这方面的言论沟通。至于张扬神异的民间舆论更是如海如洋，浩淼无涯。当年社会上对神异事象的重视，从时人留下的连篇累牍的信实性记述可以得证，并且可以从中体察有关社会心理状况。像薛福成可谓明智之士，他的《庸盦笔记》中，有“史料”、“轶闻”、“述异”、“幽怪”几大类别，不仅“幽怪”类所记皆为神异事象，“述异”和“轶闻”类也不乏其例，而且所谓“涉笔谨严”的“史料”类也夹以若干则像《劫数前定》、《星变奇验》之类的神异题材纪闻，连列入“轶闻”、“述异”两类者据言也“无不考订确定”。对“幽怪”一类纪事所作的特别说明则云：“虽据所闻所见，究觉惝恍难凭，以其事本无从核实也。盖神怪虽为圣人所不语，然孔子又曰：‘鬼神之为德，其盛矣乎！’体物而不可遗，此天地之功用，中庸所谓微而显也，故并录之。”①可见，到头来并不否认神异真实存在的可能。总之，神异事象仍是当时人们精神生活中的一个重要组成部分。

战争自然也是人们所关注的重要事端。战争是流血的政治，是民族矛盾、阶级矛盾、派系矛盾激化至极的产物。战局状况、胜负结果，自然对于涉战各方来说直接是存亡攸关的大事，而对社会

① 《庸盦笔记·凡例》，第1页。

环境、民众生活的影响也至关重要。战乱的环境不啻血火灾难的深渊,给多少无辜生民造成恐怖、离乱、乃至死难,社会生产遭受耽误和破坏,甚至一方黎民的起码生存条件都可能丧失。清朝与太平天国进行的历时十余年的战争过后,致使全国人口大幅度地锐减,战区疮痍满目,荒原废墟连绵,不失为典型之例。总之,战争是一个血火交织的巨魔,从领战的各方到寻常百姓,都会出于不同的利益原因、置身不同的层面关注于它。古人所云“国之大事,在祀与戎”,是把战事与祭祀并列举出,及至晚清时期,战事对于国家和民众的重要程度,似乎有增无减。

变政事类更是与朝局国运息息相关。像帝位易人,改元换代,朝议廷辩,明争暗斗,乃至于流血政变,诡谲凶险,达于极致,为朝野所触目惊心。而在晚清时期,皇位继承制度经辛酉政变发生重大更易,由雍正朝以来的秘密建储变为太后懿旨确立嗣君,朝柄为慈禧太后所越来越紧地把握。她在近半个世纪里成为晚清王朝的实际女皇,而皇帝初时为稚子,长成亦“虚君”,朝局状况颇为特殊。加以此期中国沦为半殖民地国家,主权不再完整,清朝统治者受制于列强各国,其间的关系颇为复杂微妙,这就更增加了朝局政情随时发生重大变故的可能性。而不论出于怎样的具体原因,一旦“变政”的重大事端发生,总要吸引一定的社会层面的注意力,为之所特别关注,作出舆论层面的反映。

还有其他引发传闻较多的题材事类,像宫闱生活、要案奇案、金融风潮等,也都无不在一定的社会群体范围内被关注和重视。

上述各种典型传闻题材事类,对于相关传闻流布场所涉人群来说,不仅有重要性的认知,而且通常也具有扑朔迷离、真伪莫辨的“暧昧性”或曰“模糊性”,一时难以确证和清楚事实真相。

像反洋教传闻中有关天津教案的情事即十分典型。曾国藩在经过“逐细研讯”否定关于教方折割传闻内容上的真实性时，曾具体列举分析了诱发此种传闻的情境因素五点，在前边第二章中的《反洋教传闻》一节中已有撮述，从中即不难体察到一种扑朔迷离、真假叵测的情境，极易杯弓蛇影、市虎成真地生发相关传闻。关于教方迷拐采割的传闻当年显得相当顽迷，由此引发的教案层出不穷，大多都有似证非证的触发事由。再如同治十年（1871 年）七月福建古田的一宗教案，系因信传教方水中投毒而聚闹教堂所引发：“本月十五日晚边，有农民在田边工作，渡河回家，见有一种小虫密浮水面，愚民以有下药毒人之谣，一时传推，有疑教堂所放，即往教堂水缸观看，引动多人，彼此挨挤，致将两处教堂门窗棹（桌）凳拥坏数处……”①人们本来就对教方水中投毒之传有倾向信实的先入之见，及见水中有一种小虫密浮水面，便马上与关于教方水中投毒的传闻联系起来，“惊疑”之下不但“推传”，而且聚众到教堂查证，似乎是要推究确情，但事实上是陷于一种迷蒙事态中的偏执。“小虫密浮水面”的现象，显然并不是教方投毒的明确证据，只是引发人们对其猜想中的教方恶举更加疑惑的事象。当年对教方投毒的疑案，许多有着类似情况。还有关教内宣淫的传闻，有的竟说得绘声绘色，显然更是难觅证据，只是因为教内活动有其外间不知底里的场所和仪式，又有男女混杂之情，处于特定心态下的人们也就充分拓开了自己的想象空间。关于教方诸多所谓“丑行”“恶举”的传说，亦都有类同之因。像说教方“有病不请外人医，牧师来把针灸施。妇女也要脱衣裤，赤身裸体全不顾”；“有丧必求牧师殓，独自入房把门掩。眼睛取去膏药蒙，封目归西名不通”②云

① 古田县吴令禀，《教务教案档》第 3 辑第 3 册，第 1375 页。

② 天下第一伤心人：《辟邪歌》，《反洋教书文揭帖选》，第 14 页。

云，所渲染的显然也是一种隐秘、暧昧的情境氛围，其实所借以推断的事体并不符实。

至于神异题材的传闻，其证据的暧昧性更是自不待言。不消说世上本无鬼神的真实存在，传说的有关事象只是在当时的迷信氛围下，在对其信实或似信非信的人群中，存在的一种迷幻认知，即使因实有自然事象而误传的情事，也多与一时的证据不明、事实不清分不开。像文廷式记述的这样一事："丁酉（按：指光绪二十三年，1897 年）五月二十三日夜四更许，湖北武昌府数十里内地鸣，声如驴嗥。邹沅飘闻之，谢苍平亦闻。《申报》、《新报》或言满城鬼哭。余之汉口，或言自荆、宜至蕲、黄，往往夜深辄闻鬼哭。未知五行诊戾，何以至人。"并特别说明，"岁饥民困，伪言繁兴，聊复记之"①。看来，文廷式对"鬼哭"之类的说法未必坚信为实，但所谓"地鸣"之事当真实有之，应属其时得不到科学解释的一种自然现象，而与"岁饥民困"的背景联系起来，像"鬼哭"之类的附会性解释便有采信的市场。还有文廷式也有记述的前边引及的甲午京南"水怪"之事，也是因其叫声实有，但原因不明，猜测性的说法众多，一时闹得万口杂说，千里喧腾。归根结底，当时揭示真象的证据不明不失为重要诱因之一。有人作诗专咏其事，有"举国若狂谁使令，解人难索系我情"，"何至妖异喧神京，无乃小怪作大惊"之句。作者对此事引起偌大范围和规模的惊动不以为然，但又因为自己当时不能究明底里，到头来还是将之归为"物妖"，只不过是认为此乃由"人妖"引出，持所谓"灾祥在德天所凭，反德为乱妖灾生"②之说而已。还有谶语谶谣类传闻，其本身不管从语言形式

① 文廷式：《闻尘偶记》，《近代史资料》1981 年第 1 期，第 53 页。

② 张豫荃：《淦梦痕仙馆诗抄》，转据李孟符：《春冰室野乘》，第 162 页。

上还是内容意境上即都直接有着突出的朦胧性特征。当年有的外国人针对太平天国起义酝酿之际社会上流行的“神谶”之说评论道:“它的那些不可解的语句,简直与诺斯特拉达姆斯(Nostradamus)和圣恺撒留斯(St. Caesarius)的咒语如出一辙。”①试想,不管是太平天国时期还是义和团运动时期铺天盖地流行的那些千奇百怪的“神谶”之说,不都是以暧昧不明的意境为突出特征的吗?有从晚清时过来人,忆述当年的“异梦灵乩”之事,有言:“梦关于心理,乩近于迷信。而乃若隐若见,若有若无,亦既绞多少人脑汁。沥无量哲士之心血,而终不得正确之发明、明晰之鲜(解)决,此圣人所以存而不论也。”②所反映的更是多么典型的一种朦胧认知境界!

关于战事传闻的“证据暧昧性”因素,也是不难理解的。一方面,战局的客观情态,一般只有战事双方涉身局内的少数指挥员比较明晰,一般参战人员都不可能了解详确真情,不要说其他外间人员了。另一方面,故意的军事欺骗也是必有的。正如当今一位外国研究者所指出的,“军事欺骗艺术的历史同战争本身一样古老。长期以来,人们都把军事欺骗艺术视为利器,军事历史上几乎每一位成功的军事家都运用过军事欺骗。”并且,这位人士还特别注意到中国的历史情况,说是“像孙子这样生活在2400多年前的中国战略家,却能够运用欺骗艺术达成辉煌的战果”③。的确,军事欺

① [法]加勒利、伊凡原著,[英]约·鄂克森佛译补,徐健竹译:《太平天国初期纪事》,第19页。

② 张天锡:《春晖草堂笔记》,台湾文海出版社《近代中国史料丛刊》影印本,第171页(原书卷2,第40页)。

③ [英]马克·劳埃著,纪皓等译:《军事欺骗的艺术》,吉林人民出版社2001年版,第1页。

骗艺术在中国有着悠远而深厚的根基，具有经典性的“三十六计”中就包含着这方面的丰富内容。而所谓“兵不厌诈”，更可视为能概括古今中外军事欺骗艺术实质的通则，在晚清时期当然也不例外。并且，当时的战争不但是多发的，而且情势也异常复杂，国内战争与国际战争或此起彼伏，或同时进行，或交相混合，这样本来客观情境上就让人难辨庐山真面目，加之各方都有意使用军事欺骗术，制造假象迷惑对方，有关事体真相的暧昧难辨，也就是常有的事情。结合上战争所造就的特别恐怖的环境氛围，人们也就更易于风声鹤唳，草木皆兵，捕风捉影，市虎成讹。这从上面对战事传闻示例分析的诸多事体中即可得到印证，这里不再专门举证。

至于变政事类传闻的暧昧性因素当更为典型。在当时封建专制的体制之下，正如时人就有关传闻之事所感慨置言的，“禁中事秘，莫能质之”①；“内廷秘密之甚”，“无从知其底蕴”②云云，对于说明变政传闻的暧昧性因素来说，可谓一针见血。对相关情况，后世有的研究者也给予关注，析其原因说：“一、紫禁城隔绝了深宫大内，在深宫大内中所发生的极隐晦事件，绝不是外间一般人所能知道的。二、当政者当然要隐晦这些事情，所以在一切的官书中，自不会有记载。三、能够清楚真相的少数人为了计及本身的利害，绝不愿把事实真象透露出来。就因为这些原因，所以一般人所说的‘宫廷政治’真象，多是出于传闻的；既出于传闻，其中就难免有渲染或臆度的地方，甚至于无中生有也是可能的事。”③的确如此。特别是有时候局内人故意造疑欺饰，这就会使有关情事更加迷乱

① 李慈铭：《越缦堂日记》（光绪元年二月二十日）第22册，第45页。

② 陶湘：《齐东野语》，盛宣怀档案资料选辑之一《辛亥革命前后》，第28页。

③ 金承艺：《关于同治帝遗诏立载澍一事的辩正》，台湾《中央研究院近代史研究所集刊》第1期。

不清。像维新派人士就尝指斥政敌方面在一些敏感的朝政问题上,“布满疑阵,预蓄疑兵,而故留疑案,使人人疑以传疑”①。甚至在特殊关头,单迷朦暧昧的情境条件本身,就为相关传闻的生发提供着巨大的诱导空间。例如,戊戌政变发生后,《申报》的“天津访事人”有这样一则关于当时清朝官方京津联络见闻的报道:

先是京师此事(按:指政变事)秘而不宣,至初六午后约四点钟,有内务府人员自京至津,卸装于佛照楼,匆匆即往北洋大臣衙门拜会荣中堂,随从人等均挥诸门外,不得近前。有从窗外窃听者,则亦以语细不可辨,惟见来员于语言之间数指而计,至第五节中堂拍案叹息,语至黄昏留膳,半夜始回。初七日晨七点钟仍出门拜客,不知何往。午后一点钟中堂至佛照楼回拜,密谈点余钟之久,然后言旋。是夜督辕迭接京电,遂于半夜以后,札行津芦铁路总局,称有密件,饬于初七日暂且停车,京师亦未开车搭客前来。惟于十点余钟来一火车,其势甚疾,到河东站停轮,有一西人手挈绿筹遽行跃下,向北而去,盖亦赴辕督公干者。比十一点余钟有官轿一乘,随二戈什同西人登车开往京师,道路均属耳目,谓中堂已被召晋京。惟衙署则讳莫如深,谓当于初九日始行北上,不知是何意见也。②

揣摩起来,这则报道本身就有采择传闻的性质,而所提供的具体情境,神秘紧张而又扑朔迷离,留下了改造加工和生发更多传闻的莫大余地,当时见闻人群惊奇之下会有多少猜测传言,可想而

① 《知新报》载《论圆明园炸药事》,《戊戌变法文献资料系日》,第1400页。
② 《津友述国事要闻》,《申报》光绪二十四年八月十三日。

知。所谓"谣生市虎人疑信,影出杯蛇事有无"①——这是湖南新党人士唐才常在闻知政变之局后所作戊戌八月感事诗中的句子。联系其全诗(四首)可以察知,其主旨固然在于揭露政敌方面造作和利用谣言,以莫须有的罪名构陷维新人士的行径,但也惟妙惟肖地状描出其时市虎成讹,杯弓蛇影,令人虚实难辨,疑信莫决的这么一种利于有关传闻盛行的情境氛围。

再如辛亥年武昌起义的消息传到北京,清方人员大为惊恐,由革命党人操办的《国风日报》因抢先刊载宣传有关消息遭到警察干涉,报馆同志便机智地采取了"白版"出报的策略,"除一版广告及社会新闻外,正面一版,全空白;却在上面排了一行二号字道:'本报从各方面得到消息甚多,因警察干涉,一律削去,读者恕之!'"其结果,据此亲与其事者记载:

> 这真灵验!这纸白报一出,人心更是汹汹不定,都乱猜起来嚷嚷着说:"大概革命军完全胜利了!清兵大失败了!各省都响应起来了罢!不然那(哪)有一版禁登的消息呢?"呵呵!警察先生觉得不妙,又赶紧来馆告诉编辑说:"除过靠不住的谣言,准你们登载就是!"自然是照常登载起来。时北京有一画报,专画各报登过的趣闻,颇有滑稽风味。他(它)见本报出了一张空白报,却想出一种插画,画的是四家打麻雀牌,一家放出一张白版在桌面上,从下家的口里面画出两条话线来,中间写得是疑问口气道:"你为什么出这一张白版呢?"趣极。②

---

① 湖南省哲学社会科学研究所编:《唐才常集》,中华书局1980年版,第263页。

② 景梅久:《武昌起兵,一张白版》(原载《罪案》),近代史资料专刊《辛亥革命资料类编》,中国社会科学出版社1981年版,第88～89页。

一张白版，获得如此出奇的宣传效果，真可谓“此处无字胜有字”。揣摩起来，实际上就是因为它增加了事局的暧昧性，给了人们更大的猜测想象空间，遂衍生出诸多传闻。清方之所以“觉得不妙”，又准该报登载除所谓“谣言”之外的有关消息，无疑是想以增加载闻的明确性（自然意味着减削其暧昧性）来抑制对其不利的传闻的生发。至于那家画报据“白版事件”创作的那幅插画，不仅是“趣极”，想来也有助于体味关于“暧昧性”因素之于传闻生发重要性的道理。

不仅是关乎朝政国事大局的重要变故，即使日常宫闱生活也是社会上流行不息的传闻话题，像关乎皇帝和皇后、嫔妃之间的关系以及私生活者即颇典型，对于其境况特别的人物，有关传闻便更形集中。如慈禧太后这样一个年轻守寡的女人虽然有着极权之位，但也不免成为众多绯闻的矢的，所传与慈禧太后有暧昧关系者，起码涉及荣禄、名伶杨月楼、某御医等人。有些记述虽然时过境迁，但在亡清之前甚至慈禧太后在世时即有此等传闻当无疑义。但推敲起来此等事情外间何得其详，乃至有些传述竟能情节上具体而微，绘声绘色？恐多属揣测造作，甚或出于无聊。诚然，宫禁之中亦声色享乐之所，污浊淫秽之事并不少有，但有些外间传闻未必符实。像有的笔记资料中记述“禁中蓄媚药数十种”，而药性最烈的一种，曾被为官翰林时的丁宝桢，在一次被召见入圆明园宫禁而独自在一室暂候时，当做“马乳蒲桃”误食，因为此物即放置在室隅小几上。他食后下体立刻发生激烈反应，情急之下装作突发急病，被就近“舁归海淀一友人家中，友故内务府司官，习知宫内事”，乃告知实情①。这种传闻的真实性便大为可疑。但无论如

① 许指严：《十叶野闻》，第218～219页。

何，这类传闻得以生发传播的原因之一，便与其具有难以证实或证伪的暧昧性质不无密切关系。也正是鉴于此，有的亲历其时熟知清季朝中掌故的人士，对这类传闻也不轻易记述，持宁缺勿滥的严肃态度。如《崇陵传信录》的作者恽毓鼎，在该书的《弁言》中就这样交待："至若赤凤之谣，杨华之歌，怨口流传，几成事实。宫廷隐秘，姑从阙如。"[①]也正因为如此，本文中也没有把这种传闻作为重点题材或事类列举（前边关于同治帝冶游之事，是鉴于与他的病死和帝位更易，以及当时的朝政风波密切关联而涉笔，并非仅从其私生活角度着眼），不过，在这里以其作为说明证据的暧昧性，是传闻形成和传播一大要素的例子，还是颇为典型的。

还有一些为社会公众所密切关注的重要案事，之所以传闻纷杂，也与证据的暧昧性分不开。像同治九年（1870 年）发生的两江总督马新贻被刺案（通常称为"刺马案"），当时即传闻纷纷，即使官方以所谓"江浙海盗，挟仇报复"而定谳结案之后，民间的传闻仍然纷杂多有，且明显与官方异词。有所谓"野史氏"者有这样的记述和评论："余以清光绪戊子岁，始游金陵，僦居信府河胡翁家。翁年六十余，故上元县小吏也。当文祥（按：指张文祥，刺杀马新贻之人，清方多以张"汶"祥书其名）就鞫时，翁亲为录供。时与余闲阶列坐，谈当日情事，目忆手揣，历历如绘，余固已心识之。其后读诸家记载，则言人人殊，莫衷一是。然较而论之，大抵出于社会者，皆与翁言合；出于官家者，皆于奏章合，所谓官样文章者乎？呜

① 《史说慈禧》，第 392 ~ 393 页。引文中所谓"赤凤之谣"、"杨华之歌"，皆为典故。前者的典源为：汉成帝后赵飞燕与妹合德并通宫奴凤来，会十月十五日，歌《赤凤来》曲。飞燕问合德："赤凤为谁来？"合德说："赤凤自为姊来。"后者的典源为：杨华为北魏名将杨大眼之子，本名白花，有勇力，伟容貌，胡太后逼通之，华惧及祸，降南朝梁。胡太后追思不已，因作《杨白花》歌。两者皆涉宫闱情事。

呼！第以官样文章论人，此二十四史所言多诬罔，而不可尽信也夫。”①官方的基本口径上已述及，那么，与官方说法抵牾的“出于社会者”的传闻舆论，又是怎样一种传述呢？尽管其所述细节情况千差万别，但大致都倾向于认定，马新贻是因为渔色负友而被张文祥愤而刺杀的。说是早先张文祥曾与马新贻及另外一友结交，齿序马为长，张为末，另者居中，马新贻发迹后不但对两旧友有厌薄之态，而且窥老二之妻色美，诱迫私之，深为张文祥所痛恨，遂伺机杀之。② 此民间传述尚不乏来自据称为当年知情者之口，而官方定谳的文牍亦似铁证如山，实情究竟如何，不但当时外间难以知晓、断定，而且时至今日仍异说续出，扑朔迷离。③ 没有能被人们一致认同的确凿证据，显然是此案传闻纷杂的重要因素之一。

对于传闻的“证据暧昧性”因素来说，还需要特别注意下述一

---

① 张相文：《南园丛稿》，台湾文海出版社“近代中国史料丛刊”影印本，第580～581页（原书卷7，第44～45页）。

② 除了张相文《南园丛稿》之外，述录此大致说法者还有金天翮的《天放楼续文言》（1933年苏州国学会铅印本）、徐珂辑《清稗类钞》（狱讼下）、百岁老人江兆鑫口述、施文谟笔录的《张汶祥刺马新贻目击记》（载《江苏文史资料选辑》第3辑）等。

③ 如北京图书馆出版社2001年出版的高尚举《刺马案探隐》一书中，对上述官方、民间的两大类说法全都否定，论证马新贻是湘军集团的人主谋刺杀的，这是“一件有计划有组织的政治谋杀案”，说是“马新贻被刺身亡，又有身后之玷，人们津津有味地谈论着桃色新闻，而且又有为友复仇、义薄云天的侠义故事，迎合人们猎奇的心理，适应玩家的口味。若马新贻不死，也是百口莫辨。史家亦是望而却步，因为谁也不愿意去为一个‘渔色负友’的小人辩白”（该书第140页）。更值得注意的是，著名历史学家、与马新贻同为山东菏泽籍的何兹全先生为该书作序，表示赞同这一观点，说是“我们纵然没有确绝的证据……但往这方面想大概是无误的”，并总结归纳出七点引导作此想的“蛛丝马迹”，断定马新贻“决不是死于桃色花案”。该书的确提出了一种应该令人注意的观点，但仔细推敲其论证似乎尚欠缺足够的说服力。

种现象，我们不妨称之为"定势性迷障"。其主要表现为：当一件事情因为不能确凿地证实或证伪，处于模糊样态的时候，生发出相当规模的传闻，造成强力的舆论影响，即使最后有了可靠证据，事实本来已经揭明，并且显示出与先前传闻的基本指向出入较大，也就是说证明先前传闻严重失实的时候，该传闻也并不因而消弭，而以其形成的定势和惯性，继续流布，甚至长久持续。像这种情况，我们拟通过关于杨乃武和小白菜著名案事的传闻情况，来进行具体剖析。

这一案事发生于同治十二年(1873年)，最后结案于光绪三年(1877年)，前后历时大约三年半的时间。这本来是民间一宗被疑为奸杀的案件，无关于朝政大局，但因为审理过程极为曲折复杂，牵涉到从县到中央部门各级的诸多官员，乃至清廷最高权力层直接过问此事，最后由刑部直接审断方告办结，清廷追究了一批失察失职官员的责任。数年之间，此案简直闹得朝野鼎沸，社会影响颇大，这中间，便与有关传闻的盛行的情势密切关联。

关于此案的情节，或许人多熟知。但一则因为相关传闻资料纷杂，人们了解的情节未必一致；再则也是为了据以分析的方便，故将事实梗概略述如下：杨乃武和小白菜皆浙江余杭人氏，小白菜葛毕氏(本名毕生姑)与其丈夫葛品连曾因租住杨氏屋舍与杨家为同楼之邻。葛品连在一家豆腐房帮伙，作工早出晚归，甚至在作坊夜宿不归。平时葛毕氏常就便到杨家走动，杨乃武还曾教她识字，甚至有时同桌吃饭。这期间杨乃武的妻子因难产去世，杨乃武与葛毕氏仍保持交往，其间关系遂引起葛品连及其家人乃至邻里的怀疑，渐有绯闻传播。不久因房屋租价提高葛品连夫妇离开杨氏屋舍另行租居。同治十二年十月间葛品连患急病身亡，其家人怀疑为其妻因有外遇而谋杀其夫，遂呈控官府查验。官府有关人员怀先入之见,察证草率,遂将葛毕氏收监。刑讯之下,葛毕氏诬认与杨乃武通奸合谋毒杀其夫。时已为举人的杨乃武遭连累入狱,功名被革,刑逼之下亦曾诬服。但随后两人又都翻供,杨家亦向上呈控申冤。终致引起朝廷关注,经多重曲折反复,最后终于弄清真相,断定杨乃武与葛毕氏之间并无奸情,葛品连为病亡而非被毒杀。杨乃武与葛毕氏之间"同桌共食"等所谓"不知避嫌"之情为实,各被杖责开释。

社会传闻在这一案事之始,即起了严重的误导作用。所谓流言可畏,于此也可得一力证。有迹象表明,有关小白菜与杨乃武有染的传闻源头,起自葛品连对妻子的怀疑及其母亲的向外散播。① 这种话题在当年更形敏感,在邻里间很快播散开来可以想见。及至葛品连猝死被疑毒杀,办案者其实在心理上已为这种传闻舆论所左右。故自觉不自觉地通过一切手段索取奸情杀人的口供,迈出了制造冤假错案的关键一步。至于后来复勘过程中,有关人员极力维护原审原判,自然就加进了企图开脱自己失察责任等更为复杂的动机因素。而此间不实之传闻仍然盛行,继续发挥着其舆论影响。譬如说浙江籍的京官李慈铭,颇为关注此案,其光绪元年(1875 年)四月间的日记中还有这样的记载:

> 闻杭州士夫言:杨乃武者,本余杭诸生,无赖习讼,恶迹众著。尝以小忿杀其妻,托言病死,其妇家莫之何也。葛品连者,杨之邻人,以磨豆乳为业。毕氏未嫁时,杨与之通,因为葛娶之,恣其淫。及癸酉杨举于乡,因谋杀葛而娶毕为妾。或云:葛病,毕求医于杨,杨以砒霜与之而

① 参见王策来编著:《杨乃武与小白菜案真情披露》,中国检察出版社 2002 年版,第 3 ~4 页。

> 伪言神药,毕以饮葛,即毙,毕实不知也。或云:毕喜杨得举人,欲弃葛以从杨,杨为之计杀葛,毕曰:"奈事发何?"杨曰:"我力能庇若,无惧也。"毕遂从其计,毒杀葛。其详,弗敢质。而杨之谓匪人,则众口若一。①

李慈铭这里记述的是典型的传闻。并且情节上较之原始说法更有诸多添枝加叶,譬如说杨乃武不仅是与葛毕氏同楼邻居时通奸,而是在葛毕氏未嫁时就早有奸情;杨乃武不仅与葛毕氏合谋,甚至是他自己主谋毒杀了葛品连,而且还曾"以小忿杀其妻",这似乎又与欲娶葛毕氏,喜新厌旧有直接关系。甚至有一种说法里还绘声绘色地有他与葛毕氏合谋的对话。而尚流行这样的传闻之时,案事发生已有大约一年半之久,原来的审断已显出若干破绽,正在胶着鞫研之中,但这般传闻仍有众口铄金之势。及至最后此案水落石出,实情大白于天下,但旧有传闻的惯性仍有相当强势。这固然有无聊之辈津津乐道奸情话题而故意渲染的原因,但先入之见胶结难破的定势因素也不可小觑。试看后来的野史记载,有诸多还是在奸情上大做文章,甚至花样更为翻新。如《清代野史》中记述葛毕氏为"土娼","艳名噪一时","县令刘某之子昵焉,邑诸生杨乃武亦昵焉"②,是一种三角恋奸情引发的命案。《清稗类钞》和《清朝野史大观》中也采录了情节不尽相同但同属奸情引发命案梗概的偌多传闻素材。从这一具体实例,可见传闻事体证据暧昧性因素的定势性迷障之一斑。

以上对决定传闻流布规模和力度的"重要性"和"暧昧性"因素进行了举证和分析。如果说前边第一章中揭示的是传闻生

---

① 李慈铭:《越缦堂日记》(光绪元年四月二十五日)第22册,第80页。

② 梁溪坐观老人:《清代野记》,第116页。

发的不同方面的促因条件，那么这里考察的则是传闻的内在要素。有的学者对上述“两要素”的传闻定理予以补充改进，也就是除问题的重要性和证据的暧昧性之外，又加进一项主体的批判能力(Critital ability)，用“C”来表示。而这项要素的强弱是与传闻的流布量成反比的，也就是说，(群体或个人的)批判能力越强，传闻的流布量越小，其批判能力越弱，传闻的流布量越大。如果这种批判能力“C”取正值表示的话，那么，传闻的定理公式则成为：$R = i \times a \div C$①。

主体批判能力对于传闻流布规模、力度的影响确实是重要的。正如有的研究者指出的：群体和个人的批判能力，是多种因素的综合表现，这些因素包括了影响个人意见形成的一切方面，例如文化程度、宗教信仰、居住地区、聚集程度、公众情绪等等。除公众情绪外，其他都是较为稳定的因素。而公众情绪则是波动起伏、易于变化的因素。如果群体处在平和的情绪中，人们对传闻往往取谨慎的批判态度，在群体的这种状态下，传闻传播速度较慢，传布范围较小，产生畸变也小，对社会的冲击力不大。如果群体处在亢奋情绪中，其批判能力就下降，对传闻则较易接受，而往往不辨是非，不加核察②。因而，助长传闻的流布。

从晚清时期社会传闻的情况看，在这方面也体现得相当突出。凡某个时候某种社会传闻特别盛行，那么一定也是传闻场中的公众，在其时对该种传闻比较普遍地缺乏批判能力而陷入情绪上盲

① 孟小平著：《舆论学》中将公式表示为 $R = i \times a \times C$。显然，如果说“C”的强弱以绝对值的负数形式表示这一公式成立，否则便错误，并且与其文字解释相抵牾。本文关于这个定理的介绍，即参考了该书中相关的文字介绍内容，并据以了解，这一改进公式，是克罗斯在1953年提出的。见该书第221～222页。

② 见孟小平著：《舆论学》，第222页。

目亢奋、激动，否则，传闻就难以形成盛势。正因为群体性地缺乏批判能力，便会造成人云亦云、盲目从众的情势，所谓“言者不知其妄，闻者信以为真”①，以及前引及的“言者如是，闻而传者如是，传而力争者复如是”。这是针对义和团运动时期有关情势的评说，其实对其他传闻盛行时候的情况也同样是适合的，并且不失为典型写照。而在这种情境之下，能够保持比较清醒意识，持有批判能力者，就可能避免为不实信息所迷惑，起码能够对有关信息持怀疑保留态度。

像《庚子纪事》的作者仲芳氏，对义和团传扬的所谓只须大师兄向海中念咒，用手一指，洋人兵船即不能前进，并在海中自焚之类的说法，就不盲目信实，认定为“荒诞之谈，直如梦语，足见乱惑愚人，非正道也”②。他针对“团民上法时有请关帝、张桓侯、赵云者，有请孙猴、沙僧、猪八戒者，有请姜太公、黄飞虎、岳武穆者，更有请黄三太，窦儿墩者”这等为许多人传信的事情，分析评论说，其“大抵所假之名，多系野史演义书中之人。当时本无其人，何有其神，荒谬之亟矣”③！对于庚子六月间京城拿获并处死的所谓白莲教男妇数十人，大众“哄传有纸人纸马，撒豆成兵”的巫术，仲芳氏认为“实无确据，皆众人随声附合之谈，何人亦未亲睹”。在将有关人犯押赴刑场行刑，有约数千义和团众“保护法场押送囚车”，而“沿路看热闹之人，填塞街巷”这样一种盲目纷乱的状态

① 刘孟扬：《天津拳匪变乱纪事》卷上，中国近代史资料丛刊《义和团》第2册，第11页。

② 仲芳氏：《庚子记事》，中国社会科学院近代史研究所编：《庚子记事》第16页。

③ 仲芳氏：《庚子记事》，中国社会科学院近代史研究所编：《庚子记事》第18页。

下,他则注意到“所杀男女,半多永定门内外居民,率皆粗笨之人”,遂更怀疑他们的“教匪”身份,说“是真乎,是假乎,实难逆料也”①。对当时“各巷宣传白莲教暗施邪术,剪取鸡鸭翎毛与人发辫。又某粮店黑豆一囤,被一老人买存,转瞬间豆皆自生眉目”,这种“各处传为奇谈”的事情,仲芳氏以“人心恐慌,究无一人亲见”②置评,也表示出不盲目听信的态度。

再如《天津拳匪变乱纪事》的作者刘孟扬,在其该书《凡例》中特别申明:“编中所记有神奇怪诞,毫无考据之事,皆系崇信拳匪者所传,概加以‘传云’、‘相传云’、‘有人传云’等字样,以付诸妄言妄听之列。”③他在该书《自序》中更明确说,当时“朝野上下多深信之”的义和团,“逞邪术以惑人则有余,凭邪术以保国则不足”,编撰该书,就是为使阅者“知妖术邪法,实是致乱之阶”,以求为“息邪说,正人心之一助”④。其人反对乃至诬蔑义和团的政治倾向自颇明显,但他对义和团传扬的一些虚妄不实的怪异之说持审谨批判而不盲从的态度,则应该说有其不从俗流的明智之处。该书中批判性地记述了传信义和团“神术”的诸多事例,如哄传红灯照“练法焚香念咒,一摇扇即高起空中数丈许”,而“人多登高远

---

① 仲芳氏:《庚子记事》,中国社会科学院近代史研究所编:《庚子记事》第26页。据其记载是六月二十九日于菜市口“杀前拿获之白莲教男妇七十余人”。随后又记及:七月初六日“菜市口杀白莲教男女老幼三十余人,大半皆乡间愚民,临刑时呼儿唤父,觅子寻妻,嚎痛之声,惨不忍言。其中恐不无冤屈,诚义和团之大孽也。”(同上揭书第27页)虽说作者显系站在反义和团的立场上来察鉴评论此事的,但当时义和团实有滥杀之嫌亦不当讳言。

② 仲芳氏:《庚子记事》,中国社会科学院近代史研究所编:《庚子记事》,第27页。

③ 中国近代史资料丛刊《义和团》第2册,第6页。

④ 中国近代史资料丛刊《义和团》第2册,第5页。

望，谓空际有红灯一盏，渐多至数盏，忽上忽下，其光明亮，于是争觇其异，竟有以大星为红灯者"，刘孟扬认为这种盲目从众的情况"殊为可笑"。又言红灯照"能在空中用法术纵火，且能盗取洋人大炮螺丝钉"等，这在刘氏看来自然也不可信。① 针对人们哄传和相信教民在人家门口抹血，能使义和团拳法不上身，又可使其不过百日即自相凶杀，或是不过七日即要起火这种事情，刘孟扬置评说："究不知此不过百日不过七日云云，系经谁告之"，"愚民无知，可恨可恨！"②又有哄传"某关帝庙神像，忽满脸流汗"的异事，"由是一传十，十传百，各关帝庙香火，为之一盛，皆谓为关公助战云"。对此刘孟扬似乎作了更细致的查验，揭露了事之本相："盖该庙僧中，因庙中香火冷落，糊口无资，乃用冰块暗置神像冠内，冰化水流，如出汗然，遂遍散谣言，以显其神异，得借此以获香资也。"③可见，他对这则传闻的批判已比较彻底。

还有像庚子年间正客居天津因作《拳匪闻见录》的管鹤，对当年有关怪异传闻也多有类似的批判性评述，不复征引，下面只引录其一则颇为生动有趣的巧妙破诈揭讹的事例：

> 一日，传闻由津至京某处，洋兵与拳民交战，拳众只作揖，不动步，即能前进。作一揖，进数百步；作三辑，即与洋兵接；洋兵不及开枪，身已被刃。且是时开枪，亦断不能燃。故洋兵无不北者。遂有某甲，谓昨日洋人用船

---

① 刘孟扬：《天津拳匪变乱纪事》卷上，中国近代史资料丛刊《义和团》第2册，第9页。

② 刘孟扬：《天津拳匪变乱纪事》卷上，中国近代史资料丛刊《义和团》第2册，第11页。

③ 刘孟扬：《天津拳匪变乱纪事》卷上，中国近代史资料丛刊《义和团》第2册，第19页。

> 运赴出口之尸身，不知其数，悉用蒲席密裹，不欲使人知为其洋兵也。余摇头不语。傍一友素滑稽，忽正色曰："君不信耶？系中国河拨船，有数十只，上载皆席包，累然无数，我亲见之矣。"某甲闻言，向余冷笑，复转面谓友曰："非君亲见，彼必不信。"友颔之，且言："此多船席包，我且见其卸岸，并见其拆包。"甲问："包内尸身，必已腐臭。"友曰："否。"问："胡不烂？"则徐曰："席包内容花落生耳，乌能腐烂耶。"甲色沮、不语。余大笑，谓友曰："或是洋兵之尸，中途腐烂，而得日月精华，忽皆变为落花生，亦未可知。"甲愈赧然，逡巡去。可谓一场雅谑矣。①

此场"雅谑"，却耐人寻味：在场的三个人物"角色"，肯定没有义和团中之人，那个信传有关异闻的甲某，既然能与管鹤及其朋友对话，想必也是士绅之流人物。管鹤一开始即对有关传闻明确表示了不信态度（摇头不语），而其那个"素滑稽"的朋友，却要了一个欲擒故纵的小把戏，开始装出赞同某甲的姿态，让某甲颇为得意地顺竿上爬，最后才抖开包袱，表明真实意见，使得甲某尴尬羞愧，一副窘态。其间虽然没有正面论辩的情节言辞，但一切尽在不言之中，两相对垒，展露了胜方绝妙的批判艺术。

仲芳氏、刘孟扬、管鹤之辈，当皆非清朝名宦高官，士夫而已。这个社会阶层的人物中，恐怕也不乏为有关传闻所迷惑者，但若辈却保持着起码批判能力。应该说这决不仅仅是由其非认同义和团的政治立场所决定的，更在于文化观念方面的原因。试想，当时若是社会上绝多人物有此辈的认识水平和批判能力，那些荒诞不经的传闻还能偌大规模地流布吗？由此也可反证，当时大众有关批

---

① 管鹤：《拳匪闻见录》，中国近代史资料丛刊《义和团》第1册，第469页。

判能力的低下。这样说，并不意味着对有些表面荒诞的传闻中，包容着一定的反侵略政治内涵这一情形的漠视，也决不意味着对仲芳氏辈诋毁甚至仇视义和团的政治表现的认同，这里主要是从关乎传闻内在机制的因素着眼，论证"批判性"要素对传闻生发的抑制作用。而这种"批判性"的要旨，即在于对传闻信息能够进行理智的审察。对于防止不实传闻的盲信盲传，这确实是一道金关。

在这方面，不妨再举清季著名报人汪康年的典型例子。他对慎察的重要性即有深切体悟，尝言："余少也，随宦读书，不涉事故，故其于世事甚浅，然亦颇究人世利病。每以谣言之起，辄缘误会误听而然，其后更加附益，而或利用以为谗慝之媒，遂致变幻离奇，不可究诘，如是而已。后以数十年之阅历，乃知竟有不止于是者"①。他具体列举了数则事例进行印证和分析，其中两则攸关国政大事，兹录如下。其一则为：

> 癸卯（按：指光绪二十九年，1903 年），俄事日急。有常州人余君见余张园（按：上海地名），言俄人在奉天一事极骇人。余曰："确乎？"曰："固闻诸某巨公。"是时余亦出入《中外日报》，顾以此事无他闻，不即登载。次日，又见余君，询昨所言何今日外间尚无及者？余君答语含糊，余穷诘之，余君忽曰："即谓我造以给君，亦何大奇？"余闻其言此，乃怅然径去。

其另一则为：

> 乙巳（按：指光绪三十一年，1905 年）春，余居京，偶至洋学馆，遇教习某君，动色谓余曰："君知近日将有大变故乎？"余见其状，亦皇然诘其故。某君曰："吾顷至通

① 汪康年：《汪穰卿笔记》，上海书店出版社 1997 年版，第 53 页。

州军队中，言适得政府某邸电，言日内恐有变动，属一切预备，一俟密电至，即开队入京。”余闻言大震，顾以事太重大，未敢宣也。遇数日，乃寂然，复问某，某亦自怪之。久之，偶于他处遇某，某则自圆其说曰：“余近又至通询前事，云后又得京电属解严。”……盖彼等之目的，意余不审而电上海，则报纸一登，长江一带匪徒即可藉以起事。其计划成否不可知，而余必已受累矣。人事之可畏如是！①

此等事体如此重大，汪康年又为报界名流，有干预舆论阵地之权能，算得上传播学中新闻信息“把关人”或曰“守门人”(gatekeeper)②之属。他与有关消息传播者这种接触谈资，决非长舌妇间私话家长里短性质，如不采取审慎态度，将实为别有用心造作的谣言，当做新闻贸然揭载报刊，当不啻随意掷出重磅的舆论炸弹，影响难以逆料，对其本人来说祸亦叵测，难怪在多年之后，他忆及此事，有“至今心悸”③之感叹。其实汪康年决不是一味排斥社会传闻的信息资源，相反，他作为一个报人，十分注意采择利用信息。像在维新运动期间，他在上海经营维新报刊时，经常与做京官的其兄汪大燮保持密切联系，通过他探听朝中消息，也把沪上所闻的有关信息反馈给乃兄。他们相互通报的情报中，相当比重即属传闻信息，而这在戊戌年间尤为突出。《汪康年师友书札》所收录的有

① 汪康年:《汪穰卿笔记》，第55页。

② 最早提出这个概念的是美国社会心理学家并且为传播学奠基人之一的库尔特·卢因。随后传播学者怀特(D. M. White)将这个概念引入新闻学研究领域，并提出新闻选择把关模式，揭示新闻人对有关信息的取舍选择机制。见其人的文章：The Gatekeepers：A Case in the Selection of News，Journalism Quarterly，1950(27)。郭庆光《传播学教程》中对此作有介绍，见该书第161～162页。

③ 汪康年:《汪穰卿笔记》，第55页。

关函件中于此即多有反映。他只是不盲听盲信盲传,注意自觉审察利用而已。

可见,由主体对传闻的批判能力状况,可以体现传闻场境中的不同角色分野,即能够审慎察之的“智者”与盲目从众的所谓“愚氓”。两者在传闻之局中的表现和作用是明显不同的。这将在下边适当的地方再进一步考察分析。

二、“常态”与“非常态”传播情状

社会传闻现象是颇为复杂的,从其传播情状看可以有“常态”与“非常态”的相对区别。前者是指在非“集群行为”的情境下,人们能保持相对理智和冷静的心态,也可以说是具有起码的批判意识和能力,并且采取常规的方式,对有关信息进行的传播。后者则特指在“集群行为”的状态下以及由此影响所致的其他失常场境中,有对关信息的非常性播布。所谓“集群行为”,(Collective behavior, 或译集合行为、聚合行为等)是借鉴于社会心理学和传播学上的一个概念,“指的是在某种刺激条件下发生的非常态社会集合现象”,“多以群集、恐慌、流言、骚动的形态出现”①。在这种情境下的有关信息传播,属我们所谓的“非常态”传播中的一种典型类型当无疑问。

一般说来,常态性传播具有相对的平稳性,而非常态传播则通常凸显“激涨”态势。在社会传闻呈“平流”的相对稳态时,一般是常态传播占居主导地位;而社会传闻呈大规模、强力度、如涛似浪、汹涌澎湃的高潮之势时,则通常有“集群行为”在起作用,构成非

① 郭庆光:《传播学教程》,第95~96页。

常态的传播。而在这种时候,常态的传播方式仍可能存在,只是被非常态的传闻盛势所湮没而不彰显罢了。当然,它也可能甚至一定要受到非常态传播的影响,乃至出现与非常态“合流”的迹象。从传播方式上看,常态者不论是人际传播、群体传播、组织传播还是大众传播都是以常规方式理智有序地进行,而非常态的传播则主要是特指所谓“集群行为”和相关特殊场境中的传播,是群体传播中的一种变态形式。当然,由此也可能辐射和影响到正常的人际传播、群体传播、组织传播和大众传播,使之发生变异,即使不变异,也可以由这些正常的传播方式中反映非常态传播的某些情况。把握常态传播和非常态传播的区别与联系,对考察历史上的传闻尤其重要。因为时过境迁,集群状态下的现场情境已经不可能实际再现,对于我们考察的晚清时期的情况来说,它连录音录像资料也不可能留下,只能主要借助于文字性的史料来寻绎。其文字性史料中,像私人信函当属人际传播中的一种形式,公牍则一般为组织传播下的产物,报刊载文分明属大众传播范畴,这些媒体关涉传闻时一般情况下应该是反映其常态传播情形的,但其间也可能记载和反映非常态传播的情境,甚至可以从其或有的畸变中直接体察非常态的传播情状。

像义和团运动之际,是非常态社会传闻特别典型的时期。从这时留下的有些人员的文字材料看,他们并没有完全被卷入非常态的传闻情境之中,而是保持着起码的理智,在自己的交往、联系圈内,相互传递见闻信息。受环境条件的限制,其信息内容也不能与传闻绝缘,甚至在很大比重上亦为传闻之属,但不是一味盲传盲信,而在相当程度上能够怀疑、审察、分析、利用。这里以华学澜《庚子日记》中记述的有关情况为例。华学澜,天津人,光绪进士,庶吉士散馆后授编修,义和团运动与八国联军入侵北京时正在该城，其《庚子日记》中“所记当时北京情况，多为亲见亲闻，北京以外的情况多系依据亲友通信和传闻”①。家乡天津的情况，自然为其所特别关注，随时探传有关消息，所获即多传闻，但也多能进行较为理智地分析、“过滤”。像这年六月廿二日他记述，听有人传言，“洋人入天津城，系以教民扮作义和团，赚城而入”，但随之说明，“城外同乡亦均未接家信，此系得之传闻”。廿四日，又记听说“天津洋人系由西南城角以地雷轰城而入，初入，不免杀人，将令下乃止”，并说明“亦是得之传闻者”，表示了真假莫辨的存疑态度。七月初二记：“表姊丈郦君自津来，言二十八日伊尚进城，城内焚掠不堪，伊家早已逃在王家口庄。洋人初入城，诚未扰民，其逃者闻其不扰，稍稍归。归后乃大肆掳掠，无论男女皆掳往紫竹林，勒令入教，剪去发辫，为之执役。又云关门者伊即不入……闻之令人心悸欲死。”即使亲闻“自津来”的亲戚所言，并且切实受到震惊，但还是注意到其“前后语不相顾”的矛盾，以及“其人素好过言”的一贯毛病，表示“亦未敢深信”。初四日，记辗转闻言：“有人于（六月）二十后在（天津地方）西头，见吾母率少妇数人在街行走，未云见男人否。”接着置评：“恐系传言之讹。吾母向有定见，城失不逃，岂以后乃逃乎。况所谓有人者并非至戚，何以识吾母，不待辨也。然闻之究不能不动心。”②当时京津一带局势动荡纷乱，正常信息渠道严重滞碍，华氏据传闻渠道获得相关信息，也与他人交流，自然算是涉身传闻场中，但若辈又显然与处于盲目而非理性状态下的广大受众迥然有别，当不失为非常态传闻盛行的局

① 华学澜：《庚子日记》，中国社会科学院近代史研究所编：《庚子记事》，第99页《编者按》。

② 由前注以下至此引文皆出自华学澜《庚子日记》，中国社会科学院近代史研究所编：《庚子记事》，第106～111页。

势下，维持常态传闻小环境的事例。当然，比较起来，考察“非常态”传闻情境更是本节所着重的。

先看一下所谓集群行为中传闻播散的典型情境。这从晚清各个形成某种传闻高潮的时候都可以找到典型的事例，试选数例来作具体审视。

其一，天津教案和辰州教案例。有关教方迷拐幼孩、采生折割的传闻，对于天津教案的发生来说不啻强力的酵母，而其传播主要即赖于非常态的情境，一旦涉及与传闻有关情事的蛛丝马迹，如所谓逮获拐犯、查见被折割的烂尸、教堂寻证等，人们便一呼百应地群集，不止一般性地围观，而是主动作为干预者，一说众应，万喙如潮。有迹象表明，起码在案发前一二十天，即自当年的五月初，氛围已相当紧张，“百姓不时成群结队地麇集在教堂附近，肆意发表激愤的议论，而且不止一次地要求仁慈堂将幼孩释放回家”①。而到案发这天，丰大业行凶之前，天津地方官吏押“拐犯”到教堂对质时，更是自发聚集起大批的民众，他们不只是一般性地围观，而是主动性很强的干预者，当场与教方人员发生冲突，不只“口角相争”，而且“抛砖殴打”②，对教方迷拐幼孩、剜眼剖心之事坚信不疑，异口同声。及至由于丰大业行凶而引发大规模的以暴抵暴行动，就更造成了群体性失控，有关传闻更是得以爆炸性释放。光绪二十八年湖南辰州教案的有关情况亦颇典型：案发以前，关于教方使人井中投毒的传闻已在当地传遍，可谓家喻户晓，人人皆知。在这种情境之下，发生了被认定与教方有密切关系的寡妇萧张氏身

① 《美国公使镂斐迪致美国国务卿斐士函》，中国近代史资料丛刊续编：《清末教案》第5册，第3页。

② 《三口通商大臣崇厚奏报天津教案经过请饬直隶总督曾国藩来津查办折》，中国近代史资料丛刊续编：《清末教案》第1册，第777页。

带药包事(前边第二章中的《反洋教传闻》一节中述及)。尽管实际上她所带药包中并非真的是要投放井中的毒药,而是藿香丸之类,她也从没有往井中投毒之事,但在当时众口铄金的情势下有口难辩,惶恐之下只好诬认,这下众人更认定确凿无疑,于是缚她游街示众,有人大喊着"放毒药的人抓到了"!开始聚集起百余人,游程中随从观看的人滚雪球般越聚越多,游行队伍越来越大,一时多达两千余人。① 当时人们的议论传说可想而知,你应我和,无非是认为教方派人井中投药铁定无疑,激愤之情难以抑制,于是发生群起打教事件。其实,不仅上举这两个案例,几乎凡是以反洋教传闻为诱因的群体性打教案事,都有与此类同的情况。

其二,关涉金融风潮的传闻事例。集群行为下的有关传闻对于金融业来说关系极大,有时一种哄传,会导致万众挤兑,乃至哄抢,可致一钱庄、银行登时破产关闭。像胡光墉(字雪岩)经营金融业的破产中就有这方面的典型事例。其人内结权宦,外联洋商,可算晚清金融巨头,在江、浙、湘、鄂等地开设当铺二十余处,又在各省乃至京师开设阜康银号(或称钱铺)。光绪九年(1883 年)十一月上旬,"忽天津电报言其南中有亏折,都人闻之,竞往取所寄者,一时无以应,夜半遂溃,劫攘一空",传闻连恭亲王奕䜣这样的人物都"折阅百余万","亦有寒士得数百金托权子母为生命者归于尽",并直接累及号称"京师货殖总会"的内城"四大恒"钱铺,使之陷入危甚的境地,记述此事的时人感叹"此亦都市之变故矣"②!一纸电报引起阖城哄传,万人拥聚,挤兑加劫攘,不但使一家连权贵都储钱取利的名号彻底毁掉,而且使整个都市的金融业都陷入

① 参见钟玉如:《辰州教案始末》,《近代中国教案新探》,第 202 页。

② 李慈铭:《越缦堂日记》(光绪九年十一月七日)第 41 册,第 40 页。

严重危机，上累王公，下损平民，事发突然，无从控制，何其惊人！此事的发生之时，虽然正值中法战争期间，但京都并无大动乱，尚至如此。而当直接在战乱或政局严重动荡的环境之中时，金融风潮发生自然更为常见。譬如辛亥年间武昌起义之后，南方有些省区的金融风潮频发。有说“鄂省自革命军起事以来，沪埠因而牵动，大受影响，民心惶恐，颇有风鹤惊心之象；甚至有匪徒摇惑，散布流言……商界听信谣言，徒滋纷扰，有意将各银行钞票，阻滞通用，殊于市面大起障碍”①。因金融环境恶化，绅商民众集聚哓议之事层出不穷。此时业已光复的湖南省城长沙，“北城外和丰公司因纸币过多，银根日紧，一时将兑不及，以致大起谣风，拥挤至数万人。绅商各界恐生他变，坚请焦、陈（按：指时任湖南正副都督的焦达峰、陈作新）自行出城弹压，焦不允，陈乃督卫队六十名前往弹压，以兑票人多不服理喻，乃将乘风滋闹者杀二人，其风始熄”②。“大起谣风”以至“拥挤至数万人”，当局竟至杀人镇压，发生流血惨案，这是多么触目惊心的情景！与集合行为密切关联的非常态传闻播散，由此表现得简直可以说到了极致。

其三，传闻与聚众“抗漕”、“抢来”事例。清末政局动荡，灾荒频仍，民不聊生，各地抗捐抗赋、哄抢粮米的事端时有发生，这中间往往伴随传闻流行。像宣统元年（1910 年）夏秋之间，浙江嘉兴、湖州三府所属若干州县，民众因灾歉要求援先例免漕，官府不应，他们初则“相率观望”，继则“鸣锣聚众，约会抗漕”，所谓“其势汹汹，不可理喻”，尤其以嘉兴府属桐乡一带为最甚，“城乡谣传不一，商民恐慌异常，势甚岌岌”，官府采取镇压措施，将所谓“毁仓

① 《南市之预防》，《时报》1911 年 10 月 23 日。

② 《湖南革命军详情》，《时报》1911 年 9 月 28 日。

闹署之首犯”杀害，据说这样才“谣言顿息，闾阎始安”①。从中不难体察出，所谓“谣言”的哄传，与群体行为必然有着密切的联系。民众闻“谣”群情激愤地会聚，会聚当中又促使“谣言”广为播散，这种火上浇油的情势可以想见。再如同年稍早些时候的湖南长沙“抢来”事件，就更是发展成了一场大规模的抗暴斗争，由于官府镇压造成了更大的流血惨案。推究其原，系因湖南地方恶官劣绅及外国洋行竞相购囤粮米，哄抬粮价，牟取暴利，致使粮食紧张，饥民嗷嗷。以卖水为生的黄某因买不到米，全家投水自尽，这更火上浇油地激起民愤，遂发生大规模的群体抢米和聚官署示威的事变，失控的人群更加陷入闻传即哄的情境，所谓“一哄延俄市已成，万千拍掌杂呼声”②，即不失为典型写照。

从以上列举的一些具体事例，当可体察传闻信息非常态传播的大致情状。它既然与集群行为密切关联，那么，就还需要结合集群行为产生的基本条件来进一步分析。集群行为虽然是一种自发的反常现象，但也有其产生的基本条件。有的社会心理学研究者将其总结归纳为必要的环境场所、群体性失范、社会控制机制弱化乃至解体、人们具有“相对剥夺感”（即实际所得不能达到自己认为应该达到的程度）、权力斗争，以及新旧观念的冲突、好奇心理的驱使、社会心理承受力的极限等项，并且说明：“因为集群行为的形式多种多样，所以很难概括出引起和促进集群行为的全部条件。”③有的传播学研究者则从以下三个方面来揭示：一是所谓“结构性压力”，主要是指在客观环境因素（如自然灾害、经济萧条、政治动荡等）造

① 浙江省辛亥革命史研究会、浙江省图书馆编：《辛亥革命浙江史料选辑》，浙江人民出版社1982年版，第31～32页。

② 《长沙抢来风潮竹枝词》，杨世骥：《辛亥革命前后湖南史事》，第171页。

③ 周晓虹：《现代社会心理学》，第401～403页。

成的危机状况下，社会上普遍存在着不安心理和紧张情绪；二是由突然的触发性事件引起；三是正常的社会传播系统功能减弱，非常态的传播机制活跃，人们更倾向于相信来路不明的流言等①。尽管两者的视角、所列举的事项以及相对或具体或概括的程度有别，但大旨上实际还是相通的。若从与传播情事更为切近的后者来观照，这对于我们要分析的有关问题的确有着启发意义。

其第一项，实际上与我们在第一章第一节中所论述的有关问题类同。从上面举及的有关事例看，虽然这方面的具体促因不同，但无疑都是由特定事类和环境引起了特定社会公众群的恐慌、紧张和激愤。如教案例是基于对外国教会势力为患的恐惧和愤恨，金融风潮例是有关人群对自己受到无可挽回的经济损失的惧怕，抗漕、抢米例则是在饥荒威胁下贫苦阶层对自己生计的担心，于是，他们密切关注有关信息（传闻）并相应采取他们自以为必要的行动。从其第二项看，上举事例委实也都有其突然的触发性事件。像天津教案，是由民众认定有牵涉教堂的拐案以及众所周知的法国领事丰大业行凶事件触发，辰州教案由萧张氏烟馆暴露药包之事诱起，挤兑劫攘京师阜康银号是由于人们听信天津电报传来的阜康面临破产的消息，长沙挤兑案是因为发行纸币过多、银根日紧有人不能获兑的事故，浙江嘉、湖抗漕事件与民众的因灾免漕要求得不到官府的回应引发，长沙抢米风潮是因有饥民买不到米投水自尽而激化事态，如此等等。从其第三项看，与前边第一章第二节中所论述的有关信息环境畸变的情况类同。在特殊的信息环境中，使得处于特定心态下的人们对某种传闻信息不自觉地陷于执迷的关注和热衷。此外，若再结合必要的环境场所因素看，上举事

① 参见郭庆光：《传播学教程》，第96页。

例显然也都符合。

在基于上述条件造成的集群行为中的传闻情境，其非理智化最直接地表现在，有关主体对传闻信息本身丧失冷静地分析判断能力，人云亦云，盲目呼应。像天津教案中反教民众对教方迷拐采割传闻的态度就是这样。上面关于辰州教案事例中述及的，缚萧张氏游街时有人大喊"放毒药的人抓到了"，可以想见，在当时情境中，本来对教方指使井中投毒就有信实倾向的人们，当听到这一喊声之后，谁还顾得上追问底细，惟信实而已。京师阜康银号变故例中，上引李慈铭的记述中提到"忽天津电报言其南中有亏"，应该说这还是事过之后局外人的闻录，而当时哄传和令有关人们闻而加入挤兑乃至劫攘行列的信息中，也未必讲清有天津电报告南中有亏这样的情节，很可能就是阜康银号就要破产倒闭之类的更为模糊而简单的信息，其时对涉及其切身利益的人们来说，是不会有心思和时间来品味情节细致的传闻故事的，只会闻风而动，争取时间，尽早地去挤兑乃至哄抢，以尽可能地减少损失。如果说，此事还属突发和偶发性事件的话，那么，在较长时段社会动乱的环境中，非常态传闻的播布通常更具群发性特点，此起彼伏，相互激荡。东边鸡鸣，西边狗跳；一犬吠影，百犬吠声，形成相对持续性和大范围的嚣乱。像义和团时期的情况即颇典型。有亲历者记载，庚子年五月下旬间，北京城里"连日昼则浓烟忽起忽散，各处众口传言某处着了，某人全家被杀了，或喊嚷东交民巷洋楼着了，到处齐嚷'烧香灭鬼子'。一人叫喊，众人接声，时刻不安。夜则四外火光照耀，半天皆红，家家多站在房脊上遥望，远闻男女喧嚷之声，通宵达旦，各街巷户户心惊，人人胆战，行坐不稳，寝馈失时。"①这是多

① 仲芳氏：《庚子记事》，第15页。

么典型的情境，在这种状态下，人们还怎能去理智地鉴别传闻信息，惟“一人喊叫，众人接声”而已。

在纷乱失序的传闻情境中，人们不但不多加思考而轻率信传，而且一般不去并且通常也无法追寻消息的源头。光绪末年因为京城火灾多发，相关的神异性传闻纷杂，有人这样评述：“茶馆儿酒铺里你去听吧，全是这套言语，我可怪的是，也不知道是什么人对他们说的，什么人对他们讲的，也不管有理没理，就信口开河的说出来了。”①当然，不是说人们对任何信息都失去了选择性，都一律盲目地信传。事实上，越是在这种情境中，人们越会执拗甚至迷误地信传特定方面的消息，而排拒来自对立面者。譬如，对反洋教指向的传闻不究真假、深信不疑的人们，对来自于清朝持“守约护教”态度的官员的解释、劝谕，往往是听不进去的，认定他们是有意抹杀事实，为教方回护、开脱。当然，官方有的时候的确如此，但也不完全是这样。像张之洞辈对盛传的关于教方折割传闻的否认和解释，就有其道理，但是反教群体方面却不以为然，有人在有关教案多发的光绪十七年(1891年)，针对这种情况评论说：“此次剖心剜目诸谣，海澨山陬，纷传已遍，纵百端解说，愚民终未释然，直以官府之畏彼袒彼，而有爱于彼耳！”②。义和团运动期间，有外国在华人员记载下这样的情况：“北京及周围的农村处于危急之中。在城市中，义和团泰然自若地聚集在街上，官方刚贴出不久的保护外国人的布告，被暴徒撕了下来，然而义和团的揭帖却不断出现，留在墙上，被

① 《别造谣言了》，《大公报》光绪三十四年三月五日。

② 《御史恩溥奏为教案起于育婴请饬各省广设育婴堂折》，中国近代史资料丛刊续编：《清末教案》第2册，中华书局1988年版，第500页。

成千的群众如饥似渴地读着、传播着。”①如果说，这位外国人所诬称的“暴徒”，是指义和团众的话，那么，其所谓“群众”，则当为非义和团的平民了。处在特定情境下，他们“成千地”聚合，并且“如饥似渴”地读、传义和团揭帖，其信息采择上的指向性也是很明显的，其所听信的是“团方”而非官方。像上举抗漕、抢米的事例中，当然官方除暴力镇压之外，也会有所谓“劝说”、“晓谕”之举，但是，激动起来的民众对这些往往视为欺骗（当然实际上也不无这种因素）而拒听，这从官方所谓“无知乡愚”“不可理喻”之类的说法，便可体察一斑。即使在像前边举到的辛亥年上海光复之际人们蜂拥到有多家报馆的望平街上探听消息之事，事实上当也在一定程度上形成了集群之势。而各家报纸有着不同的舆论倾向，消息源也会相当纷杂，人们的采传也不免怀着各自的先入之见。如《申报》等从外国驻沪领事馆得到一度为“民军”占领的汉阳复又失守的消息，予以采登，但不愿听到革命失败的消息的人们，以为这是造谣，便情绪激动地围攻报馆，而随后证明该消息是有根据的。②

这种情状中间，即离不开群体内的暗示、感染、模仿以及所谓“匿名性”的作用。如同有的论者所揭示的，集群行为中的暗示与通常人际传播当中的暗示不同，它“更接近于临床医学中的催眠暗示。换句话说，集群行为的参加者通常处于昂奋、激动的精神状态，这种状态使他对周围的信息失去理智的分析批判能力，表现为一味的盲从”。至于集合行为中的“群体感染”，是指“某种观念、

① 参见齐宇：《报馆街上的辛亥革命》，《人民政协报·春秋周报》第 96 期，2002 年 12 月 27 日。

② 参见齐宇：《报馆街上的辛亥革命》，《人民政协报·春秋周报》第 96 期，2002 年 12 月 27 日。

情绪或行为在暗示机制的作用下以异常的速度在人群中蔓延开来的过程”,而通过这种过程,“一种情绪、一种观点会迅速支配整个人群,并迅速引发整个人群的激烈行动”。与此密切联系的还有群体模仿与“匿名性”。在集群行为特别是高度密集的人群中的模仿与通常人们作为学习过程的模仿也大不相同,它“更多地表现为无意识的、条件反射性的模仿”。在有些场境中,这种非理性的模仿的发生又与所谓“匿名性”的情境相关,因为集群行为中使个体“淹没在人群中”,似乎“没有人知道他的姓名和身份,处于一种没有社会约束力的‘匿名’状态中”,使之“作出种种宣泄原始的本能冲动的行为”①。像这种情形,在一切与传闻盛行有关联的集群场合都会有典型反映,除从上边举到的有关事件可借以体察外,由下述民众反教情事也可进一步印证。光绪十五年(1889 年)五月,广东番禺地方民众因见法国育婴堂掩埋死婴“为数甚多”,疑为教方有对收养婴孩剜眼剖心恶举,传闻纷纷,“一时观者盈千累百,势甚汹涌,共抱不平”②。试想,成百上千的往观者既然“势甚汹涌”,那会是带着一种怎样的激动情绪,而所谓“共抱不平”,岂不是正好说明在特定环境氛围下,大家相互超常态地暗示、感染、模仿,具有从观点到情绪乃至行为表现上的一致性。光绪十七年(1891 年)湖北武穴教案的发生,也是由人们怀疑教堂有拐骗儿童“剜眼蒸食”之类的恶举所诱发。这天有人在街上见到天主教民肩挑幼孩四人行走(据说是送往九江教堂),消息传开,人们更将传说中的教堂恶举信以为真,清方官员描述当时民众的反应情形,

① 郭庆光:《传播学教程》,第 96 ~ 98 页。

② 张之洞:《商定稽查外国育婴堂办法折》,《张之洞全集》第 1 册,第 687 页。

说其“肆口妄言，激动公愤，顷刻之间，人众麇集，喧嚷肆闹”①，不能控制。人们情绪上相互感染的态势明矣。至于说所谓“匿名性”因素，处于非理智状态的当事人，未必明确有“大众之中，我为谁知”之类侥幸考虑，恐怕主要是陷入一种群体冲动下的“忘我”之境。当然，大规模的群体行为，对于个体来说，客观上或有一定的掩蔽作用，从酿成案事的情况看，官方事后查究所谓“案犯”往往是大海捞针，困难之极，为了应付结案，甚至不惜以无辜顶替，制造冤假错案。

还需要特别说明，非常态的传闻情境的形成，其集群状态也可以是相对“隐蔽型”的，即不一定千人万人都当面齐聚在同一场合，而所在场合也可呈相对分散性，但彼此间心理状态却类似，对接受某一传闻都有着强烈地反应，使得该传闻能在一定时间里大范围、爆炸性地播散。

从传播形式来看，直接的口头传播自然是主要的，而文字的宣传也可以成为重要形式，并且是可能留存下来成为后世可以直接阅看的史料根据的东西。像作为反洋教宣传品的书籍、揭帖等即颇典型。这种形式的宣传，有时可能利用集群人众的场合散发，有时则分散性地在许多地方散发张贴。这样，一方面能吸引人们聚观，另一方面也可以形成散点聚合的传播网络。无论如何，只要其这种宣传具有起码的规模，并且又有起码数量受众和信众，那么也会形成一种非常态的传闻信息流。

像《湖南合省公檄》，作为包容了大量传闻的典型反洋教宣传品，“流传甚广，影响很大。湖南而外，江西南昌、赣州、直隶广平

① 张之洞：《办结武穴教案折》，《张之洞全集》第2册，第792页。

府、河南南阳府、江苏常州府等处，均有此项文件的传布"①。下面具体看一下教方查得的同治六七年间江苏常州一带刻传此件的情形。据称，同治六年冬间，"常州府城东门内有吕姓者，在客省为官，送葬旋里，带有《湖南阖省公檄》书，着千秋坊杨日升刻字店重刻"，并由"吕姓主谋，邀同卸事同乡官绅士子，集成《醒心编》"。密切关联的以上两书自同治七年春"散给发买"，到该年夏间在常郡举行院试时，吕姓又"雇书坊工人刷印装就三千本，率人亲在士子出场时散给生童等"。此外，像常州府西门内通裕钱庄、咸泰钱庄、元吉钱庄，旧府前公善堂、施药局，无锡城内得月楼茶馆等处，都是散发宣传的重要场所。刊印该书的千秋坊以及宏文堂书坊内，也直接大量地发行此书，并且，迅速向他处扩及，"苏州暨上海亦刊版"②。可以想见，如此大规模而又集中地或售或发这种反教宣传品，会造成很大的舆论声势。其一本书，不会只限于得主一个读者，而往往相互传看，并且，有关信息也不会是只限于在能阅看者范围内播布，还会通过口头传播扩大到不识字的更广大的民众中间。《湖南阖(合)省公檄》中的诸多传闻内容，不但采择自明末以来的反教著述，而且在此基础上进行了加工改造和扩充增补，成为晚清时期反洋教传闻的重要源头之一。有关传闻既广且久地播布不息，与该"公檄"的盛传实分不开。

还有作为反洋教传闻重要渊薮的《辟邪纪实》和《辟邪实录》两书，因其体裁和内容上本有很大相似，辗转翻刻过程中抑或有托名改造之情，教方在长时间里对其来龙去脉不能知之详确，如有说其编著于"一千八百七十年间"，是《辟邪实录》后来"改名《辟邪

① 王明伦选编:《反洋教书文揭帖选》，第6页注①。

② 《教务教案档》第2辑第2册，第634～635页。

纪实》"①云云，显然都与事实有较大出入②。但由其屡屡胁迫清方查禁该书的有关情况，可借以察知其非常态传播的势态。两书实自同治初年就皆有刊行，光绪年间仍时有刻传高潮。据光绪十五年(1889 年)美国驻华公使田贝与清总理衙门的交涉函件中诉称，该书前即"遍传各处"，虽经清方查禁，现"复有人印刷此书，在中国遍处散布"，北京及附近地方亦不例外，"闻滦州吴蓉系由举人捐升内阁中书，在兵部李宅教读"，他曾回家乡散发该书，"所散之书数箱，系由北京带往"，"并闻其在北京续印此书，仍欲布散"③。清总理衙门当时因访查吴蓉业已出京，"无从查禁"，咨行北、南洋大臣知照各省饬属访查禁毁该书及版片。④ 若真是数箱数箱地将该书带往一地集中散发，便很可能在当地激起反洋教传闻的冲击波。

联系周汉反洋教宣传品的播散情况，更可见其对非常态反洋教传闻的激发所起的作用。周汉与崔暕不但为同邑，而且也有着以诸生投湘军的类似经历，并且，他"积功"官至陕西候补道，品级还要超过崔暕 。"中法战争后，他和宝善堂的同事文武官绅们撰写反洋教文件，用各种不同的名义和形式刊印传布。1889 ~ 1898

① 《教务教案档》第 5 辑第 1 册，第 54 ~ 55 页。

② 据有的研究者介绍，《辟邪纪实》一书编成于咸丰十一年，同治元年刊印；《辟邪实录》一书内容，主要从《辟邪纪实》抽出，略去其中一些内容，增收《湖南逐异类公呈》，于同治元年秋印就问世。两书流传很广，许多反洋教文告均受其影响。两书编撰者，《辟邪纪实》署"天下第一伤心人"，实为湖南宁乡人崔暕，其人以诸生投湘军，曾先后入胡林翼和左宗棠幕，光绪初本省恩科乡试中举，后以知府待缺贵州，曾任仁怀知县。《辟邪实录》"饶州第一伤心人"，其人不详，有为彭玉麟一说，但缺乏佐证(见王明伦：《反洋教书文揭帖选》，第 10 页注①)。

③ 《教务教案档》第 5 辑第 1 册，第 54 ~ 55 页。

④ 见《教务教案档》第 5 辑第 1 册，第 66 页。

年（光绪十五年至二十四年）间，在其领导下散布的反洋教宣传品不下数百种”①。其传播上，也是想尽一切办法，利用可利用的一切手段和方式，数年间里，在以湖南为中心直接连及周围若干省份乃至波及更广大范围，掀起一个场次又一个场次的包含着大量传闻内容的反洋教舆论高潮。有说在19世纪90年代初长江流域各省反洋教热潮中广泛流传的有关宣传品里，单周汉的《鬼教该死》一种，就曾印行到80多万份②。这次高潮刚过，及至甲午战后，“周汉所著反洋教书册，又复广为流行”，其书册“或系于五省印刷”，并有一种“系七省通印者”③，可以想见这中间非常态的信息传播情势之盛状。有关宣传品如万箭齐发，应合者异口同声，势如排山倒海。时任湖广总督主持查办周汉反教案事的张之洞，就说湘鄂两省赞同周汉反教宣传者“十人而九，真不可解”④。光绪十七年（1891年）十二月间总理衙门行南北洋大臣、各省督抚和其他有关大员的咨文中称，周汉辈为反教“刊为书说，编作歌谣，绘成图画，率皆鄙俚不经，不堪寓目。而愚民无识，市虎成讹，往往为所煽惑甚或酿成巨案，本年沿江教案层见叠出，悉此谣传实阶之厉”⑤。非常态传闻播散的激发因素，在这中间实不可小觑。

及至义和团兴起，其宣传活动方式对于非常态传闻情境的促成，作用就更为醒目。一方面，正如有研究者论及的，“那些分散在中国北方的、多得难以数计的团坛，凭借他们所大量刊印、张贴和散播的揭帖、告白等不同名目的传单，来沟通彼此的联系，维系

① 王明伦：《反洋教书文揭帖选》，第174页说明文字。

② 据陈振江、程歗：《义和团文献辑注与研究》，第198～199页。

③ 《教务教案档》第5辑第3册，第1370～1371页。

④ 张之洞：《致天津李中堂》，《张之洞全集》第7册，第5674页。

⑤ 《教务教案档》第5辑，第132页。

着大体上共同的信仰、宗旨和斗争方向”[①]；另一方面，他们也借向团外的各社会层面宣传，进行着一场声势浩大的舆论斗争。这中间，非常态传闻情境的出现似乎是不可避免的，是借以发挥其宣传效用的重要形式。试想当时包含大量传闻内容的义和团的宣传品，到处张贴，四下传送，广泛散发，清方人员所谓“神团、神坛之帖，烂语谶词之纸，张满街衢”（前已引及）和“仙符神训，传遍巷陌”[②]云云，也正状描出其宣传品一时铺天盖地、如蝗如雨的情势。还特别应该注意到，这中间有一种特别的“督传”、“迫传”手段可能起到的激发作用。诸多义和团的宣传品，最后附有“传一张免一家之灾，传十张免一方之难。倘若见而不传，必有大祸临身”[③]之类警告语。对于自觉用此招术督迫宣传者来说，这当然是一种策略，但对于惶惑之中的受众来说，无形中会产生惧祸而传的压迫力，从而参传，这就不能不算是陷入一种盲从的非理智状态，就会造成“一传十，十传百，百传千，千传万，以至于恒河沙数”[④]的一时爆炸性扩散传播的局面。再结合当时“传单一出，千人立聚”[⑤]，“如饥似渴”般受纳有关信息的大众反应情形，言其与非常态传闻情势密切关联决非牵强。

由上面的考察，常态特别是非常态传闻情境以及两者间关系问题，当可明了大概。

---

① 陈振江、程歗：《义和团文献辑注与研究》，第175页。

② 拙官老人：《庚子志变纪略》，转引自陈振江、程歗：《义和团文献辑注与研究》，第179页。

③ 义和团揭帖《玉皇示梦庆亲王奕劻之一》（京津等地），《义和团文献辑注与研究》，第18页。

④ 陈邦贤：《自勉斋随笔》，上海书店1997年版，第139页。

⑤ 劳乃宣：《拳案杂存》，中国近代史资料丛刊《义和团》第4册，第456页。

三、传播模式与角色分野

所谓传播模式,"是通过科学的抽象在理论上把握传播的基本结构、基本过程的基础上,最简要地描述传播的主要成分、环节和有关变量之间主要关系的图式"①。运用建立模式的方法,对于认识对象来说能够突出主要矛盾,揭示主要成分,把握主要环节,删除芜杂而凸显主干,使其真相得以梗概性地突出出来。

传闻的传播模式,既应为包括更广泛信息类别的一般传播模式所囊括,也会有它的特殊之处。就一般传播的基本过程而言,其构成要素,按照当代著名传播学家威尔伯·施拉姆(W·Schramm)的揭示,至少要有"信源、讯息和信宿"三个最基本的要素。② 其中"信源"是指传播者,"讯息(message)",是指传播的内容,"信宿"是指受传者。传闻传播过程当然也离不开这三个基本要素,只是其"讯息"特指为"传闻"讯息而已。但正如有的研究者所注意到的,仅有上述三个要素尚不足以构成一个现实的传播过程,还必须要有使这三个要素相互连接起来的纽带或渠道,即"媒介"。有了加上"媒介"的这四个要素之后,"一个物理学意义上的传播过程基本上具备了成立的条件,但对于考察人的社会互动行为的传播学来说,这个过程仍然不算完整","在传播学中,一个完整的传播过程,应该把受传者的反应和反馈包括在内"。所谓"反

① 林之达:《传播学基础理论研究》,西南交通大学出版社1994年版,第235页。

② W·Schramm, How Communication Works, The Process and Effects of Mass Communication ,University of Illinois Press, urbana ,1954. 见郭庆光:《传播学教程》,第3页。

馈”,“是指受传者对接受到的讯息的反应或回应,也是受传者对传播者的反作用”①。需要特别强调指出,加入“反馈”要素对于认识传闻的基本过程和建立模式分析来说具有非常的重要性,这将在稍后再具体论述。

其实,美国的政治学家哈罗德·拉斯韦尔(H. D. Lasswell),早在 1948 年发表的一篇论文中即提出了构成传播过程的五要素,即 Who (谁) ,Says what(说了什么), In which channel (通过什么渠道), To whom (向谁说), With what effect(有什么效果)。显然,这与前边述及的五要素是大致吻合的:谁,即传播者;说了什么,即讯息;通过什么渠道,即媒介;向谁说,即受传者;有什么效果,即反馈。这五要素连贯起来,就构成了所谓“拉斯韦尔公式”,亦被转变为如下的图解模式来表示②:

拉斯韦尔在运用其公式进行相关研究的过程中,又将各项要素分别对应于一个特别类型的分析,可图示为③:

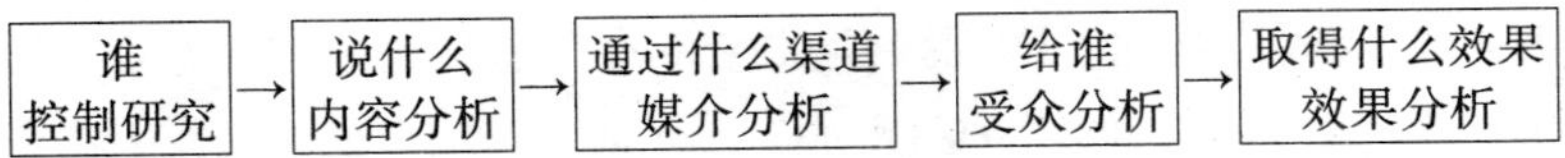

对于晚清时期的传闻信息的传播来说,这一模式显然也是适

① 参见郭庆光:《传播学教程》,第 58 ~ 59 页。

② H·D·Lasswell, The Structure and Function of Communication in Society, The Communication of Ideas ,Harper and Brothers, New York, 1948. 见郭庆光:《传播学教程》,第 60 页。

③ 见[英]丹尼斯·麦奎尔、[瑞典]斯文·温得尔著,祝建华、武伟译:《大众传播模式论》,上海人民出版社 1997 年版,第 17 页。

用的。试想,任何传闻讯息进入传播过程自然都首先要有传播者;传播者则是要发送一定传闻讯息的;而其发送讯息必须通过一定的媒介,譬如文字型传播要靠信函、文牍、书籍、报纸、期刊、揭帖之类,即使口头传播也须空气、声波的载传;有关讯息要有或是听到或是阅知的接受者;而这接受者又必然有所反应,或是信实,或是不信,或是将信将疑,或是不感兴趣而拒采,或是受此激动而散播等等。像上面提及的陶湘与盛宣怀之间传递有关传闻迅息情况的事例,陶湘作为盛宣怀在北京的探闻人,他所搜集传递的有关讯息中即包括大量朝局、官场的传闻,所利用的媒介,则是多以"齐东野语"的密函,受传者盛宣怀,接到有关讯息进行自己的分析判断,并作出反馈。像他于光绪三十三年二月给陶湘的一件复函中说,"捧阅""齐东雅语"(回函中陶湘将"野"改为"雅"表示礼敬)两件,论事甚确,慰感之至。尚望拔冗月寄一通,则感甚矣。接着,就官场人事上关涉到其以代号指称的"承泽"(奕劻)、"青莲"(李莲英)、"西平"(岑春煊)等人的一些讯息进行评析,最后复强调对京中有关情况,"便中仍属'齐东'详布为要"。因为事机隐秘,又嘱信函"仍望寄还,涂销最妥"①。这当属于人际间常态性传播中的一个"单元"过程。陶湘接到盛宣怀的反馈和指示,自然又要相机行事,进行新一轮次的采闻传播。可见,就这种比较简单传播过程而言,往往也不是单线式的一次性即告结束,而可能呈循环往复的环式运行。当然,这并不意味着所传讯息上仍重复先前者,而必定要有新的内容,只是在运行环节和步骤上的重复而已。

对于非常态的传闻情境来说,情况就会更为复杂。当然,就其

① 《盛宣怀致陶湘函》,盛宣怀档案资料选辑之一《辛亥革命前后》,第41页。

传播过程的“单元”解剖而言，一般也不会外乎上述模式，即由传播者、讯息、媒介、接受者（受传者）、效果等环节连贯而成，而“复合”起来其情势就往往出现“谐振”效应，而效果反应的环节比在常态传播中起的作用会更大更重要。对于这种情况来说，这里拟引入笔者在多年前提出下述模式阐释①。该模式当时是就反教讹言的传播而提出的，对于比“讹言”包容范围更广大的传闻来说也是适用的。按照这个模式的阐释，传闻流布生效的一般“单元过程”可以改造性地表示为“形成——传播——接受——反应”的四环链。“形成”这个环节，是主体传播者和客体传闻信息的结合体，即“传闻源”；“传播”这里不是指广义上的传播全过程，而是其中“传发”一个环节；接受当然是传闻信息的受体；“反应”则是受体在传闻信息刺激下引起的心理感触、态度表现、行为活动等状况。特别是对于非常态传闻情境来说，受体反应环节在整个传播过程中有着最为重要的意义。试想，不管传闻内容的真假程度如何，也不管传播者是盲目还是自觉传播，关键还在于受传者是否相信和接受，其若不信，反应消极冷淡，甚至抵制和批驳，那么原传闻信息在他这里即会削弱乃至消弭甚至产生反向变异；若其反应积极，持赞同支持态度乃至充当再传人，甚或有意无意地对其更进一步夸张，这样，原传闻信息便在他这里产生同向性激发效应。

上言四环链，只是为了简约和明晰其见，就一个“单位过程”而言。事实上，大规模的社会传闻流布现象，十分复杂，传闻数量不是一则两则，而是千端百种；其形成和传播的渠道不是一条两条，而是多途多径；其接受反应者不是一人两人，而是成千上万。这样事局的总体就是若干“单位过程”的集合。而这种“集合”又

① 见拙著：《龙与上帝——基督教与中国传统文化》，第219～221页。

不是机械地拼缀,其间相互激发,谐振共鸣,产生的是一加一大于二的整体效应。就其运行机制而言,也就不是"一段链条",而是若干如下"循环圈"的叠加:

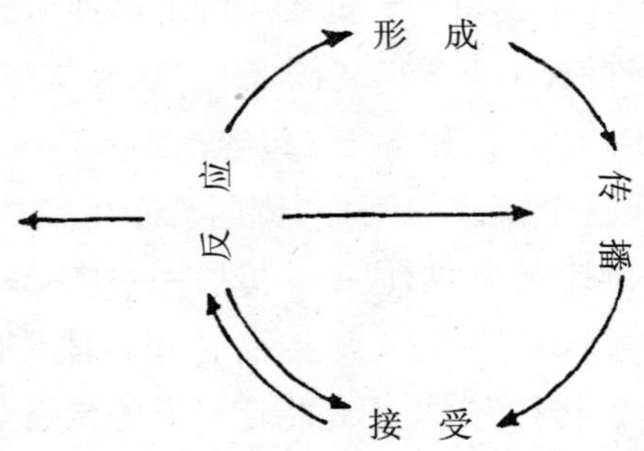

由这个模式图示可以看出,除了四个环节间的顺序循环外,"反应"环节上的作用是"全方位的",其向左方的指示线,表示反应表现中超出传闻播布本身之外的事体(如反洋教传闻激发打教行动等),其余三条指示线,表示对事局内的另三个环节都可直接施加作用:由于对接受到的传闻信息的相信而产生的心理刺激,可能对其加上自己的理解,有意无意地进行改造,也可能由此类推及彼,致使新的传闻产生,这是直接作用于形成环节;基于信实心理,将所接受到的传闻又肯定地传诸别人,这是直接作用于"传播"环节;对某则或某些传闻的相信,又可能促使对其他传闻的相信,这是直接作用于"接受"环节。可见,此一运行机制赖以维持的力源和惯性,主要在于反应环节中,由信实接受传闻特别是其中的谣言成分所产生的一种盲动力。晚清时期诸多题材社会传闻特别是谣言长时间、大规模流布的事局就是如此,它们是以社会上普遍存在相信和接受的广大人群为基础的。试想,如果人们都明知其未必真实,岂能不约而同地自欺欺人?即使从源头上看有人故意造作

谣言，而此一谣言能够盛行开来，也是以有广大受众的信实反应为基础的。

不妨以同治十年(1871年)广东一带关于“神仙粉”的谣传为例具体分析一下。据清方侦破该案后记载的情况：这年五月间，郭亚沅、叶亚幅、叶刘氏、郑曾氏几个人，路上遇见不知姓名的一个道人及罗亚九，这两个人“捏称现有神仙降乩，今年夏秋间广东必有瘟疫，乩盘内开写药味数种，配合神仙粉，给人服食，便可却病消灾”，各给铜钱数百文，嘱令郭亚沅等“四处传播”，“并称如服药之人血气承受不住，致觉肿胀，伊便出招医治，得钱再行分给”。郭亚沅等贪利应允，各取药粉，分往各处地方，布散邪言，将药施派民间，“随即哄传，谣言四起”。其间又有苏亚贯路遇任单眼欣、冼亚满，他们“共谈贫苦”，苏亚贯想到各处哄传神仙粉之事，“起意商同借端生事，捏称神仙粉系洋人制造，雇人分派，借此引诱男妇入教。又假托有人素精符术，能通鬼神，预知祸福，如不将教堂拆毁，必有后患，希图煽惑人心，激动众怒，与洋人寻衅，以便乘机抢掠。并骗人捐助经费，敛钱使用”，遂“编造各种匿名揭帖”，“分路粘贴”。一时间，闹得“民间甚为惶惑”，并发生毁抢洋人教堂事端①。

在此整个事局当中，可知那个不知名的道人和罗亚九是“传闻源”，是他们出于惑众取利的目的，造作了有关谣言，然后传播给路遇的郭亚沅等人。从有关情况看，郭氏等人并不盲从传播者，而成为了罗亚九他们的合伙人，也分明是为获利而知谣传谣。他们“四处传播”，受众当然很多，这中间绝大多数当系盲目地以讹传讹，而所谓“民心甚为惶惑”，是受众反应的典型情状。当然受

① 《教务教案档》第3辑第3册，第1675～1676页。

众当中,也有借端生事者,这就是苏亚贯一伙。从有关迹象看,他们并不知郭亚沅等是造作此种谣言的源头,不知道其间的详明内情,只是见有机可乘,火上浇油地添造嫁祸教方的新谣言,加以传播,这典型地属于上示模式中"反应"直接作用于"形成" 环节,同时也可视为一种新谣言的初始源。他们不只口头散播,而且以揭帖形式到处张贴,新旧谣言或互为烘托,或混合交杂,无论如何,更从总体上加强了传播势头,进一步起到了所谓"煽惑人心,激动众怒"的作用。

在对有关传播模式进了大致展示分析的基础上,还需要剖析一下传闻场中的基本角色分野情状。传闻场中的角色关系细分起来尽管也比较复杂,但主要可以分为"意见领袖"和"一般受众"两大类别,这体现传闻场中主体构成的基本关系。

所谓"意见领袖",也是借鉴于传播学中的概念,这里是指能够超越传闻场中盲目从众群体,而干预传闻信息的能力和效果较显,并可以自觉利用有关信息的人。一般说来,他们平时也具有超越一般民众的身份和地位,譬如是士绅或官员。当时有关传闻场中也涉及在华的外国人,他们则多是外交官(甚至有在中国朝内任官者,如赫德之辈)、新闻记者、商务人员等,也非平民所属。因为若辈平时对特定群体就有着较大的影响力,在处于大规模社会传闻流布、人心惶惑的时候,人们往往更相信他们传布的消息,依赖他们的意见。譬如有关戊戌朝局传闻,知情者即明确说是"多由显者口中传出,故信之者众"①。这所谓"显者"中间,便应不乏我们所说的意见领袖;"信之者众",正说明他们在传闻场中的影

① 苏继祖:《清廷戊戌朝变记》,中国近代史资料丛刊《戊戌变法》第1册,第335页。

响力度之大，起着引导舆论走向的作用。从所谓“意见领袖”之辈口中笔下对有关信息的发布，一般来说已不是盲目从众性地中转传播，而是出于某种明确目的有意识地利用，惯常对有关信息进行特意加工，夸大渲染，甚至故意造作这方面的谣言；对反向信息则进行指虚性批判抑制。这样他们对特定传闻信息流的干预作用，即显示出为其所用的两种不同趋势，一是对利己者激发增强，二是对反面者削弱乃至消弭。而无论如何，在这中间，自觉意识的支配作用是为关键。

不妨以反洋教传闻场中的意见领袖为例，主要看一下其顺向激发有关传闻的具体情况。像包含了大量传闻内容的《湖南合省公檄》、《辟邪纪实》、《辟邪实录》等晚清时期起奠基作用的典型反洋教宣传品的作者们，以及后来同是以湖南为基地涌动的反洋教宣传浪潮的推动和主导者周汉，若辈在反洋教传闻盛行的事局中无疑就充当着意见领袖的角色。尽管在文化观上，他们不无相当的懵懂，但在利用传闻信息进行反洋教宣传方面，却显然具有颇大的主动和自觉性。应该说，他们能够把有关传闻甚至明知的谣言，当做反洋教的舆论武器来使用，以迷惑和煽动众多的公众投入反洋教活动。为达此目的，不惜利用各种手法来证实其所传播讯息的“可信性”，如《辟邪纪实》一书的下卷《案证》当中所记有关事项，除有引证著述者外，还有若干或注明出自某人家信，或说某某“为予言目击如此”，似乎都有根有据，并非自行杜撰，但实际上恐多为托名。到周汉那里，托名的宣传品更是五花八门，或充作圣人后裔“公启”，或假以官员诸生禀文，或冠以某行业“公议”，或伪称官方文牍告谕，不一而足。他们内心深处坚守着“崇正辟邪”的文化理念，在具有反洋教自觉性的同时，往往又伴以偏执乃至迷狂。像崔暕在《辟邪纪实》一书的《前序》中明确宣示，他是鉴于“耶稣教之邪,稍有人心者,必谓断不可从",但"自与诸夷大和后","至有大吏词臣,亦置纲常名教于不顾"而惑于其说,因有"流毒尚可言哉!尚得谓成人世哉"之激愤,故而急切撰述,"凡历五昼夜而成书"①。这种心态颇具典型性。如果说,这时的崔暕编撰反洋教书籍尚且隐没真名的话,那么后来的周汉则时公然无隐地专事反洋教宣传。他宣明,"同里崔五子先生(按:指崔暕)辑《辟邪纪实》一书,隐其名曰'天下第一伤心人',避鬼锋也。汉不然",表示要明火执仗地"誓与死斗",不惜献身,并"预作挽联一章,刊传天下后世",其联曰:"以遵神训,讲圣谕,辟邪教而杀身,毅然见列祖列宗列圣列仙列佛之灵,稽首自称真铁汉;若忧横祸,惑浮言,惧狂吠而改节,死犹贻不忠不孝不智不仁不勇之臭,全躯岂算大清人"②。至于其反洋教宣传品也用各种各样的托名,但主要是从宣传策略和宣传效果考虑,而并非为掩饰自己的真实姓名和身份,这更说明他利用包括造作和传播谣言在内的各种手段进行反洋教是出于自觉。

崔暕、周汉辈的反洋教的宣传裹进了大量的传闻乃至谣言内容,但因为是服务于"崇正辟邪"宗旨的,所以,尽管其反教宣传的惹是生非为清朝官府所不喜,但在很大程度上受到其宽容乃至暗中放纵 ,起码是没有受到像一般的打教"乱民"那样被严厉镇压。崔暕编撰《辟邪纪实》一书后并没有受到认真追查,他后来照样得以中举入官。周汉公开倡言反教,无隐无讳,连外国方面也知晓其情,屡屡催迫清政府严办,而清朝有关官员却深感棘手,有意搪塞。

① 天下第一伤心人:《辟邪纪实·前序》,第1页。

② 周汉:《谨遵圣谕辟邪》,英国国家档案局,F·O·228/1031,据王明伦选编:《反洋教书反揭帖选》,第175页。

当时任湖广总督主办此案的张之洞曾这样向总理衙门报告："查该道（按：指周汉，他以陕西候补道在籍）性情迂谬，而在湘省颇有名，长沙三书院亦多推重，故代为传播（所刊反洋教宣传品）者甚多。该道刊此等书，自认不讳，并自言不怕死，大约其人颇有血性而不达事理，以为此举乃不朽事业，以故禁劝俱穷，湘省官吏无可如何。该道自以崇正黜邪为名，以杀身报国为词，若加参办，既于政体有妨，且湘省无知之人必为激愤"①。此案迁延多年，最后在外国方面严迫，而周汉又毫不收敛的情况下，才不得不判照"疯病"例将其监禁。清朝官方的这种态度，在一定程度上为反洋教宣传"意见领袖"们的活动，提供了一种比较宽松的政治氛围。

士绅与广大乡民有着比官与民之间更为直接的联系，在乡民的心目中具有"师"的地位和身份，对其有着信从心理，而在反洋教宣传方面尤其如此，即使出自"师"辈口中笔下的谣言，民众也宁信其真，而不信官府所言其假，这有时使得清朝官员也觉得"真不可解"。由此可见士绅在当时反洋教传闻场境中倡率和引导的关键性作用。事实表明，像这种情况当时不独在作为反洋教舆论重要基地的湖南，在其他地方也是如此。像同治六年（1867 年）间河南南阳的一件"绅民公呈"，其具呈人有候选知县 1 人，进士 2 人，举人 12 人，候选教谕 1 人，候选训导 10 人，拔贡 1 人，恩贡 7 人，岁贡 16 人，贡生 27 人，候选经历 3 人，州同 2 人，候选县丞 13 人，从九 1 人，照磨衔 1 人，廪生 6 人，生员 27 人，监生 3 人，武举 2 人，都司衔 1 人，千总 4 人，把总 4 人②。由此可见其群体代表性，即多是有一定"功名"或候补职衔者，他们并非现职官员，在"绅"

① 张之洞：《致总署》，《张之洞全集》第 7 册，第 5668 页。
② 据《教务教案档》第 2 辑第 1 册，第 491 ~ 493 页所载名单统计。

之属无疑。至于出自他们手笔的这件“公呈”内容，虽然不像湖南有些反洋教宣传品中那样多粗俗詈骂之词，卫道论理的色彩较浓，并且还置有对关于教方“下毒井泉”、“约众报复”之类传言“未必诚然”的怀疑之词，但采择认同的传闻乃至谣言内容仍不乏有，像说“持其教者，妖言诐行，蛊惑奸淫，又恐人之不信从也，恃有铸凝之术，炼银以诱愚民”，其教中人“已有妻女任其主教亵淫”①之类。

还有像光绪中叶出现的“东鲁”反教揭帖，亦有类同的特点，虽然表面上也不是骂词连篇，但激愤之情亦溢于言表，在指斥外国侵略的同时，通篇也包含着诸多反教传闻乃至谣言的内容，如说教方“造为淫药淫具奇名，丑态难以枚举”，“男女混杂，白日宣淫”云云。还值得注意的是，特别强调“我鲁为圣人之地，秉礼之邦，家读孔孟之书，人多英雄之选，岂肯任从愚民受其蛊惑，害我桑梓，将何颜立天地间，见天下士哉！为此沥血布告阖郡乡谊，同伸大义，门户绸缪……驱逐洋教，以靖外忧”。并为此宣明多款“条约”，对跟随、容留和帮助“洋鬼”者，施以割耳、挖眼、截指惩罚，对入境的该“洋鬼”则即予“殴死”，“同深（申？）义愤”②。从其行文当中明确可以看出，是以“智绅”来劝谕和引导“愚民”的，其“意见领袖”的身份亦昭然若揭。

虽说这类“意见领袖”人物，主要由于受文化观方面的制约，对基督教采取斥拒态度，缺乏深入了解其真实内情的兴趣和积极性，但随着时间的推移，有关方面的知识也会有所增加，对反洋教传闻中有些内容的虚妄不实当也会知晓，但出于反教攻教的明确

① 《教务教案档》第2辑第1册，第490页。

② 《教务教案档》第5辑第1册，第414～416页。

目的，他们很可能继续将错就错，乃至进一步加工夸大，知讹添讹地进行宣传。对于有些在作品中亦曾肯定性地记述非实性反洋教传闻的作者来说，或许就不是这样。像魏源，虽然也在《海国图志》中录载过一些有关基督教不实传闻，但应该说是主要由于他当时受认识条件限制而确实不明真相，信假为真，而没有足够的理由说他知假不纠，他也决不会充当像崔暕、周汉辈那样的反教宣传的领袖。再如夏燮，其历时多年陆续撰成的《中西纪事》一书，较早撰成的《猾夏之渐》（卷2）介绍天主教的内容中，录载了不少有关的讹传事例，而其认实倾向尚比较明显，及至后来所撰《江楚黜教》（卷21）中，评述同治初年教案情事时，就明确说那类传言“皆无佐证”，“实无稽之妄语耳”①。态度实事求是地有了转变。因其没有明显的为反洋教传闻的播布推波助澜的自觉性和故意性，所以起码不应将若辈视为典型的反洋教传闻场中的意见领袖。况且，像《海国图志》、《中西纪事》之类的著述，总体上看关乎洋教的内容并不占主要，而是记述中外多方面情况的颇为严肃和理性较强的著述，那些专门的反洋教宣传品与之相比不可同日而语。

---

① 夏燮：《中西纪事》，台湾文海出版社“近代中国史料丛刊”影印本，第185页（原书卷21，第9页）。该书撰者自署“江上蹇叟”，初稿成于19世纪50年代初，后经咸丰九年（1859年）和同治四年（1865年）两次增补修订，最后定本为24卷。书中除了关涉“洋教”方面的传闻外，还有其他一些方面内容上的“误记”，并与采择当时的“误传”有关。像其卷2和卷9中都记及所谓《白门条约》（即《南京条约》）中有关于教权的规定（实际没有），并且卷9开篇文字中有“壬寅（按：指道光二十二年，1842年）白门之抚，是时所议各条，抄传在外”云云，所据恐即为这种一时“抄传”之件，后来亦未加订正，以讹传讹，乃至今日仍有些著作中沿袭其误记。正是鉴于此，笔者撰发了《关于中外不等条约中的“教权”规定问题》（见《光明日报》2002年11月5日）。

总之，一般说来，一个人物在地位、素质和能力条件具备的情况下，有无造作、激发、张扬、推助某种传闻的自觉性、主动性和明确的目的性，为区分其是否这种传闻场中“意见领袖”之属的重要标准。不过，有时实际充当着“意见领袖”的人未必对广大的传闻受众公开身份，而是隐秘活动，特别是从事为当权者所不容的宣传活动时更惯常如此。当然，因为传闻的题材类别和所体现的舆论倾向不同，其“意见领袖”的属性亦或相异。像上面提及的有关戊戌朝局传闻场中为人们所信赖的“显者”，当为地位较高外间认为其知情的官员所属。再如，清末时期列强对中国“瓜分”局势的出现是铁定无疑的事实，有关具体情事亦传闻多有。当时有题为《瓜分传闻》的竹枝词云：“海内传闻处处同，外人闲事最通融。流言切莫深相信，自有钧枢转运工。”①意思是说并不值得深信的有关“传闻”、“流言”，“钧枢”要员之辈在其传播中发挥着“转运工”的作用。“钧枢”要员们自然也是“显者”，起着“意见领袖”的作用。当然，在非常态传闻情境中，特别是辗转口传的一些消息，其“匿名性”不失为一大特征，往往难以溯明源头，不好确定具体的“意见领袖”，但从有关迹象看，也可证明会有意见领袖。譬如义和团的一件内容为宣示玉皇大帝现身下凡昭示天意的揭帖中，炮制者特别强调，“这是我亲眼所见”，“如果以上我说的是故意假造的，五雷将劈了我”②。试想，岂不越是这样信誓旦旦，越是此地无银三百两地露了其故意造假宣传的实底？这在当时来说或可起到迷惑受众、促其相信的作用。自然，有的传闻信息也可能是在没有

① 吾庐孺：《京华慷慨竹枝词》，雷梦水等编：《中华竹枝词》第 1 册，北京古籍出版社 1997 年版，第 311 页。

② 《北京西城义和团揭帖（北京）》，陈振江、程歗：《义和团文献辑注与研究》，第 15 页。

意见领袖的情况下偶然地、自发地形成的。这里关于“意见领袖”与“一般受众”的层面区分，主要是从非常态传闻情境的宏观势态着眼。

相对于“意见领袖”来说，一般受众在非常态传闻情境中群体表现则相对彰显，那就是陷入非理性状态的盲目信传。他们自然是意见领袖们所要利用的对象，而在处于该传闻信息对立面的“智者”的心目中，他们则是受欺蔽的“愚众”。从社会地位来说，若辈一般是处于比较下层者，虽然不乏社会正义感，但文化素质条件相对低下，社会的知情面也比较狭窄，相应对社会传闻的批判能力也较差，自行难以分辨和判断真伪虚实，对有关信息容易从众信传。所谓“无知愚民好信谣言”①，“彼小民视听最易转移，势必一倡百和，邪焰复张”②云云，清方人员这种虽说对民众不免带有轻鄙和仇恨情绪的说法，但也大致不谬地揭示了传闻场中一般从众的反应特点。在大规模的传闻流布情境中，这种反应真可能达到“如醉如痴，举国若狂”③的地步。清朝末年有人就神异传闻在民间大盛的情势慨叹：“那些下等社会的同胞们，可怎么好，别的正经学问总不见长进，就是专门会造谣言，还是造的(得)有鼻子有眼，你说叫人够多么可笑！”④作此言者，显然是以“上智”自居，对民众亦有轻鄙之态，但立意是劝导民众而开智破愚，非有恶意。其所言若辈的“造谣言”，实际上不同于上述意见领袖之辈具有明确目的性的有意造传，当是反映源头不明的大众自发信传过程中对

---

① 甘鹏云：《潜庐随笔·沙头答问》，《义和团运动史料》下册，第846页。

② 《四川总督岑春煊通饬不准再提“拳匪”以免动摇人心札》，四川省档案馆编：《四川教案与义和团档案》，第785页。

③ 《临汾县志》卷5，民国二十二年铅印本，《艺文类》上。

④ 《别造谣言了》，《大公报》光绪三十四年三月初五日。

有关消息的不断添枝加叶。这在当时同类言论中也可得到印证：有人针对于天象预兆的神异传闻，一方面感叹民间“远近传说”，“专信这些个无凭无据荒诞不经的邪说，至死也不悟”，一方面又明确说，如果“专要禁止民间造谣言”，“也不过是揣其本而齐其末的办法”，因为“造谣言的根子没有禁绝”，根子是在于钦天监“最惯造此种瞎话”①来误导民众，甚至说这个衙门“实是一个制造谣言的机器厂，专管传布惑人听闻的妖言”②。可见，在此等语境中，民众也显系被惑从者。

在有关传闻信息源头明确，意见领袖和一般从众分野清楚的情况下，一般从众的盲目和失态反衬得或许会更为明显。像针对义和团时期有关传闻大盛之情势，清方有人这样评议：“妖言所播，传之者故神其说，以为新奇，信从遂广。其根源之害，仍在民不识字，惟知鬼神。士不识时，胸无定见。欺诳之既易，恐吓之不难也。”③其所谓“故神其说”的“传之者”，显然属意见领袖，而“不识字”的“民”乃至“胸无定见”的“士”，都成了被“欺诳”、“恐吓”的对象，当然为一般受众。义和团运动之后针对社会上迷信风习仍重，不断引发乱事的情势，清方人员有“无知愚民闻其妖言，观其怪状，往往一唱百和，举国若狂。于是一二狡黠者流，遂以篝火狐鸣之术为揭竿起事之谋”之说。比较之下，是显然属“意见领袖”，而“无知愚民”当为一般受众。这从其紧接着所谓“远溯之赭寇、黄巾，近考之发捻各匪，涓流星火，为祸无穷”④之补释，更可明见。

① 《说造谣言》，《大公报》光绪三十四年十月十三日。

② 《风从艮地起，主人寿年丰》，《大公报》光绪三十一年正月初九日。

③ 管鹤：《拳匪闻见录》，中国近代史资料丛刊《义和团》第1册，第468页。

④ 《四川总督通饬密拿妖言惑众之人持平处理民教交涉案件札》，四川档案馆编：《四川教案与义和团档案》，第790页。

还有所谓"邪说诬民"，"愚者信之，矧为乡野朴陋之人，市井失业之子，则偶被异说簧鼓，迷信尤笃"①云云，也是指陈一般受众的情况。

从明显能够看出意见领袖与一般受众角色特征的情况下，非常态性传闻的传播机制也得以更为清晰地显示。下面征引分析一个非常典型的例证。这是山西籍的辛亥革命党人景梅久记述的，他与同道于宣统初年在陕西长安，利用制造谣言进行反清宣传的一个事例：

> 一日，从友人张翊初家与诸同志畅谈晚归，我和仲虑（按：即杜仲虑，也称仲伏，革命党人）路过南城门边，遇卖浆者，两人停止住，喝了两碗浆。仲虑忽然仰望天上彗星，东西彗耀，随即造了两句谣言道："彗星东西现，宣统二年半！"我附和起来，说："这个童谣相传好久，不知道什么意思？"那卖浆者很妙，便道："什么意思，就是说大清家快亡了！明朝不过二百几十年，清朝也差不多二百多年来，还不亡么？"我和道："原来如此！"最妙的是警察先生站在旁边，也说了两句赞叹的话。我却拉仲伏回寓，在路上很觉得有趣。过了两天，同志邹子良、李仲山等都来说："外边流传一种谣言，很厉害，什么'彗星东西现，宣统二年半'，人心大摇动起！"我和仲伏只是暗笑，却装着不晓得的样子来道："没听人说呀！"他们说得很有兴趣，又添了些"明年猪吃羊，后年种地不纳粮"的谣言，那却不知是谁造出来的了。后来又改成"不用掐，不用算，

① 《督部堂咨询之件·破除迷信办法》，隗瀛涛、赵清主编：《四川辛亥革命史料》上册，四川人民出版社1981年版，第136页。

宣统不过两年半。”这话更传得远哪！①

这则纪事具体而又生动，并且蕴涵着丰富的信息量，这里需要体察者：仲虑（伏）是“彗星东西现，宣统二年半”这则所谓“谣言”的造作者，而纪事者景梅久不但是在场的亲见亲闻的知情人，而且也是故意激将者，尽管他们没有也不能暴露真实身份，但两人对于这则特别形式的传闻的播布来说无疑是意见领袖。因为他们行事的目的明确，自觉、故意，且使用的方式方法巧妙，故装懵懂，把“聪明”让于他人，让实际上的盲目应合者去附会解说。而这样一则口播传闻，过了两天就颇为广泛地流传开来，致使“人心大摇动起”，这从邹子良、李仲山所言情况就可证明。而起初在场闻听此谣者，纪事中只说到两个人，即卖浆者和在旁的警察，他们当为最早的转播人。可以想见，往下一传十，十传百，成几何倍数爆炸性播散的态势。这些人等，绝多当属一般受众。至于邹、李二人向景梅久和仲伏言及谣事时，知情的他俩心中暗笑而未在当时揭明实情，这倒不像是向同志有意保密，而不过是故意留个“包袱”，果真引得两同志更有了谈的兴趣，又述及所闻其他谣歌，特别是还改编添加了新的谣歌，他们显然也同属于意见领袖。而其所改编的新谣歌“传得更远”，虽然没有记及向外传播的具体情节，但同样有一个规模庞大的一般受众群体，由他们自发地辗转播布，使得有关信息迅速扩散开来，造成不利于清方的舆论震荡，这种情势是必然和可以想见的。

总之，是意见领袖和一般受众，构成了传播主体的两大层面，其间的角色关系，是传播主体最为基本的关系。两者相辅相成，密

① 景梅久：《长安市上造谣言》（原载《罪案》），近代史资料专刊《辛亥革命资料类编》，第75页。引录中个别标点有改动。

切结合,共同造就了传闻流布特别是非常态传闻播散的情势,成为其整体运行机制中的一种不可或忽的情境。当然,这种角色关系的揭示和分析也是具有“模式”性的,是一种删繁就简的一般概括。具体到不同时空条件下不同内容和场境的传闻信息传播,其主体角色关系细节情况会千差万别。但越是如此,提挈把握其具有典型意义的最为基本的角色关系,就自然越显得重要。

四、传播过程中信息内容的变异和限变

在传闻传播特别是非常态传闻流布的过程中,其信息内容的不断变异也是一种常见、醒目而又很值得探察的现象。所谓“传闻往往异辞”,这一惯常的说法,正是人们对此现象的一种概括表述。

关于这一现象,我国古代典籍《吕氏春秋·察传》中的揭示,即可以说是经典性的:“夫得言不可以不察,数传而白为黑,黑为白。故狗似玃,玃似母猴,母猴似人,人之与狗则远矣。”其中所谓玃,即猳玃,猴属。由狗到玃再到母猴再到人,经过顺序相“似”的几个环节的比照,若将最后者“人”与起始者“狗”相比,相差则远甚。这就揭示了如此一个道理:经过似是而非的变异环节越多,原始事物的失真性越大,甚至会面目全非,简直到了黑白颠倒的地步。其实有的时候,一传之下,也可能严重失真,像《吕氏春秋·察传》中亦举及这样一个具体事例:

> 宋之丁氏,家无井而出溉汲,常一人居外。及其家穿井,告人曰:“吾穿井得一人。”有闻而传之者曰:“丁氏穿井得一人。”国人道之,闻之于宋君,宋君令人问之于丁氏,丁氏对曰:“得一人之使,非得一人于井中也。”求能

之若此，不若无闻也。①

将本来是说“得一人之使”的所谓“穿井得一人”，传成由井中得一人的意思，自然是大谬不然了。但也可以说是事出有因，就是所谓“穿井得一人”的说法具有相当的含混性，可借作出歧义性理解。至于此例中的谬传者是无意为之还是有意为之，我们已无法得知，也不必强行穿凿。而晚清时期社会传闻流布过程中信息内容的变异，“无意”和“有意”这两个方面的原因都是存而有征的。

就“无意”性的成因而言，主要是由于中转传播者不可避免的记忆误差所致。按照奥尔波特和波斯特曼研究所揭示的一般情形，第一个中介人把信息传给另一个人，其内容只有原内容的70%，第二个中介人只能传播原内容的55%，第三个中介人只能传播原内容的30%，等等②。像这种情况，不仅仅是说对原传播内容记忆量上的愈发缺漏，而应是指总体保真度的次第下降。恐怕越是对于复杂的信息来说这越是具有典型意义，而对于简明易记的信息来说，中转传播中漏失和误变的情况或许能够减小甚至可能避免。像上一节中举到的景梅久他们造作的“彗星东西现，宣统二年半”之谣，一共10个字，而且押韵上口，很便于记忆，所以经过一定是多重的辗转传播，到邹子良、李仲山他们从外边听到的，还是这两句10个字的谣歌，并没有什么变异。若是换成内容复杂的陈述性传闻，情况就未必是这样的。当然，记忆误差所致的非故意性传异，这自然是直接基于人的生理性原因，而社会性因素也起着重要的影响作用，譬如与社会兴趣与心理关注点有着密切

① 毕沅校正、高诱注：《吕氏春秋》，中外名人研究中心编：《诸子百家经典集粹》第3卷，黄山书社1997年版，第2973页。据注，“求能之若此”句中的“求能”，或疑应为“求闻”。

② 见邵培仁主编：《政治传播学》，江苏人民出版社1991年版，第116页。

的联系，关注与否及关注程度对记忆质量有着直接牵连。

从“有意”性的成因，即传闻信息在中转传播中的被故意改造来看，由意见领袖到一般受众都可能作为，这也是受传闻变异的一般规律性制约的。据有的学者撮述奥尔波特和波斯特曼的观点，原来就不确切的信息在接受者再传播的时候，常常会因为这样三个原因加以夸张和歪曲：(1)削平，即再传者会把给他的信息中的不合理成分削去，重新安排某些情节，使之“变得更短、更明确、更容易被理解和传告”。经削平之后，传闻的故事性加强，既易于向人传授，也易于吸引他人。(2)磨尖，即接受者再传播时一般总会对原有的信息断章取义，他留下的往往是符合自己的口味与兴趣的，其他的就被舍弃了。(3)同化，即再传者往往会把他的信息，根据自己的日常生活经验加以“添油加醋”、“生枝加叶”，这样就使传闻更带有传播者的个人特点。①

当然，在这种有意使传闻信息变异的过程中，意见领袖和一般受众的动机因素还是有差别的。意见领袖的社会目的性更为明确，往往为达到这种目的对有关信息进行特意的过滤筛选、改造加工，削弱甚至取消其认为不重要甚至会起反作用的内容，强化渲染甚至添加其认为重要而起正向作用的内容，这对于原信息来说势必产生定向性变异。需要说明的是，除非是将纯粹无中生有原始性编造的传闻信息作为首传者的时候，意见领袖在传闻场中也通常会居于中转的地位，只是有关信息在他们这里是等于经过了“加油站”和“加工厂”，被激发起更大的势能和被改造得更适合于

① 周晓虹：《现代社会心理学》，第 431 ~ 432 页。此外，在前边第一章第三节开头引录周晓虹该书第 428 页论述的有关流言或谣言的心理成因（包括“人类固有的心理基础”和“社会心理”等），亦可参考。

特定需要。其实,绝对地作为初始源头的情况是不多有的,即使是所谓“原始编造”,实际上一般也是利用和借助了有关社会信息素材,无源之水、无本之木的情况简直是难以想象的。譬如说,崔暕编撰《辟邪纪实》,就这一“文本”的宣传品来说崔氏是初始的创制者,而既然其所列所谓“考证书目”就多达201种(此外还有各种新闻纸),除此之外“案证”中所述有关事例则又多有得自某人家信或是亲闻目击者某某之言之类的说明(这当然不排除有故意托名者),那么,其采择信息的渠道不能说不广,所以,从这个意义上,崔暕也兼具有对相关传闻中转播散者的身份,只是他作为意见领袖进行了选择加工和添造而已。杜仲虑(伏)和景梅久“长安市上造谣言”,就那则十字谣歌而言他们是原始编造者,但也与当时反清革命的舆论信息环境分不开。至于随后同作为意见领袖的他人参与,将原本尚比较含蓄的那则谣言,进而改编成“不用掐,不用算,宣统不过两年半”这样一则表意更直接者,以致“传得更远”,这更典型地是在中转传播过程中的故意改造了。至于说一般受众在中转传播当中也可以对有关信息进行有意改造,是因为他们的盲目性只是相对于意见领袖而言,并不等于说他们就没有倾向性和相应的目的性以及受此支配的有意识的传播行为。若辈也总是在这中间要显示自己的一些什么,尽量让别人相信或惊异于自己传播的讯息,所以他们对原接受讯息的有意增删改造也是不足为奇的。只是较之意见领袖来说,他们的目的性或更侧重在显示个人猎奇和传奇能力上。

有时候,原信息提供的情节可能过于简单或枯燥,接受再传者为了使之具体生动些,以利于打动别人,增强传播效果,往往添造情节。这对于传闻的变异来说,也是很常见和重要的一种现象。像关于溥仪“登极大典”上哭闹和乃父哄劝他的传闻,溥仪自己后来有这样的评议:"笔记小品里添枝加叶地说,我是在钟鼓齐鸣声中吓哭了的,又说我父亲在焦急之中,拿了一个玩具小老虎哄我,才止住了哭。其实,那次大典因为处于'国丧'期,丹陛大乐只设而不奏,所谓玩具云者,更无其事。"①想必是作此笔记小品者是以自己的想当然添造了本来没有的情节。像这等事情,"意见领袖"的口中笔下自然可以驾轻就熟,而一般受众层面的人员也照样能够为之,或许因其文化素质条件所限,主要是限制在口播的途径当中。

对于晚清时期有的传闻事体来说,变异的造成者是意见领袖还是一般受众,以及是有意还是无意间造成,是可以分辨清楚的,对于另一些传闻事体来说这可能即难以分辨,大多情况下则是其间交互作用。而无论如何,传闻播布过程中的信息变异现象是明显存在的,不妨通过一些实例来作进一步的察鉴分析。

像关于战事的传闻中,有关战果的说法往往出入很大。拿中法战争中淡水之役清军消灭法军的人数来说,情况即颇典型。有的研究者列举比较了"当时中国方面的部分说法",包括两江总督曾国荃获得的消息、《申报》的报道、作为当事人刘铭传向清廷的奏报、《点石斋画报》中的说明文字等,所提供的致死法军人数大约是从二三百人到五六百人,或是更含混地说"数百人"者。② 如果说其间尽管也有差异,但毕竟还都是以百为单位的话,那么,及至刘铭传身后,在为他或其他有关人员作传中所述该役战果,更是不断扩大。有研究者排比列举并点评了这样一些例证:

A. 张传耜大胆地摒弃了百位数之说,将清军(在此

① 爱新觉罗·溥仪:《我的前半生》,第37页。

② 见黄镇南:《中法战争诸役考》,第234页。

役中)的歼敌数确定为"斩馘逾千"。

B. 王树楠(枏)换了另一个说法:"斩千余人。"程先甲则同意此说。

C. 陈瞻然大概担心"千余"过于笼统,用更确切地数字指出:"法兵死者千数百人。"

D. 刘铭传的孙子刘朝望忘不了他爷爷那通奏折中关于法军败退登船溺死数十人的说法,在"斩馘千余人"之后添上一句"登小舟相挤,舟覆死于海者无算"。

E. 被称为"正史"的《清史稿》,其编纂者把这一数字随意增加到了登峰造极的地步——"斩馘三千余级。①

可见,与前边举及的以百为单位的诸说,又有"飞跃"式地加大,最后竟逾三千,与起初所说的二三百人相比要扩张十几倍之多。而推究起来,有的说法可能系得自不确传闻,未必全是故意夸饰。像当时曾国荃远离战场,只能靠有关情报,报刊则更可能直接采择传闻,甚至连法国驻津领事林椿,也探传过从"中国方面获得"的法军在该役中"死亡至少有四五百人"②的消息。而及至为有关人员树碑立传,张扬军功,故意夸饰更不可避免,甚至从情节上一步步不断添枝加叶地改造变异之迹也清晰可见。那么,该役中法军的伤亡究竟有多大呢?有研究者经考证倾向于亦作为当事人的法军指挥官波林奴关于其军"阵亡 9 人,失踪 8 人,受伤 49

① 见黄镇南:《中法战争诸役考》,第 236 页。据原注,资料出处分别为《刘壮肃公奏议》卷首中收载的《纪刘省三宫保守台湾事状》、《清史本传》、《刘壮肃公家传》、《刘壮肃公神道碑》、《书先壮肃公守台事》和《清史稿》中的《孙开华传》。

② 法国外交部档案《领事政治通信·中国》第 6 卷,第 43 页。据黄镇南:《中法战争诸役考》,第 234 页。

人"的说法。① 如果真大致是这么一个事实,可见中国方面诸多说法的出入有何等之大。这自然与无意或有意地对有关信息的改造分不开。

单就传闻性质和特点尤为典型的报载战事消息而言,有人以辛亥革命时期的有关情况为例评议说:"当时报纸很少有战地记者,拿笔杆子的人好吹,真的出生入死地打听消息的,十个中难得一个。当时的军情,都是从包打听口中得来一半,从都督府抄来一半,剩下就是编辑的妙笔生花。把一点消息放大几倍,甚至几十倍。"②事至如此,所传播有关消息的不确程度和变异幅度不是可想而知了吗?

再如前边已述及事之梗概的甲午"水怪"之例。据知情者言,此事在当时闹得"朝野哄动,众论纷纭"③。既然是"众论纷纭",哄传中有关事象情节的愈变愈加歧异而杂沓,当在情理之中,甚至可以说是不可避免。当时前往现场聚观者,竟是"万头攒戢人如山"。有些人还捕风捉影地绘其图像,不但张贴宣传以怵众目,所谓"往揭巷陌人聚观"④,甚至像前已引证的还刊版流传,遍布大江南北,乃至新疆塞外。而从其所绘图像来看,差异亦恐较大:"或图其状如鼍鼋,作鳞之面睅双目"⑤;"或图其状如鲛鲸,似虎摇尾

① 见黄镇南:《中法战争诸役考》,第239、237页。

② 齐宁:《报馆街上的辛亥革命》,《人民政协报·春秋周刊》第96期,2002年12月27日。

③ 徐一士:《近代笔记过眼录》,第135~136页。

④ 江庸:《趋庭笔记》中录载赵熙诗,见徐一士:《近代笔记过眼录》,第136页。

⑤ 江庸:《趋庭笔记》中录载赵熙诗,见徐一士:《近代笔记过眼录》,第136页。

龙转睛”①,不一而足。想来也难怪,本来就是未曾亲见之物,只是凭借传闻情节来想象其形绘出,各各不一也就在所难免,这中间很大程度上就赖以在一定传闻素材基础上的发挥创造。事过数年之后的宣统元年(1909年),还曾有一班士大夫邀聚陶然亭,临境忆往,纵谈水怪物事。② 以后多年间,此事仍为不少人津津乐道的谈资,并且留下诸多文字记载。像上面业已引证所及文廷式的《闻尘偶记》、李孟符的《春冰室野乘》、江庸的《趋庭笔记》等。此外,像龙顾山人的《庚子诗鉴》中也记及此事,其中特别说到“一时都下名士竞搜史乘助考证”③,由此不仅可知这一传闻话题之热,也可体察异说之多,这自然可视为该传闻流变的一种表现。仅从我们引及的这几种不同资料所涉来看,对同一传闻客体从具体情节的叙述,到征兆影响的评说,都不尽相同,不再一一具体比较④。

如果说像上述情事其变异轨迹和线索还能比较清晰地追寻的话,那么,对大规模的非常态性传闻播散情境中的信息变异来说,这一点就难做到。不过,尤其关于特定事体传闻往往纷杂多歧的现象本身,也可以大概地体察其伴随着爆炸性播布的势态而多头变异的情势。像义和团运动时期的传闻情况就颇为典型。关于义和团、红灯照的神术之类,恐怕可以说有多少处记载就有多少个差异或大或小的版本,这显然也反映了当时口传当中的纷歧不一。

---

① 李孟符:《春冰室野乘》,第161页。

② 据江庸:《趋庭笔记》,见徐一士:《近代笔记过眼录》,第136页。

③ 龙顾山人:《庚子诗鉴》卷1,《义和团史料》上册,第29页。

④ 此外,据徐一士介绍,《中和月刊》第2卷第4期上所载《再谈孽海花》一文,引述关于此事之诸家记载,及记民国五年(1916年)真相大白事。又言陈恒庆《谏书稀庵笔记》于此事亦及之(见徐一士:《近代笔记过眼录》,第137页)。据笔者核查陈恒庆氏该书(台湾文海出版社“近代中国史料丛刊”本),有关京南水怪的内容在《杀子》条,见该书第66~67页。

诸多无中生有但引起巨大社会恐慌的怪异事象的传闻也是如此。拿"黑风口"物事来说，当时传闻中的具体所指即颇为纷杂，或指灾风，或指烟囱，或指教堂，或指地名①，或指"以布皮为兽形咬人"的怪物②，如此等等，不一而足。还有像义和团托名"碑文"以及与之相关的其他名目的谶语宣传品中，不少即有着明显的"同源异流"的连带关系——虽说"碑文"类所托言的碑刻出土时间、地点和碑文作者，"题记"类的题写者等，或各各不一，但从语句和表述内容上则可谓大同小异，后出者或即对前有者的拆装改造。试比较以下三件。其一为《马家堡碑文(北京)》：

幼儿老疆土，恰似比英武；天下红灯照，那时才算苦。贫民无岁月，富贵无米煮；四川无瓦盖，更比汉朝苦。大清归大清，谁是谁的主。

其二为《涿州邓家窑碑文(北京)》：

这苦不算苦，二四加一五；满街红灯照，那时才算苦。庚时远方去，紧防黑风口；电线不长久，江山问老叟。二四八中一群猴，大街小巷任他游；西北出了真男子，只见男子不见猴。

其三为《卧仙题记(天津)》：

这时不算苦，二四八中五，穷民无岁月，富贵无米煮；庚子时无继，去二四八中。满街红灯照，那时才算苦。南

---

① 对以上这些，陈振江、程歗先生在《义和团文献辑注与研究》第76页注③中作了精细的考释。指出义和团中关于"黑风"和"谨防黑风口"的宣传很普遍，并考清所谓"黑风"本来是指劫年的风灾，民间宗教利用了所谓占风的迷信方术，用起黑风来渲染劫年的恐怖气氛，义和团也是以类似的迷信宣传为重要的手段。至于对"黑风口"不同指称的例证及其出处，也一一列举。请见原书，此不悉录。

② 见刘大鹏：《潜园琐记》，乔志强编：《义和团在山西地区史料》，山西人民出版社1980年版，第34页。

来一群猴，大街小巷认（任）他游；西北来（了）真男子，只见男子不见猴。①

对比可知，第三件显然是拆用了前两件中的若干语句，“拼装”的痕迹颇为明显，但也有的语句是与前两件中差异较大的，基本相同的语句中或有字眼上的不同，语序上也多有异处。推敲起来，有意的改造和传误因素两者可能同时存在。

由误传误记而致信息变异难以避免的情况由下例可以得到进一步印证。杨典诰《庚子大事记》中记及这样一乩语：“大劫当头，血水横流，白骨丛丛，即在今秋。劫运到时天地愁，恶人不免善人留，但看铁马东西走，谁是谁非两罢休。”据杨氏说明，此乩语源于“大内以义和团之事，召神问休咎”②。这未必确实，实际当为义和团造作的乩语。当然，为了惑众，托言大内占得亦未可知。杨氏既作此言，当是据其所闻，不像凭空杜撰。而同作为当时在京亲历者的仲芳氏，在其《庚子记事》中则说，此为这年“二月初旬，各处传送某仙师降坛”所出的乩语，文句则为：“大劫当头，只在今秋，白骨重重，血水横流，恶者难免，善者方留，但看铁马东西走，谁是谁非两罢体。”仲芳氏接着特别说明：“中段尚有数句，惜乎当时仓促，未能记忆。”③仲芳氏和杨典诰所记者哪是较为原始的“版本”，似不好确考，但两者的“同源”是可以肯定的。仲芳氏的说明，已可表明他有记忆漏失的问题，所记文句较之原本者有所不同

① 以上三件，第一二件孙敬辑《义和团揭帖》（《近代史资料》1957年第1期）录载，第三件王火选辑《义和团杂记》（《近代史资料》1957年第1期）录载。陈振江、程歗在《义和团文献辑注与研究》中亦辑入，见该书第77、78、80页。并且关于《卧仙题记（天津）》一件的说明中，言及“其文字取之《马家堡碑文》和《涿州邓家窑碑文》”。

② 中国社会科学院近代史研究所编：《庚子记事》，第80页。

③ 中国社会科学院近代史研究所编：《庚子记事》，第10页。

当然也大有可能。而到了佚名的《庸扰录》中所记(亦当年所记),便是“大家慌慌,血水横流,白骨累累,只在今秋”①这样既简略文句上出入更较大的“版本”了。

再如著名的歌谣体《神助拳,义和团》揭帖,张守常先生作了细致的考释。关于其版本,他列举出所见的七种,其中三种是天津地区当时的记录,两种是京津之间农村口头流传的采访记录,一种是当时传至山西的记录,一种是口头流传在直鲁边界地区的调查记录;关于其产生和传播的大概情况,揭明是产生在光绪二十五年(1899年)四月初八日正定大佛寺会议之后,在正定产生,向西传入山西,向南传至直鲁交界地区,向北传至京津地区,总之,正好是义和团高潮期运动的主要地区;它的传播形式是由传写和口述两者并行。② 那么,从版本来看,所说七种当中何者最为原始呢?张先生认为,当系辑入乔志强编《义和团在山西地区史料》一书中者(题为《义和团揭帖一则》,作为该书开卷第一篇),引录如下:

神助拳,义和团,只因鬼子闹中原。劝拳(奉)教,自信天,不信神佛忘祖先。男无伦,女行奸,鬼孩俱是子母产。天无雨,地焦干,都是鬼子支住天。神也怨,仙也烦,一同下山把道传。非是邪,非白连(莲),念咒语,请真言,升黄表,敬香烟,请各洞,众神仙,仙出洞,神下山,扶着身体把拳完。兵法术,都学会,要平鬼子不废(费)难。

---

① 佚名:《庸扰录》,中国社会科学院近代史研究所编:《庚子记事》,第253页。

② 张守常先生的《说〈神助拳,义和团〉揭帖》,发表于《历史研究》1997年第3期,其删节稿辑入黎仁凯等编:《义和团运动·华北社会·直隶总督》(河北大学出版社1997年版);又有《再说〈神助拳,义和团〉揭帖》,辑入苏位智、刘天路主编:《义和团运动一百周年国际学术讨论会论文集》(山东大学出版社2002年版)。这里主要系根据其前文、亦参考后文中有关内容撮述。

> 握(挖)地道,拔信杆,紧接毁坏火轮船。大德国,心胆寒,英法英俄尽消然。洋鬼子,尽无言,大清一统锦江山。①

这一揭帖的原件中说明是“庚子六月十一日由获鹿县抄”。这一时间距正定大佛寺会议的时间较近,并且,正如张守常先生在《说〈神助拳,义和团〉揭帖》一文中考论的,“从直隶省的获鹿县往西经井陉县便进入山西省,这一揭帖便是从这一孔道传过去的”,“获鹿县即在正定县之西”,故“这一揭帖或更接近于初稿”。该文中同时还注意到“从字句上看也比天津流传的粗糙。且少了一句‘如不信,仔细看,鬼子眼睛都发蓝’,但这一句可能是流传到天津加工润饰时添上去的,天津西洋人多,有机会‘仔细看’”。应该说,这一考论是颇有道理的,也正能说明其在传播中被改造变异的情况。当然,并不是仅仅这一句有无的差异,将此件与天津件以及其他各件相比,文字的相异之处多有(不一一细加比较),也都可以显示较比初始之件不断变异的地方。如果说,若不是有意改造,文字形式的抄传产生歧异程度尚可较小的话,那么口头传播,即使无意改造,人们受记忆能力限制,产生歧异的可能性或许更要大得多。像张守常先生文中作为最后一种版本(即“庚本”)引录的,1960 年河北省南宫县梨园屯公社固村的 84 岁老人张治贞所口述者,全文如下:

> 神助拳,义和团,只因鬼子闹中原。天无雨,地焦干,只因鬼子止住天。天爷恼,仙爷烦,一同下山把道传。神出洞,仙下山,附着人体把拳玩。掀铁道,拔电线,紧急毁

---

① 原辑书及张守常先生文中引录者都是按原件的断句圈点。这里引录改用了现在的标点符号,以更便于句读和对文意的理解。特此说明。

坏火轮船。大法鬼，心胆寒，英美德俄尽萧然。洋鬼子，都杀尽，大清一统定江山。①

可见，较各抄传文本不但简化了很多，而且既有的文句上也多有差异。至于20世纪50年代末有人搜集刊出的《义和团歌谣》中的一则（张守常先生文中作为第5种，即“戊本”）就更为简短：

兵法书，全学完，要平鬼子不费难。揪铁道，拔线杆，接着打沉火轮船。大法国，心胆寒，眼看就要快玩完。②

显然，这只是片断，在忆述者的脑海中，原本偌长篇幅的谣歌，就剩下了这寥寥几句，语句和文字上，与其他版本相比差异也较大，其口语、俗语化风格更为明显。当然，上引最后这两篇，都是在事过几十年之后的忆述件，当年流传时，人们记忆的量和质一定比过后几十年这时要明显地多和高，但辗转口传的差异一般还是比抄传者要大，这恐怕也是不应该有什么疑问的（当然，即使同在晚清时期关于同一传闻事体的文字记述，不同时间和记述者笔下也可能产生较大差异③）。

这就涉及一个很值得注意的问题，即文字性载体对于传闻信息辗转播散的过程来说，在存在可能乃至必然变异性的同时，又有着相对的限制性。这里的所谓“相对”，是指与口头传播形式比较而言。

在当时，传闻信息播布的基本形式即口头和文字两大类别。

---

① 山东大学历史系中国近代史教研室编:《山东义和团调查资料选编》，第315页。

② 原载刘崇丰辑:《义和团歌谣》，《民间文学》1959年3月号。

③ 像这种情况，本论著最后一章中引录和注及的欧阳兆熊和李孟符对左宗棠一则轶事的记述之例即颇典型。只因这则个人轶事不具有突出的“社会性”，故不于此引证，而留作说明更为合适的问题的证例。

而通常两者不但并用，而且可交相转换，即口头传闻被听者采择记录成文字，文字宣传品被阅读者将获取的有关信息口头向别人传播。从相对宏观的传闻情境看，口头与文字传播两者更是密切结合、连为一体的。也正是从两者联系着眼，讨论文字载体所具有的对"变异"的相对限制性才更有的放矢和凸显意义。因为这里所说的"限制性"，不但表现在对文字形式的传播本身，而且也表现在对于口头传播的这方面的作用上。以反洋教传闻为例来看，介入这种传闻场的除官绅之外的广大民众，能够有起码文字阅读水平者只会占较小一部分①，绝大多数人只能通过耳闻和口传实现对有关信息的输入和输出。况且，也不是所有的相关传闻信息都会形成文字，大量的信息只是以口头谈资的形式存在。因为当时尚无直接录取音像（特指活动图像）资料的条件，这种资源本身已随着时过境迁而消弭，今天我们只能凭借有文字记载的内容寻绎体察有限的情况。尽管如此，但还是有可寻及的迹象表明，当年的有关谈资在具体情事上自然会千差万别、五花八门，但概括起来总是相对集中于一些基本话题，甚至由这些话题所统摄所传述具体事端的大致情节也有很大程度的仿同，譬如传说教方迷拐、采割、滥淫的事情，如果抛开具体的时间、地点、人物等事项的各个不同外，事体情节上的类似性则是非常醒目的。这与明末清初以来，特别是晚清时期出现的包含大量传闻信息的典型反洋教宣传品分不开。这类宣传品所提供的有关话题和情节要素，事实上与口播传闻中者有很大的通同性。当然不排除其写

① 有外国人士估计，在十八九世纪时，中国初通文墨的，男性大约有30%～45%，女性则约当2%～10%（转据李孝悌：《清末的下层社会启蒙运动：1901～1911》，河北教育出版社2001年版，第261页）。这一估计中，关于男性者的比率只高不低，实际恐怕达不到此数。

作所依的原始素材有取自口传信息者，而一旦形成文字，就有了不但对它自身来说，而且对于参照者也同样是固定化的文本，它又是多被有起码文化水平的意见领袖们所炮制和利用的，通过他们对大众的宣传，大众接受到特定信息，即使在口传过程中发生变异，在传闻场中也会随时受到已有文本的"校正"，不至于漫无边际地"变异"开去。

扩及到其他题材和事类的传闻综合来看，似乎有这样一个规律：包含传闻信息的文本越丰富和典型，其口传信息变异所受到的限制性一般也就越大。以反洋教传闻与义和团神术传闻两相比较，于此即可见一斑。由于义和团自身文化水平所限，其所形成和存留下来的文本性东西并不很多，其揭帖等多种形式的文字宣传品，虽然可以造势于一时，但那主要是因为复制的重复量大，倒不是因为文本的品种多，特别是对其自身"神术"方面的文字阐说，更是少见。如果说它也必定有某种文化渊源乃至"文本" 渊源的话，正如有的外国学者所注意到的，义和团所降所请的神祇及其神术表现，多取材于民间戏曲、小说，特别是《封神演义》、《三国演义》和《西游记》等小说，成为民间最受欢迎的社戏的蓝本①。这应该说的确是义和团神术素材来源的一条重要渠道，但对于阐述和状描义和团神术来说显然有着间接性、不完全性和相当的模糊性，它们并不能作为义和团神术传闻的直接"文本"，其口头传说和他人的相关记载相当繁杂和分歧，这当与相对缺乏固定化"文本"的限制和"校正"分不开。

若从较长时段来审视，有的传闻题材和话题虽然也不断在具

---

① ［美］周锡瑞著，张俊义、王栋译：《义和团运动的起源》，江苏人民出版社1998年版，第6、70页。

体情境细节上有所变异，但从其基本意旨和大致情节看，却有颇强的迁延性。这种迁延性从宏观态势上着眼，也是对“变异性”抑制的一种表现。像反洋教传闻中的迷拐采割事项即颇典型。它在整个晚清时段维持着一个颇强的定势，可以说呈相当的顽迷性，影响到以后多年乃至现在。① 变政传闻中若干事涉较琐细者，虽说玄起玄灭的特点比较明显，但事关重大者也往往呈颇强的迁延性。像关于同光易代以及光绪帝境况的一些传闻就是这样。虽然于此也众说纷纭，但同一个向度的传闻确又较长时间保持着其相对稳定性，这恐怕与有相对固定的文本所依不无关系。

最后还需要说明的是，这里审视的传闻信息的“变异”与“限变”，是特定于“同质同向”的范围。也就是说，它在性质和指向上是相同的。譬如说，反洋教传闻是指旨在指斥、攻讦洋教，它无论怎样变，只是具体情节上的变化而已，万变仍不离其宗，性质和大方向不会改变。若是对此类传闻信息从根本上否认和批驳的舆论，那就是异质逆向性的了，并非同根生，也就谈不上这里所讨论的“变异”，尽管两者之间也不无联系。再如，戊戌时期维新派和

① 咸同年间迷拐传闻即颇盛行，甚至成为像天津教案这样特大案事的重要诱因。以后与此有关的教案仍屡出不绝，像光绪十七年（1891 年）的芜湖教案亦颇典型。事后证明所谓“迷拐”之说纯属讹言。虽屡经证虚，但大致情节基本相同的“迷拐”传闻仍长期迁延不绝，影响颇大。像光绪年间刊行的李虹若著的《朝市丛载》一书中，卷 7《人事门 · 拍花》目下，即有“拍花扰害遍京城，药未迷人任横行。多少儿童藏户内，可怜散馆众先生”句（笔者所查阅的该书为首都图书馆藏光绪庚寅京都文光楼藏版重印本）。许多儿童都不敢出门上学，以致塾馆停歇，先生失业，可见“拍花”传闻的影响之大。笔者幼时，在乡间还常听老人以“拍花”吓唬小孩，警告其不要独自到野外跑玩。甚至近年在北京、河北等不少地方又时有发生“拍花”的传闻，有关消息还见诸报端，但事后又或辟谣，真真假假，虚虚实实，但推敲起来终归流于传闻，缺乏确凿证据。有关部门则宣明没有确被证实的这种案件和案犯。

政变派,辛亥时期反清社会力量和清朝方面,各自利用传闻推助的有关对立舆论,也都属同类情形。如此等等。明确这种特指性是非常必要的,否则即可能造成逻辑上的矛盾和混乱。

第五章　社会功能和影响作用

作为当时一种特殊的信息资源和舆论形态的社会传闻,怎样为各有关方面所利用?盲目从众情境中的自扰以及由此所加剧的社会动乱,又是哪般具体情状?由相关传闻盛行而激发的"息谣止讹"的对立言论,其基本势态如何?本章当中即试对这些问题予以探察和解答,集中揭示晚清时期社会传闻的功能和影响作用问题。

一、作为特殊信息资源和舆论形态的功用

晚清时期的社会传闻,虽然从总体上看非常态的情势相当突出,但仍然不失为一种特殊和颇具张力的信息资源和舆论形态,当时为各有关方面所利用,后世研究者亦可借以作为探察其时社会情态的一种重要事象。

在正常信息渠道严重窒碍的特定情势下,传闻成为重要社会信息资源的情形就尤其彰显。对于能够自觉利用者来说,有可能化盲目为理智,理紊乱为有序,由虚妄察真实,避有害趋有利。而要达到这种境界,固然有赖于主体条件,但也离不开传闻客体本身存在的可被利用的基因。传闻尽管不全是甚至通常多不是确实可靠的消息,但也并非无源之水,无本之木,它总是特定刺激因素下

的产物。有的传闻内容可能基本真实，只是一时无法确证而已。有的传闻可能是捕风捉影之谈，并且在传播过程中愈加变异失真，虚假成分较多，但也可能包含着一定的真实信息。有的传闻可能纯系根源于谣言，颠倒黑白，完全背离事实，但即使如此，其原始造作者亦必事出有因，有其明确的目的性，故也可以作为追寻认识特定事局的一种线索。况且，一则完整的传闻通常不单纯是"叙述事件"，而且兼有评论，甚至有以评论为主或是纯然评论性的传闻，这样必然带有主观色彩，对其是非鉴别的主观倾向就不可避免，不像单纯涉及某事是有是无、是真是假那样简单。像上述种种情况，在本文所征引的诸多传闻事例中都不难找到例证，于此不必再具体示例分析。总体看来，正像英国人濮兰德等就戊戌朝局传闻所置评的："每有一种谣言，必略有其因……故外间之论，不能信以为实，亦未可尽视为虚。"①

这里需要强调的是，对于认识传闻内容的真实与虚假来说，常有具体情节失实但大致指向符实，或是说个别虚假而总体指向真实的情况，特别是当在同一类题材上形成相当规模的"传闻群"时，就其中的单则传闻来说，所涉整体的情节，譬如具体时间、场合、人物、过程可能有较大出入，并且往往会在辗转传述的过程中愈发变异，所谓"一再传之，则大加枝叶"②，歧异纷呈，但众多同类传闻合在一起，便可能提示一种真实存在的倾向。譬如前边举及的戊戌政变后关于张荫桓的有关传闻，就当时的具体情事而言是失实的，但传说他被捕不日即真的被捕，而及于庚子事变又真的被慈禧太后下令杀害于戍所，应了戊戌年关于他被害的传闻。这绝

① [英]濮兰德、白克好司：《慈禧外纪》，第48页。

② [英]濮兰德、白克好司：《慈禧外纪》，第48页。

不是偶然巧合,而是当时传闻即事出有因。传闻逮捕其人时实际上清方当政者有关谋划已定,并且当时杀害他的意图也是实有的,只因外国方面的干预等复杂原因,阴谋者不能不有所顾忌,未能当下实施而已。当时围绕废立之事的大量传闻则更典型。关于光绪帝或被害或病重、他被慈禧如何虐待折磨以及慈禧太后如何谋划废立内情的传闻五花八门,绘声绘色,若就其中某一则传闻的具体细节推敲,多属虚妄不实,并且造作和传播者的政治倾向性及传播的目的也大相径庭,但这类传闻综合在一起,客观上又的确能大致反映慈禧太后欲行废立的一种宏观事态。当时各有关方面正是程度不等地把握了有关情况,借以测度形势,制定和实施相应的政治策略。这自然要直接关涉和影响到时势政局。

社会传闻的这种可利用性,正在于它作为一种特殊的信息资源,同时也是一种特殊的舆论形态。所谓"舆论",它具有公开性、评价性、群体性和现实性的特点。所谓"公开性",是说它必须是公开表达的意见,而不能只是"心议"、"腹诽"之类的心理活动;所谓"评价性",是指"公众依据一定的尺度衡量公共事务、各种现象意义的认识活动"。所谓"群体性",是强调舆论必须是"众人之论","是群体性的精神意识活动,一两个人的私自评议不构成舆论。个别人的意见必须进入'舆论场',与其他人的意见发生公开的联系,碰撞,才算进入舆论的范围"。所谓"现实性",是说舆论乃针对现实中的事件、人物、问题所发表的议论,不是漫无目标、玄想式的空谈,而有其现实而具体的指向性①。这虽然是就舆论的一般特征而言,而传闻作为一种特殊的舆论形态,毕竟还是属舆论的范畴,上面揭示的几个特征对它来说也仍然适用。言其特殊,主

---

① 参见秦志希、饶德江编著:《舆论学教程》,第29~36页。

要是从其传布的渠道和方式与常规舆论者不同，其信息内容的真假虚实在当时具有模糊性而已。既然其仍为舆论所属，那么，从总体上看，它就不是隐晦的、无观点倾向的、个人或散在的、回避现实的言论。由与之相对应的几个基本特征所决定，其社会利用价值的客观性也就不难理解。当然，如何采择利用这一颇具张力的信息资源那就要看主体方面的具体情况了。

社会传闻信息承载者的主体既然是公众，那么，首先应该考虑的一个问题是，这个层面自身对社会传闻信息的利用情况如何？正如上面对传闻场境中基本角色关系的分析所揭示的情况那样，其意见领袖和一般受众在对传闻信息利用的自觉程度和境界上是轩轾显分的。意见领袖是把特定的传闻信息当作一种到达某种社会政治目的舆论武器。譬如，反洋教宣传家们即公开宣示，他们编撰包括大量传闻内容的反洋教书文，就是要达到这样的目的："卒读一过，令人发指心寒。即阘茸嚣悍之夫，亦当闻而知惧"，"棒喝人寰，俾海内士民，见而切齿。虽不获操斧钺之罚，亦能严口舌之诛。由是公愤顿伸，群邪立破"①。即使以下层民众为主体的义和团，既然它能够兴动包括有大量传闻信息的舆论宣传，其意见领袖自然也起着重要作用。有研究者考论，义和团文献中有些"显然出于某些封建知识分子的手笔"，从时人关于义和团宣传品的"刻书刊版出自公卿"的记载，也说明"义和团文献的作者和传播者中有相当数量的封建阶级中人。封建文人和士绅有文化，见识较广，他们又擅长以传单、告示一类的方式来造成很有影响的社会舆论"②。而

① 学聋居士跋：《天主邪教集说》，王明伦选编：《反洋教书文揭帖选》，第10页。

② 陈振江、程歗：《义和团文献辑注与研究》，第197页。

有外国观察家在以义和团的有关情况为重要例证，说明中国迷信谣言通常流行时，特别强调指出，“怀抱经世大志之人，绝非附之一笑而已，而极善于利用”①。

我们不妨看这样一个例子。庚子年夏间北京广泛传送着“云系关圣帝君降乩而书”的这样一幅联语：“创千古未有奇谈，非左非邪，击异端以正人心，忠孝节廉，到处精诚不泯；为一时少留佳话，亦惊亦喜，震神威而寒夷胆，农工商贾，从今怨恨全消”②。显然，不论是从文辞还是意境上，这都必须是有较高文化水准者才能写得出来的，其内容分明是为义和团张扬“保清灭洋”宗旨，从联中透露出的“崇正辟邪”、“忠孝节廉”的政治文化韵味，可以基本断定是出自文化观念上比较保守的士大夫之手。在利用传闻方面，这类人物恐怕也是比一般义和团民更具自觉性而所起舆论导向作用更大者。

至于像前边述及的故意造作反清谣谚的杜仲虑、景梅久那样的反清革命党人，他们有意利用传闻舆论工具的自觉性就更为突出。而作为一般受众，既然他们能够接受和传播特定的传闻信息，也必然有其政治、文化的倾向性因素在起作用，尽管相对于意见领袖若辈不免带有较大的盲目性。就拿对杜仲虑、景梅久所造作的反清谣谚予以附和乃至发挥解释的卖浆人和旁边的警察来说，即使他们主观上未必坚决反清，但起码也可以看出他们对清朝统治大有不满情绪和丧失信心，甚至从心里盼望它快些灭亡。他们应和、发挥和播布有关传闻信息也自觉不自觉地是由这种心理所驱

---

① ［日］宇野哲人著，张学锋译：《中国文明记》，第199页。

② 仲芳氏：《庚子记事》，中国社会科学院近代史研究所编：《庚子记事》，第21页。

使。辛亥革命时期政治倾向不同的各种报纸林立，在传闻受众群体中也各有明显的选择倾向性，像在上海和附近地区，显然是有赞成革命倾向者“多半喜欢看‘民立’、‘神州’、‘天铎’三家报纸”，一时间其“销量也由一两千（增）加到七八千，《民立报》甚至达到过一万份”。而这些报纸中所登载的也不尽是确实消息，如关于孙中山回国“从美国借到几千万元的一笔借款，作为北伐经费，并且随带了几十万支快枪”这等传闻，就曾在《天铎报》上登载出来，看到这一消息，“人们好像吃了一剂定心丸，第二天，这家报纸销了几千份”①。对这种本来没有的事情，相信而从中受到鼓舞的人们，自然也乐于传播利用这种传闻信息。

在日常社会生活中，也不乏意见领袖有意利用传闻而达到预期目的事情。这里仅举陈其元在其《庸闲斋笔记》中述及的这样一例：晚清时清浦新泾镇有一座刘将军庙，“每当报赛出会之时，四乡土地神皆舁其像来会，乡民聚至数万，喧哗杂沓，不可禁止。庙左近有一桥，将坍损，尚未修葺”。这年又出现这样的情形，时任青浦县令的陈其元“恐赛会时人众桥坏，或有溺毙者，因檄镇之巡检，禁会不作。而乡民汹汹不听，势且滋事，巡检不能遏，飞禀来报”，陈氏方“拟亲往晓谕，旋又报事已安贴矣。询其故，则为董事陆某扶乩，假猛将语止之而定”。陈氏笑曰：“此真刘公一纸书贤于十万兵也。”②记述中虽未明述传闻情事，从民众的反映来看，关于“猛将”神异的传闻必定传广信众，而陆某的扶乩“神语”，也必然作为传闻信息很快播散，素信该神灵异的民众于是听从。从陆

① 齐宁：《报馆街上的辛亥革命》，《人民政协报·春秋周刊》第96期，2002年12月27日。

② 陈其元：《庸闲斋笔记》，第279页。

某到陈氏之辈,显然对事之真相心知肚明,陆某在这一事体中则直接充当着意见领袖,故赢得陈氏对其"一纸书贤于十万兵"的赞叹,并且陈氏作此条记载时还开宗明义地置言:"扶鸾本干例禁,然亦可佐政治所不及,所谓神道设教也。"①更可见若辈于此类事上的自觉性。

不仅限于公众层面和社会生活领域,清朝官方在其施政过程中,也与社会传闻这种特殊的信息资源和舆论形态,发生利用上的密切联系,很注意取其所需地利用,甚至有允许言官"风闻言事"的制度性放纵。明代曾禁止过"风闻言事",清朝代明不久,即废禁而复用,这当然有为"生事之小人"借端挟私告讦提供方便的一面,对此中弊端,不但有关受害官员深有体察,即使皇帝也未尝不知,但一直不予禁止,个中原委,康熙皇帝曾一语破的:"朕于科道官员,许其风闻入告者,专为广开言路",使自督抚以下各官,"皆知所顾忌而警戒也"②。这种允许有关臣工"风闻言事"的制度,晚清时期不但继续沿袭,而且除了借以警戒官员外,在其作用范围上也更有了进一步的扩大,成为获取多方面信息参考的重要途径。像在戊戌年间的复杂政潮中,慈禧太后一方即特别注意通过采听臣工的"风闻"所言,测度形势,预防不测。前边在变政传闻的专节中述及的外国驻华使馆车辆卸载武器之事例,即为户科给事中胡俊章在奏疏中所言,并明确说是"奴才风闻"③云云。也是在那一章中述及的杨崇伊密疏中"风闻" 伊藤博文之事亦颇典型,该奏

① 陈其元:《庸闲斋笔记》,第 279 页。

② 《古今图书集成》卷 337,《都察院部汇考五・皇清一》。转据周继中主编:《中国行政监察》,江西人民出版社 1989 年版,第 414 页。

③ 《户部给事中胡俊章折》,《戊戌变法档案史料》,第 470 页。

中还特别强调说是"近来传闻之言,其应如响"①,更可见若辈对传闻信息的注意和重视。慈禧太后即根据杨崇伊辈提供的传闻信息,切实加强了对伊藤博文与维新一方联系的防范和监视。

又不仅限于采听臣工"风闻言事"一途,清朝当政者也不惜造作散播对自己有利的传闻信息。仍从戊戌年的有关情况来看:慈禧太后一派显然是从为其所欲行的"废立"作舆论铺垫的需要出发,造作和推助了与实际情况并不相符的有关光绪帝的大量传闻,甚至矫诏发布。康有为在出京逃亡途中得知"伪旨"中说他进药弑帝的消息,当时认定光绪帝已为慈禧太后所害,又要嫁祸于他,故"一痛欲绝",决意跳海殉难,是被特来接应他的英国人濮兰德(J. O. P. Bland)以"消息未确,请待之"②劝止。康有为联系先前清方造作的有关传闻舆论,随后在接受英国人班德瑞(Bauren,驻上海领事)的采访中,他揭露说传言光绪帝"所谓患吐血症等等,纯粹是反对变法的旗人派造的谣",自己"从来没有给皇上进过任何药饵",因为皇帝的身体"一向是非常健康的,并且整天阅看和批答奏章"。又说请慈禧太后垂帘听政(复行"训政")的诏书是西太后和旗人一派伪造的③。梁启超在刚逃至日本而闻知政变派矫诏为光绪帝征医之事后,也急切地向外界揭露政敌造作谣言的阴谋,说是"自四月以来",北京谣言传播皇上病况,事实上,"寡君日日办事,早朝宴罢,每日接见臣僚,未尝歇息。览奏章,每日动十数万言,每隔数日,必亲诣颐和园女后前请安,或在瀛秀门跪迎跪送,此岂有病之人所能耶?谣言之起,皆由满洲党深恶寡君之变法,恨

① 《掌广西道监察御史杨崇伊折》,《戊戌变法档案史料》,第461页。

② 钱仲联主编:《清诗纪事》第20册,第13901页。

③ 《白利南致英国外交部次大臣》中附班德瑞与康有为谈话的备忘录,中国近代史资料丛刊《戊戌变法》第3册,第524~526页。

不得速其晏驾，故广布咒诅之言，阴为鸩毒之地。”①

当然，并不是说维新派所言就是毫无出入的事实，实际上，当时他们也自觉地利用利己性传闻作为重要舆论武器。譬如康有为在逃亡海外后所撰《奉诏求救文中》，列数慈禧太后的“罪端”，极力丑化其“淫乱性成”，说她“多蓄嫪毐，托为宦寺，久乱宫闱，大安小安，丑声扬播。当时为穆宗（按：同治帝）所遇，小安逃去。密诏令丁宝桢捕斩，此天下所共知者也。乃闲防虽至，莫抑淫心，穆宗引为巨耻，忧怒而崩”，又“京师百戏之陈，北里淫合之事，咸召入宫，至今宦寺装为狎客，与相淫乐，忘其耻慝。宗昌、敖曹，男妾无数，顷有私子，名曰晋明，长在禁中，日侍欢乐。中冓之诗，人不能读；鹑奔之丑，我以为君”②。很明显，这中间即吸纳了关于慈禧太后在宫闱方面的诸多传闻素材，并添枝加叶地进一步加以夸张渲染，使愈加危言耸听，其政治利己性昭然若揭。即使过后维新派人士追述戊戌政变和朝局之事，也依然借助了大量传闻素材为自己服务，像梁启超《戊戌政变记》一书中的有关内容即颇典型③。维新派的报刊在这方面也发挥了重要作用，采择、造作传闻表现出鲜明的舆论倾向性。在政变派封禁内地有关报刊之后，其所鞭长莫及的澳门的《知新报》继续并且更显要地发挥着这方面的功用。

当时维新派方面的舆论中，对传闻可资利用的认识也是比较到位的，尝指斥：对于“变法”之事，开新之人，“守旧之徒，迂谬指

---

① 梁启超：《致伊藤博文、林权助书》，载汤志钧：《乘桴新获——从戊戌到辛亥》，江苏古籍出版社1990年版，第640页。

② 见汤志钧：《乘桴新获——从戊戌到辛亥》，第58～59页。

③ 可参见戚学民：《〈戊戌政变记〉的主题及其与时事的关系》一文，《近代史研究》2001年第6期。

摘，日夜聚谋”，“思颠倒是非，造作谣言”①。又揭露政敌方面利用传闻，故意布疑传疑，“而天下之人疑之既久，虽有智者”，亦往往终归信实②。传闻的重复性的确可以产生强迫接受的效果。据说，像谭嗣同最初对关于光绪帝病况的传闻即信以为真，以致在被光绪帝召见时，“当面询问皇上病体若何”，光绪帝以“朕未尝有病，汝何忽问此言”相诘③，谭嗣同始悟知是为谣言所惑。新派人士既明此道，所以他们在揭露政敌的这方面惯伎的同时，所以自己也不惮利用传闻这一特殊形态的舆论武器。

可见，当时维新派和政变派一方在舆论战中都十分注意利用传闻。既然传闻不但可能而且事实上也成为一种有效的舆论武器，那么，敌对双方在自己尽最大可能利用这种武器的同时，也都千方百计地破坏对方之于这一武器的利用。而在这后一方面，当时慈禧太后一方显然居于优势地位。政变之前，若辈对政敌利用传闻舆论即倍加警惕，有谓若辈“党羽众多，难保不混造谣言，诬谤宫廷”④云云，故不但大力进行所谓“止讹禁谣”方面的宣传，而且伺机严厉制裁被其认为是惯于“造言惑众”的人员，尤其是发挥作用尤大的有关报刊传媒。特别是从政变发生后的情况看，起码在内地范围，维新派及其支持者的舆论被紧紧钳制，清朝当政者利用其手中权力，甚至不惜动用暴力，破坏和摧毁具有维新倾向的传媒阵地。政变后很快即封禁了作为维新派重要喉舌的《时务报》。不日又特颁“上谕”：“莠言乱政最为生民之害……近闻天津、上

① 康有为代杨深秀拟《请御门誓众折》，《康有为政论集》上册，中华书局1981年版，第291页。

② 《知新报》载《论圆明园炸药事》，《戊戌变法文献资料系日》，第1400页。

③ 见梁启超：《戊戌政变记》，第63页。

④ 《户部掌印给事中高燮曾等折》，《戊戌变法档案史料》，第466页。

海、汉口各处，仍复报馆林立，肆口逞说，妄造谣言，惑世诬民，罔知顾忌，亟应设法禁止。”①随之在鞭长莫及的范围内掀起查封有维新倾向的报馆、迫害有关报人的恶潮。

戊戌政潮中紧密牵涉传闻的有关舆论战的情形应该说非常典型，但也决不仅限于此一场次，事实上晚清时期每一次大的政潮期间，都会有类似问题。而清朝统治者对不利于它的不论来自哪个派别和层面的传闻舆论也一直是采取钳制和禁止政策的，只是越到后来其实际控制能力越趋弱化，社会传闻盛行的情势无法扼止而已。而越是传闻盛行，清朝统治者就越是感到社会危机严重，便越力图进行“止讹禁谣”方面的威慑。不但清朝中央政权如此，其地方政权亦如此。像自义和团运动时和以后的数年间里，四川地方上的禁谣文告简直是铺天盖地，查缉镇压所谓“捏造谣言”的“匪人”之事例屡见不鲜。像庚子年间，该省大员鉴于所谓有“匪类”“借口中外开兵，无端造谣纠众”的情事，发布告示，要求“良民不为所惑”，“切勿随声附和”，“如有匪徒煽惑，立刻拿获送官”，并宣明“倘敢抗官拒捕，照例格杀勿论”②。又鉴于“北事未定，到处谣言四起”，饬令各地添派兵勇严加防范，“以免疏虞”③。一时间各府县地方纷纷行动，传贴禁谣查匪告示。像成都府查禁关于“有旨驱逐教士回国”的谣言，并将与传布此谣牵连的“大邑匪首罗姓”正法。④ 重庆府因“有传红灯教之谣”，布置所属各地“不动

① 《光绪朝东华录》第4册，总第4221页。

② 《成都将军、四川总督保教告示》，四川档案馆编：《四川教案与义和团档案》，四川人民出版社1985年版，第653页。

③ 《川东道发放枪支选派团勇护卫外国领事馆和教堂札》，四川档案馆编：《四川教案与义和团档案》，第654页。

④ 《开导士民说》，四川省档案馆编：《四川教案与义和团档案》，第649页。

声色，严密查禁”，并且究明有这种“蔓延遍直、晋各省”的“邪说”，是由“西帮商号传来省中”①。巴县则针对反洋教传闻，发布歌谣体告示：“中外现在议和，民教照常安生。诚恐不法匪类，复造谣言惑人。特此晓谕禁止，军民一体禀遵。倘敢造谣惑众，查出定即重惩。”②像这种情势，庚子事变过后在四川又迁延多年③。这也可反证出该省所谓“谣言”禁而不绝，甚至愈禁愈烈的形势。此期其他各省也有类似的情况。

当时各种传闻的盛行，既反映出社会动荡不安、人心惶乱的情势，也与清末新政当中公众的民主意识萌动、追求言论自由的背景不无联系。人们对国家、社会的事情空前关心，要发表言论而相关信息渠道又不能顺畅，一时虚实莫辨的消息便容易传扬。对于清朝统治者来说，一方面它对民间舆论的控制力不从心，另一方面，它既已作出筹备立宪的姿态，也不能不在开放言路方面有所表示，这客观上也为不利于清朝的传闻舆论和各种所谓“惑众”的“横议”，在一定程度上撤除了关卡。有清方人士对此种局面表示出深深的忧虑：“上下关系全在言论机关，不塞横流，即须征实舆论。朝廷纵主开，断不应专开放造言惑众一边。横议有言论机关，政府反无言论机关，立于败地不可也。”④从一定意义上说，清末民间的传闻舆论，对于反清倒清也的确发挥了一定的作用。

不仅仅限于中国内部，当时外国方面也是介入传闻场中的不

---

① 《重庆府转布谕旨并查禁红灯照函》，四川省档案馆编：《四川教案与义和团档案》，第 657 页。

② 《巴县告示》，四川省档案馆编：《四川教案与义和团档案》，第 659 页。

③ 这从四川省档案馆编《四川教案与义和团档案》一书中收录的庚子以后数年的有关文告即可见一斑。

④ 《宋育仁致盛宣怀密函》，盛宣怀档案资料选辑之一《辛亥革命前后》，第 107 页。

可忽略的重要角色。还是以自戊戌以后的情况为例。由于列强之间出于角逐侵华权益的需要，利用清朝统治集团内部政派矛盾的结果，戊戌时期中外关系格局非常复杂微妙，清廷内部帝党欲结盟英、日等国，后党则倾向亲俄的局势由隐而显，外国方面也无不从自身利益出发打此拉彼，纵横捭阖，并密切关注和千方百计地窥测清方朝局内幕和动态趋向。特别是政变发生后，正常途径的信息渠道一时几乎全部断绝，而清方朝局内幕又迷障重重，外国有关人员和媒体，主要便以传闻为信息来源，当时外国在华人员之间，他们与其本国政府及媒体之间，保持着比平时更为密切的联系，通过多种形式和渠道，有着比平时更有密集的信息沟通，其中关于清方朝局者即多传闻。面对真真假假的纷乱信息，他们在分析判断的基础上加以利用。

譬如前边举及的熙礼尔给窦纳乐函件中，对可能出自某军机大臣之口那个传闻的猜测判断，由此而抱有警惕性以及酝酿与清总理衙门进行防范性交涉，即不失为一个很具体的事例。而对清廷的“废立”问题，更是外国方面关注的焦点。以英国为主的有关国家，便是以关于光绪皇帝或死或病的传闻纷杂、不明真情为由，通过外交途径，屡屡给清朝当局施加压力，干预“废立”。据清方知情人士记述：政变发生不日，有关国家驻上海领事会访清朝铁路大臣盛宣怀，探寻消息。盛宣怀告以“谣传废立，必不可信”。英国领事即言：“常言‘最毒妇人心’，英亦有此语。或竟有此举，中国必纷乱，各国不能默尔，于一月内英可调印度兵三十万来华。”①显然是要以进行武装干涉相威胁。九月初（10月中旬），在北京的

① 赵凤昌：《戊庚辛记述》，中国近代史资料丛刊《戊戌变法》第4册，第319页。

英国人赫德夫人(Mrs. Robert Hart)在向其国内通报情况的函件中明确地这样说:"人们认为皇帝如果还活着的话,他的处境也是危险的;各国使馆都在寻求良方,站在皇帝这一边,出面干预并能获得成功。"①鉴于对光绪帝的真实情况不明,外国方面遂要求派他们的医生给光绪帝诊查,借以窥探事实,最后清廷被迫答应。九月上旬(10 月中旬),在英国驻华公使窦纳乐的安排下,由法国医生德对福(Dr. Detheve)进宫为光绪帝诊查,得出光绪帝只有"微恙"②的结论。这样,就揭破了有关传闻的不实之处。外国方面的种种干涉之举,对慈禧太后废立蓄谋的实施起码起到了暂时性的抑制作用。

再如关于张荫桓被捕前即传被捕、被捕后流放未死而又传被害的大量消息,也给了英、日等国出面干预清方政变派对张荫桓的处置和过问其人的安全问题提供了口实。据当时的日本驻华代理公使林权助记述,戊戌政变发生后,后党欲处张荫桓死刑,英国驻华公使窦纳乐与他函商营救,林权助于是夜访李鸿章,以如杀张将会受到"列强的干涉"相威胁。李鸿章向清廷传达了这个消息,结果张氏被判流刑③,总算是暂时保住了其人性命。有迹象表明,若不是外国的干涉,当时张荫桓不是没有被处死的可能。其时像英国的外交人员,是把张荫桓视为"目下北京唯一懂得洋务的政治家"④。日本外交人员则说,"英国方面之所以庇护张,除了张当外

---

① 陈霞飞主编:《中国海关密档》第 6 卷,第 897 页。

② 《窦纳乐致沙侯》,中国近代史资料丛刊《戊戌变法》第 3 册,第 549 页。

③ 见林权助:《戊戌政变的当时》,中国近代史资料丛刊《戊戌变法》第 3 册,第 575 ~ 578 页。

④ 《窦纳乐致英国外交大臣信》,中国近代史资料丛刊《戊戌变法》第 3 册,第 541 页。

相甚为列国服务而外，张且曾为中国代表参列维多利亚女皇（即位）六十年大典，和英国有了因缘的原故”①。而无论具体原因如何，外国方面的这类举动，包括英、日当时对康有为、梁启超等人的救助，无疑完全是为了他们国家的外交利益，被救助者不过是当时依然由外方占据主动地位的中外关系棋局上的棋子而已。

义和团运动时期，外国方面利用有关传闻的情事也颇为典型。当光绪二十五年冬间义和团尚在北京外围发展没有大批进入京城的时候，外国方面就预感到了其严重的危险性，并利用获取的关于清廷密令放纵义和团消灭外国人的传闻信息，对清方施加外交压力。英国驻华公使窦纳乐即曾为此会见总理衙门“使者”，“用最严重警告的词句同他们谈话”，说虽“不能相信关于朝廷确有密令的谣言是可能的，可是，仅就这些谣言的流传这件事来说，便说明了政府的行为所给予公众的印象”②。并且举出根据传闻所测度的清方有关态度和某些实际动向，对总理衙门的“使者”进行试探，从其反应推断出，“他认为我所说的那个传闻至少不是无稽之谈”③，从而更提高了警惕性。所谓“当时流言自起，把外国人赶尽杀绝的谣言最为盛行。各国的公使们纷纷向本国政府告急，局势险恶，刻不容缓”④，正说明了各国关注有关传闻信息并作出强烈反应的情势。随着形势的愈趋紧张，特别是外国武装干涉的政策

① 林权助：《戊戌政变的当时》，中国近代史资料丛刊《戊戌变法》第3册，第578页。

② 《窦纳乐爵士致索兹伯理侯爵函》，胡滨编译：《英国蓝皮书有关义和团运动资料选译》，中华书局1980年版，第6页。

③ 《窦纳乐爵士致索尔兹伯理侯爵函》，胡滨编译：《英国蓝皮书有关义和团运动资料选译》，第88页。

④ ［日］大米泽造著、王国珍译：《回顾八十年》第10辑，《京津蒙难记——八国联军侵华纪实》，中国文史出版社1990年版，第105页。

既定并开始实施，乱象更为加剧，有关传闻愈加纷杂，外国方面对此亦愈加关注。五月（6 月）间，窦纳乐向其本国外部大臣这样报告说：

> 这一期间，关于颐和园内正在发生的事情，并非没有传闻。有人说：慈禧太后对义和拳运动最近的状态感到极为愤怒；另有人说：她正支持义和拳把所有外国人逐出中国的计划，完全不顾可能产生的后果；而多少受到人们信任的一个传闻则使她现在十分恐慌，并已决定逃往西部的古都西安府。我不想仔细调查这些传闻，因为这是不可能的事，相反，我宁愿将最近两周内关于这个问题发布的一些上谕的译文，随信送呈阁下。这些上谕提供了可得到的唯一可信的迹象，说明朝廷对义和拳会的态度。①

联系没有引录的函件下文，可知窦纳乐根据对一个时期以来有关上谕的研究，推断出清廷此期的主导倾向，是支持和纵容义和团与外国作对，应该说这是基本不错的。并且在所引及文句中，他也特别言及"这些上谕提供了可以得到的唯一可信的迹象"，还说到对有关传闻"不想仔细调查"，"因为（想调查清楚）这是不可能的事"。显然这并不意味着他不重视传闻信息，只是强调没有办法调查清楚其虚实而已，这种情况也正符合传闻信息的特点。窦纳乐函中述及的关于慈禧对"义和拳运动"态度的传闻，两种截然相反，当然只能是有一种符实，另一种为虚。而关于慈禧太后"十分惊慌"要逃往西安的传闻，不管当时是从何种途径传出，源头怎

① 《窦纳乐爵士致索尔兹伯理侯爵函》，胡滨编译：《英国蓝皮书有关义和团运动资料选译》，第 85 ~ 86 页。

样,但两个月后真的应验,这决非偶然巧合,亦非空穴来风,必然事出有因,即使不是当时清廷真的有此秘密动议,也是有人根据对形势发展的预测所作出的合理推断。而在这种事情上,当事者除非到了最后行动的一刻,之前是不会向外间公布真实铺排的。像第二次鸦片战争中咸丰帝出逃热河,事前多日就纷纷传言朝廷拟作此行,但直到启行的前几天,还这样布谕:“近因军务紧要,需用车马,纷纷征调,不免啧有烦言,朕闻外间浮议,竟有谓朕将巡幸木兰举行秋狝者,以故人心疑惑,互相播扬。朕为天下之主,当此时势艰难,岂暇乘时观省。且果有此举,亦必明降谕旨,颁行宣示,断未有乘舆所莅不令天下闻之者,尔中外臣民当可共谅……以息浮议而定人心。”①但几天后,即有出逃之举,所谓“浮议”而被证明实为“真言”。在这等事情上,欺饰君民是朝廷惯伎,与其相信冠冕堂皇的上谕,还真不如揣摩来路不明的传闻。这一点,外国方面实际上也并非不知。当时外国驻华各处的领事,与本国驻华公使以及本国外部之间,密切地保持着函电联系,所传达的信息,即多有传闻,据以测度形势,制定应对之策。

不只是各国驻华外交人员如此注意利用传闻,其教会人员在这方面也有着特别的敏感性,起着积极的配合作用。庚子年夏初,北京西什库教堂主教樊国梁(P. M. A. Favier),因获知关于义和团和清军将攻打北京教堂和使馆的传闻纷纷,致函法国驻华公使毕盛(S. J. M. Pichon),说“北京全城都知道此事,人人正谈论此事,而且群众的激昂情绪是很清楚明白的”,他并且据以进一步分析说:“宗教的迫害只不过是一个掩饰,其主要目的是消灭欧洲人”。

① 佚名:《庚申北略》,中国近代史资料丛刊《第二次鸦片战争》第2册,第29页。

还特别将这时的情况与天津教案时相类比："三十年前经历过天津惨案的人们，由于当时的形势同今天的形势相类似而深有感触；有同样的揭帖，同样的威胁，同样的传单……"①。显然，其所谓"深有感触"者，很重要的就是对有关非常态的传闻情势而言。这位主教借以敦促其政府做好防范准备。事实上，不独牵涉教案最多的法国方面，列强各有关国家借教务教案问题对华施压都是一直没有忽略和放松的。在义和团运动期间当然更是如此，这中间就不乏借助传闻之事。像在庚子年五月间，窦纳乐向其本国外部大臣报告了关于所谓"永清惨案"的事情：

> 6月3日（按：指西历）星期日晚上，自北京以南大约四十英里的永清县城来了一名中国工人，带来消息说：一伙义和拳约数百人于6月1日清晨进入县城，攻击该处英国教会，杀死了派驻该处的两名传教士中的一名，即孙先生，并带走了另一名传教士孟鹤龄先生，将他囚禁在附近一个村庄。我立即派戈颁先生（英国驻华公使馆中文秘书——译者注）将这个消息通知总理衙门，而有关此事的一切消息在那里都遭到否认；同时，我致电女王陛下驻天津领事，要他去见总督，并劝告总督立即采取措施救助那个不幸被囚禁的人。②

可见，窦纳乐完全是听凭一则传闻，在没有进一步予以核实的情况下，便立即采取了外交手段与清方交涉，对其施压，而当时既然"有关此事的一切消息"在清总理衙门那里"都遭到否认"，说明

① 《樊国梁神父致毕盛先生函》，胡滨编译：《英国蓝皮书有关义和团运动资料选译》，第73页。

② 《窦纳乐爵士致索尔兹伯理侯爵函》，胡滨编译：《英国蓝皮书有关义和团运动资料选译》，第82页。

清朝官方可能真的没有得到相关消息,此事的虚实尚有待核查。而窦纳乐则迫不及待地亲自出马,不但到总理衙门问难,而且又直接约见庆亲王奕劻,为的就是"使中国政府对永清惨案的严重性获得深刻印象"①。于此,更可见外国对传闻信息利用上的明显利己性。

辛亥年间的情况也很醒目。特别是在武昌起义胜利,诸多省份接踵响应,而清朝政权尚竭力对抗,局势异常复杂而迷蒙不清之际,通过传闻信息测度时局动向以作外交决策参考,是当时外国在华外交人员所十分重视的。其领事、公使和本国政府之间的通讯联系中,所传递和测度的传闻信息的比重颇大。仅从《英国蓝皮书有关辛亥革命史料选译》一书中所收文件粗略看来,就有关涉成都、潼川、上海、杭州、济南、德州、南京、西安、汉中、武汉、云南府、腾越等诸多地方传闻情事的通报。有些是有关领事馆向当时英国驻华公使朱尔典(J. N. Jordan)的报告,有些是朱尔典向其国外部的专项或综合性汇报。所涉及的内容颇为繁杂,并且说法上前后往往有很大变化,口径分歧不一。这里仅以其所采述的这年冬间关于西安诛杀满族和外国人的传闻为例:这年西历的12月份,英国驻成都总领事谨顺向朱尔典函告,"似乎西安府的邮政局已被焚烧,而且德籍邮政司已被杀害","若干天来,此地(按:指成都)盛传陕西省杀死了一些外国人(或一名外国人)"②。几天后,他又函告前报传闻中有误,说是"已收到汉中伊斯顿牧师的几封信,从那些信看来,德籍邮政司并没有像(上次)报告中所说已被

① 《窦纳乐爵士致索尔兹伯理侯爵函》,胡滨编译:《英国蓝皮书有关义和团运动资料选译》,第83页。

② 《总领事务谨顺致朱尔典爵士函》,胡滨编译:《英国蓝皮书有关辛亥革命资料选译》上册,中华书局1984年版,第251页。

士兵杀死，而仅受到土匪的轻微伤害"，但他接着又强调说，"然而，正如以前一样，由于最近的这个消息系来自中国方面，所以很难说它有多少真实性"①。而在此间，朱尔典则向其外部大臣这样报告："关于陕西省城西安府所演悲剧的可靠消息，终于传到了北京。所有满族人都被杀害，满城全遭破坏。贝克曼夫人，瓦特尼先生和六名儿童都是附属于美国教会的瑞典臣民，在起事的第一天便被暴徒杀死。三位英国臣民，即史密斯夫妇和曼勒斯先生，都已受伤。"②20 天之后，他又作出这样的报告："西安府的情况，曼勒斯先生证实了我们已经收到的关于在头两三天内屠杀满族人的报道。他估计普通满族居民有两万人，并确证了肖乐克先生所说的大约有一万人被杀一事。他认为，大约有五千人已经逃走，其余的已经自杀。"③尽管朱尔典断定为"可靠消息"，又说被知情人"证实"，但从其所述情节看，前后矛盾之处不少，如果与谨顺报告的内容相比较，出入就显更大，从总体上看，都为传闻之属。

当然，外国有关人员在采择利用传闻信息方面决不是盲目轻率的，而表现出相当谨慎的态度和颇强的策略性。在何种范围传达和公开何种有关信息，对内对外怎样把握，都是基于其外交利益而定夺。在南北对峙局势变幻叵测之际，朱尔典就曾向其本国外交大臣这样表示："不到必要的时候，我不愿发出任何指示或警告，因为担心采取这样任何一个步骤，将加强而不是缓和人们的不

① 《总领事务谨顺致朱尔典爵士函》，胡滨编译：《英国蓝皮书有关辛亥革命资料选译》上册，第 325 页。

② 《朱尔典爵士致格雷爵士函》，胡滨编译：《英国蓝皮书有关辛亥革命资料选译》上册，第 176 页。

③ 《朱尔典爵士致格雷爵士电》，胡滨编译：《英国蓝皮书有关辛亥革命资料选译》上册，第 277 页。

安全感,而且有可能被误解为对每天流传的许多荒诞谣言加以证实。"①可见,若辈对社会传闻信息的利用,是立意于有的放矢、策略行事的。

还有必要对社会传闻的谍报信息作用略作提示性申论。

谍报工作是古今中外历史上都存在的。尽管"一般说来它是肮脏的",但决不是像有人认为的"几乎从来就毫无用处","不论对战争的指挥或对政治的进程,它都不产生什么影响"。倒是像有人所比喻的,"历史是一幅风景画,而画框则被秘密活动这条看不见的线牵着"② ——这也许有些夸张,但比认为谍报工作毫无用处的观点似乎更接近事实。而在晚清时期的特定社会历史条件下,各方的谍报工作,采择利用传闻信息都是至关重要的。

战争之际,不论是国内战争还是国际战争,有关方面往往都会安排谍报人员,刺探情报,造言煽惑,以服务于己方利益。在中外战争中,往往外国方面于此更为自觉。像在两次鸦片战争期间,外国除专门的谍报人员外,还有传教士积极配合这方面的活动。③军方自身,自然更是千方百计,竭力而为。像在第一次鸦片战争中,英军就惯于利用间谍手段"四布流言,以为与官为仇,绝不向民加害,于是奸民贪其利,顽民受其愚"④,在一定程度上起到了分

① 《朱尔典爵士致格雷爵士函》,胡滨编译:《英国蓝皮书有关辛亥革命资料选译》上册,第98页。

② 转据[法]皮埃尔·阿莱姆著、陆福忱译:《古今谍海秘闻》,新华出版社1992年版,《导言》,第1页。

③ 由外国传教士在华所办英文刊物 The Chinese Repository 有关各期对这种情况即多有披露。

④ 《王廉访(廷兰)致闽中曾方伯(望颜)信》,《三元里人民抗英斗争史料》,第51页。

化瓦解中方抗敌阵线的作用。后来的历次中外战争中，外国方面都配合以谍报战。像中日甲午战争初期，中国方面即侦破了石川伍一、福原林平和楠内友次郎、藤岛武彦和高见武夫等数起间谍案①。在关于此类案件的国际交涉中，清政府方面即指出，中日两国业已开仗，"战守机宜，关系綦重"，"日本奸细改装薙发，混迹各处，刺探军情，实与战争大有关碍，且虑潜匿煽惑，不得不从严惩治，以杜狡谋而图自卫。"②试想，他们"混迹各处，刺探军情"，特别是深入民间，刺探所获离得了传闻信息？而"潜匿煽惑"又少得了造作和散播谣言？当时中国方面对日本间谍之事也保持着高度警惕。双方宣战之初，就有清方人士提供情报说："日本派奸细二百名，剃发易装，在中国各口探听军机，窃料必携带炸药，将来轰毁重地，行刺大员，皆意中事也。"③若真是这样，可见事态之严重。当然，这本身也不过是一条传闻消息而已。至于八国联军侵华战争中，外国方面不但由他们自己人作间谍，而且还不惜出高额报酬收买华人充当，当时英国传教士宝复礼，即以"中国通"的身份被推荐作为联军谍报部的情报官，事后他写过随从联军由天津进犯北京的回忆录，其中就说到，"对愿意传递信息的人出了巨额报酬"，"在这件事情上，钱是由意大利政府提供的"，但"派出去的人极少有回来的，许多人都被枪杀了"④。可见，双方谍报战亦相当激烈和残酷。有迹象表明，在当时的信息环境中，谍报内容就采择

① 戚其章：《甲午战争国际关系史》(人民出版社 1994 年版)第三章第三节中有专目介绍。

② 《总理衙门照会美国公使田贝》，《朝鲜档》，转引自戚其章：《甲午战争国际关系史》，第 225 页。

③ 《钟天纬致盛宣怀函》，盛宣怀档案资料选辑之三《中日甲午战争》下册，第 98 页。

④ 见《京津蒙难记——八国联军侵华纪实》，第 200 页。

利用了大量的传闻素材。

国内战争中,作战双方都少不了利用间谍而又与传闻信息密切关联的活动。像清方与太平天国的战争中,情况即颇为典型。清方人员张德坚所编撰的《贼情汇纂》,不但参照所获太平天国方面的文献,而且采录军方有关探报及从太平天国辖区逃出的清方人员的见闻口述。其内容上不仅限于军情战事方面,而扩及太平天国的方方面面,其中有关传闻内容显然是大量的(此为人熟知,不待具体举证)。在当时这对清方来说具有很强实用性,曾受到湘军统帅曾国藩的高度重视,他曾直接与闻此事。为了战事,不只清朝军方,包括其相关政务机构,都经常派有大量的侦探,有关传闻信息,在其搜集的谍报中决非无足轻重,而算得上常规内容。这里举《上海新报》在同治元年八月十八日(1862 年 9 月 11 日)的一则载闻:"闻得抚辕侦探回称:……贼中有言,欲假冒官兵至江北等处,闻昨攻上海败回之贼首,系常熟伪佐将钱得胜。现在该地掳掠乡民粮草,仍有东窜之说。又探称:太仓伪守将黄姓,意愿投诚,长毛知之,即将黄姓正法……并云:车坊地方,于初二初三等日受枪船大害,抢掠殆尽各等因。"①仔细分析,其中所述有些情事,像"昨攻上海败回之贼首","仍有东窜之说","太仓伪守将黄姓"因"意愿投诚"而被杀等,显系采自传闻。太平军方面的谍报工作,似乎做得也毫不逊色,甚至更为出色。有外国人这样评论:"他们的侦察系统十分完备,凡是需要刺探情报的地方,都有他们的谍报员。"②有清方人员则对太平军下述惯举大发感叹:"贼当未入城之

① 《〈上海新报〉中的太平天国史料》,第 30 页。

② [美]麦高文著,章克生译:《东王北王内讧事件始末》,《太平天国史译丛》第 2 辑,中华书局 1983 年版,第 89 页注文。

日，先有奸细在城，布流言，贴伪示……其时百姓多信为然。吁，信以为然，受惑而即受害。”①这岂不正好反映了太平军在这方面的成功？上述有关事体中间，皆离不开对相关传闻信息的利用。

传闻信息与谍报的结缘，当然也不仅仅表现在战时和军事方面，从当年在华活动的国际间谍来看，其所刺探搜集的情报内容是多方面的，军事者之外，还涉及政治、经济乃至民情等各个领域。其活动也不只是限于特派的专职谍报人员，像传教士特别是外国在华的外交人员，从事谍报工作也都是其重要的“职能”所在，只不过他们有着“合法”而特殊的身份掩饰而已，对搜集传闻信息这类的一般性谍报工作，更可以公然无隐地进行，所以将其已放在前边而未置于此处论列。

最后再对清朝内部政坛、官场角逐黑幕下的有关情事略作陈说。像前边在多处提及的陶湘在京城为盛宣怀侦探朝局朝政情报之事，即典型地属于谍报工作。其间的联系用密函，阅后或销毁或妥藏，决不公开，函文中多用暗语，甚至人名也用代号，这决不是一般通讯所使用的形式和方法。至于其情报内容，多事关朝局机密和政坛内幕，从内廷的重大决策动向，到宫闱的日常活动，从至关紧要的人事变动迹象，到官员间的一般人际交往情节，简直是包罗万象，惟需是取。而这中间的诸多情事真相，是不可能直接伺知的，只能靠猎取传闻信息。检阅分析现在能见到的“齐东野语”类密函，所传递的情报内容，属传闻信息者恐怕起码要占十之七八。此非为特例，当时地方上许多大员都要京城中安置有自己的眼线，进行秘密探闻工作，在有重大朝政变故时更是特别着重于此。这也算是当时社会传闻被利用的一个特别途径，借此可以窥及专制

① 《金陵被陷记》，王庆成编著：《稀见清世史料并考释》，第368页。

体制下政治黑幕的一角。

二、盲从状态下的自扰致乱

如果说,对社会传闻信息的有意利用所体现的主体自觉性,是或传闻场内的意见领袖,或场外具有批判能力者才能典型具备的,那么传闻场内的一般受众,在特定情境下则可能处于明显的盲从状态,这不但可导致自我扰害,而且还往往加剧集群性的社会动乱。

当然,并不是所有的社会传闻都会对一般受众产生这样的效用。通常看来,是要在非常态的传闻情境中(不管是典型的集群状态下还是相对"隐蔽型"者),人们对某种传闻的心理感受是类同的,而承受能力又相当之弱,丧失心理学上所谓"应激"①的理智状态,极易盲目从众而一同作出失常的恐慌紊乱反应,不但自扰,而且扰人。就容易引起人们集体性慌乱的传闻种类而言,最典型的当然是人们觉得会对其生活乃至生存条件和现实利益构成严重威胁的传闻事体,像那种人们主要是基于好奇心理一时传播而于自己的切身利益关系不大的"消遣性"传闻,一般是不会引起严重的恶性扰乱事态的。当然,这种情况具有一定的群体相对性,一种传闻,对某种群体来说可能无关紧要,甚至是纯消遣性的谈资,但对于另种群体来说,可能就觉得是非常重要的。譬如像关于涉及官场人事和政潮变幻方面的传闻,不论其真伪虚实如何,对于一般

① "应激"是指在出乎意料的情况下所引起的情绪状态。在遇到突然情况时,刹那间身心会处在高度紧张状态之中,要求人们迅速地判断情况,瞬间作出选择,或情急生智、沉着镇定,或慌乱失常、手足无措(参见王兰、苏世兰编著:《心理学经典教程》,北京出版社1998年版,第42页),这后一种情形自然易于导致盲目从众的行为表现。

平民来说可能觉得关系不大，他们即使有传，也不会是心急火燎地那般状态。但对于官场内部的有关人员来说，则不是这样，而是攸关其政治前途命运乃至生死祸福的大事，若觉得不利于己，则可能坐卧不宁，方寸大乱，其反应自然容易失常。再如事关金融风潮的传闻，说某某钱庄某某银行即将破产，闻而传者最为紧张激动乃至起而挤兑、哄抢者，当还是以在此金融机构有存储的人们为主，起码是由其最先倡率而引发失控的乱事，与己利益无关的人们则或超然事外，旁观热闹，即使有参加哄抢、火中取栗的歹徒一般也是趋势而为，而非最先肇事者。

那么，哪类传闻容易引起相对普遍性的扰乱呢？最突出的恐怕是有关战乱者。因为战争残酷，枪炮无情，血火之灾，人之大惧，不但会严重扰害正常生活，弄不好还会被夺去生命。即使有的以兵戎军政为要职的将帅大员，庸懦之辈临事慌乱自扰的情况也不为少见。有记载说，第一次鸦片战争期间的道光二十一年(1841年)四月上旬，在广州地方，“逆夷声称四面攻城，大吏茫然无所措，围住于佛寺中。戈什哈哼鼻涕一声，督抚认为火箭，满座皆惊”①。哼声鼻涕都会错当成火箭，还竟然“满座皆惊”，这是多么恐慌的一种心理表现，较之风声鹤唳、草木皆兵这一典故的情节，也有过之而无不及了。可见想见，像这种情况若在前敌，风鹤讹传之下，不连带得全军望风披靡才怪。事实上，因讹传引起哗乱(或纯己方之误，或惑于敌方的欺诈)而致兵败如山倒的事情并不鲜见。因惧怕战乱，不辨真实情况如何，造成从官方到民众的巨大惊扰的情形，这在晚清时期也是很常有的。

像清方与太平天国的战争期间，在作为清朝都城的北京，即多

① 佚名:《粤东纪事》,《近代史资料》1956年第2期。

有惶乱的时候。自太平军攻占武汉的消息传到北京后,这里便明显地开始紧张。往年春节过后是厂甸书籍、字画的市场旺季,通常"官车云集",而咸丰三年(1853 年)正月间,京师士大夫来者"不过寥寥数人,不购一物,各有愁色"①。南京失守的消息传来,京都更是进一步紧张起来,京官在朝房"三五聚谈,近趋而窃听之,无不以东西莫守,西北堪虞,虽平日轻薄浮动子,亦颇有忧色"②。甚至直接影响到银号、当店纷纷歇业,"日或数家,或数十家,大小行店,一月之间已数百家矣",这更引起普遍的金融恐慌,挤兑成风,"动辄数百人,填街塞巷,持票取钱,不分昼夜。市肆恐奸匪乘间抢夺,益加惊骇"③。这年三月会试期间,有人竟不终场而去。如此科已"入礼闱,且谒选"的直隶乐亭举人常守方,面临所谓"粤匪大扰江南,旬日内连破三会城,畿辅震动"的局势,大发"世事如此,何营营于名利为"的感慨,遂不终场而归,并"终不问世间升沉事"④。在这个时候,甚至出现了许多人纷纷迁离北京的乱象,有谓"京师戒严,各官竟有抽身出都者","部院各衙门纷纷告假","部曹几于一空"⑤。无疑,这在很大程度上是一种自相扰乱。当然,从宏观形势上看,当时太平天国在南方的声势使得整个清朝阵营感到危机,作为其统治中心的京城自不免有相应的反应。但从

---

① 黄辅辰:《戴经堂日钞》(咸丰三年正月初八日记),中国科学院历史研究所第三所近代史资料编辑组编:《太平天国资料》,科学出版社 1959 年版,第 42 页。

② 黄辅辰:《戴经堂日钞》(咸丰三年二月初六日记),《太平天国资料》,第 45 页。

③ 黄辅辰:《戴经堂日钞》(咸丰三年二月十六日记),《太平天国资料》,第 48 页。

④ 《乐亭县志》卷 9,光绪三年刻本,第 58 页。

⑤ 崇实:《惕庵年谱》,台湾文海出版社"近代中国史料丛刊"影印本,第 64 ~65 页。

具体情况看,战乱还不至于马上扩及北京,这里的官民惶乱如此,与其时所谓"谣言繁兴",人们听信不实传闻的因由密切相关。及至太平军北伐进入直隶地区,有关传闻更是如蝗如雨,铺天盖地,甚至正规的军报也屡屡有误,成为重要的讹源。如在前面对战事传闻作示例分析时举及的,误报北伐太平军要直取北京、曾经正定抵定州,甚至前锋到达距保定仅60里的张登,就是典型一例。甚至当时还有咸丰皇帝要逃离北京避难热河的不实传闻。[①] 即使事实上太平军并没有进攻北京,而是扎驻津南一带与清方胶着,这一威胁对北京来说的严重性也是不言而喻的,有关传闻甚嚣尘上,造成了人们的极大惶乱,官员们"纷纷作出京计"[②],甚至有记载说,出现了"都中人员家眷及官绅商民,无不各鸟兽散。正阳门外大市若荒郊,无人迹",王公大臣们"皆涕泣丧胆,(哭得)眼眶肿若樱桃"[③]的恐慌情景。

---

① 据当时在京的一俄国人在其日记中记载,其时北京城里"纷纷议论着逃难的事","皇帝就要迁幸热河"(徐国棣译:《太平天国时期的北京——一位俄国传教士的日记摘录》,1853年6月25日条,北京太平天国史研究会编:《太平天国研究通讯》第23期)。这一传闻甚至辗转传至欧洲,马克思在一篇文章中还曾引用"最近东方来的邮件"上的这样一段话:"中国皇帝预见到北京会失守,曾命令各省总督把皇帝的收入交到热河——这是皇帝的旧的氏族领土和他现在在满洲的夏宫,在长城东北约八十英里的地方。"(马克思:《法国和英国的军事计划。——希腊人暴动。——西班牙。——中国》,《马克思恩格斯全集》第10卷,人民出版社1962年版,第124页)自20世纪80年代以来,经研究者考证,否定了这种说法的真实性,证明咸丰皇帝当时不但没有打算逃亡,而且要坚守北京。

② 《茌平县志》卷3,1935年排印本,第32页。

③ 邓文滨:《醒睡录初集》卷3,转引自张守常:《太平军北伐进攻北京诸问题的有关史实》,《太平天国北伐史论文集》,第204页。还需要申明,本自然段的论列,参考借鉴了张先生该文中的有关部分。张先生该文后收入了《太平军北伐丛稿》(齐鲁书社1999年版),该书还有张先生的其他数种大著,惠赠后学,从中受益良多,志此深表谢忱。

甚至在相对偏僻的农村山乡，当时也因传闻引起的严重惶乱。像在与山西相邻的直隶井陉县，当北伐军刚进入冀南一带时，这里就频频“传乱”情，“闻者多苦颜”，及至太平军攻掠栾城，觉得已近在咫尺，更是“仓促无可恃，所恃豁与山”——纷纷逃难了。实际上战事并没有波及那里，但讹传之下人们朝夕难安，或以诗句记述了这种典型情况：“贼约在今宵，讹言起黄口。一夜人心骇，平明尽驱走。妇孺避山村，分路投亲友”；“薄暮返城郭，归市人惊窜。问之语不详，但云城中乱”。倒是官兵借口要与“贼匪”作战，极尽扰民害民之能事，更闹得人心惶惶，雪上加霜，出现“哗言官兵至，连夜声呼号”①的乱情。

像这类由讹传加剧惶乱的情况，在晚清时期的各次战争之际都颇为典型。一直到辛亥革命当中，尽管基于种种原因，实际与清方的战事规模并不算非常之大，但因有关传闻而致的动乱也是颇为醒目的。像武昌起义发生 20 多天之后，革命军刚刚占领杭州城的时候，英国驻该城领事官即曾这样评议那里的情形：“一些时候以来，荒诞的谣言和警报无疑是很多的。曾经发生的一次惊慌使得杭州城一半以上的居民遗弃他们的家园，去其他地方寻求安全。但是，现在普遍存在的忧虑似乎是没有重要根据的。”②显然是因谣传因引起的惊慌，竟使一个偌大城市一半以上的居民离家逃难，这种惊扰恶果是何等之大，简直难以想见。而武昌起义后上海金融业所立即受到的惊扰，也明显地是为传闻激发。当时《民立报》载闻评论：“日来上海因湖北乱事大受震动，市面为之生起恐慌，

---

① 《续修井陉县志》卷 36，光绪元年刻本，第 66～67 页。

② 《赛斐敕领事致朱尔典爵士函》，胡滨编译：《英国蓝皮书有关辛亥革命资料选译》上册，第 123 页。

金融极形紧迫，居民又多持钞票银钱，市面大有危险之状。以吾人观之可谓无意识极矣。"①这"无意识极矣"之语，应该说是十分准确地揭示出其"恐慌"的性质，乃由社会心理学和传播学中所谓"集体无意识"情境下的非常态传闻的流布所致。在"集体无意识"情境下讹传致乱，愈乱又愈加剧讹传，形成一种恶性循环，这是典型的盲目自扰。就是针对上述沪城金融恐慌情状，有人置评："似此之纷纷攘攘，最易动摇市面，引起谣言。譬若波平浪静之长川，自使其搅其风潮"②。真可谓一针见血！

在特定环境中，其他一些被有关群体认为严重威胁自己生活乃至生存的传闻事体，包括今天看来明显属于迷信而不可能真实发生的荒诞传闻，也往往会引发很厉害的扰害。像 19 世纪 70 年代中期，长江下游地区一度盛传与教方有关的邪术剪辫的流言，即引起了巨大的恐慌。有知情者记述说："那时，人心惶惶，一片混乱。白天，人们聚在茶馆里、客店里，纷纷议论如何驱逐放纸人的邪术者；黑夜则高声鞭炮放得震耳欲聋，再加上锣鼓震天响，目的是要借这些噪音来驱退恶鬼；妇孺们吓得常在梦中惊醒，双手捧着脑后，紧握辫子，生怕辫子被妖魔剪去。"③可见，真是到了一方之人普遍性地惊惧异常、昼夜难宁的地步。这一传闻所引起的群体性的相互扰乱，显然是巫术迷信与政治恐怖的结合——剪辫的"妖术"实际上是本来乌有而被人们信实的一种虚幻巫术；而辫

---

① 渔父：《上海市面无意识之恐慌》（《民立报》1911 年 11 月 17 日），上海科学院历史研究所编：《辛亥革命在上海史料选辑》，上海人民出版社 1981 年版，第 32 页。

② 宜楼：《有钱人少安毋躁》（《民立报》1911 年 11 月 17 日），《辛亥革命在上海史料选辑》，第 60 页。

③ ［法］史式徽著，天主教上海教区史料译写组译：《江南传教史》第 2 卷，第 245 页。

子，如前边曾提及的，它当时作为一种特殊的政治符号，其存失有无决不仅仅是发式外表的问题，更为紧要的是愿否做大清王朝臣民的一种政治标识，攸关其生死祸福，非同小可。

及至义和团运动时期，有关洋人"邪术"害人、团众以"神术"灭洋的传闻所引起的群体性惊扰、骚动更是所在多有。庚子年夏间义和团在北京呈鼎盛之势时，这种情况简直达到极致。有人记述，当时连日"各处喧嚷烧香灭鬼子"，竟至"人人附合接应，一口同音，众声鼎沸，魂梦皆惊"①。团民又传告"各户每晚门前点挂红灯，城内城外大街僻巷，一时不邀而同，俱皆点齐……人声喧哗，各户不安"②。亦尝"哄传西什库教堂大楼被焚"，"各处男女老幼，人人鼓舞欢忻，随声附和，幌动街市"，"又有义和团传出，令住户铺户门前各用红布书写'红天宝剑'四字，贴于门头之上。一时各街巷传遍，无不遵循"③。又有人记述，当时"城内外常有人狂奔过市，大呼'反来'，或呼'火起'，闻者震惊"，一天午后，"南横街居民忽闻有人大呼'泼水'，一时无论何人无不争往，取水泼之门外，街市尽湿。事后互相骇怪，亦不自知其故"④。这是多么典型的事例！一人呼下，众皆争往泼水，事后自己都不知道是什么缘故，处于被惊扰之下的"集体无意识"状态明矣。不独北京，凡义和团活动有一定声势之处都不乏这类情况。像在山西一些地方，盛传教

① 仲芳氏：《庚子记事》，中国社会科学院近代史研究所编：《庚子记事》，第15页。

② 仲芳氏：《庚子记事》，中国社会科学院近代史研究所编：《庚子记事》，第23页。

③ 仲芳氏：《庚子记事》，中国社会科学院近代史研究所编：《庚子记事》，第21～22页。

④ 佚名：《庸扰录》，中国社会科学院近代史研究所编：《庚子记事》，第251页。

方有"黑风口"等多种邪术害人,一时闹得人心惶惶。太原一带,若干天里"村村守井,以防之投毒;人人执草鞭,以防黑风口之咬;处处戒拾物,以杜毒之害;户户悬红灯,以破邪之扰。昼则草野纷纷,夜则梦魂惊恐,天色昏暗,日月异常,城堡昼掩戒严,万众祷神(每夜拈香向东南拜祷)庇佑(纸炮火枪通宵不歇)"①。但到头来,人们连所谓"黑风口"之类究为何物也说不清楚,只是一时哄传皆信,而事后才知"所传悉付子虚",但当时自我惊扰之严重,真是无以复加。

像上边引及的这些记述,多是出自当年亲在其境耳闻目睹其事者,应该说比较可靠。当然,若辈的记述中多存在对义和团的偏见,对当时社会上扰乱现象也缺乏具体而确当的分析。事实上,社会广大民众在当时情境下的表现,虽然盲目性毋庸讳言,但其民族的爱憎感还是很明显的。这从上边述及的,听到西什库教堂被焚的传闻,"男妇老幼,人人鼓舞欢忻"的情况,就可以得到有力证明。不过,即使这种情况,也不是建立在弄清事实和充分理智基础上的,只是一种情绪的发泄,"欢忻"与迷乱交杂,也可以说是一种变相的扰乱。处在当时的情境之中,即使像仲芳氏辈这样的似乎能保持起码理智者流,其实也难免陷入被惊扰的状态之中。仲芳氏在庚子年七月中旬时,就坦言"自肇乱以来,瞬已两月,予每日食则未尝按时,寝则未尝着枕"②。至于八国联军发动侵华战争,在各地烧杀抢掠,无恶不作,给中国人民造成的刀兵血火灾难是深重而又现实的,尽管在此等情事上也不是没有传闻乃至讹言流行,

① 刘大鹏:《潜园琐记》,乔志强编:《义和团在山西地区史料》,第35页。

② 仲芳氏:《庚子记事》,中国社会科学院近代史研究所编:《庚子记事》,第29页。

但总体上看，这与来自义和团和广大民众内部讹传所带来的"自扰"，决不是同一性质的事情。当然，虽说与遭受列强侵略所造成的对"洋人"的痛恨以及恐慌心理不无直接关系，但在有的时候为事关洋人的无稽之传所引发的群体性惶乱，则具有"自扰"性质。像庚子年夏秋之际山西太原地区"警讯"频传，或说洋兵即将入城，或说教民恃势造反滥杀，不断发生群体性哗乱事件。六月初九日，"二鼓后，王郭村忽传洞儿沟教民来杀，人民惊惶，群相奔走。未几而三家村，而长巷村，而南北大寺，而小站营，而小站村，亦皆淆乱，悲啼呼号，男负其妻，子负其母，披星踏露，四散逋逃。有伏圊中者，有伏猪圈者，有伏苇田、稻畦、莲畮者，扰攘通宵，天晓乃知其讹"①。七月初二日，"北格镇妄谣柳林庄教民剿杀三贤村，市肆门闾咸掩闭，人民惊奔相蹂躏。霎时间，南格、张花、辛村、部村、刘家庄之人皆率乱窜，半日始定。其南徐沟属之村庄，其东榆次属之村镇，亦皆浮动"②。这两例中虽说都是传言"教民"来剿，但当时人们认定教民直接是受洋人支持和支使的，所以实际上还是出于对洋人恶举的恐惧。再如后来于光绪二十八年(1902 年)发生的湖南辰州教案，当时在"谣言一日数起"，哄传不仅官兵将至而且洋人也要派兵前来镇压，辰州将遭屠城的情况下，不光市民倾城迁避，连在田秋收的村民也难以安于劳作，"偶见穿军衣者，便以为剿兵已至，一哄而散，禾稻尽弃"，"妇女若夜闻呼声，便从床间疾起，背儿抱女，赤身狂奔。城郊数十里，人民食不下咽、寝不安枕着半月之久"③。像这也不免是过于紧张而自扰了。

① 刘大鹏:《潜园琐记》，乔志强编:《义和团在山西地区史料》，第 39 ~ 40 页。

② 刘大鹏:《潜园琐记》，乔志强编:《义和团在山西地区史料》，第 41 页。

③ 钟玉如:《辰州教案始末》，吴金钟等主编:《近代史教案新探》，第 204 页。

这种情境下的“自扰”、“他扰”与“扰他”是连带的，具有很大的在非理智状态下相互“暗示”、“感染”和“模仿”的盲动性。它固然离不开个人的心理因素，但总体看来更是社会心理机制在发挥着关键作用。正如有的《社会心理学》著述中针对“大型开放人群中的感染”问题所论述的：这种指发生在同一空间，但不可能人人直接接触的大型人群中的感染，“一个重要特点是‘循环反应’，即一个人的情绪可以引起他人相对应的情绪的发生，而他人的情绪又反过来加剧了这个人原有的情绪，反复振荡，甚至激起强烈的情绪爆发，导致某种非理智的行为发生”①。这用以说明我们所谓“自扰”与“他扰”的连带性问题，显然也是合适的。这种“自扰”与“他扰”交杂在一起的群体反应，若从宏观背景条件上看，当然也不是凭空而生，离不开社会动荡不安、危机严重的时局激发因素。从这个意义上说，“世间本无事，庸人徒自扰”这句谚语，放在此处正面说明问题是不恰当的。并且，这种群体反应会又进一步加重社会的动荡和危机，也可以说它本身就社会动荡和危机的一种重要表征。总之，是互为因果恶性循环的一种关系。

这也直接表现在信息环境方面。造成人们闻听之下不作或不容作理智思考而盲目反应的传闻，自然于信息环境的畸变分不开，而这种传闻盛行又会进一步加剧信息环境的畸变。并且，通常这种情况不是一过性的，而有较强迁延性，甚至潜移默化地强化着人们的某种心理定式，习惯便成自然。像戊戌、己亥年间的“废立”传闻，对一般社会公众来说，虽然不像上面述及的那类传闻使之觉得生死攸关，从而产生那般慌乱反应，但也会造成一定的心理扰乱，在其支配下所表现出的反应，会进一步促使信息环境的淆乱。

① 周晓虹：《现代社会心理学》，第327页。

这由上面述及的己亥年间在湖北省城发生的“假光绪帝”案即可见一斑。人们竟对光绪帝真的会出逃外间“租馆而居”之事信实而广为传播,乃至出现“城中男女,往拜圣驾,日有多起”①的情事,这显然也是一种特定群体内既自扰又互扰的盲从盲动之举。由此反映出当时包括信息、舆论方面在内社会总体环境的紊乱,达到了何等严重的程度!

三、对息谣止讹理性言论的激发

社会传闻盛行不论其原因多么复杂,其间传播主体的非理性因素突出存在是不可否认的,特别是明显的谣言之盛传,就更是如此。与这种情形相对的,就是社会上关于息谣止讹的理性言论的生发。需要特别指出,对所谓“谣言”的指认,有着明显的主观性特征,除了纯然认识上差异的原因之外,政治利己性缘由是更为重要的因素。出于攻讦政敌的需要,甚至不惜把对方传播的真实消息也诬指为“谣言”,而自己则造假作真地进行宣传,这就成为一种重要的政治斗争手段。这类情况,在前边论述传闻的利用问题时有所涉及,而排除在本节中所谓“理性言论”之外。这里所谓“理性言论”,是指具有较为系统并达到起码深度的理论阐述,而不仅仅停留在政治造势和情绪宣泄的层面,通常所谓“时论”中有关内容者即当典型属之。当然,这种言论所必然具有的政治倾向性也自不待言。至于它与社会传闻特别是其非常状态下的谣言讹传的关系,两者既是对立的又是相反相成甚至也可以说是相辅相成的。是传闻特别是谣言盛行的势态,激发了息谣止讹的言论;而

① 刘禺生:《世载堂杂忆》,第66页。

这方面的言论，也必然或隐或显、或速或迟、或大或小地对传闻势态产生抑制性影响。

在该期的一切传闻题材和事类中，相对而言，反洋教传闻是最为持续地盛行并保持着内容上的迁延性者，其中又以迷拐、采割传闻尤为突出。相应，该期息谣止讹的言论，针对反洋教谣言特别是迷拐、采割传闻者也就非常彰显。

这首先是表现在清朝官员在有关施政筹议中的较有理性深度的思考。同治九年（1870 年）天津教案即以迷拐、采割传闻为重要诱因，曾国藩等人在办案的过程中对有关事体即进行过鞫研，并有过一些较有深度的思考，这从前边关于天津教案传闻的考论中即可看出，不再专论。及至 19 世纪 90 年代初期，在以长江流域为重点的若干省区，教案频发①，并多与反洋教谣言相涉②，这引起一些思想者的密切关注，联系以往的有关情况，总结经验教训，进行

① 此时相关背景甚为复杂，除了"单纯"的反教事件外，相与牵涉的还有秘密会社在广大范围内联络策动武装起事的严重事端，甚至还有外国在华人员涉案。像光绪十七年（1891 年）作为海关职员的英国人梅生（Charles Mason）被指控私贩军火在镇江向哥老会出售案，即不失为典型事例。有的外国学者对此案与当时"长江流域的反教骚乱"以及相关外交情况作有专题研究（见 Alan R. Sweeten, The Mason Gunrunning Gase and the1891Yangtze Vally Antimissionary Disturbance：A Diplomatic Link（载台湾《中央研究院近代史研究所集刊》第 4 期下册）。当时的湖广总督张之洞在向清廷奏报拿获"会匪"的情事时也言及此事，他特别注意将此等事件与"本年沿江上下教案叠出"的情势联系起来看待（见张之洞：《拿获会匪讯明惩办折》，《张之洞全集》第 2 册，第 809 ~ 810 页）。在这种复杂的背景下，针对反教谣言的盛行而生发的息谣止讹的言论似乎更能凸显其理性意义，故特将有关背景问题于此说明。

② 上注所揭 Sweeten 文中，就征引材料述及这方面的情况，说在当时发生反教骚乱的诸多地方，"流传反教谣言和宣传品增加了紧张，这与儿童与当地教堂关联引发的冲突事件牵缠"。见台湾《中央研究院近代史集刊》第 4 期下册，第 846 页。

了较深层次的思考。光绪十七年间，驻英法等国公使薛福成上《分别教案治本治标之计疏》，其中就特别陈说：

> 窃维匪党之得肆焚掠者，挟簧鼓愚民之术也。愚民之莫释疑忿者，信迷拐幼孩之说也。按旧说谓天主教徒，迷拐幼孩，挖眼剖心，用以制药。此论不知始于何时。前儒顾炎武所著：《郡国利病书》，亦已有烹食小孩之说。彼时中外悬隔，偶得传闻，并非事实。然是说之流传也久，则人心之笃信者众。犹忆同治九年，天津案起，前大学士曾国藩初闻挖眼盈坛之说，亦欲细心查办。比入津境，拦舆递禀者，纷述此事。询以有无实据，则辞多恍惚。迨严加讯究，而其事益虚，所以专疏特辨此说之诬……耶稣之说，亦以仁慈为宗旨……岂有残酷至挖眼剖心，而欧洲各国习不为怪者。即彼之精于化学医学者，亦谓无心眼入药之理。斯必灼知旧说之讹传，然后此案（按：指教案）乃可下手。否则在事大小官员，先怀疑虑，葛藤不斩，轇轕滋多，将何以晓彼愚民，将何以禁彼匪党？①

在这中间，薛福成既把迷拐、采割传闻视为现实中“匪党”借以“簧鼓愚民”的口实，又将其作为一种历史性的流传试图追根溯源，尽管到底没有弄清其“始于何时”，但起码追溯到了明末顾炎武那里，可见是要从历史与现实的结合上进行考究，非仅从表面现象上就事论事。他还特别联系到天津教案时的有关情况现身说法，因为他“当日列在幕僚，颇知梗概”②。然后又从基督教的教旨

---

① 薛福成：《分别教案治本治标之计疏》，王明伦选编：《反洋教书文揭帖选》，第391页。

② 薛福成：《分别教案治本治标之计疏》，王明伦选编：《反洋教书文揭帖选》，第391页。

及现代科学常识的角度，论证迷拐、采割之事的不可能实有。特别强调认为"灼知旧说之讹传"，是解决教案的前提条件，并且，首先要破除"在事大小官员"的疑虑，否则，便无从"晓彼愚民"和"禁彼匪党"。从中不难体察到，有关传闻当时不仅是所谓"匪党"利用之，"愚民"迷惑之，而且各级官员也不乏相信者。薛氏审时度势，鉴往察今，冷静思考，认真分析，虽说主要还是以政务建策的形式发言，并且显然是站在清朝统治阶级的立场上，对反教民众有诬蔑之词，但总体上看还是相当理性化的一种言论。

若辈还推本溯源，把"育婴"问题视为有关传闻生发的重要诱因，试图从对这一问题的筹策入手，来寻求对有关传闻釜底抽薪的消弭办法。收养孤儿、弃婴，本属社会慈善事项，也是旧时官府的所谓"恤政"之属。而晚清时期，它关涉外国教会势力特别是天主教方面，的确成为引发民教冲突和激发教案的重要因素。有迹象表明，同治初年天主教在华所办育婴堂之类的设施就成相当规模。同治六年(1867 年)，有清朝官员就民间弃溺子女的弊情上奏清廷，上谕"着多设育婴堂以广为收养"①。显然，这是就清方在原有基础上扩充自设堂所而言。而天主教方面将此作为张扬其在华"育婴善行"、并且为进一步扩大有关设施张本的大好契机。北京主教孟振生这年七月间在致清总理衙门的函件中称，三十年来(可见禁教期内仍有活动)，法国天主教在华各省"所收婴孩不下数十万，设立婴孩院数百所"，还说什么经管修女对堂中婴孩"服事经猷，诸臻妥善，堪称婴孩之慈母，不负仁爱之佳名"②。而中国民间对教方育婴的看法，则与教方的自我表白大相径庭，甚至长期

① 《教务教案档》第 2 辑第 1 册，第 76 页。
② 《教务教案档》第 2 辑第 1 册，第 76 页。

流行着教方施行迷拐、采割的传闻，乃至引发像天津教案及以后诸多同类诱因的教案，19 世纪 90 年代初长江流域一些省区的教案中就更不乏此类。上面引及的薛福成的上奏即出自此期，他还曾提出过《拟商育婴堂条议》，旨在欲使教方婴育堂与中国官方协调关系，将育婴情况随时开报，接受中国官绅的视察，以消除误会、疑情，特别是不要与中国的“莠民”、“拐匪”牵连，勿收被拐之孩，以免“愚民”起疑造言。有谓：“教堂收育婴孩，本系为善之道，断无中国愚民所疑之事。然愚民所以起疑者，则中国拐匪累之也。中国有（此）等拐匪，惯骗小孩，肆行残酷。如大清律例所谓采生折割之事，无所不有。迨经地方官严捕，往往投入教堂，恃为护符，教士不知而误收之，俾得仗势欺人，遂致众情忿怒，转以拐匪所为之事，指目教堂，百喙莫解”①。薛氏在这里认定中国拐匪实有采生折割之事，是若辈与教堂发生牵连而“累”及教方，引发有关传闻，这虽然不无为外国方面开脱其因侵略而从根本上激发教案的罪责之嫌，但其目的在于委婉地要求教方杜绝与拐案的牵连，以防范因疑生忿的民众激动于有关传闻舆论而采取过激行动。这种建策，在当时文化观念较为开通（甚至也有相对保守者）而又不免受政治局限的一些清朝官绅多有持者。

像陕西道监察御史恩溥（其人在文化观念上即较为保守），在光绪十七年（1891 年）九月间的一次上奏中即说，“各省教案繁兴，由于会匪之肇事。会匪构衅，起于教堂之育婴”，“此次剜目剖心诸谣，海澨山陬，纷传已遍，纵百端解说，愚民终未释然……为教士计，非停止育婴，不能释百姓之疑心。而为国家计，非广劝育婴，亦

---

① 薛福成：《拟商育婴堂条议》，王明伦选编：《反洋教书文揭帖选》，第 397 页。

无以杜教民之借口”①。显然是要釜底抽薪，以自行“广劝育婴”来断绝教方的收纳之源。此议为清廷采纳，尝布谕饬令各地试办。至于在实践方面，当然就不是恩溥这类言官所把握得了的，而在像张之洞这类地方大员手下则显有成效。② 并且，张之洞在有关言论方面也体现出其理性思考的逐步深入，以至成为典型代表者。张之洞在任两广总督期间，辖境内就屡有因哄传教方迷拐采割而激发的闹教事件，张之洞试图“妥筹办法”，“以释群疑而消隐患”，并总结出对教方“要在括其总纲而不豫其细事，严其考核而不禁其收留，在彼借以明心迹，在我即以息浮言，洵属两益之举”③的经验。及至他移督湖广期间，辖境更处教案频发之际，有些教案即直接由关涉教方迷拐、采割的传闻所诱发，像发生于光绪十七年（1891 年）的武穴教案和宜昌教案即颇典型。正是在查勘处理教案的过程中，促使他对有关问题的认识更多地从感性层面上升到理性层面，以至成为其逐步形成的“非攻教”理论的重要组成部分。

张之洞的“非攻教”理论，最集中而典型地体现于他光绪二十四年（1898 年）撰成的《劝学篇》当中的外篇《非攻教》分篇。这中间就有关于批判盲目传讹的集中论见，说是“俗传教堂每有荒诞、残忍之事，谓取人目睛以合药物，以造镪水，以点铅而成银，此皆讹谬相沿，决不可信”，并列举光绪十七年宜昌教案等例为证（第二

① 《御史恩溥奏为教案起于育婴请饬各省广设育婴堂折》，中国近代史资料丛刊续编：《清末教案》第 2 册，第 500 页。

② 如光绪十九年十一月间，张之洞领衔上《筹办育婴折》，据其中提供的有关数字统计，当时湖北一省即有 60 余州县的育婴堂收育婴孩 5600 余名，并且似多为近年新办堂收养者。见《教务教案档》第 5 辑第 2 册，第 1152 ~ 1158 页。

③ 张之洞：《商定稽查外国育婴堂办法折》，《张之洞全集》第 1 册，第 687 ~ 688 页。

章第一节中已引及)，然后提出这样一个妇孺皆可一思的设问：教方若有此等事情，“则西国之人早已尽为教堂残毁无完肤、无遗种矣。若谓不戕西人、惟残华民则未通。中华以前此千余年中之药物、镪水、银条安所取之？且方今外洋各国所需之药物、镪水，所来之银条，一日之内即已无算，中国各省虽有教堂，又安得日毙数千万之教民、日抉数千万之眸子，以供其取求耶？”最后他引录“流丸止于瓯臾，流言止于智者”的古语，号召“荐(搢)绅先生、缝掖儒者”，负起“启导愚蒙之责”①，在辟讹止讹方面起到应有作用。其心目中的所谓“智者”，实际上就是我们所论说的对传闻具有较强批判能力的人。此“智者”流，除了张之洞引用的古语所涉言之外，像《吕氏春秋·察传》篇中所希求的能“察传”者当亦属之。②远古近世，其理一也。所谓“察传”，即持有对传闻的审慎态度和批判意识。张之洞在《非攻教》篇中所阐述的，无非是这个意思。并且，在这里，已经超出了权宜性的政务方策的范畴(在本节之前列举的若辈有关言论尚基本上囿于这一范畴)，而有了较强文化韵味和一定的“学理”思辨性。

当时，在野人士当中也有对此颇表关注者，像曾肄业于上海格致书院、思想观念较新的杨毓辉③，大约是在光绪二十九年(1903年)撰成《整顿中国教务策》，提出所谓“彼(指教方)我兼筹”的方

---

① 张之洞：《劝学篇》，《张之洞全集》第12册，第9769～9770页。引录中标点有改动。

② 此篇中有“夫得言不可以不察，数传而白为黑，黑为白”，“闻而审则为福矣，闻而不审，不若无闻矣”云云。见《吕氏春秋》卷22。

③ 杨毓辉，广东大埔人。字然青，室名寿椿庐(有《寿椿庐时务丛谈》)。早年肄业于上海格致书院。维新运动时入京，撰《富强刍议》等，名声噪于京津。后经刘坤一保荐经济特科，光绪末年入北洋洋务局。见陈玉堂：《中国近现代人物名号大辞典》，浙江古籍出版社1993年版，第285页。

针，认为“以言筹之于彼者，莫要于派使臣（按：指由天主教教廷派专使），束教民，禁育婴，查产业；以言筹之于我者，莫要于编籍贯，讲乡约，除会匪，绝谣言”①。而其中所谓“禁育婴”和“绝谣言”又是密切关联的。关于“禁育婴”一项其论曰：

> 中国设堂育婴，莫不报官立案。教堂育婴则不然，而又不准本人领回，不许亲族来看。其中虽非暗昧，民间自不免怀疑。而怨恨之心生，即仇杀之端起，此闹教之事所以多出于育婴也。昔年楚南闹教，民间即谓所育婴儿为采生折割之用。室女自幼入堂，比及遣嫁，红丸已被摄取，炼入丹中，此皆深文周内欲加之罪，非未有此事也。然蚩蚩者氓，何有知识，一闻诽语，皆动公愤，群与为难。可见育婴之举，最为致祸之由。查各国所立条约，载民传教，并未叙及育婴。况各省育婴堂星罗齐布，已敷收养，又何烦教士越俎而谋，应请照会各国，禁止教堂育婴。②

可见，杨氏是想通过完全禁止教堂育婴，来避免因其育婴而引起的民间疑惑，平息有关讹传，这比张之洞辈主张的所谓“严其考核而不禁其收留”之策，更为决绝和彻底。如果真能如此，当然对于平息因疑惑而生发的有关讹传来说会更为有效，但实际上在当时是一厢情愿，没有可行性。这也反映出在野者和局内人在思考问题上的差异所在。在野者往往更容易以理言事，局内人则不能不“理”“势”兼顾。有人将杨氏该条议编入《增订教案汇编》，在

① 《杨毓辉整顿中国教务策》，王明伦选编：《反洋教书文揭帖选》，第398页。

② 《杨毓辉整顿中国教务策》，王明伦选编：《反洋教书文揭帖选》，第399页。

其文末即特别说明:“此篇甚为透辟,惟中有窒碍难行者。”①彻底禁止教方育婴,即当在“窒碍难行者”之列。相比之下,其关于“绝谣言”一项的论述中,不但提出了不无一定可行性的关于密拿严惩造谣生事者的建策,而且对有关谣言问题的认识也比较到位:

何言乎绝谣言也?家有造谣之人,颠倒是非而家以不睦;国有造言之人,混乱黑白而国以不安。试观历来闹教皆由谣言而起,或谓为剜人之心,或谓为挖人之眼,或更匿名揭帖造无数空中楼阁。倡之者一人,和之者百人,莫不兴烈采高,同声相应,而莫须有之事遂酿成祸端矣!大抵谣言之起,非由于会匪,即由于痞棍,比来世风日下,青皮地棍何处无之。平日打降拆梢,无所不至。一旦有隙可动,便以捕风捉影之说,摇惑众听。使不预绝谣言,而欲教务之无变,其可得乎?故欲整顿教务,尤当先绝谣言。②

显然,对谣言的危害,特别是有关反教谣言的传播情状及起因,以及对根绝有关谣言之于整顿教务的重要意义,进行了比较系统的论说,虽难言十分深刻,但似已算得当时在野人士中的有识之论。

还有报刊所载之“时论”,对这方面谣言的批判也具有一定的势头和水平。像光绪十七年四月间,《申报》就连连揭载这方面的言论。有人不但注意到,当时屡屡发生的“闹教”事件,“类皆由谣言而起,往往谓教士迷拐民间子女,挖眼剖心,以致民间偶或失去小孩,即向教堂索取,一传十,十传百,百传千,顷刻之间,乱民蜂

① 《杨毓辉整顿中国教务策》,王明伦选编:《反洋教书文揭帖选》,第403页。

② 《杨毓辉整顿中国教务策》,王明伦选编:《反洋教书文揭帖选》,第401~402页。

起”，而且进一步对这种现象予以思考分析，对当事者的不同角色情状能够加以区分。说是“彼纷纷闹教者，人咸指为哥老会中人，或者此种谣言即由若辈所散布”，“会党谣之，而良民信之，遂致扰扰纷纷，棼如丝乱”，若不加区别地“一律置之重典，在匪类固分所宜尔”，而被惑民众岂不“冤之又冤乎”？故其所谓“欲遏乱萌，当自预禁谣言始”①的建言，主要是针对从源头上抑制造谣惑众的“匪党”而发。也有人对民众易于听信、传播和受激于谣言的原因给予关注和解释。说是人们“见一耳目所未经者则群焉疑之，以意揣测，私为论断。狡而黠者倡之于前，愚而憨者和之于后，装头插尾，描绘入情。乡愚无知闻之莫不深信”，于是“讹以传讹，言之者又复绘水绘声，绘风绘影，若亲眼目睹也者，而闻者亦觉悚惧无疑。积而久焉，乃蕴而生毒，一发难收，竟至有以捕风捉影之事而结成衅端者”②。应该说，这对大众信传谣言的情状作了生动而又逼真的描画，并且也寓以比较到位的分析，不过其接着所表示出的“良民岂谣言所能动，其闻谣言而生事者，皆其未闻谣言而思逞者”③的观点，意味着把所有受惑受激于谣言的民众都排除在“良民”之外，就未免有失偏颇了。并且，若辈基本上也都是站在守定与外国之和约而息谣“弭乱”的立场上来建言的，其于此所表现出的政治迷误更是明显的。

在义和团运动时期，有关社会传闻的纷杂和盛势简直达到了无以复加的地步。这不但刺激了像前边论及的仲芳氏、管鹤辈那样基本上是就事论事的批判反应，也引起报刊舆论的关注。譬如

①《预禁谣言议》，《申报》光绪十七年四月二十五日。

②《再论民教失和》，《申报》光绪十七年四月二十七日。

③《再论民教失和》，《申报》光绪十七年四月二十七日。

庚子年间八月初二、初三日《中外日报》上刊载的《砭俗》一文①，就不失为当时息谣止讹方面时论的代表作。该文虽不是专题批谣辟谣的文章，但是把批判所谓“谣言派”作为一个重点方面。说是“其一种人，以谣传为掌故，以讹言为实录，怪诞支离，不可究诘”。而所举例证，主要还不是义和团的神异性传闻，而是当时与洋兵战事方面的虚报讹传。譬如：

传闻南京、苏、杭各处，犹云义和团大胜，洋兵大败，市三成虎，举国若狂，傎矣蠢矣。夫是三处，皆支那之通衢名邦也。其距上海，近之不过一日，远之不过数日之程，无稽之言，犹满人耳，内地复何望耶！遂有宁波大绅，绘作战胜之图，贻书友朋，意图应和；某县训导，伪为传旨，而闾阎摭拾，市井点染，臆造风闻，不一而足。有云洋兵入京，遇地雷火炮轰死数万，战尸两船，余众仅数百人，退至天津，悬白旗求和，而端王、刚毅犹未之许，颠倒事实，大率类此。

这莫不是故意张扬中方声威，鼓舞民众？论者认为决起不到这方面的作用，所谓“无补实祸，而徒增骄气者也”。何以言之？其论曰：“夫国之亡也，必有其所以亡之故；兵之败也，必有其所以败之理。知其故，明其理，则易亡而为存，转败而为胜不难。不知其故，不明其理，而徒欲尊己而卑人，喜荣而恶辱，愚者之所为，正贤者之所笑……至于败亡不悟，而莫之救也。何去何从，必有能辨之者。”可知，大意是说，需要真正地知彼知己，明了实情，而不能以假为真，懵懂虚骄。应该说这是确实比“谣言派”高明的见解。

① 中国近代史资料丛刊《义和团》第4册，第194～197页录载。下面引录此文中的几段文字不另出注。引录中标点有改动。

不惟如此,论者更进而从“文明”与“蛮野”对比的高度来审视有关问题,有谓:“世界之开明者,言必考测而求其实;世界之蛮愚者,事必传伪而失其真。故欲考见国家文明、蛮野之度,即可以其民之听言为准。然则支那者,抑真犹在蛮野之界也欤?若此者,其罪可诛,其情可原,其骄可恨,其愚可悯。”应该说,这种立意达到了相当的高度。联系该文中对不管国家、民族受多么严重的屈辱和损失而不顾,唯和是求的所谓“和议派”,以及对国内外形势懵懂无知、冥顽不灵、麻木不仁的所谓“无知派”——这另外两种人的批判,更可以看出,论者既不是站在外国侵略者的立场上说话,也确实对时局情况有比较明晰的了解,所言有的放矢,是以针砭陋俗为宗旨来展开论说的。并且,似乎主要针对的,还不是所谓下层的“愚民”,而是“愚官”、“愚绅”、“愚士”之流。这就更显出其批判立意上层次较高。

实事求是地说,义和团运动既诚然是“旧中国将崩坏时下层民众自发的反帝国主义的运动”,“是十九世纪末年中国的怒吼”①,同时也表现出当时中国下层民众程度并不为轻的迷信蒙昧。这当然不能归咎于他们自身,是腐朽的统治者以及落后的社会环境没有能给民众提供破愚启蒙的起码条件,而长期把他们禁锢甚至误导在愚昧的泥潭。义和团运动后,随着清末新政这清朝最后一次自我改革运动的开展,这个王朝政权对社会的实际控制能力日益弱化,革命力量日益发展。维新立宪派势力也得以壮大,社会言论空间不断拓展,改善国民素质、破除社会陋俗的呼声空前高涨,不同阶层的有识之士在这一点上可以说形成一种“谐振”的

① 程演生等主编:《庚子国变记》,神州国光社 1947 年第 3 版,《序言》(王独清撰)第 10 页。

呼应，这从时论中得到典型反映。而呼吁从上到下的破虚妄障蔽、息谣言讹说，成为其中的一个方面的重要内容。这里难以全面考察，拟仅以天津《大公报》上有关这方面的部分言论展示一斑。于此《大公报》确有其典型意义：一则，该报创刊于光绪二十八年（1902 年），正值庚子事变过后、清末新政开场伊始不久；二则，其创刊以及此后清朝十来年间（延至民国时期若干年）该报是在天津，对该埠及顺直地区的情况报道和评议较多，而该区又是义和团运动的中心地域，也是有关传闻曾经盛行甚至继续迁延和花样翻新传播的重点场境，该报对这种情事相当关注；三则，该报是由具有维新倾向的满籍天主教徒英敛之创办和主持，社会风俗改良为其一大言论热点，不但报社同仁热心于此，而且吸引和凝聚着一批在这方面有着相当敏感性和积极性的撰稿人（就包括前边提及的《天津拳匪变乱纪事》的作者刘孟扬）。总之，《大公报》在这方面的言论较为集中也较有深度。并且还有颇为值得注意的一点，就是《大公报》这方面宣传多用白话文①，通俗易懂，面向广大民众。

从其列举批驳的谣言内容上看，主要是有关迷信内容者。譬如针对当时有的督抚大员追溯以往或指陈近年辖境内“神祇显灵”之事，上奏请敕加神灵封号，论者指斥这是“呓语”，而对礼部予这等奏请的指驳大加赞赏，以为是“冠冕堂皇”的“正论”，并以白话概括传达了礼部指驳的大意：“咸丰、同治年间，

---

① 晚清时期特别是维新运动以后的十余年间，社会上的进步阶层和有识之士，从启迪民智的需要出发，呼吁破除“言文分离”之流弊而实行“言文合一”，故大力提倡白话文。《大公报》在这方面也是重要的舆论阵地之一，开辟白话文专栏，不定期地结集出版《敝帚自珍》的白话文小册子。参见拙文：《清末白话文的渐兴与民智意识的强化》，《天津师范大学学报》2003 年第 3 期。

兵事极盛,人心全都惶恐,故此各等督抚等,常常在得胜以后,多称扬皇上的威福,说是神助,究竟不是真事。到了光绪年间,军务肃清,凡有张皇这些无凭无据之事的,无不从严指驳,以防民心信邪。如此的谨慎,那(哪)知道有庚子年拳匪之乱,可见人心好奇易动了";"如今末俗愚诬,人心不靖,历来各地方匪徒起事,常常以礼神赛会为名,暗中煽惑。就是原奏折中奇奇怪怪的事,全都凭各士民所说的,明白人全不肯出口,这个事是最当禁止的"①。这不啻自揭秘底,可见清朝官方对"神异"的实用主义利用原则,因时而异,因事而异,此一时也,彼一时也,完全取决于对维护自己的统治有利与否。刚经过不久的所谓"庚子年拳乱"的事件,对清朝统治者来说不免创巨痛深,所以对利用神异"作乱"之事特别警惕,当然也就不会批准那班糊涂督抚的奏请了。这在《大公报》论者的心目中当也深有同感,他们对竟有大员们在此一年月还将本来纯系谣传的神异之事,肯定性地采载于奏疏,觉得可气而又"好笑"。

其实,当时清朝也决不是完全放弃了神道设教那套东西,其张扬天兆吉凶之类的说教仍为常事,而这在民众中也仍然颇有市场。光绪三十年冬间,曾有所谓"日月合璧,九星联珠"的天象,据说钦天监便上奏请"饬下礼部,恭设香案,叩祝吉兆,以答天庥";又因预测翌年正月出现月食,该监便上奏请"饬礼部知照各大小衙门,届期派救护官"行救护礼。还有像"每年正月初一,钦天监必上一个奏折,说是风从艮地起,主人寿年丰,年年如是,牢不可破"②。上传下应,扰扰攘攘。至于那个年月像彗星出现喧

① 《礼部驳议邪说》,《大公报》光绪三十年七月九日。

② 《说造谣言》,《大公报》光绪三十年十月十三日。

哗兆示灾异;雷电击人纷传为上天惩罚①;发生火灾,则众说是"天数该当"②,如此等等,不一而足。

针对上上下下的这类谣言讹传,《大公报》论者指斥在上者倡邪传讹的恶劣作用,说钦天监"睁着眼睛说瞎话,引着头造谣言",其"职掌一切的事,多半是妖言惑众的"。认定"天上的日月星辰自有循环行走的度数,绝不与世上事吉凶相干"③;而新春节令时北方尤爱起风,甚至"无日不起风,极大的时候,飞沙迷目,天日昏黄"④,意思是说,是与"主人寿年丰"云云毫不相干。像对所谓救护日月之食认为"尤其无理取闹","不说破了,全都装疯卖傻地郑重其事,一经说破,真是非常的可笑"⑤。对民间惯常的迷信传说,《大公报》论者也多从科普知识入手进行剖解。对于彗星,揭明"也是有一定的出现日期,并不关乎人事的吉凶祸福"⑥。说是雷击恶人,虽想"借此警戒人",但是"警戒人警戒不动,反把人的智慧锢蔽住了"⑦。至于着火的事情,"本都是因为(人)不留神的缘故,才闹出这样的危险来",而"那些迷信的人,都说有火神爷管着","这话岂不是可笑"⑧?论者感叹,"凡事不管真假虚实,有理无理,也不管有多大害处,但由着一时的高兴,信口胡云,那些糊涂

---

① 如光绪三十一年五月初一日《大公报》载文《说雷电击人》,就当年四月二十七日晚天津河东居民周六被雷击而死,纷传其人不孝遭此报应之事进行评议,否定迷信说法。

② 《别造谣言了》,《大公报》光绪三十四年三月初五日。

③ 《说造谣言》,《大公报》光绪三十年十月十三日。

④ 《风从艮地起,主人寿年丰》,《大公报》光绪三十一年正月初九日。

⑤ 《说钦天监奏月蚀日期请饬救护事》,《大公报》光绪三十年十二月十八日。

⑥ 《彗星绝不关乎吉凶》,《大公报》光绪三十年十一月十五日。

⑦ 《说雷击人》,《大公报》光绪三十一年五月初一日。

⑧ 《别造谣言了》,《大公报》光绪三十四年三月初五日。

人，信正难，信邪易，从此一传十，十传百，这岂不是种下祸根子了吗”①？“我们中国人，不信真理，专信这些个荒诞不经的邪说，至死也不悟”。认为“如今正是开民智的时候，凡是无根的邪说，全该把它除了去”②。

特别值得注意的是，《大公报》论者并不仅止于对一些具体迷信之事的传闻现象进行批判和一般性地呼吁除弊开智，而从一开始就注意寻究人们有时真假莫辨易受欺蔽的感官及认识上的根源，探研其规律性的东西，在当时应该说有相当的科学价值，且看这番论说：

> 到底五官容易受欺蔽，人情每每多诡诈，如古来蛇影杯弓，风声鹤唳，本是没有的事，认作真了，那就是五官不清楚，受耳目的欺蔽了。又如同三人成虎，曾子杀人，本是虚假的，当作实了，这是人情诡诈的缘故。所以若是有人自夸，传述的不虚，自信见闻的不错，焉知道没受耳目的欺蔽，人情的诡诈呢？世上的人或是受了蒙蔽，或是受了欺骗，在所不免的，故此弄得人多是遇见事情，怀疑不信。这该当怎样呢？必得用格致的道理，评情度理，作出一个考较的规矩，叫人容易辨别真假，决定是非，不至于闹得人云亦云，摇摇无主。③

其中强调破蒙蔽、防欺骗“必得用格致的道理”和“考较的规矩”，所谓“格致”即指科学，“考较的规矩”当是指评鉴的标准。对此，论者又有具体的四项分析：第一，“那个事是容易见的”，这样

① 《开民智非易事》，《大公报》光绪二十八年七月二十六日。

② 《说造谣言》，《大公报》光绪三十年十月十三日。

③ 《讲分别事情的真假》，《大公报》光绪二十八年十二月初六日。

就不难详细考察,若是模糊的事情,不好细究;第二,“那个事又是叫人着意”和关系“紧要”的,否则,人们便也不会用心细究;第三,“那事或是大众同见的,或单是一两个人见的”,“大众所见的,就不至于都受了欺蒙,若单是一两个老成练达的人也必是看得详细才能信,听得确实才能说”;第四,“那个事情或有或无,合(和)那个传说的人,无关利害”。应该说,这几点都是有道理的。其第一点,是说事情要能明晰,这与传闻构成的“暧昧性”要素正好是相反的。第二点,事情要重要而能引起人们注意,这与传闻构成的“重要性”因素则是相同的。对于传闻来说,不是人们认为重要的事体不会有兴趣去传;而对于考究虚实来说,没有起码的重要性人们也不会去用那个功夫。第三点,是说见闻者的可靠性。当然,不管是大众同见还是“老成练达”的一两个人所见,其认识也都未必绝对可靠,但总比个别虚浮者所言见闻要有些把握。第四点,是强调传述主体与客体之间没有个人利害关系上的牵连,这样,较能保证传述者动机上的公正性,而较少因关系个人利益而有意歪曲事实。除了这四项内容之外,论者还提出“考较的”“八条凭据”,这里不一一列举,可归纳为主体和客体两大方面,撮其大旨:一是说目击和传述者要明白晓事,有名望德行,不胡云乱讲和故意欺诈,并且刚直而不避嫌怕祸。二是所述事情是确实留下了可作考察的踪迹,当“直说无文,绝不是有枝添叶”;“始终一样,有头有尾,绝没有游移两可,前后不符的毛病”,地点、时间、人物等“都一一的凿凿有据”①。这与上面的四项内容结合起来,考较的准则上就更为全面和严格。

如果说,上边的这些论列相对而言还具有较浓的“学理”色

① 《续讲分别事情的真假》,《大公报》光绪二十八年十二月初八日。

彩，那么论者提供的下述以具体事例譬喻的“析理法”，则更显通俗而生动：

> 比方说有一座山，纯是黄金的，这虽然是没有的事，到底积聚土石能成山，积聚黄金合（和）积聚土石也是一样，这是与理不相悖的……比如说有一根棍子，单有一个头儿，这就与理不合。既然是棍子，就该当有两个头儿，怎么会有一个头儿呢……又说有两个老虎遇见了，彼此对吃了，就剩下了两条尾把（巴），这就是矛盾的话。既然这虎吃那虎，这虎就该当有，万没有两虎对吃之理。按照常情能有的事，就是不悖情理。按照常情没有的事，就是乖悖情理。①

此说看似简单，实际上，对分析传闻内容的虚实来说确不失为一条重要的思路。有些传述的事情，揆之以理，世间本不可能真实存在，则其必虚无疑；有些事情，并不是没有能做的可能性，但具体到所传述的那件特指性事情，到底是有是无，就要根据情况进一步考究判断了。像这些，也都无外乎所谓“察传”的范畴，体现对传闻的理智批判能力。社会公众总体上的这种能力越强，不实传闻乃至谣言的流行势头自然也会越弱。

---

① 《再续讲分别事情的真假》，《大公报》光绪二十八年十二月十一日。

第六章　有关史学文化意蕴的思考

以上从不同方面和角度所进行的考察和论述,都可以归结到对晚清社会传闻现象的政治和文化意蕴的解析,这当然是着重在其社会性范畴,本章则拟专门从"史学文化"方面加以思考,从"史料"和"史学理念"两个不同的层面陈述管见。

一、传闻素材的史料审察

既然社会传闻盛行是晚清时期的一大醒目现象,那么就有大量传闻素材沉积凝固为"史料"的可能。虽说当时不会有现场的语音和活动图像资料录存下来,并且传闻的随事即发、玄起玄灭的特点也颇为突出,随着时过境迁相关信息内容肯定大多也已湮灭无痕,但通过文字记载和口头传衍,毕竟会有相当数量的保留,原本既繁,余绪遂多。本论著中所举及,虽不啻其万一,但亦可借以窥全豹之一斑。认定晚清时期的传闻素材,大大丰富了史料内容,应该说是没有问题的。从其史料承载门类看,大致可以归纳为下列几项:

第一,"正则"文献类。

这个类别是相对于下述"稗野轶闻类"而言的,指文牍档案、报刊正规载闻、"正史"官书和私家的非稗野类著述等。需要特别说明，这类文献以"正则"冠之，并非意味着肯定其有关记载内容的正确性就高于其他类别者，只是标识与其他门类载体形式上的区别。既然晚清时期的社会传闻涉及和影响到各个领域，这在正则文献中也势必有所反映。官方的各类文报乃至奏疏、敕谕，必不可免地涉及有关情事。何况，晚清时期在制度上仍允许有关臣工"风闻言事"，传闻在官方文报中被采择利用率自会更高。而主要靠采编这类文牍而成的无论是官书还是私家著述，自然也与传闻素材脱不开干系。不受这类文牍限制而广采各类资料编撰的史乘（晚清时期注重当代史的纂修，成为当时经世致用思潮的一个重要方面的表现）对传闻素材的利用比重上自然更大。至于报刊，不要说其他多方面的因素，单就其载闻的时效性和对公众吸引力的要求而言，对传闻信息的采载更是集中而又醒目，不啻传闻展列的大观园。

在这类文献当中的传闻素材，有些是被明确提示出来的（如冠以"风闻"、"据传"、"传闻如是"等提示语），这种情况下昭然若揭一看便知；有些是从文意上能被暗出来的，于此，只要用心揣摩、体察，也会不难发现和认定；有的则被在文本中完全"异化"，从文本自身已经看不出传闻虚实莫辨的本来面目，而是被改造成了虚实既定的客体。对这后一种情况，就需要结合其他史料考究寻绎，做起来自然难度最大。近人陈邦贤有关于"传说的危险"的一番议论，有助于对这种情况的体悟：

> 我读到杨宽先生的《古史传说探源论》，便知道传说的话非常危险，一部二十四史，恐怕也有不少从传说而来的。以一传十，十传百，百传千，千传万，以至于恒河沙数……（近事如）外人采办我们的大黄、茶叶很多，林则徐便奏称："况茶叶、大黄，外夷若不得此，即无以为命。"

> 外人又何至于没有大黄和茶叶便活不了性命？这都是以耳代目，以讹传讹的害处。当鸦片战争时期，有福建举人王惠田呈平夷策略说道："逆夷由海放桅而来，日食干粮，不敢燃火，其地黑暗，须半月日始出口。"又骆秉章的奏折说到："该夷兵目以象皮铜兵包护其身，刀刃不能伤。粤省义民以长梃俯击其足，应手而倒。"类似都是因为传闻而生许多的笑话来。①

陈氏从"一部二十四史，恐怕也有不少从传说而来的"疑古论说，过渡到关于晚清时期一些传闻的举证。而这种传闻竟堂而皇之地载入奏折、策论，显属"正则文献"之列，并且是作为认定的事实来举证，从其本身并看不出属于传闻、虚实莫辨的性质。若对其不加鉴别地采信，岂不确实就发生了被迷惑而认虚为实的"危险"？当然，像他举到的这类事例，今天看来多属不实传闻已比较明显，分辨起来尚比较容易。在正则文献中尚恐多有被异化而今天看来仍不易发现和复原的传闻素材，甚至多有不实传闻被认实性地纳入正则文献，产生梁启超所谓"公然取得'第一等资料'之资格"，纵然"有事迹纯属虚构"，也"几令后人无从反证"②的情况。这的确非常值得注意。

我们所谓"正则文献"中对传闻素材的异化，并不仅仅囿于相对原始的史料中，更体现在"正史"著作中。所谓"正史"，属权威性辞书的《汉语大词典》中解释，系"指《史记》、《汉书》等以帝王本纪为纲的纪传体史书"。所谓二十四史、二十五史，以

---

① 陈邦贤：《自勉斋随笔》，第139页。

② 梁启超：《中国历史研究法（外二种）》，河北教育出版社2000年版，第113页。

至再后来的《清史稿》，当然都典型地属于此类。"正史"的最突出之点，就是以帝王为纲，旁及重臣名流，为之纪传，兼志国之各方面重要典制，总之是关涉统治者高层和朝政国事的"官史"，而排斥"民史"。所以从清末开始树立旗帜的"新史学"派代表人物，对以所谓"正史"为代表的旧史有"只见有君主，不见有国民"①，"二十四史非史也"，不过"二十四姓之家谱"②之类的指斥。其实，决不仅是传统的纪传体者，连同编年体、纪事本末体等一切旧有的常规史籍，都跳不出这一窠臼 。至于像皇帝的"实录"、"圣训"，官修的"会典"及其"事例"，军事"方略"、"纪略"，筹办"夷务"的书记，甚至私家编修的"东华录"（这些在晚清时期都有）等，也是以朝政官事为宗的。所以，我们这里不妨把"正史"的界定更广义化些，把上述传统纪传体以外的其他各种非稗野类旧史籍也都包括在内。这类"正史"除了内容上局限和片面之外，相应在立场、观点上一般也是为专制制度、为帝王将相张本的，为尊者讳，故意篡改历史，抹杀事实，虚伪欺饰的弊端皆明显存在。当然，具体而言，不同的史籍这方面的程度上或有差异。

而无论如何，决不意味着"正史"就排斥对传闻素材的利用。并且，特别值得注意的是，其往往是把它消解了其本来特征的利用，这可以称之为传闻素材"正史化"。中国近世的疑古史学流派，似乎可以说，其所怀疑者，主要就是基于古之"正史"把经不断改造扩大的传说认定为史实。这个学派的代表人物顾颉刚，

① 梁启超：《中国史叙论》，《饮冰室合集》第1册，文集之六，中华书局1989年影印本，第11页。

② 梁启超：《新史学》，《饮冰室合集》第1册，文集之七，第3页。

把史料归纳为"实物"、"记载"和"传说"三大类别,认为它们"都有可用的和不可用的",关键是"作严密的审查"①。而对于传说类史料来说,所谓"由神话变为史实,由寓言变为事实"②的现象,则是特别需要警惕和研究的。顾氏提出"层累地造成的中国古史"的著名观点,主旨在于说明,"时代愈后,传说的古时期越长";"时代愈后,传说中的中心人物愈放愈大";"我们在这上,即不能知道某一件事的真确的状况,但可以知道某一件事在传说中的最早的状况"③。这一方面认定随着时间不断推移传说愈发延长和放大而入史的可能,另一方面也相信对这种情况通过考究可辨伪溯源的可能。这对于我们认识传闻素材"正史化"的问题来说,也是颇有启发意义的。对此,有关晚清名臣左宗棠早年的一则轶事也有助于体悟。据同是湘籍人士的欧阳兆熊忆述,当初他与左宗棠相约结伴北上参加会试,在汉口相遇——

> 是日,各寄家信,见其与筠心夫人书云:"舟中遇盗,谈笑却之。"因问其仆:"何处遇盗?"曰:"非盗也,梦呓耳。前夜有误牵其被者,即大呼捉贼,邻舟皆为惊起,故至今犹声嘶也。"予嗤之曰:"尔闺阁中亦欲大言欺人耶?"恪靖(按:指左宗棠)正色曰:"尔何知钜鹿、昆阳之战,亦只在班、马叙次得栩栩欲活耳。天下事何不可作如

① 顾颉刚编订:《崔东壁遗书》,上海古籍出版社1983年版,"顾序"第1页。

② 胡适:《古史讨论的读后感》,俞吾金选编:《疑古与开新——胡适文选》,上海远东出版社1995年版,第607页。

③ 顾颉刚:《与钱玄同先生论古史书》,《古史辨》第1册,北京朴社1926年版,第60页。

是观！”相与大笑而罢。①

左宗棠其人性格，有人言以“天姿豪爽，圭角毕张，一切睥睨视之”②，确有几分近情。他傲世傲物的意态之中，不免有透露出一些不同流俗甚至玩世不恭的气息。上述那则轶事中所为，是他在日常生活中未必特别经意的一种表现，但也体现出他对世事、对历史的一种哲理性认识，用我们今天的话说，就是体悟到了“客观的历史”与“文本的历史”之间所必然具有的差异性。有关“正史”中写巨鹿之战、昆阳之战，情节那样细腻具体、栩栩如生，而后世若干年的作者又未曾亲临其境，何能知道得这般详细鲜活？应该离

---

① 欧阳兆熊：《水窗春呓》，中华书局 1984 年版、1997 年第 2 次印刷本，第 4 页。另，李孟符《春冰室野乘》中亦记有此事，大旨略同，但具体情节上与欧阳氏所记颇有异处：

> 左文襄之捷秋试也，与同年生湘潭欧阳某同舟北上。一日，文襄伏几作书，欧阳生问何为，曰：“作家书耳。”有顷，舟已泊。文襄匆匆登岸纵眺，书稿置几上，尚未缄封也，欧阳生因取视之。书中叙别后情事，了无足异者。惟中间叙及一夕泊舟僻处，夜已三鼓，忽水盗十余人，皆明火持刀入仓（舱），以刃启己帐。则大呼拔剑起，力与诸贼斗。诸贼皆披靡，退至仓外。又大呼追之，贼不能支，纷纷逃入水中，颇恨己不习泅，致群盗逸去，不得执而歼旃也。欧阳生读之大愕。自念同舟已十余日，果有此事？己何以不知？然家书特郑重其事，又似非子虚。因召文襄从者问之，亦愕然不知；又召舟人问之，皆矢言实无其事。未几，文襄徐步返舟，欧阳生急诘之。文襄笑曰：“子非与我同梦者？安知吾所为耶？”欧阳生曰：“梦耶？何以家书中所言，又若真有其事也？”曰：“子真痴人矣。昨晚吾偶读《后汉书·光武纪》，见其叙昆阳之战，云垂海立，使人精神飞舞，晚即感此梦。乃悟前史所叙战事，大半皆梦境耳。安知昆阳之役，非光武偶然作此梦者？子胡为独怪我耶？信矣，痴人之不可与说梦也。”（见前揭李氏该书第 79～80 页）

欧阳兆熊所记在前（其书起码在光绪初年即刊行），李孟符氏所记在后（刊出是在宣统年间），后者当是在前者基础上的发挥改造，除了特别细化了梦中斗贼的情节外，其他若干地方与欧阳氏所记者也多有出入。此亦可作为传闻沿袭过程中变异的一个典型例证。

② 裘毓麐：《清代轶闻·洪杨轶闻》，转引自秦翰才辑录：《左宗棠逸事汇编》，岳麓书社 1986 年版，第 190 页。

不开根据历史传闻的大概印象，在笔下进行铺陈、渲染的再创作（兼而注及的李孟符氏所记左宗棠事，对于欧阳兆熊的初记来说，也等于进行了类似的“再创作”）。

然而，传闻素材一旦被“正史化”，在一般人心目中便很少有怀疑，而容易很自然地认为“客观的历史”就是如此，这不能不说是一种认识上的褊狭甚至误区。事实上，“正史”的修纂中，一方面，把一些本来明显属于传闻的材料可能作为明确事实来认定处理；另一方面，所利用的即使有些“正则”文献当中也或隐或显地夹杂融合了传闻素材。所以，在解读“文本历史”的时候，应该具有一种传闻素材“正史化”的怀疑和批判意识，进行科学地鉴别、思考，揆度其“化”得妥帖与否，质量如何。仔细揣摩，上引左宗棠轶事在这方面倒能给人以有益的启发。当然，这则轶事本身也具有典型的传闻性质，我们这里倒无须去作严格的史实推敲，只是作为一种喻体来说明相关道理而已。

传闻素材的“正史化”决不仅仅存在于古史，对于近世包括晚清历史来说亦同样存在。或谓“按春秋三世之义，所见所闻所传闻，递远则递略，愈近则愈详”①。对疑古学派有着重要影响的清前期学者崔述更进而阐扬了“世愈后则其传闻愈繁”，“世益晚则其采择益杂”的意旨，并探究了其机括②。从实际情况看，可以说晚清时期其传闻甚繁而被史乘采择尤杂，这除了体现在“正则文献”和“正史”之途径以外，更凸显于稗乘野史的繁杂盛出上，这就是下面所要接着审察的内容。

---

① 见徐一士编：《一士类稿 · 一士谈荟》，书目文献出版社 1984 年版，《瞿(宣颖)序》，第 10 页。

② 见顾颉刚编订：《崔东壁遗集》，第 2～14 页《考信录提要卷上 · 释例》中有关内容。

第二,稗野轶闻类。

这是承载传闻素材的又一重要史料类别。稗乘野史是相对于旧时所谓"正史"而言,指称私家撰写的笔记、史乘之类的"另类"著述。其内容上不再像"正史"那样主要限于对帝王将相、朝政国事的记述,也扩及较低层次的人物和民间生活;理念上亦不尽然以"正史"为指归;形式上则灵活多样,不再拘泥于"正史"的体例模式,各取所需,随笔杂记,集腋成裘。

究其历史发展演变的轨迹,对所谓"掌故学"造诣颇深的近人瞿宣颖(字兑之,晚清名臣瞿鸿禨之孙)认为,"中国正史与杂史的分途自宋始",从此杂史也就作为史之一个门类逐渐兴盛开来,特别是到有清末叶,"文字之禁骤然失效,从前闷着不敢说的一切历史上疑案渐都成为好事者之谈助,于是谈佚闻的纷然而起,数十年来私家刊行的专著以及散见于报章杂志,一鳞片羽不胫而走者,不可胜数,人人感觉兴趣,遂成一时风尚"①。

事实上,自有清末叶稗史的特别兴旺,除了社会控制弱化等环境条件方面的原因外,更与当时传闻的非常盛行有着直接而密切的联系。在相当程度上,传闻盛行既为稗史兴旺的锅中之米,也是其釜底之薪。稗史的一大内容特点就是以传闻为其记述的主体素材的。瞿宣颖就曾这样分析此类著述的内容:其"大概不外乎三类:一是记制度风俗的变迁或是记某种特殊制度风俗。一是记某人的事迹或是关于某人的佚话。一是记某事的经过或关于某事的特点。此外固然还有,而直接有关于史学者如此而已。这些书大半是拿零星的材料随意写来以资谈助"②。揆诸有关晚清时期的繁多稗史之

① 见徐一士编:《一士类稿·一士谈荟》,第1~9页。

② 徐一士编:《一士类稿·一士谈荟》,第11页。

作,基本情况诚然如此。这些内容,应该说多来自传闻。这种稗史类著述具体的体裁名称可谓多矣,但最为典型和有代表性者当数“笔记”。按《汉语大词典》中对“笔记”的解释:“一种以随笔记录为主的著作体裁。内容大都为记见闻,辨名物,释古语,述史事,写情景。其异名则有随笔、笔谈、杂识、札记等。”我们这里所指称的“笔记”,也就是取此含义,而排除现代意义上的“小说”体裁。

所谓“笔记”“小说”并称乃至连称者亦不鲜见,甚或将两者混淆不分。若从源头上追溯,诚然曾有其时,但后来的分途愈趋明显。由明及有清一代,情况已颇为典型。清前期纪昀的名作《阅微草堂笔记》,世人仍多以“小说”视之,并且惯将其与蒲松龄的《聊斋志异》归入同类。实际上,两者已有明显的分途。《聊斋志异》无疑属典型的小说,而《阅微草堂笔记》则应该说是一部传闻汇录。尽管后者“志异”性内容亦连篇累牍,但已明显不同于《聊斋志异》那样虚构情节的文学创作,而是对实有传闻的记述(尽管所传情事未必真实)①。鲁迅考论中国小说史,虽然将《聊斋志

---

① 纪氏《阅微草堂笔记》中之“志异”,多具体载明所闻所言之人,而这决不是一种笔法上的虚拟,是实记。像该书《如是我闻》(三)中有关于闻自“从舅安公介然”的一件异事的述说:

> 厉鬼还冤,见于典记者不一。得于传闻者亦不一。癸未五月,自盐山耿家庵还崔庄,乃亲见之。其人年约五十余,戴草笠,著苎衫,以一驴驮襆被,系河干柳树下,倚树而坐。余亦系马小憩。忽其人蹶然而起,以手作撑拒状,曰:“害汝命,偿汝命耳,何必若是相殴也!”支柱良久,语渐模糊不可辨;忽踊身一跃,已汩没于波浪中矣。同见者十余人,咸合掌诵佛。虽不知所报何冤,然害命偿命,则其人所自道也。(见孙致中等点校:《纪晓岚文集》第2册,河北人民出版社1991年版,1995年第3次印刷本,第192~193页)

不要说纪氏的从舅安介然实有其人,即使所记之事中,像盐山县耿家庵、崔庄等村庄,也都实有,且其间路上有河渠。本人籍贯便是盐山,生长的村庄与耿家庵相邻甚近,故熟知有关地理环境。可见所言者亦非向壁虚构。至于其对所见之事的印象和解释上偏差的可能,那是另一回事。此属典型的传闻记载当了无疑义。

异》和《阅微草堂笔记》同列在“清之拟晋唐小说及其支流”一类，但对两者间体裁上的不同亦有所鉴，说后者“虽‘聊以遣日’之书，而立法甚严”，“与《聊斋》之取法传奇者途径自殊”，“盖不安于仅为小说”，而“纪昀本长文笔，多见秘书，又襟怀夷旷”，其志异“隽思妙语，时足颐颐；间杂考辨，亦有灼见”①。以作者纪昀的名气地位，特别是《阅微草堂笔记》本身的特点和成就，该书对晚清笔记特别是其中的志异门类内容者影响很大，甚或奉为圭臬。

晚清仿效《阅微草堂笔记》之作颇多，像俞樾的《右台仙馆笔记》就很典型。作者尝自谓该书“体例颇与纪文达公《阅微草堂笔记》相近”。该书内容多涉鬼狐怪异之事，但并非作者纯然向壁虚造，而是搜求辑录传闻而成。为撰此书俞樾曾专门发布《征求异闻启》，有言：“所见所闻，必由集腋而成；予取予求，窃有乞邻之意。伏望儒林丈人，高斋学士，各举怪怪奇奇之事，为我原原本本而书……约以十事为率，如其多则更佳。”②毫无疑问，“志异”仍是晚清笔记以及后世有关晚清历史内容的笔记中一个相当醒目的题材类别。这反映了当时神异传闻之盛。有关传闻也正是主要靠这类文字载体记录下来，拙著引录的神异传闻事例中，不少即出自这类笔记资料。当然，具体到各家的笔记，情况也不尽相同，对神异传闻，有的多作肯定和信实性记载；有的则表现出似信非信，模棱两可的态度；有的显出因时因事而异，时信时非、信此非彼的矛盾情状；有的则融入比较明显的批

① 鲁迅：《中国小说史略》，东方出版社 1996 年版，第 170 页。

② 见俞樾：《右台仙馆笔记》上册，上海古籍出版社 1986 年版，《前言》第 3 页，俞氏《自序》第 2 页。

判意识;有的就干脆排拒不记这类东西。这种差异,主要取决于作者的认识水平等主观因素状况。但无论怎样,记载下这类传闻者,都为后世鉴察当时有关社会传闻状况留存了资料。

"志异"虽然是晚清笔记以及后世关于晚清历史的笔记当中的重要内容门类,但并不是唯一者,从总体上看也不是最主要者,世俗性的内容所占比重更大。这中间,既有为"正史"所不屑的民间社会生活的"琐事",也有官场政闻乃至宫闱秘事。前者自然可补"正史"所阙漏,后者则有助于纠正史之褊狭。因为"正史"官书所载,不免从有利于统治者的方面剪裁史料、评说史事,有关笔记中所记虽说也不能尽然反其道而行之,但毕竟属私家立言,尽量探秘求异,网罗轶闻,诸多为"正史"官书所讳的事体,于此披露。当然,总体上看,笔记材料中的这类内容,有比重不小的虚妄成分自不待言。各家笔下的史料记载质量不但因人而异,而且也与客观条件有关。瞿宣颖论及这方面的情况,提出必须注意如下几点:第一是作者的问题。按其意思,对所记之事作者亲历其境,固然有了解实际情况的有利条件,但"著者本身如果与本事有关",则其笔下也可能"因恩怨而淆乱是非","因辟谤而加以饰词","因表襮而多加渲染"。第二是时代的问题。认为以同时人记同时事,虽然其动机能影响其正确程度,但若舍此没有别的依据,"也只可取其比较可信而已",但即使"亲历其境之人,其所叙述是否正确不错",还要看其记忆真确与否。第三是著述能力的问题。其觉察到"同一记事而有工拙之不同,工于记事的能把握一事的中心,自然易得其真相。不然则所记者皆枝叶零星,而离事实愈远"。他同时也注意到"著作的高低不仅在秉笔之人,也要看他所从听受的人是否够得上供给良好的著作材料"。第四是文字正误的问题。大旨是说文字上的错讹也会引起读者意外的误会,甚至致使

"考证者遂费无穷唇舌"。[①] 这几点,对于我们鉴定有关晚清笔记中所记世俗性内容的真伪状况,也颇有借鉴意义。因为所记世俗性情事,对我们来说不像神异传闻那样易断虚实,其一般都是可能发生的,只是实际上发生与否的问题而已,尤需要下功夫考究鉴别。

但无论如何,稗野资料中所负载的大量社会传闻内容,较之"正则"文献中具有明示性,即使对此作有肯定性记述者,因其史料类别的原因,一般在人们心目中也会保持传闻存疑的起码警惕性,不像被"正史化"消解了的那样容易麻痹和迷惑读者。尽管其纪事上具体失实的成分不会很小,但总体真实的指向性亦不容忽视,对于"正史"、官书的褊狭和欺蒙来说尤显如此。它与"正史"、官书之间既有着互补的统一性,也有着抵牾的对立性,总之,是有着其他门类史料所不可替代的地位和作用。鲁迅曾评说:"历史上都写着中国的灵魂,指示着将来的命运,只因为涂饰太厚,废话太多,所以很不容易查出底细来。正如通过密叶投射在莓苔上面的月光,只看见点点的碎影,但如看野史和杂记,可更容易了然了,因为他们究竟不必太摆史官的架子。"[②]那么,"太摆史官的架子","涂饰太厚,废话太多",以致障蔽历史真实者,显然是指"正史"、官书之类了(这在引语的上文中有明确指认,即针对"二十四史"之类)。连作为文学人士的郁达夫,都体悟到笔记所写"大半都是朝中琐事或四海沸腾的景状的","记者无心落笔",而读者却可以从中看

① 徐一士编著:《一士类稿·一士谈荟》,第 11～12 页。

② 鲁迅:《忽然想到》,《鲁迅全集》,第三卷,人民文学出版社 1981 年版,第 17 页。

出历史的“大关键来”①。此语虽是就“晚明人的笔记”而言,其实,移用到有关晚清的笔记,也是很合适的。

我们的确不应忽略笔记乃至其他稗野书籍中传闻素材的这一方面的史料价值。

第三,“口述历史”资料类。

所谓“口述历史”,顾名思义就是口头讲述的历史,是相对于“文本历史”而言的。直接听取他人讲述固然是获取口述历史的原始途径,但这毕竟在传播面上有着很大限制性。由人记录下当事人的口述,这种文字形式的东西亦当视为口述历史,它不同于史家的自行撰著,而只是对当事人口述内容的记录,这中间当然也允许而且必然有整理和技术加工,但应该忠实于而不能违背口述人的原意,在现在的条件下,还应要求尽可能地保存下音像资料的佐证。对于晚清时期的历史内容来说,当年曾亲历并且现在能够讲述者已经几稀,但过去若干年里陆续留下一些口述历史资料,再就是承传祖辈知情讲述者亦尚有人在。其实,就在晚清当时也不乏有口述历史的记录。尤其是口述传闻的记录在笔记类资料中恐怕要占相当比重,大多因其零散和年代较久并已与记述者的撰著融为一体难以分割,我们一般不宜再刻意将其剥离出单独作“口述历史”资料看待,除非是独成卷册的典型口述历史记载。

去清以后,改朝换代,晚清之事已成前史,但不管是遗民还是新民,亲历习知其事者民国初年尚众,随着时间的推移自越来越少,但世人特别是史家对晚清史事的兴趣却有增无减。特别是民

① 郁达夫:《读明人的诗画笔记之类》(原载 1936 年 1 月 20 日杭州《正气》第 1 卷第 2 期),陈子善、王自立编:《卖文买书——郁达夫和书》,生活·读书·新知三联书店 1995 年版,第 317 页。

国年间在有大量撰述晚清轶事的笔记类作品问世的同时，也出现一些属典型口述历史品类者。像《庚子西狩丛谈》即不失为颇有代表性者。此书口述者吴永，为晚清重臣曾国藩的孙女婿，庚子乱时正任直隶怀来知县，慈禧一行逃亡西安，出京后首站即到怀来，吴永殷勤接驾，又随扈西行，所谓“西狩”之事亲历其间，多知其情。对“拳乱”等事，耳闻目睹，亲身体察，亦颇谙熟。事过多年之后，在民国八年即1919年和民国十六年即1927年，先后两度分别在济南和北京向同为浙籍的刘治襄（甓园居士）忆述当年情事，刘氏遂记成《庚子西狩丛谈》书稿，1928年出版问世。通常列之为笔记著述，但亦显然为“口述历史”作品。史事忆述全出吴氏之口，记录加工则出刘氏笔下，吴氏嘉所记“笔致纵横，词采磊落，事皆翔实，庶可传信”①，刘氏则曰“且收谈屑，聊缀丛麻，写黍离麦秀之遗音，作瓜架豆棚之闲话”②。对该书的史料价值，吴永自己强调：“后览之者，毋徒矜佚事逸闻，即作当时信史读之，无不可也”③。《吴渔川先生年谱》（按：吴永字渔川）中则有言，“中外推崇，视为信史”④。著名史家翦伯赞先生亦认定其“实为纪述西巡诸书中最佳之著作”⑤。而此书中传闻素材亦且不少，这是颇为醒目不致有疑的事实。

新中国的史学工作者也对晚清史事作过若干调查，获取了不少的口述历史资料，如关于鸦片战争中的三元里抗英斗争、太平天

---

① 吴永口述、刘治襄记：《庚子西狩丛谈》，第2页。

② 吴永口述、刘治襄记：《庚子西狩丛谈》，第8页。

③ 吴永口述、刘治襄记：《庚子西狩丛谈》，第3页。

④ 吴永口述、刘治襄记：《庚子西狩丛谈》，第158页。

⑤ 翦伯赞：《义和团书目解题》，中国近代史资料丛刊《义和团》第4册，第561页。

国史事、义和团运动等方面者，更比较集中。对较早发生的事情，像三元里抗英斗争和太平天国史事，调查之时直接当事人已经甚少存留，主要是采录后辈“知情者”的口述，他们多直接听到过上辈当事人的口传，辗转的环节一般还不是太多。发生较晚的事情，像义和团运动，20 世纪五六十年代调查时诸多直接当事人还健在，他们大量的口述资料获得采留①。

对这类史料质量的鉴定，前边在论述笔记资料问题时征引的瞿宣颖的看法，也同样有着参考价值。尤其重要的是口述人的基本情况，如是否为直接当事人、其获取有关信息的可靠度、记忆质量、动机态度、表达水平等方面②。再就是时代条件的限制作用。这不论是对于调查采录者还是被调查作口述者来说都不可忽视。譬如说在 20 世纪五六十年代大力张扬农民革命运动时，调查采录者难免不受先入之见的影响，自觉不自觉地对口述者进行观点上

① 在这方面，山东大学历史系师生做了卓有成效的工作。从 19 世纪 50 年代末即开始到 80 年代末，这期间他们先后组织过多次较大规模实地调查，采录整理了大量的口述历史资料，内容涉及义和团运动的方方面面。其成果的公布，除 1980 年由齐鲁书社出版过一册《山东义和团调查资料选编》外，更集中地反映在 2000 年由山东大学出版社出版的分上、下两册凡百万余字的《山东义和团调查资料汇编》当中。此外 2001 年由河北教育出版社出版的黎仁凯主编的《直隶义和团调查资料选编》，也辑录了有关义和团史事的大量口述历史资料。而这类史料里边，传闻素材可以说连篇累牍、俯拾皆是。

② 这方面的情况，从 20 世纪 50 年代由广州人民政府民教科、广东省文史研究馆先后多次对三元里抗英斗争的调查所成材料即可见一斑。应该说调查做得相当认真细致，获取了大量具体生动的口述资料，对有关史实的了解颇有助益。但由于当时已事过百余载，接受调查而作口述者（个别有一定文化水平者还提供了文字材料）都是直接当事人辈的子孙辈，所述主要是得之传闻，其间互相矛盾和明显错讹之处颇多，甚至有的一段不长的话语中，就在比较关键的时间、地点、人物、情节上出现若干错讹。详见广东省文史研究馆编《三元里人民抗英斗争史料》第 161 ~ 194 页的《调查访问记录》部分。

的"适应性"引导。被调查作口述者也难免有进行这方面迎合的动机和实际表现。这就更不免会致使其口述历史内容带上明显的主观倾向色彩,甚至显示出"时代改造"的难以掩饰的痕迹。譬如翻检1962年由上海文艺出版社出版的《太平天国歌谣》,据编者在书的《前言》中介绍说,这是"建国十二年来(按:此《前言》写在1961年)在广西、江苏、浙江、安徽等省发掘出来的","它是汉族和僮、苗、瑶、畲等少数民族革命参加者、目击者及其后人的创作",是"当时实践的反映","真实、生动、形象地反映了太平天国革命斗争的本质和基本面貌,简练地刻画出许多不可磨灭的英雄群象,具有值得重视的文学价值和历史价值"①。这自然也体现了当时编者的指导思想。不论其编录的具体操作过程如何,但归根结底这种历史歌谣为采风录得当无疑问(有些即明确注有采录者姓名),应该说具有口述历史的性质。选择从意境上可判定是属所谓"当年"即流行的歌谣几例来看:

喜鹊叫喳喳,
太平军到我家;
没有别的礼物送,
请吃一杯谷雨茶。②

萝藤爬在高墙上,
农民要靠李忠王,
地主老爷吓破胆,

---

① 太平天国历史博物馆编:《太平天国歌谣》,上海文艺出版社1962年版,《前言》第4~5页。

② 太平天国历史博物馆编:《太平天国歌谣》,第60页。

百姓找到了亲爹娘。①

八月桂花满村香，
天军待我胜爹娘；
劏鸡我送鸡胸肉，
送酒我送甜酒酿。②

太平天军打胜仗，
百姓送礼忙又忙，
抬肉就用门楼杠，
装酒就用大水缸。③

岂不是颇有些共产党领导闹革命，打土豪、斗地主、分田地、搞土改，欢迎红军，甚至“大跃进”（最后一首的最后两句）的味道？这果真是当年民众能够编唱出来的吗？当然这种事情恐怕很难考证确凿，但总不免让人生疑。即使排除人为故意改造变异的因素，有关晚清史事的传闻，本来就很繁杂，加之经于口述传录途径的变本加厉，失真、矛盾、众说纷纭等情状相当突出，认真审查鉴别自然非常必要。

二、史学理念层面的启示

上一节主要是从史料层面对传闻素材载体的几大基本门类进

① 太平天国历史博物馆编：《太平天国歌谣》，第97页。
② 太平天国历史博物馆编：《太平天国歌谣》，第132页。
③ 太平天国历史博物馆编：《太平天国歌谣》，第133页。

行了审察，本节拟进而提升到综合性和原则性更强的史学理念层面，阐发思考传闻入史所获的一些启示。

一是关于强化考辨的理念。

传闻当时具有真伪虚实莫辨的模糊性特点。而晚清社会传闻作为一种既往性历史传闻，时至今日，有些真伪虚实状况业已明晰无蔽。这种情况，有的是由于时过境迁，人们的认识水平提高，仅从事理上就能判断往昔有些传闻之事的真伪。如神异性传闻中的鬼神显灵之事，在当年颇有传信市场，今日揆情度理自可认定其虚妄不实（至于这种实际存在过的传闻的意义解析当然是另一回事）。有的是由于相关史事的澄清，不用对该传闻专意考辨，就连带性地水落石出，多年谜案，一朝立清，亦可谓踏破铁鞋无觅处，得来全不费功夫。除了上面这两种情况之外，再就是史家专门考辨的结果了。

细想起来，史家考辨的史实性问题，往往都牵涉到纷杂不一的传闻。具体到有关晚清时期来看，也很醒目地是这样一种情况。就拿关于太平天国史事的考辨来说，罗尔纲先生是以此见长并取得卓然成绩的，诸多事关重大的传闻谜案，经其考证得出令人信服的结论。像洪大全身份问题，就是一个很典型的例子。对这个问题，梁启超在其《中国历史研究法》中，就曾论及："前清洪杨之役，有所谓贼中谋主洪大全者，据云当发难时，被广西疆吏擒杀。然吾侪乃甚疑此人为子虚乌有，恐是当时疆吏冒功，影射洪秀全之名以捏造耳。虽然，既已形诸奏章，登诸实录，吾侪欲求完而强之反证，乃极不易得，此事在今日，不已俨然成为史实耶？"他并且断言，"史迹中类此者亦殊不少"，因而特别激赏"治史者谓宜以老吏断狱之态临之"①的名论。正是以"老吏断狱"这样的态度，罗尔纲

① 梁启超：《中国历史研究法（外二种）》，第 113 ~ 114 页。

先生颇为严密精细地考证了,连梁启超这样的大师级人物都觉得"几令后人无所反证者"的洪大全问题[①],揭破了多年间让人困惑的层层迷障,这中间即包括着对大量传闻情事的辨析。他对其他诸多有关太平天国人物和史事的考证亦多如此。

再如晚清时期朝局国政方面若干迁延多年的传闻事体,往往也成为史家考辨的热点,仅涉及宫闱秘情的就有许多,像关于同治帝、慈安太后、光绪帝等人的死因问题,多年间涉笔考辨者不乏其人。并且不限于史家,有的医界人士亦介入其中,发挥其专业特长,钻研有关医案,试图另辟蹊径,妙道破谜,但问题在于医案亦难排除故做手脚的可能,靠此实亦难能最终坐实定案。想来,类似问题古今中外多矣。通过科技手段对尸骨进行检测而断定死因真相,这方面的现实条件自然是越来越成熟,为揭破像这种仅靠文献资料难以考辨清楚、不好取得公认定论的谜案,可能提供一种较为快捷而可靠的新的途径和方法。当然,这方面技术条件上也还存在限制因素[②]。

无论如何,历史传闻与史学考辨是密切关联着的。治史中"传闻意识"与"考辨理念"应该说是一种链接。所谓"传闻意

---

① 罗尔纲先生先后有《洪大全考》和《洪大全考补》两文(辑入罗尔纲:《太平天国史事考》),单前者就洋洋七万余言。

② 像关于拿破仑的死因,已让世人猜了偌多年的谜:或说是死于心血管疾病,或说是死于砒霜慢性中毒,最近又有说是死于胃癌者。相关传闻纷杂不一,经久不息。本来,前些年通过对拿破仑一根头发的化验分析似乎"证实"了中毒一说,但近年持胃癌说者又提出了种种理由认为仍不足为据。与本书内容有更为直接关系的事情,如在1980年清西陵管理处清理前被破坏过的安葬光绪帝的崇陵地宫时,有关技术部门乘便对光绪帝遗骸的颈椎骨和毛发进行过化验,没有发现中毒的证据。鉴于当时的技术条件尚颇有限,2003年时又曾取样进行检测,依然没有得出确切的定论,疑案犹存。此事笔者通过咨询西陵管理处有关同志而获知,特此表示谢意。

识”，就是指要有在史料和史籍中认知传闻素材并对其虚实持疑的自觉性，它本质上是一种怀疑和批判意识。由怀疑到试图破疑求真就必然步入考辨的途径，强化这方面的理念指导。若有可能通过考辨坐实的问题而不去做这方面的努力，仅仅把目光锁定认识在分歧不一的传闻事态上，甚至在不辨虚实的情况下，仅从佐证自己观点的需要出发择用史料，那么，列宁所鉴“社会生活现象极端复杂，随时都可以找到任何数量的例子或个别的材料来证实任何一个论点”，因而强调“不应当”如此引证①——这一对方法论弊端的评析，就应该取以作为警示了。不管是对史料的征引还是对于史事的论定，无疑都非常需要考辨，在这方面，近世与“疑古派”史家相对的“信古派”人物所言的“参之以情，验之以理，断之以证”②，也是颇适于作为箴言的。

当然，持有“传闻意识”，强化“考辨理念”，并不意味着不分重轻主次，事无巨细地去钻“考据”的牛角尖，迷入追求“细碎”羊肠道。有近世学人论说治与历史传闻密切关联的掌故学的方法、路径问题时，就曾特别指出，“清代一般的考据家，他喜欢考证琐碎无聊的问题，便自以为赅博”，如对本来有更重要的情节需要考证的物事，却“必定考据某人死在某处”，“而某人又以为死在某处为非，考来考去，真是不关痛痒”③。这的确应该引以为鉴，考辨要注重在关乎历史的大端和肯綮上面，而不应陷在琐屑无当的泥淖中做那种考不胜考而事倍功半的事情。

二是关于适当存疑的理念。

---

① 列宁：《帝国主义是资本主义的最高阶段·法文版和德文版序言》，《列宁选集》第2卷，人民出版社1972年第2版，第733页。

② 刘掞黎语，转引自《胡适文存》第2集，黄山书社1996年版，第74页。

③ 《谢(刚主)序》，徐一士编著：《一士类稿·一士谈荟》，第24页。

对历史传闻虚实状况的考辨,不要说细枝末节考不胜考,即宏轨大端也未必都能考辨出个水落石出。因为历史之事毕竟逝去而不能复返,我们追溯体认历史只能借助史料中介,而史料对于记录反映已逝去的“完整”历史内容来说不啻九牛一毛,大部分历史事象已经永久地湮灭无痕,不可能再钩沉复认,相关的谜案也就无从破解。除受着史料遗存的客观限制外,人们的主观认识能力也有其局限性,尤其是对于个体来说,这种局限性就更大。仅就对史料的搜求检视而言,纵然是“上穷碧落下黄泉”,也不可能对遗存下来的有关史料揽尽阅绝。治史颇有创获也很具经验的严耕望先生,有这样一个图示①:

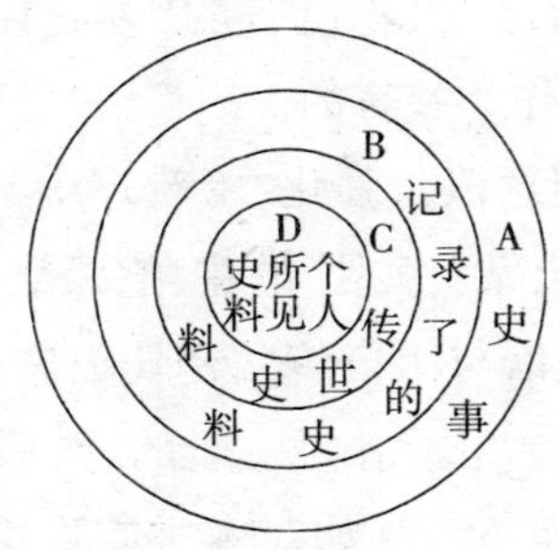

严氏是在论说治史“尽量少说否定话”的道理时作这一图示的。他说明:“此图所示,外圈皆包括内圈而言,如 A 的范围包括 ABCD,余类推。”接着借以阐释道:“这个道理极其明显,即无记录绝不等于无其事,自己未见到更不等于无其事。但学人们却常以不知为没有,以书籍无记载即历史上无其事。因此常常违犯此一铁的规律,而轻易地说否定话。”②这一层层递差的图示,能直观地

① 严耕望:《治史三书》,辽宁教育出版社 1998 年版,第 27 页。
② 严耕望:《治史三书》,第 27~28 页。

告诉人们所见的有限，而所谓“尽量少说否定话”，事实上也是抱一种存疑态度——怀疑未见者未必真的没有。通常所谓“说有容易说无难”，也正是这个道理。不说过头话，不把问题绝对化，适当存疑，正是一种慎审、严谨、科学态度的表现。“常以老吏断狱之态临之”的治史境界，也要求做到“对于所受理之案牍，断不能率尔轻信。若不能得确证以释所疑，宁付诸盖阙而已”①。显然，同样是要求适当存疑，不率尔定论。这对于认识处理分歧不一的历史传闻事体来说颇为重要。

与之相对的，是这样一种认识和逻辑误区：凡是虚实状况尚不明晰的历史传闻事体，终究无不可以推本溯源，刨根问底，将事实真相弄个一清二楚；凡是尚众说纷纭、看法不一的历史传闻事体，到头来定要有个非此即彼、或泾或渭的明确归从，否则就觉得缺乏主见，暧昧迷离。事实上尽管总体上说，会不断有史料的新发现，人们认识历史的能力和水平也是不断发展着的，总会有一些历史之谜会陆续地被破解，但终归有大量湮灭了的真实历史内容无法使之复现，大量的历史之谜将永远无法真正的破解。仅从晚清时期关于宫闱生活方面的传闻话题来想，其那么繁复纷离，而此赤凤之谣、杨华之歌之类事情，当时即本属隐秘，何况时过境迁，更无从质对，不要说从细节上去认定事实，即某事究竟是有是无亦实难敲定，若非强求索解，岂异缘木求鱼，你尽可表达自己的“定论”，但天知道它与事实的差距会有多大。举一反三，又有多少历史传闻“诸如此类”。这样说绝不是陷入相对主义的不可知论，事实上，“适当存疑”是治史中防止绝对化和片面性的一种重要思维境界和严肃态度，是要承认和利用一种科学的“模糊性”。它与加强考

① 梁启超：《中国历史研究法（外二种）》，第114页。

辨理念不但毫不抵牾,而且相辅相成。当然,两者之间也存在着必然而又微妙的张力空间。

三是关于体悟神韵的理念。

对传闻素材恰当认识和把握,与体悟历史的"神韵"也是密切关联的。这中间,关键在于对传闻素材反映的历史内容"虚""实"境界上的体认。关于传闻内容的虚实,或则可以考辨清楚,或则不能而只好存疑。而能够考辨清楚的许多传闻,往往并不是要么全虚要么全实的简单分明,而是亦虚亦实、虚实兼具的。若从传闻总体上看更是这样。特别是前边论述传闻作为一种社会信息资源问题时所强调指出的,它通常具有具体情节失实但大致指向符实,或是说个别虚假而总体指向真实的情况,在这里也是需要特别注意的。因为体悟历史,也有小枝节与大意境上的区别,若只陷在一些琐屑事体中跳不出来,就会只见树木,不见森林,一叶蔽目,不见泰山,甚至瞎子摸象,以偏赅全,这不能不说是一种很大的迷误。把握上述的传闻总体指向特点,会有助于摆脱这种迷误,而高屋建瓴地鸟瞰历史,从其大意境上审视其虚实情状。这种"大意境",其实就是一种历史神韵。丹青妙笔,最贵神韵,不啻形似,更达神似。如果只胶着于考辨传闻的一些细枝末节上的虚实,也就等于停留在比量一点一线的形似与否上,只有进而从相关传闻群总体上看它起码反映的历史意境,不但以实为实,而且借虚审实,由虚入实,才可能体悟历史的神韵。另一方面,在这样体悟历史的神韵中,又可以从一种更高意境上鉴察历史传闻素材的虚实状况和价值意义。

在这种情形下,那种貌似荒诞不经的奇谈怪论、不登大雅之堂的街巷妄传之类,说不定亦正可借以作为探研某一有价值的历史问题的资据,打开某个方面历史认识门径的引线。梁启超在论说史料问题时指出，不但诗古文辞可能成“极重要之史料”，“即小说亦然”。并举例说，像《山海经》，“其书虽多荒诞不可究诘，然所纪多为半神话半历史的性质。确有若干极重要之史料出乎群经诸子以外者，不可诬也。”又特别论及，“中古及近代之小说，在作者本明告人以所纪非事实，然善为史者，偏能于非事实中觅出事实”①。诚然如此。试想，自晚清时期与稗乘野史的盛出并行，“新小说”亦如雨后春笋，层出不穷，特别是其中的“政治小说”和“谴责小说”，不也是反映当时社会政治状况的作品吗？有的作品纪实性颇强，像《官场现形记》、《二十年目睹之怪现状》、《孽海花》和《续孽海花》等著名的谴责小说就是这样。以《孽海花》和《续孽海花》（陆续问世于清末和民国年间）为例，其中的人物多有晚清历史上很逼真的模特儿，并且有许多就是用的真人姓名，这从刘文昭增订的两书的“人物索隐表”②，就可以看得一清二楚。

这类小说中，就利用了当时大量的社会传闻素材，真不啻传闻大观园。有许多传闻内容与笔记资料中者能基本相应相合，又互映互衬。譬如《续孽海花》第57回中赛金花说京城义和团事，有这样一段话：

> 此地几条胡同内设了坛，练习神拳，听说是念了咒，就有神道附在身上，就会使拳，使各种兵器。神道来了，他拿了刀向自己的肚子砍，只有白印，一些也不伤。附上的神道，也有孙行者，也有黄天霸，奇奇怪怪，说是练好了，外国人的枪炮都打不进去。③

---

① 梁启超：《中国历史研究法（外二种）》，第65页。

② 曾朴、张鸿：《孽海花·续孽海花》，北京燕山出版社1995年版，第364～376、789～803页。

③ 曾朴、张鸿：《孽海花·续孽海花》，第739页。

她又这样说红灯照：

> 还有奇怪的，有一班十七八岁的大姑娘，穿上红衣红裤，白天拿着红扇子，晚上提着一盏红灯，说是学成了用扇一扇，可以飞到半空中，要烧哪里就烧哪里。这种仙法，是一个山东圣母叫做红灯照的教给她们的。其实这个圣母，老妈都知道，是粮船上一个臭烂的船婆。这两天一天多一天起来，各处都立了坛，不晓得到底是什么仙法。①

这岂不是庚子之际流行的典型传闻素材？显然能与诸多笔记材料中的有关记述互为印证。其实诸多写晚清之事的小说中，就某些片段而言，与稗乘野史之类并无大区别。至于其出于体裁要素上的需要，在具体时间、地点、人物、情节等方面的改造加工乃至虚构无疑是必需的。若是能够恰当地体察，这样的一部好的小说，在本质性地反映"历史真实"方面，也许要好过一部蹩脚史乘。从这个意义说，所谓"历史只有人名是真的，其他都是假的；小说除了人名是假的，其他都是真的"，这种写意性的"戏说"就不无道理，对于借助有关传闻素材体悟历史神韵是有着启发意义的。

合理地认识"文本历史"与"客观历史"的关系，也有助于对体悟历史神韵问题的思考。美国著名的批判社会学家 C·赖特·米尔斯（C. Wright Mills）曾这样说："有些历史学家显然是据称的事实的编撰者，他们尽量不去'解释'这些事实"，似乎"历史学家主要任务是以直笔保留人类的记录，但这实际上只是具有欺骗性的口头目标而已"，"历史学家代表了人类的组织化了的记忆，而这种记忆，作为书写下来的历史，是非常有弹性的"，"如果历史学家

① 曾朴、张鸿：《孽海花·续孽海花》，第740页。

没有'理论',他们也许可以为撰写历史提供材料,但他们自己不能书写历史,他们虽可以以此自娱,但他们不能如实记录","完成(书写历史)这一任务需要对'事实'之外的很多东西予以明确关注"①。可以看出,米尔斯是以近乎苛刻的论说否定了历史学家笔下所谓"如实记录"原本客观历史的可能性,认为所产生的只能是"有弹性"的"书写下来的历史"(即"文本历史")。那种不要"理论"而刻意只进行所谓"事实的编撰"的史家,他们所认定的"事实",也被米尔斯冠以"据称的"限定语,就是说认为也未必能是真正的事实。我们这里则可以想见它具有"传闻"的可能性。如果真是把虚实不清的传闻执迷地认定为孤立的历史事实,那么,尚不如保持对它的模糊性认知,将其"置于更广泛的事件序列之中"②,并且不排除"想象力"的运用,去作为体悟历史神韵的资鉴。试想,晚清时期的历史传闻素材那么丰富,如果在这方面把握得当,岂不大有用武之地?

四是关于助益灵动的理念。

传闻入史,对著述的文体风格也应该发生连带的影响。传闻素材的史料载体,既然除了正则文献之外,稗乘野史和口述历史更为主要门类,甚至还连及小说,而这些类别的史料载体本身,在文体风格上就比较活泼,从其中采择传闻素材融入史乘,也应该有助于文体风格上的灵动。要传达出历史的神韵,对史乘的文体风格也不能没有更高的要求。

前边论及传闻素材的"正史化",弄不好当然可能导致对历史

---

① [美]C·赖特·米尔斯著,陈强、张永强译:《社会学的想象力》,生活·读书·新知三联书店2001年版,第155~156页。

② [美]C·赖特·米尔斯著,陈强、张永强译:《社会学的想象力》,第155页。

的记述失真；但另一方面，如果“化”得贴切恰当，又未必不是有助于传达历史神韵并使文体活泼灵动的妙道。瞿宣颖对不惮取法此道的《史记》、《汉书》的生动活泼便颇表欣赏，言其“叙述一个重要人物，每从一二节上描节，使其人之性情好尚甚至声音笑貌跃然纸上，即一代兴亡大事亦往往从一件事故的发生前后经过著意叙述，使当时参加者之心理与夫事态变化都能曲折传出，而其所产生之果自然使读者领会于心”，认为这才是“良史”，而“后来史家每办不到而渐趋官样文章形式”，“不能像史记那样活泼泼地了”①。能否“活泼泼地”，起作用的因素固然很多，但是否能够在把握历史真实神韵的前提下巧妙地运用传闻素材，应该是一个很重要的方面。

毫无疑问，史乘佳构除了内容因素外，同时也应该尽量有其文采，有活泼灵动的表述形式。梁启超在《中国历史研究法补编》中就曾论及，“同时记一个人，叙一件事，文采好的，写得栩栩欲活；文采不好的，写得呆鸡木立”，呆板之作自不容易能感动人，而“若不能感动人，其价值就减少了。作文章，一面要谨严，一面要加电力，好像电影一样活动自然。如果电力不足，那就死在布上了。事本飞动，而文章呆板，人将不愿意看，就看亦昏昏亦睡。事本呆板，而文章生动，便字字都活跃在纸上，使看的人要哭便哭，要笑便笑”②。当然，这在很大程度上取决于作者的文字功夫、写作技巧水平乃至文学素养。但既然是史学著作，史识于此自很重要，就是要有从传达历史神韵的高层次上自觉追求著述“飞动”的感人效果。而重视恰当巧妙地利用传闻素材，对此应该说有着不可小觑

① 徐一士编著：《一士类稿·一士谈荟》，第5页。
② 梁启超：《中国历史研究法（外二种）》，第187页。

的助益。那种认为传闻素材，稗野资料，虚实难辨，可靠性差，为严谨史乘所不采的看法和相应做法，实在是一种偏见误举，它在必然弃置了一个重要门类的大量宝贵资料的同时，也往往难有追求把握历史神韵、写出活泼灵动的史学著述的理念，以致笔墨呆板干涩，难以动人。这不但在形式上不为可取，而且在内容上实际也未必真正地更能够保真坐实。当然，这是就一般情况而言。史学著述具体门类众多，所涉笔的题材和问题更是千般百样，不能一概而论，而应不拘一格，各取所宜。但无论如何，时时不忘求真务实是史学的“正法眼藏”，并力求对此能从较高层次上来理解和把握，使著述的内容和形式尽可能完美地统一起来，这无疑是一种可取的境界。

主要征引书目

（各分类中列目皆按首次征引出现的次序排列）

一、史料类

1. 吴汝纶编:《李文忠公全集》,光绪末金陵刻本。
2. 中国近代史资料丛刊《第二次鸦片战争》,上海人民出版社1978—1979年版。
3. 中国近代史资料丛刊《义和团》,上海人民出版社1957年版。
4. 乔志强编:《义和团在山西地区史料》,山西人民出版社1980年版。
5. 中国社会科学院近代史研究所编:《庚子纪事》,中华书局1978年版。
6. 中国社会科学院近代史研究所近代史资料编辑组编:《义和团史料》,中国社会科学出版社1982年版。
7. 黎仁凯主编:《义和团调查资料选编》,河北教育出版社2001年版。
8. 近代史资料专刊《辛亥革命资料类编》,中国社会科学出版社1981年版。
9. 《时报》(选辑资料)。
10. 《湖南历史资料》1985年第4期。
11. 中国近代史资料丛刊续编:《清末教案》,中华书局1996—

2006 年版。

12. 陈旭麓等主编:“盛宣怀档案资料选辑之一”《辛亥革命前后》,上海人民出版社 1979 年版。
13. 中国近代史资料丛刊《戊戌变法》,上海人民出版社 1997 年版。
14. 《国闻报》。
15. 李慈铭:《越缦堂日记》,上海商务印书馆 1920 年影印本。
16. 陈夔龙:《梦蕉亭杂记》,北京古籍出版社 1985 年版。
17. 梅英杰:《胡文忠公年谱》,台湾文海出版社“近代中国史料丛刊”影印本。
18. 胡林翼:《胡文忠公遗集》,光绪十四年上海著易堂铅印本。
19. 刘体智:《异辞录》,中华书局 1988 年版、1997 年第二次印刷本。
20. 太平天国历史博物馆编:《太平天国资料丛编简辑》,中华书局 1961—1963 年陆续出版。
21. 李慈铭:《越缦堂日记补》,上海商务印馆 1937 年影印本。
22. 清华大学历史系编:《戊戌变法文献资料系日》,上海书店出版社 1998 年版。
23. 赵烈文:《能静居士日记》(《太平天国史料丛编简辑》第 3 册辑录部分)。
24. [法]加勒利、伊凡原著,[英]约·鄂克森佛补译,徐建竹译:《太平天国初期纪事》,上海古籍出版社 1982 年版。
25. 《〈上海新报〉中的太平天国史料》(“供内部参考”资料),上海图书馆 1964 年印。
26. 钟琦辑录:《皇朝琐屑录》,台湾文海出版社“近代中国史料丛刊”影印本。

27. 张荣铮等点校:《大清律例》,天津古籍出版社 1993 年版、1995 年第 1 次印刷本。
28. 朱寿朋编:《光绪朝东华录》,中华书局 1958 年版、1984 年第二次印刷本。
29. 广东省文史研究馆译:《鸦片战争史料选译》,中华书局 1983 年版。
30. 冯自由:《革命逸史》,中华书局 1981 年版。
31. 《大公报》。
32. 陈霞飞主编:《中国海关密档》,中华书局 1990—1996 年陆续出版。
33. 北京市政协文史资料研究委员会、天津市政协文史资料研究委员会编:《京津蒙难记——八国联军侵华纪实》,中国文史出版社 1990 年版。
34. 《民立报》(选辑资料)。
35. 王庆成编著:《稀见清世史料并考释》,武汉出版社 1998 年版。
36. 王明伦选编:《反洋教书文揭帖选》,齐鲁书社 1984 年版。
37. 台湾"中央研究院"近代史研究所编:《教务教案档》,1974—1981 年陆续出版。
38. 徐珂:《清稗类钞》,商务印务馆 1917 年版。
39. 《筹办夷务始末》道光朝,中华书局 1964 年版。
40. [美]何天爵著,鞠方安译:《真正的中国佬》,光明日报出版社 1998 年版。
41. [法]樊国梁:《燕京开教略》,1905 年救世堂印本。
42. [美]亚瑟·亨·史密斯(明恩溥)著,张梦阳、王丽娟译:《中国人的气质》,敦煌文艺出版社 1995 年版。
43. 孙玉声:《退醒庐笔记》,山西古籍出版社 1995 年版、1996 年第 1 次印刷本。

44. 梁溪坐观老人:《清代野记》,山西古籍出版社 1996 年版。

45. [英]阿绮波·立德著,王成东、刘皓译:《穿蓝色长袍的国度》,时事出版社 1998 年版。

46. 四川省档案馆编:《四川教案与义和团档案》,四川人民出版社 1985 年版。

47. 皮锡瑞:《师伏堂日记》,载《湖南历史资料》1981 年第 2 辑。

48. 《汪康年师友书札》,上海古籍出版社 1986 年版。

49. 胡滨编译:《英国蓝皮书有关辛亥革命资料选译》,中华书局 1984 年版。

50. [澳]骆惠敏编、刘桂梁等译:《清末民初政情内幕》,知识出版社 1986 年版。

51. 魏源:《海国图志》,咸丰二年古微堂刊本。

52. 天下第一伤心人:《辟邪纪实》,同治十年(辛未)重刻本;光绪十二年重刻本。

53. 国家档案局明清档案馆编:《义和团档案史料》,中华书局 1959 年版。

54. 凌善清:《太平天国野史》,江苏广陵古籍刻印社 1993 年影印民国刊本(该版本署"王文濡撰",当误,改署凌善清)。

55. 宋元人注《四书五经》,中国书店 1985 年影印世界书局影印本。

56. 《光绪顺天府志》,北京古籍出版社 1987 年版。

57. 张光藻:《北戍草》,光绪二十三年刊刻本。

58. 《筹办夷务始末》同治朝,故宫博物院据内务府手抄本 1930 年影印。

59. 《辞源》,1930 年第 26 版。

60. 戚其章辑校:《李秉衡集》,齐鲁书社 1993 年版。
61. 《曾国藩全集》,岳麓书社 1985—1994 年陆续出版。
62. 苑书义等主编:《张之洞全集》,河北教育出版社 1998 年版。
63. 山东大学历史系中国近代史教研室编:《山东义和团调查资料选编》,齐鲁书社 1980 年版。
64. [法]史式徽著,天主教上海教区史料译写组译:《江南传教史》,上海译文出版社 1983 年版。
65. 《圣朝破邪集》,国家图书馆陈垣先生遗赠本。
66. 杨光先:《不得已》,民国十八年中社影印本。
67. 丁凤麟等编:《薛福成选集》,上海人民出版 1987 年版。
68. 梁章钜:《浪迹丛谈·续谈·三谈》,中华书局 1981 年版、1992 年第二次印刷本。
69. 绅民公刊:《辟邪实录》,首都图书馆藏未注刊时本(亦有署"饶州第一伤心人"刊本)。
70. 中国近代史资料丛刊《太平天国》,上海人民出版社 1957 年版。
71. 薛福成:《庸盦笔记》,江苏古籍出版社 2000 年版。
72. 杨寿抻:《云在山房丛书三种》,山西古籍出版社 1996 年版。
73. 梁廷枏:《夷氛闻记》,中华书局 1959 年第 1 版、1997 年第三次印刷本。
74. 张守常编:《太平军北伐资料选编》,齐鲁书社 1984 年版。
75. 文廷式:《闻尘偶记》,载《近代史资料》1981 年第 1 期。
76. 《近代史资料》有关各期。
77. 李孟符:《春冰室野乘》,山西古籍出版社 1995 年版。
78. 欧阳昱:《见闻琐录》,岳麓书社 1987 年版。
79. 徐一士:《近代笔记过眼录》,山西古籍出版社 1996 年版。

80. 王庆成编注:《天父天兄圣旨》,辽宁人民出版社 1986 年版。
81. 陈其元:《庸闲斋笔记》,中华书局 1989 年版、1997 年第二次印刷本。
82. [德]卫礼贤著,王宇洁、罗敏、朱晋平译:《中国心灵》,国际文化出版公司 1998 年版。
83. 吴永口述,刘治襄记:《庚子西狩丛谈》,岳麓书社 1985 年版。
84. 陈恒庆:《谏书稀庵笔记》,台湾文海出版社"近代中国史料丛刊"影印本。
85. 俞蛟:《梦厂杂著》,道光八年敬义堂刊本。
86. 荣孟源、章伯锋主编:《近代稗海》第一辑,四川人民出版社 1985 年版。
87. 王澧华等整理:《曾氏三代家书》,岳麓书社 2002 年版。
88. 文史精华编辑部编:《近代中国江湖秘闻》,河北人民出版社 1997 年版。
89. 黎庶昌:《曾国藩年谱》,岳麓书社 1986 年版。
90. 张守常辑:《中国近世谣谚》,北京出版社 1998 年版。
91. 光绪《畿辅通志》,1934 年商务印书馆缩版影印本。
92. 中国近代史资料丛刊《鸦片战争》,神州国光社 1954 年版。
93. 陈康祺:《郎潜纪闻初笔二笔三笔》,中华书局 1984 年版。
94. 丁世良、赵放主编:《中国地方志民俗资料汇编·华北卷》,北京图书馆出版社 1989 年版、1997 年第二次印刷本。
95. [日]宇野哲人著,张学锋译:《中国文明记》,光明日报出版社 1999 年版。
96. 中国第一历史档案馆编:《清政府镇压太平天国档案史料》第 8 册,社会科学文献出版社 1993 年版。
97. 中国第一历史档案馆藏军机处录副奏折"革命运动"类。

98.《钦定剿平粤匪方略》,光绪内府铅活字本。
99. 陈旭麓等主编:“盛宣怀档案资料选辑之三”《中日甲午战争》,上海人民出版社 1982 年版。
100. 林则徐:《林文忠公政书》,中国书店出版社 1991 年版。
101. 马相伯:《一日一谈》,上海文艺出版社 1999 年版。
102. 方江:《家园记》,《安徽史学》1986 年各期。
103. 中共阜平县委办公室:《关于太平天国北伐踞阜城的传说》,系向 1983 年在石家庄召开的“纪念太平军北伐 130 周年学术讨论会”提供的调查材料,未刊稿。
104.《鸦片战争档案史料》,天津古籍出版社 1992 年版。
105. 王先谦编:《咸丰朝东华续录》,上海图书集成印书局光绪十三年石印本。
106. 葛士濬编:《皇朝经世文续编》,台湾文海出版社“近代中国史料丛刊”影印本。
107. [英]呤唎著,王维周、王元化译:《太平天国革命亲历记》,上海人民出版社 1997 年版。
108. 马昌华、翁飞点校:《刘铭传文集》,黄山书社 1997 年版。
109. 胡思敬:《国闻备乘》,上海书店出版社 1997 年版。
110. 故宫博物院明清档案部编:《清代档案史料丛编》第 1 辑,中华书局 1978 年版。
111. [英]濮兰德、白克好司:《慈禧外纪》,辽沈书社 1994 年版。
112.《史说慈禧》,辽沈书社 1994 年版。
113. 许指严:《十叶野闻》,山西古籍出版社 1995 年版。
114.《清实录·穆宗毅皇帝》,中华书局 1987 年影印本。
115.《清朝野史大观》,河北人民出版社 1997 年版。
116. 吴闿生编:《桐城吴先生(汝纶)日记》,台湾文海出版社“近代中国史料丛刊”影印本。

117. 陈义杰整理:《翁同龢日记》,中华书局 1989—1987 年陆续出版。

118. 《清实录·德宗章皇帝》,中华书局 1987 年影印本。

119. 柴萼:《梵天庐丛录》,中华书局 1925 年印本。

120. 《清代野史》,巴蜀书社 1987 年版。

121. 中国人民政治协商会议全国委员会文史资料委员会编:《文史资料存稿选编》第 1 册,中国文史出版社 2002 年版。

122. 《晚清宫廷生活见闻》,文史资料出版社 1982 年版。

123. 梁启超:《戊戌政变记》,中华书局 1954 年版。

124. 钱钟联主编:《清诗纪事》第 20 册,上海古籍出版社 1998 年版。

125. 《时务报》。

126. 劳祖德整理:《郑孝胥日记》,中华书局 1993 年版。

127. 国家档案局明清档案馆编:《戊戌变法档案史料》,中华书局 1958 年版。

128. 刘禺生:《世载堂杂忆》,中华书局 1960 年版、1997 年第二次印刷本。

129. J. O. P. Bland, Li Hung-chang, Henry Holt and Company, New York, 1917.

130. 爱新觉罗·溥仪:《我的前半生》,群众出版社 1964 年版、1996 年第 19 次印刷本。

131. 德龄原著,秦瘦鸥译述:《瀛台泣血记》,云南人民出版社 1980 年版。

132. 中国第一历史档案馆:《光绪临终前脉案选》,《历史档案》1983 年第 4 期。

133. 屈贵(桂)庭述:《诊治光绪皇帝秘记》,《逸经》第 29 期(1937 年)。
134.《清实录·附宣统政记》,中华书局 1987 年影印本。
135. 陈灨一:《睇向斋秘箓》,台湾文海出版社“近代中国史料丛刊续辑”影印本。
136. 王炳燮:《毋自欺室文集》,台湾文海出版社“近代中国史料丛刊”影印本。
137.《申报》。
138. 湖南省哲学社会科学研究所编:《唐才常集》,中华书局 1980 年版。
139. 张相文:《南园丛稿》,台湾文海出版社“近代中国史料丛刊”影印本。
140. 金天翮:《天放楼续文言》,1933 年苏州国学会铅印本。
141. 江兆鑫口述,施文谟笔录:《张汶祥刺马新贻目击记》,载《江苏文史资料选辑》第 3 辑。
142. 汪康年:《汪穰卿笔记》,上海书店出版社 1997 年版。
143. 浙江省辛亥革命史研究会、浙江省图书馆编:《辛亥革命浙江史料选辑》,浙江人民出版社 1982 年版。
144. 陈邦贤:《自勉斋随笔》,上海书店 1997 年版。
145. 夏燮:《中西纪事》,台湾文海出版社“近代中国史料丛刊”影印本。
146. 雷梦水等编:《中华竹枝词》, 北京古籍出版社 1997 年版。
147.《临汾县志》,民国二十二年铅印本。
148. 隗瀛涛、赵清主编:《四川辛亥革命史料》,四川人民出版社 1981 年版。
149. 毕沅校正,高诱注:《吕氏春秋》,中外名人研究中心编:《诸子百家经典集粹》,黄山书社 1997 年版。

150. 刘崇丰辑:《义和团歌谣》,《民间文学》1959 年 3 月号。

151. 李虹若:《朝市丛载》,光绪十六年(庚寅)京都文光楼藏版重印本。

152. 汤志钧:《乘桴新获——从戊戌到辛亥》,江苏古籍出版社 1990 年版。

153. 胡滨编译:《英国蓝皮书有关义和团运动资料选译》,中华书局 1980 年版。

154. The Chinese Repository

155. [美]麦高文著,章克生译:《东王北王内讧事件本末》,《太平天国史译丛》第 2 辑,中华书局 1989 年版。

156. 中国科学院历史研究所第三所近代史资料编辑组编:《太平天国资料》,科学出版社 1959 年版。

157. 崇实:《惕盦年谱》,台湾文海出版社"近代中国史料丛刊"影印本。

158. 徐国棣译:《太平天国时期的北京——一位俄国传教士的日记》摘录,北京太平天国史研究会编:《太平天国研究通讯》第 23 期。

159. 《续修井陉县志》,光绪元年刻本。

160. 上海科学院历史研究所编:《辛亥革命在上海史料选辑》,上海人民出版社 1981 年版。

161. 程演生等主编:《庚子国变记》,神州国光社 1947 年版。

162. 顾颉刚编订:《崔东壁遗书》,上海古籍出版社 1983 年版。

163. 欧阳兆熊:《水窗春呓》,中华书局 1984 年版、1997 年第 2 次印刷本。

164. 秦翰才辑录:《左宗棠轶事汇编》,岳麓书社 1986 年版。

165. 徐一士编:《一士类稿·一士谈荟》,书目文献出版社 1984 年版。
166. 孙致中等点校:《纪晓岚文集》,河北人民出版社 1991 年版、1995 年第 3 次印刷本。
167. 俞樾:《右台仙馆笔记》,上海古籍出版社 1986 年版。
168. 太平天国历史博物馆编:《太平天国歌谣》,上海文艺出版社 1962 年版。
169. 曾朴、张鸿:《孽海花·续孽海花》,北京燕山出版社 1995 年版。

二、论著类

(一)马列著作和近世学人著作:

170. 《马克思恩格斯选集》,人民出版社 1972 年版。
171. 《马克思恩格斯全集》第 10、27 卷,人民出版社 1962、1972 年版。
172. 《列宁选集》,人民出版社 1972 年版。
173. 邓拓:《中国救荒史》,北京出版社 1998 年版。
174. 《鲁迅全集》第 1、3 卷,人民文学出版社 1981 年版。
175. 罗尔纲:《太平天国史料辨伪集》,三联书店 1985 年第 2 版。
176. 罗尔纲:《太平天国史事考》,三联书店 1979 年版。
177. 罗尔纲:《太平天国史记载订谬集》,三联书店 1985 年第 2 版。
178. 梁启超:《饮冰室合集》,中华书局 1989 年影印本。
179. 梁启超:《中国历史研究法(外二种)》,河北教育出版社 2000 年版。
180. 《疑古与开新——胡适文选》(俞吾金选编),上海远东出版社 1995 年版。
181. 顾颉刚:《古史辨》,北京朴社 1926 年版。
182. 鲁迅:《中国小说史略》,东方出版社 1996 年版。
183. 《卖文买书——郁达夫和书》(陈子善、王自立编),三联书店 1995 年版。
184. 《胡适文存》,黄山书社 1996 年版。
185. 严耕望:《治史三书》,辽宁教育出版社 1998 年版。

(二)今人著作(含论文集):

186. [美]柯文著,杜继东译:《历史三调:作为事件、经历和神话的义和团》,江苏人民出版社 2000 年版。
187. 李文海:《世纪之交的晚清社会》,中国人民大学出版社 1995 年版。
188. 中国义和团运动史研究会编:《义和团运动与近代中国社会》,四川省社会科学院出版社 1987 年版。
189. 陈振江、程歗:《义和团文献辑注与研究》,天津人民出版社 1985 年版。
190. 刘小枫主编:《道与言——华夏文化与基督教文化相遇》,上海三联书店 1995 年版。
191. 吕实强:《中国官绅反教的原因》,台湾"中央研究院近代史研究所"专刊第 16 种,1973 年版。
192. 程歗:《晚清乡土意识》,中国人民大学出版社,1990 年版、1998 年第二次印刷本。
193. 孙江:《十字架与龙》,浙江人民出版社 1990 年版。
194. 董丛林:《龙与上帝——基督教与中国传统文化》,台湾锦绣事业股份有限公司 1992 年版,三联书店 1992 年版、1996 年第二次印刷。

195. 张鸣:《乡土心路八十年——中国近代化过程中农民意识的变迁》,上海三联书店 1997 年版。
196. 苏萍:《谣言与近代教案》,上海远东出版社 2001 年版。
197. 台湾《中央研究院近代史研究所集刊》有关各期。
198. 董丛林:《晚清政事探研》,东方出版社 2001 年版。
199. 林秉贤:《社会心理学》,群众出版社 1985 年版。
200. 时蓉华:《社会心理学》,上海人民出版社 1986 年版。
201. 周晓虹:《现代社会心理学》,上海人民出版社 1997 年版、2000 年第 5 次印刷本。
202. 沙莲香:《传播学——以人为主体的图像世界之谜》,中国人民大学出版社 1990 年版。
203. 徐锦江:《话说流言蜚语》,上海文化出版社 1991 年版。
204. 郭庆光:《传播学教程》,中国人民大学出版社 1999 年版。
205. [法]卡普费雷著,郑若麟、边芹译:《谣言》,上海人民出版社 1991 年版。
206. 孟小平:《舆论学》,中国新闻出版社 1989 年版。
207. 秦志希、饶德江:《舆论学教程》,武汉大学出版社 1994 年版。
208. 刘建明:《天理民心——当代中国社会舆论问题》,今日中国出版社 1998 年版。
209. 顾长声:《传教士与近代中国》,上海人民出版社 1991 年版。
210. 吴金钟等主编:《近代中国教案新探》,黄山书社 1993 年版。
211. 陈银崑:《清季民教冲突的量化分析(1860—1899)》,台湾商务印书馆 1991 年版。
212. 苏位智、刘天路主编:《义和团运动一百周年国际学术讨论会论文集》,山东大学出版社 2002 年版。
213. [美]费正清编、中国社会科学院历史研究所编译室译:《剑桥中国晚清史》,中国社会科学出版社 1985 年版。

214. 李文海:《世纪之交的晚清社会》,中国人民大学出版社 1995 年版、1996 年第 2 次印刷本。

215. 李文海:《中国近代十大灾荒》,上海人民出版社 1994 年版。

216. 杨世骥:《辛亥革命前后湖南史事》,湖南人民出版社 1982 年第 2 版。

217. 方汉奇:《中国近代报刊史》,山西人民出版社 1981 年版。

218. 张仲礼、李荣昌译:《中国绅士——关于其在十九世纪中国社会作用的研究》,上海社会科学院出版社 1991 年版、2002 年第 4 次印刷本。

219. 白钢主编:《中国政治制度通史》第 10 卷,人民出版社 1996 年版。

220. 华中师范大学中国近代史研究所编:《辛亥革命与 20 世纪中国——1990～1999 年辛亥革命论文集》,湖北人民出版社 2001 年版。

221. [美]约翰·乔布斯著,李水明译:《灵境——未知事物的终极探索》,陕西师范大学出版社 2000 年版。

222. 《中国大百科全书·现代医学》,中国大百科全书出版社 1993 年版。

223. [美]孔飞力著,陈兼、刘昶译:《叫魂》,上海三联书店 1999 年版。

224. 四川省哲学社会科学学会联合会、四川省近代教案史研究会合编:《近代中国教案研究》,四川省社会科学院出版社 1987 年版。

225. [法]谢和耐著,耿昇译:《中国和基督教》,上海古籍出版社 1991 年版。

226. 树军编著:《京城怪事》,九州图书出版社 1997 年版。
227. [美]周锡瑞著,张俊义、王栋译:《义和团运动的起源》,江苏人民出版社 1998 年版。
228. 李亦园:《人类的视野》,上海文艺出版社 1996 年版。
229. 谢贵安:《中国谶谣文化研究》,海南出版社 1998 年版。
230. 熊月之:《西学东渐与晚清社会》,上海人民出版社 1994 年版、1995 年第 2 次印刷本。
231. 河北、北京、天津历史学会编:《太平军北伐史论文集》,河北人民出版社 1986 年版。
232. 茅海建:《天朝的崩溃》,三联书店 1995 年版。
233. 黄振南:《中法战争诸役考》,广西师范大学出版社 1998 年版。
234. 徐彻:《慈禧大传》,辽沈书社 1994 年版。
235. 李宗侗、刘凤翰编:《李鸿藻年谱》,台北"中国学术著作奖励委员会"1969 年版。
236. 高阳:《翁同龢传》,华艺出版社 1995 年版。
237. 孙孝恩、丁琪:《光绪传》,人民出版社 1997 年版。
238. 杨珍:《清朝皇位继承制度》,学苑出版社 2001 版。
239. 张力、刘鉴唐:《中国教案史》,四川省社会科学院出版社 1987 年版。
240. [英]马克·劳埃著,纪皓等译:《军事欺骗的艺术》,吉林人民出版社 2001 年版。
241. 高尚举:《刺马案探隐》,北京图书馆出版社 2001 年版。
242. 王策来编著:《杨乃武与小白菜案真情披露》,中国检察出版社 2002 年版。
243. 林之达:《传播学基础理论研究》,西南交通大学出版社 1994

年版。

244. 邵培仁主编:《政治传播学》,江苏人民出版社 1991 年版。

245. 黎仁凯等编:《义和团运动·华北社会·直隶总督》,河北大学出版社 1997 年版。

246. 李孝悌:《清末的下层社会启蒙运动:1901—1911》,河北教育出版社 2001 年版。

247. [美]周锡瑞著,张俊义、王栋译:《义和团运动的起源》,江苏人民出版社 1998 年版。

248. 周继中主编:《中国行政监察》,江西人民出版社 1989 年版。

249. [法]道埃尔·阿莱姆著,沈福忱译:《古今谍海秘闻》,新华出版社 1992 年版。

250. 戚其章:《甲午战争国际关系史》,人民出版社 1994 年版。

251. 王兰、苏世兰编著:《心理学经典教程》,北京出版社 1998 年版。

252. 张守常:《太平军北伐丛稿》,齐鲁书社 1999 年版。

253. 陈玉堂:《中国的近现代人物名号大辞典》,浙江古籍出版社 1993 年版。

254. [美]C·赖特·米尔斯著,陈强、张永强译:《社会学的想像力》,三联书店 2001 年版。

(三)今人论文:

255. 李文海、刘仰东:《义和团运动时期社会心理分析》,《近代史研究》1986 年第 5 期。

256. 李恩涵:《咸同年间反基督教言论》,《近代中国史事研究论集》,台湾商务印书馆 1982 年版。

257. 李恩涵:《同治年间反基督教言论》,《近代中国史事研究论集》,台湾商务印书馆 1982 年版。

258. 吕实强:《晚清中国知识分子反教原因的分析——反教方法的倡议(1860—1898)》,台湾《中央研究院近代史研究所集刊》第 4 期,上册。

259. 吕实强:《周汉反教案》,台湾《中央研究院近代史研究所集刊》,第 2 期。

260. 董丛林:《晚清反洋教流言现象探研》,载《晚清政事探研》,东方出版社 2001 年版。

261. 刘东:《谣传的悖论》,载《浮世绘》,辽宁教育出版社 1987 年版。

262. 廖一中、李运华:《论近代教案》,载《近代中国教案新探》,黄山书社 1993 年版。

263. 董丛林:《庚子教案的积留与"善后"处理》,载《义和团运动一百周年国际学术讨论会论文集》,山东大学出版社 2002 年版。

264. 钟玉如:《辰州教案始末》,载《近代中国教案新探》,黄山书社 1993 年版。

265. 桑兵:《清末民初传播业的民间化与社会变迁》,载《辛亥革命与 20 世纪中国——1990 ~ 1999 年辛亥革命论文集》,湖北人民出版社 2001 年版。

266. 齐宇:《报馆街上的辛亥革命》,《人民政协报 · 春秋周刊》第 96 期,2002 年 12 月 27 日。

267. 刘海岩:《有关天津教案的几个问题》,载《近代中国教案研究》,四川省社会科学院出版社 1987 年版。

268. 邢凤麟:《关于杨秀清托天父附身传言的若干问题》,《近代史研究》1980 年第 3 期。

269. 杨天宏:《义和团神术略论》,《近代史研究》1993年第5期。

270. 张守常:《太平军北伐进攻北京诸问题有关史实》,载《太平天国北伐史论文集》,河北人民出版社1986版。

271. 杨天石:《天津"废弑密谋"有无其事》,《中华读书报》1998年7月15日。

272. 房德邻:《戊戌政变史实考》,载《戊戌维新运动史论集》,湖南人民出版社1983年版。

273. 马忠文:《张荫桓与戊戌维新》,载王晓秋、尚小明主编:《戊戌维新与清末新政——晚清改革史研究》,北京大学出版社1998年版。

274. 张守常:《说〈神助拳,义和团〉揭帖》,《历史研究》1997年第3期。

275. 张守常:《再说〈神助拳,义和团〉揭帖》,载《义和团运动一百周年国际学术讨论会文集》,山东大学出版社2002年版。

276. 戚学民:《〈戊戌政变记〉的主题及其与时事的关系》,《近代史研究》2001年第6期。

277. 李效梅:《清末几件史实的见闻忆述——〈一个太监的经历〉读后》,《天津文史资料选辑》第21辑,天津人民出版社1982年版。

278. 朱金甫、周文泉:《从清宫医案论光绪帝载湉之死》,《故宫博物院院刊》1982年第3期。

279. 徐艺圃:《同治帝之死》,《故宫博物院院刊》1980年第4期。

280. 李镇:《同治帝究竟死于何病》,《文史哲》1989年第6期。

281. 金承艺:《关于同治帝遗诏立载澍为帝一事的辩正》,载台湾《中央研究院近代史研究所集刊》第1期。

282. Alan R. Sweeten ,The mason Gunrunning Case and the 1891 Yangtze Valley Antimissionary Disturbances:A Diplomatic link. 载台湾《中央研究院近代史研究所集刊》第4期,下册。